유아발달

조성연 천희영 심미경 황혜정 최혜영 전효정 손원경 공저

신정

머리말

인간은 정자와 난자가 만나 하나의 생명체를 형성한 순간부터 끊임없이 발달한다. 그러한 발달에 대해 유전이 우선인지, 환경이 우선인지, 아니면 유전과 환경의 상호작용이 우선인지를 두고 학자들은 논쟁을 거듭하고 있다. 유전이든 환경이든 혹은 그 둘 간의 상호작용이든 그 무엇이 우선이든지 간에 인간의 발달은 그 자체로서 중요하며, 어느 한 순간도 놓칠 수 없다. 태내기를 거쳐 영아기, 유아기를 포함하는 아동기는 인간의 전 생애 동안 그 발달 속도가 가장 빠르고, 이후의 발달에 기초가 된다는 점에서 그 중요성이 더욱 강조된다.

저출산이 심각한 사회문제가 된 이후 영아기와 유아기의 발달에 대한 각계각층의 관심은 그 어느 때보다도 높아 교육과 보육을 위한 공통 교육과정인 누리과정을 만들어냈고, 관련 비용도 국가가 책임지고 있다. 여기에 성마른 부모들은 일찍부터 영·유아를 사교육 시장에 내몰아 오히려 영·유아에게 부적합한 환경을 제공해 줌으로써 발달에 부정적인 영향을 미치고 있다. 영·유아기는 발달의 기초를 확립하는 중요한 시기이므로 영·유아의 건전한 발달을 위해 부모와 교사는 발달에 적합한 환경을 제공해 주는 것이 무엇보다 중요하다. 그리하여 영·유아의 올바른 성장과 발달을 도모하는 데 일익을 담당하는 학문 분야에서는 오래 전부터 영아발달과 유아발달 혹은 아동발달을 기본 이수 교과목으로 선정하여 관련 분야의 전공 학생들에게 수강하도록 하고 있다. 특히, 영·유아의 교육과 보육을 책임지는 교사 양성을 목적으로 하는 학과나 전공에서는 영아발달과 유아발달을 필수교과목으로 지정하여 운영하고 있다.

이에 본 집필진은 2010년에 출판한 《아동발달》을 기초로 36개월 미만 영아의

P R E F A C E

발달에 초점을 맞춰 《영아발달》(2014)을 출간한 바 있다. 이제 본 집필진은 36개월 이후부터 학령기 아동의 발달을 중심으로 《유아발달》을 집필하여 세상에 내놓고자 한다. 이 책은 최대한 최신의 이론과 관련 자료를 포함하여 집필하고자 하였으나 일정 부분은 《영아발달》과 《아동발달》에 담겨진 내용을 포함하여 집필할 수밖에 없었음을 밝힌다. 그럼에도 불구하고 《영아발달》과 중복되는 부분은 최대한 배제하고, 유아기와 아동기의 발달과 관련 있는 최근 이론과 관련 연구를 추가하여 집필하고자 노력하였다. 이 책은 학부생뿐만 아니라 대학원생도 보다 쉽게 유아발달을 이해하여 접근할 수 있도록 하는 데 역점을 두고 집필하였다.

이 책은 총 10장으로 구성하여 발달의 기본 개념의 이해에서부터 발달의 제 이론, 유아기와 아동기의 전반적인 영역별 발달과 함께 영 · 유아에게 적합한 발달검사 및 이 시기의 발달 이상에 대해 설명하였다. 그에 따라 1장은 조성연, 2장과 4장은 황혜정, 3장과 5장은 천희영, 6장은 천희영과 황혜정, 7장과 8장은 최혜영과 전효정, 9장은 손원경, 10장은 심미경이 각각 맡아서 집필하였다. 집필진은 발달의 이론과 발달단계별 특징을 기술함에 있어서 영아발달에서는 다루지 않았으나 유아발달을 이해하는 데 필요하다고 판단한 인본주의 이론과 최근의 새로운 인지발달이론을 추가하였다.

매번 출판사로 최종 원고를 넘길 때마다 다음번에는 더 노력해서 더 좋은 책을 세상에 내놓겠다고 다짐하지만 이번에도 역시 그 마음을 다 충족하지는 못한 것 같다. 보다 충실하게 최신의 자료를 통해 후학들에게 꼭 필요한 내용을 담아 집필하고자 무더운 여름의 찌는 듯한 더위도 뒤로 한 채 최선을 다했으나 아쉬움이 남는 것은 어쩔 수 없는 것 같다. 이 책의 부족하고 미진한 부분은 앞으로 많은 동학과 선 · 후배 전문가의 아낌없는 충고와 조언을 통해 채워지고 거듭날 수 있으리라 기대한다. 아쉽고 미흡하지만 이 책이 유아발달을 이해하고자 하는 많은 관련 연구자나 후학들에게 작은 밑거름이 될 수 있기를 바란다.

이 책은 가족의 이해와 협조뿐만 아니라 필요한 사진이나 정보 등을 흔쾌히 제공해 주었던 제자와 지인 등 많은 사람의 도움과 책을 집필하면서 서로의 의견을 공유하고 기꺼이 수용했던 공동집필진의 열린 마음이 있었기에 가능했다. 마지막으로 쉽게 속내를 드러내지 못하고 안타깝게 원고가 완성되기를 기다려주신 도서출판 신정의 최용구 사장님과 원고의 처음부터 끝까지 편집을 담당하면서 수고를 아끼지 않았던 편집부 직원 여러분께 진심으로 감사한 마음을 전한다.

2015년 8월

저자 일동

차례

CONTENTS

CHAPTER 02 정신분석이론

CHAPTER 03 인지발달이론

C O N T E N T S

CHAPTER 04 학습이론

CHAPTER 05 인본주의이론

CONTENTS

CHAPTER 08 아동기

CHAPTER 09 유아용 검사

CHAPTER 10 발달이상

CONTENTS

CHAPTER 01

발달의 이해

1. 발달의 개념
2. 시대별 유아 인식의 변화
3. 발달에 대한 논쟁
4. 발달 연구방법
5. 유아발달 연구의 최근 동향
6. 유아대상 연구의 제한점과 연구대상자 보호 및 IRB

01 CHAPTER

발달의 이해

유아발달은 인간에게 나타나는 보편적인 발달현상과 개인 특유의 발달현상을 연구하는 발달심리학의 한 부분이다. 발달심리학은 인간의 전 생애에 걸쳐 나타나는 신체적 · 심리적 변화를 다루는데, 인간의 전체적인 발달을 이해하기 위해 현재의 발달상황뿐만 아니라 과거와 미래의 발달상황을 연결지어 연구하는 학문이다. 발달심리학의 일부분인 유아발달은 3, 4세부터 11, 12세까지의 기간 동안 일어나는 발달과 이에 영향을 주는 다양한 변인을 밝혀내는 데 초점을 둔다. 이 장에서는 유아발달의 전반적인 측면을 이해하기 위해 발달의 개념, 발달에 대한 역사적 이해, 발달에 대한 논쟁, 발달에 대한 연구방법, 발달 연구의 최근 동향과 발달 연구의 제한점 및 이와 더불어 유아를 대상으로 연구할 때의 연구대상자의 보호와 이에 대한 기관생명윤리위원회(IRB)의 역할 등에 대해 개괄적으로 살펴보고자 한다. 이 장은 《영아발달》(조성연 외, 2014)의 "1장 발달의 개념"과 《아동발달》(조성연 외, 2010)의 "3장 아동발달 연구방법"의 내용 중 일부분을 중복 게재하였음을 밝힌다.

1 발달의 개념

인간의 발달은 발달심리학에서 과학적으로 접근하여 연구하는 주제이다. 초기 발달심리학은 인간의 여러 행동특성이 연령에 따라 어떻게 변화하는지에 대해 주로 연구하였으나, 현대로 접어들면서 인간의 행동특성과 발달현상 간의 관계 및 발달과정에 대해 보다 더 역점을 두고 탐구한다.

발달심리학의 구체적인 학문 목표는 연령에 따른 발달의 변화를 객관적으로 정확하게 기술하고, 밝혀진 발달 변화에 대해 그 기제를 밝히며, 이를 기초로 개인의 발달수준을 진단하여 건전하고 바람직한 방향으로의 발달을 위한 적절한 환경을 마련하는 것이다(최경숙, 2000; 김정희, 김현주, 손은경, 송연숙, 2007, p. 23 재인용). 이러한 관점에서 발달(development)은 역동적 체계(dynamic systems)의 산물로서(Berger, 2003, p. 2) 인간의 생명이 시작되는 수정부터 죽음에 이르기까지 전 생애에 걸쳐 연속해서 일어나는 시간에 따른 변화 혹은 변화의 유형(pattern)이다. 역동적 체계란 한 사람 또는 한 집단 내의 연속적인 변화과정을 의미하며, 이 변화는 개인과 모든 사회 내에서 이루어지는 다른 발달과도 체계적으로 연결되어 있다.

발달은 시간에 의한 연속적인 상승적 혹은 하강적 변화로서 이러한 변화는 양적(quantitative) 변화와 질적(qualitative) 변화로 대별해 볼 수 있다. 양적 변화는 흔히 성장(growth)이라고 명명하는 것으로써 키가 크거나 몸무게나 근육 등이 늘어나는 것과 같이 신체의 크기와 양이 변화하는 현상이다. 반면, 질적 변화는 지적 수준이나 언어 수준의 향상 등과 같이 분화되지 못한 낮은 수준에서 보다 정교한 높은 수준으로의 구조적 변화와 미숙한 수준에서 성숙한 수준으로의 기능적 변화로서 본질이나 구조, 혹은 조직상의 변화이다. 결국, 발달에서의 변화는 생물학적, 인지적, 사회적 과정이 함께 어우러진 결과물이다(Santrock & Yussen, 1989, p. 13) (그림 1-1 참조). 생물학적 과정(biological process)은 인간의 신체적 본질의 변화를 포함하는 것으로써 유전, 뇌발달, 신장과 체중의 증가, 대 · 소근육의 발달, 사춘기 호르몬의 변화 등과 같은 발달에서의 생물학적인 과정과 관련된다. 인지적 과정(cognitive process)은 사고, 지능, 언어 등에서의 변화를 포함하는 것으로써 유아기 발달에서 나타나는 다양한 인지발달과 관련된다. 즉, 유아가 움직이는 물체를 쳐다본다든지, 동요를 부른다든지, 혹은 미래 자신이 무엇이 되고자 하는지를 상상하는 것 등을 포함한다. 사회적 과정(social process)은 타인과의 관계나 정서, 성격 등에서의 변화를 포함하는 것으로써 유아는 어머니가 안아주면 좋아하거나 친구가 거칠게 대하면 공격적인 행동을 한다든지, 혹은 사춘기의 즐거움 등을 예로 들 수 있다.

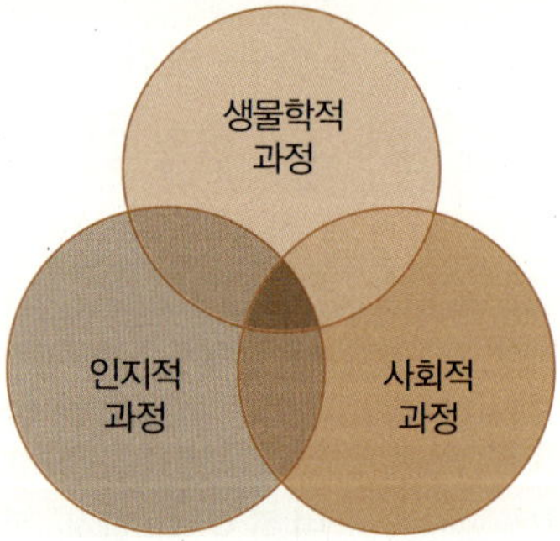

그림 1-1 발달과정

출처: Santrock, J. W., & Yussen, S. R. (1989). *Child development: An introduction* (5th ed.), p. 15.

발달을 결정짓는 요인으로는 성숙(유전)과 경험(학습, 환경)이 있다. 성숙(maturation)은 내인성 성장과정(endogenous growth process) 혹은 유전적이고 생래적인 기제에 의해 나타나는 타고난 변화로서 목소리의 변성, 초경, 뇌 기능의 분화, 사춘기의 호르몬 변화 등과 같은 점진적인 신체적 · 심리적 변화이다. 경험(experience) 혹은 학습(learning)은 유기체가 환경과의 상호작용을 통해 직접적 혹은 간접적으로 훈련이나 연습에 의해 획득하는 것으로서 부모, 친구, 교육, 대중매체 등 유아가 접하는 모든 물리적 · 사회적 환경과의 상호작용이다. 그러므로 발달은 시간이 지남에 따라 성숙과 경험이 양적, 질적으로 상승과 하강을 역동적으로 나타내는 신체적 · 심리적 변화로써 서로 복잡하게 얽혀 있는 생물학적 과정, 인지적 과정, 사회적 과정의 영향을 받는다(정옥분, 2012, p. 17).

2 시대별 유아 인식의 변화

1) 고대

4세기까지 로마의 부모들은 기형아나 사생아 혹은 원하지 않은 아이를 죽일 권리를 가지고 있었다. 또한, 유아는 아무런 권리가 없고, 가족의 소유물로 간주되었으며, 부모가 생각한대로 착취할 수 있는 존재로 간주되었다(Shaffer, 1999, pp. 7-8). 그런 중에도 Plato, Aristotle는 유아에 대한 그들 나름의 관점을 제시하였다. Plato(B.C. 427~347)는 유아기는 습관에 의해 성격이 형성되는 중요한 시기이므로 초기 경험이 중요하고, 살아가면서 여러 가지 경험에 의해 성격이 수정될 수 있다고 보았다. 또한, 인간은 각기 다른 능력을 갖고 태어난다는 생득관념을 언급하면서 개인차의 중요성을 인정하기도 하였다. 한편, Aristotle(B.C. 384~322)는 인간은 올바른 감정과 선량한 습관을 기르기 위해 덕을 쌓아야 하며, 사고할 수 있는 능력과 논리 및 이성을 활용할 수 있는 힘을 기르는 것이 인간발달의 궁극적인 목적이라고 보았다. 그는 인간발달의 첫 단계인 유년기를 7세까지로 보고 이 시기 동안 유아는 공부나 노동을 하지 않아야 하며, 가정에서 놀이를 통해 충분히 움직이면서 신체를 튼튼히 하는 데 주력해야 한다고 보았다.

우리나라는 단군시대부터 전통적으로 전해져 내려오는 단동십훈과 같은 교육 방식을 통해 고대로부터 유아를 존중하는 사상이 있었음을 알 수 있다. 단동십훈은 유아가 지켜야 할 열 가지 가르침이라는 의미를 담고 있는데, 이는 불아불아(弗亞弗亞), 시상시상(侍想侍想), 도리도리(道理道理), 지암지암(持闇持闇), 곤지곤지(坤地坤地), 서마서마(西魔西魔), 업비업비(業非業非), 아함아함(亞含亞含), 작작궁 작작궁(作作弓 作作弓), 지라아비 활활의(地羅阿備 活活議)이다(조성연, 이미란, 최혜영 외, 2014, pp. 34-35).

2) 중세

중세 유아에 대한 이해는 전성설(前成說)적인 관점이 만연하였고, 종교적 관점에서는 인간의 원죄설을 주장하여 인간은 사악한 존재로 태어났다고 생각함으로써 유아기의 부재를 초래하였다. 그리하여 중세에는 유아를 성인의 축소판으로 간주하고 5~7세 정도가 되면 성인과 유사하게 취급하였으며, 유아를 대상으로 공식적인 교육도 거의 행하지 않았다(안인희, 1990, p. 47). 즉, 유아와 성인을 동일시함으로써 유아에 대한 연구뿐만 아니라 유아에 대한 올바른 이해조차 부재하였다. Aries(1962)에 의하면 1660년대 이전에는 유아기에 대한 개념이 없었고, 그에 대한 인식도 부족하였으며, 아동이라는 어휘도 없었다(Shaffer, 1999, p. 7). 그 이유는 아동이 부모나 보모의 돌봄 없이도 혼자서 살아갈 수 있게 되는 순간부터 아동은 성인 사회에 속하게 되기 때문이었다. 심지어 인간으로서의 권리도 인정받지 못하여 영아 살해와 아동 유기와 같은 행위가 빈번하게 이루어졌다. Aries(1962)에 따르면 17세기 이전에는 아동기가 인간의 생애 중 한 단계로 인식된 적이 없었다(조성연 외, 2014, pp. 36-37; Bigner, 2007, p. 11). 그러나 최근의 연구에 의하면 중세 때도 아동기는 삶의 특별한 시기로 여겼으며, 유아는 어른 이상으로 어떤 욕구를 가지고 있었다(Shaffer, 1999, p. 7).

그림 1-2 중세 성인의 의상과 유사한 의상을 입은 유아
David Des Granges, 〈The Saltonstall Family〉

우리나라의 경우에 삼국시대에는 부모를 공경하는 윤리가 자녀를 양육하는 윤리보다 우선하여 어린 자녀를 오히려 유기하는 경우도 많았다. 효도를 강조한 가부장적인 전통 안에서는 자녀가 어버이의 소유물이라는 사고가 뿌리 깊게 자리 잡고 있어 자녀는 부모에게 예속된 존재였다(이원영, 이태영, 강정원, 2011, p.113). 그러나 고려시대에는 임신 순간부터 인간에 대한 존중사상이 있어 태교를 강조하는 등 아동존중사상, 발달단계별 교육, 개인차 교육 등을 강조하였다(정옥분, 정

순화, 2010, pp. 71-76). 특히 고려시대에는 유아를 미숙하거나 어리석은 존재로 보지 않고 세속에 물들지 않은 이상적인 인간으로 보았다. 또한, 조선시대에는 맹자의 성선설에 입각하여 아동의 생득적 자질은 선하다는 기본적인 사상을 가지고 있었다. 고려시대와 마찬가지로 태교를 강조함으로써 아동존중사상을 지니고 있어 아동을 동몽(童蒙)이라 하여 아동의 무한한 발전가능성을 인정하였다(조성연 외, 2014, pp. 37-38). 한편, 조선시대에는 유아를 성인에 비해 생각이 모자라고, 지적으로 아직 판단력이 갖추어지지 않은 상태에 있으며, 무한정한 욕구를 가지고 있는 존재로 보았다. 그리하여 아동기는 이를 적절하게 통제하는 방법을 가르치기 위한 훈육이 필요하다고 보았다. 이처럼 무지몽매한 어린 아이를 가르치는 일은 가능한 한 빨리, 일상생활을 통해 가까운 관계에서부터 시작하는 것이 효과적이라고 생각했기 때문에 가정교육을 중요시하였다(정옥분, 2002, p. 106).

3) 근대

서양에서는 르네상스와 종교개혁을 거치면서 17, 18세기에 유아를 이해하는 태도가 변하기 시작하였다. 이 시대의 종교지도자는 유아가 순수하고 무기력해서 거칠고 무모한 어른의 행동으로부터 보호받아야 할 존재라고 강조하였다(Shaffer, 1999, p. 8). 이는 Comenius(1592~1670)에서 비롯되었다. 그는 인간을 위한 모든 교육은 어린시기부터 실시해야 한다고 주장하면서 《유아학교(The schola of infancy)》(1633)에서 6세 이하의 유아는 건전한 가정에서 양육되어야 한다고 주장하였다(조성연 외, 2014, p. 39). 그는 유아의 육체적 · 정신적 건강을 위하여 어머니가 최선을 다해야 하며, 어머니는 유아의 능력에 따라 양육해야 한다고 주장하면서 유아 초기 가정에서의 어머니 역할의 중요성을 강조하여 유아에 대한 관심을 새롭게 불러일으켰다. 이후 Locke, Rousseau 등의 철학자가 등장하면서 유아는 미약한 존재로 태어나므로 성인의 보살핌이 절대적으로 필요하다는 생각을 갖게 되었다.

Locke(1632~1704)는 유아는 양적, 질적으로 성인과 다르기 때문에 유아발달에 관한 새로운 이론과 연구가 필요하다고 주장하였다. 특히 그는 백지설(tabula rasa)을 주장하면서 유아의 경험을 유아발달에 대한 기본적인 결정요인으로 봄으로써 행동주의의 초석을 마련하는 계기를 제공하였다. 한편, Rousseau(1712~1778)는 인간은 자신만의 특유한 감정과 사고방식을 지닌 개체이므로 유아는 사회의 구속에서 벗어나 자신의 흥미와 욕구에 따라 자유롭게 성장할 수 있도록 배려해야 하며, 인간은 누구나 선하게 태어났다는 성선설을 주장하였다. 또한, 그는 유아의 내적인 성숙과정을 통한 자연스러운 단계별 발달을 주장함으로써 발달심리학의 기초를 마련하였다.

발달에 대한 과학적 연구의 초석을 다진 사람은 Darwin(1809~1882)이라고 할 수 있다. 그는 진화론을 주장하면서 인간은 타고난 유전요인을 가지고 자신이 처한 환경에 적응함으로써 발달해 왔다고 강조하였다. 그는 인간을 포함한 모든 종은 환경에 대한 적응적이고 기능적인 특성을 지니고 있다고 보았는데 이는 유전과 환경과의 상호작용에 대한 관심을 불러일으키는 데 중요한 역할을 하였다. 또한, 그는 아들의 영아기 발달을 매일 기록하여 육아일기에도 영향을 미쳤다. 뿐만 아니라 개별 아동의 발달은 전반적인 종의 진화 역사를 반복함으로써 인간의 계통(descent of man)을 보여준다고도 주장하였다(Shaffer, 1999, p. 10).

우리나라는 개화기 이후 인내천(人乃天)의 이념을 중심으로 하는 동학사상이 우리나라의 근대적 아동관을 형성하는 데 중요한 역할을 하였다. 동학에서는 연령에 따른 인격적 차별을 불평등하다고 보고 유아와 태아를 모두 인간으로서 존중하였으며, 아동을 독립된 인격체로 존중해줄 것을 강조하였다(조성연 외, 2014, pp. 44-45).

4) 현대

20세기에 접어들면서 유아 연구는 본격적으로 국가적 차원의 관심대상이 되기 시작하였다. 그 기틀을 마련한 사람 중 Hall은 유아를 집단으로 연구할 수 있는 질문지법을 개발하여 유아에 대한 과학적 연구를 자극하는 역할을 하였고, Binet는 1905년 최초의 지능검사를 제작하여 지체아를 선별하고 그에 적합한 교육을 할 수 있는 기반을 마련하였다.

20세기 초 Gesell은 유아의 행동을 관찰하여 월령별 유아의 신체발달을 나타낸 표준행동목록을 만들면서 유아의 성장과 발달에는 유전이 중요하게 작용한다고 주장하였다. 그러나 동시대에 Watson은 행동주의 선언문을 발표하면서 유아의 행동은 제공되는 환경 자극에 따라 인위적으로 조작될 수 있다고 주장함으로써 극단적인 행동주의를 표방하였다. 이러한 다양한 관점의 이론이 등장하면서 이 시기에는 유아발달을 이해하기 위해 관찰과 실험, 임상적 면접법 등의 다양한 연구방법을 통해 유아의 신체적, 심리적 행동특성의 발견과 변화를 기술하는 데 관심을 두었다.

20세기 중반에는 정신분석이론, 형태주의심리학, 학습이론, 인지발달이론 등의 다양한 발달이론에 기초한 연구 결과가 보고되면서 유아의 행동특성이나 태도, 정서, 성격, 인지 등에 대해 다각적으로 이해하고자 하였다. 즉, 정신분석이론은 인간의 무의식 영역을 개척하여 6세 이전의 유아기 경험이 인간발달의 많은 부분을 설명할 수 있는 중요한 시기라는 것을 강조하였다. 학습이론에서는 유아의 행동을 자극과 반응 간의 관계 및 이에 대한 강화, 관찰 등으로 설명하면서 유아발달의 많은 부분이 제공되는 자극에 따라, 혹은 모델 특성에 따라 달라질 수 있다고 주장하였다. 형태주의심리학에서는 사람이 보는 관점이나 처한 환경에 따라 사물은 달리 보일 수 있다고 주장하면서 자연과 환경 간의 상호작용에 대해 관심을 기울였다. 인지발달이론은 유전과 환경의 상호작용을 강조하면서 이를 통한 유아의 인지적 능력의 발달과정을 설명하였다. 이런 다양한 발달심리학 이론은 자신의 이론을 증명하기 위해 면접법, 관찰법, 실험실 실험법, 관찰과 개별화된 면접을 결합한 방법, 검사도구의 활용 등 다양한 연구방법을 적용하여 이론을 검증하였다.

20세기 후반에는 정보처리이론과 발달에서의 생태학적 관점, 생애발달적 관점, 사회문화적 관점 등 보다 다양한 관점에서 유아의 발달을 이해하려는 경향이 나타났다. 즉, 유아가 처한 환경체계 속에서 유아의 발달에 직·간접적으로 영향을 미치는 사회문화적 측면이나 주변 환경 간의 상호역동성을 강조하면서 사회문화적 맥락을 중요하게 고려하였다. 이러한 관점의 유아발달에 대한 연구는 과거 이론에 비해 거시적 관점에서 이루어지는 경향이 있으며, 현장실험이나 관찰, 사례분석, 민속학적 방법 등 실제 현장을 중심으로 그 속에서 다양한 연구방법을 적용하여 연구하였다.

최근의 유아연구는 유아의 발달에 대한 생태학적인 측면을 강조하는 경향이 있다. 즉, 인위적인 환경에서 벗어나 유아가 처한 실제적인 상황에서 유아를 대상으로 연구·분석하여 문화적·역사적 맥락 내에서의 유아를 이해할 수 있는 다양한 방법을 시도하고 적용하고자 한다. 뿐만 아니라 뇌발달과 관련하여 유아의 인지, 성격, 기질, 언어발달 등과의 관계를 규명하려는 연구도 활발하게 이루어지고 있다.

3 발달에 대한 논쟁

유아에 대한 인식을 새롭게 하면서 발달을 연구하는 학자나 이론가는 인간의 다양한 측면의 발달, 즉 성격, 정서, 기질, 언어 등이 어떻게 형성되고, 그 발달과정은 어떻게 전개되는지, 그에 영향을 미치는 주요 요인은 무엇이며, 인간은 어떤 존재인지 등에 대해 서로 상반되는 주장을 제기해 왔다. 발달에 대한 대표적인 논쟁은 유전과 환경(천성과 양육), 연속성과 비연속성, 능동성과 수동성, 초기 경험과 후기 경험의 중요성 등의 측면에서 이루어진다.

1) 발달에서의 유전과 환경

오래 전부터 발달에 대한 유전과 환경의 문제는 중요한 논쟁의 대상이었다. 유전과 환경 혹은 천성과 양육에 대한 논쟁은 어느 것이 발달에 더 중요한 영향을 미치느냐에 대한 것인데 이는 시대마다 다양한 용어를 가지고 논쟁을 거듭해 왔다. 즉, 자연(nature) 대 양육(nurture), 생득론(nativism) 대 문화적 상대주의(cultural relativism), 유전(genetics) 대 사회적 통제(social control), 성숙(maturation) 대 학습(learning), 선천적 특질(innate traits) 대 획득된 특성(acquired characteristics) 등이 그것이다(Thomas, 2000, p. 32).

17세기 경험주의 철학자인 Locke는 백지설을 주장하면서 인간은 태어난 후에 접하게 되는 외부 환경요인에 따라 각기 다른 특징적인 발달적 변화를 나타낸다고 주장하였다. 또한, 20세기 Watson, Skinner 등의 행동주의자도 학습이 인간발달에서의 변화를 주도하기 때문에 인간은 환경을 재구성하여 새로운 학습경험을 하게 되면 새로운 발달적 변화를 가져올 수 있다고 주장하였다. 이러한 입장을 견지하는 이론에서는 인간의 발달을 선천적인 유전보다 후천적으로 제공되는 환경에 의해 이루어지는 것이라고 주장한다. 즉, 발달은 양육, 학습, 획득된 특성, 문화적 상대주의, 사회적 통제 등에 의해 이루어진다고 봄으로써 인간발달에서는 환경적 요인이 우선적으로 중요하다는 것을 강조한다. 그러므로 환경론은 인간이란 환경에 의해 영향을 받는 수동적인 존재로 간주한다.

한편, 유전론은 인간발달이 자연, 생득론, 유전, 성숙, 선천적 특질 등과 같은 타고난 요인에 의해 결정된다고 보고 발달에서의 선천적 요인의 중요성을 강조한다. 대표적으로 18세기 자연적 낭만주의자인 Rousseau는 인간의 발달을 결정짓는 가장 영향력 있는 힘은 타고난 본성, 즉 자연이라고 주장하였다. 그는 인간을 자신이 가지고 태어난 천성에 따라 자연이 이끄는 대로 발달하도록 내버려 두어야 한다고 주장하였다. 그러므로 그는 유아를 위한 교육은 유아의 타고난 능력과 필요에 따라 각 발달단계에 맞춰 제공해 주어야 한다고 강조하였다. 또한, 20세기 성숙이론가인 Gesell도 발달이란 유기체 내부에서 자연스럽게 이루어지는 것으로써 모든 유기체는 성장하는 데 있어 성장의 방향이 결정되어 있는 성장모형(growth matrix)을 가지고 있고, 이런 성장모형은 이미 결정되어 있는 유전적 요소로 구성되어 있다고 주장하였다(정옥분, 2002, p. 56). 그러므로 그는 유아 자신의 속도에 의한 발달이 이루어지기 위해서는 유아중심의 양육환경을 제공해 주는 것이 무엇보다 중요하다고 지적하였다. 결국 유전을 강조하는 입장은 인간은 누구나 보편적인 발달양상이 있으며 유아가 경험하는 환경조차 유전적 특성에 의해 달라질 수 있다고 봄으로써 능동적 개체로서의 인간 유기체를 강조한다.

인간발달에서 유전과 환경의 영향을 논할 때 이 두 요인의 영향을 엄밀하게 구별하기는 어렵다. 19세기와 20세기 전반에는 환경에 비해 유전이 인간발달에 얼마나 영향을 미치는지에 대해 초점을 두어 연구하였다. 당시 Burks(1928)는 정신능력의 발달에 있어서 유전은 83%이고, 환경은 17%에 불과하다는 수치까지 제시함으로써 유전이 환경보다 더 중요하다고 결론지었다. 그러나 그 당시에도 Skeels(1940), Skodak(1939) 등은 환경이 유전보다 더 중요하다는 반대 입장을 주장하기도 하였다. 20세기 후반 들어 유전과 환경은 인간발달에 영향을 미치는 서로 다른 차원이라는 상호작용적인 접근방법을 주장하였다. 이런 관점에 따라 오늘날 유전과 환경은 다양한 발달 측면에 대해 환경의 범위는 얼마나 넓은지, 어떤 환경이 인간의 어떤 구조와 행동에 영향을 미치는지, 선천적인 잠재력과 환경 간의 상호작용은 인간의 각 발달단계에 어떤 힘을 발휘하는지 등에 대해 관심을 기울이고 있다. 따라서 대부분의 이론은 유전과 환경이 불가분의 관계를 가지고 있으므로 최적의 발달을 위해서는 유전과 환경이 공동으로 그 역할을 수행해야 한다고 주장한다(Thomas, 2000, pp. 33-35).

유전과 환경의 상호작용을 주장하는 이론은 유전인자에는 발달을 결정하는 기본 프로그램이 들어 있는데 이는 표현형을 결정함과 동시에 발달의 한계점을 지니고 있고, 발달의 성향을 조절한다는 기본 가정을 제시한다(Cole & Cole, 1993; 조복희, 2000, p. 13 재인용). 유전과 환경의 어느 한편에 치우치지 않고 두 요인이 서로 발달에 영향을 미친다고 주장하는 Horowitz(1987)는 유전과 환경의 상호작용 양상은 개개 유아마다 다르다고 전제한다(그림 1-3 참조). 그는 유전과 환경이 어떻게 결합하여 발달에 영향을 미치는지에 초점을 맞춰 이 둘 사이의 관계를 설명하고자 하였다. 일반적으로 유전과 환경 간의 관계가 단순히 누적적이라면 탄력성이 있는 유아는 좋은 환경에서 자랄 경우에 가장 최적의 발달을 할 수 있지만, 쉽게 영향을 받는 취약한 특질의 유아가 열악한 환경에서 자랄 경우에는 최악의 발달을 할 것이다. 그러나 그의 모델에 따르면 환경에 의해 쉽게 부정적인 영향을 받거나 혹은 부정적인 영향을 덜 받는 특성을 갖고 태어난 유아 모두 그들 나름의 독특한 방식으로 환경과 상호작용한다. 즉, 선천적으로 탄력성을 지닌 유아는 열악한 환경일지라도 이를 극복하여 잘 발달할 수 있고, 비록 선천적으로 취약한 특성을 가지고 태어난 유아라 할지라도 좋은 환경이 제공된다면 잘 발달할 수 있다. 발달이 가장 늦은 경우는 타고난 특질과 환경 조건이 모두 좋지 않은 경우이다(박성연, 도현심, 1999, pp. 23-24).

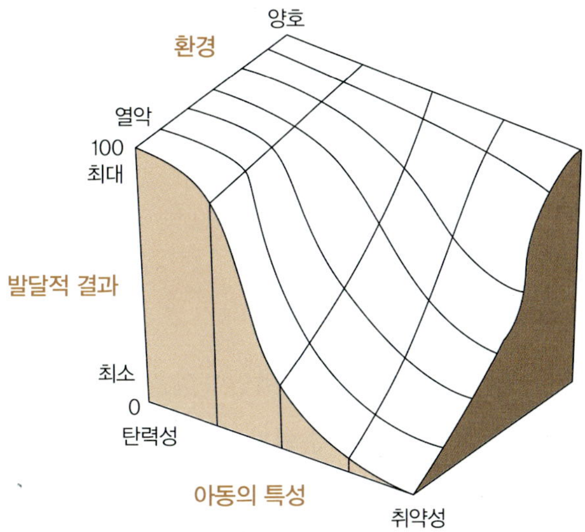

그림 1-3 Horowitz의 발달모델

출처: 박성연, 도현심 (2003). 아동발달, p. 24.

Horowitz의 발달모델에서 알 수 있듯이 유전과 환경의 상대적 영향력은 발달 내용에 따라 차이가 있지만 선천적으로 타고난 요인이 잠재적인 발달요인으로 작용하여 표출될 수 있으려면 필수적으로 적절한 환경이 제공되어야만 한다. 예를 들어, 일란성 쌍생아인 경우에 동일한 유전인자를 가지고 태어났더라도 서로 다른 환경에서 성장하면 성격과 행동특성이 서로 다른 성인으로 성장할 수 있고, 태아도 태내 환경의 좋고 나쁨에 따라 다양한 특성과 기질을 지닌 신생아로 태어날 수 있다. 뿐만 아니라 같은 가정환경에서 다른 유전인자를 가지고 태어난 형제는 동일한 환경에서 함께 성장했다 할지라도 각기 다른 성격이나 행동특성을 나타내고, 다른 유전인자를 가지고 똑같은 유해환경에서 근무한 사람이라 할지라도 각자 질병에 걸리는 정도와 빈도에 차이가 있을 수 있다. 이런 점으로 미루어 볼 때 다른 유전인자를 가지고 동일한 환경에서 성장한다 할지라도 서로 다른 발달특성을 나타낼 수 있고, 동일한 유전인자를 가지고 다른 환경, 심지어 같은 환경에서 성장한다 할지라도 각기 다른 발달특성을 나타낼 수 있기 때문에 유전이나 환경 중 어느 것이 더 우세하거나 중요하다고 주장하기는 어렵다.

2) 발달의 연속성과 비연속성

발달은 보는 관점에 따라 연속성 혹은 비연속성을 가정할 수 있다. 발달의 연속성을 가정하는 입장은 오랜 시간의 훈련과 연습을 통해 처음의 기술에 계속 새로운 기술을 조금씩 덧붙여 나가면서 하나의 기술을 숙달해 나간다고 주장한다. 이 입장은 주로 학습과 경험을 강조하는 행동주의가 주장하는 것으로써 인간의 모든 행동이나 기술은 어떤 한순간에 갑자기 나타나는 것이 아니고 점진적이고 연속적인 과정을 통해 이루어진다고 본다(그림 1-4 참조).

발달의 비연속성을 가정하는 입장은 발달을 일련의 독립적이고 질적으로 차이가 있는 불연속적인 몇 개의 단계로 이루어지는 것이라고 주장한다. 이때 단계(stage)란 발달의 특정 시기를 결정짓는 행동이나 사고의 질적인 변화를 의미한다. 새로운 발달단계에 진입하게 되면 유아는 이전에 경험했던 것을 기초로 이전보다 더 성숙하고 재조직된 기능을 가지고 행동한다. 그리하여 유아는 새로운 단계로 나아가기 위한 빠른 변화의 시기를 경험하게 되어 각 단계마다 질적으로 차이가 있는 방식으로 세상을 이해하고 반응한다. 결국 변화는 점진적으로 나타나는 것이 아니라 갑자기 나타난다(그림 1-4 참조). 그러므로 이 입장은 유아가 발달할 때 특정 행동이 나타나는 결정적 시기가 있고, 일정 단계에 도달하여 갑자기 나타난 행동은 어느 정도의 고원상태를 유지하면서 정해진 기간 동안 더 다듬어진 행동으로 발달한다고 주장한다. 뿐만 아니라 발달의 비연속성을 주장하는 이론에서는 발달단계가 동일한 일련의 순서로 진행되며 그 단계는 불변적이며 범문화적이라고 주장한다. 이런 주장에 의하면 대부분의 문화에서 유아는 비슷한 시기에 전형적인 발달을 특징짓는 행동, 즉 언어, 애착행동, 신체발달 등을 나타낸다.

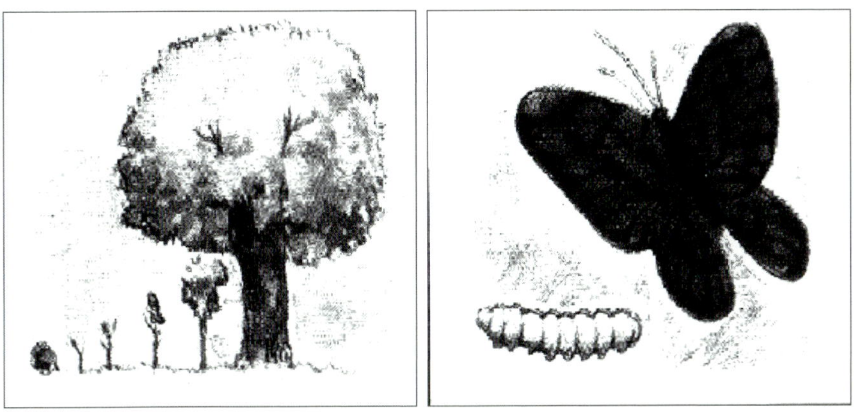

그림 1-4 발달의 연속성(좌)과 비연속성(우)

출처: Santrock, J. W., & Yussen, S. R. (1989). *Child development: An introduction* (5th ed.), p. 16.

각각의 발달적 관점을 주장하는 이론은 나름대로 자신의 입장을 주장하기 때문에 보는 관점에 따라 발달적 변화가 단계적 혹은 점진적 형태로 나타날 수 있어 하나의 합일점을 찾기가 쉽지 않다. 예를 들어, 발달에서의 고착이라는 문제에 대해 연속성과 비연속성을 주장하는 입장은 이를 각기 다르게 설명한다. 즉,

발달의 연속성을 주장하는 입장은 발달에서의 고착은 그러한 행동특성이 나타날 수 있는 환경자극을 불충분하게 주었기 때문에 비롯될 수 있다고 설명한다. 그러나 발달의 비연속성을 주장하는 Gesell은 부적합한 유전인자로 인해 발달이 더 이상 이루어지지 않는 것으로 설명하고, Freud는 어떤 한 발달단계에서 만족해야 하는 욕구를 지나치게 만족하였거나 혹은 매우 불만족스럽게 해결했기 때문에 그 단계에 고착되는 것이라고 설명한다(Thomas, 2000, p. 43).

3) 발달에서의 능동적 개체와 수동적 개체

오래 전부터 학자들은 유아는 외부에서 제공하는 환경자극을 소극적이고 수동적으로 받아들이기만 하는 수동적인 개체인가 혹은 발달을 스스로 통제하고 조절하는 보다 적극적이고 능동적인 개체인가에 대해 논쟁해왔다. 능동적 개체냐 수동적 개체냐의 논쟁은 유아가 자신의 환경을 보다 적극적으로 탐색하면서 자신만의 독특한 방식으로 문제를 해결하면서 발달하느냐, 혹은 주변의 부모나 양육자가 하는 행동을 계속 반복하여 따라함으로써 필요한 기술을 습득하면서 발달하느냐에 대한 것이다.

유아가 능동적 개체라고 주장하는 대표적 이론은 유기체이론으로서 유기체의 변화는 유기체 내에서 자극을 받아 일어나며, 더 세부적으로는 유아 내부에 발달을 조절하는 심리적 구조가 존재하고 있기 때문에 발달한다고 본다. 그러므로 주변 환경은 유아의 발달을 지지해 주는 중요한 자원이 되고, 이 속에서 유아는 능동적이고 목적적으로 자신이 무슨 자극을 택하여 어떻게 학습할 것인지를 스스로 결정한다. 결국 유아는 자신만의 독특한 방식으로 주변 세계를 이해하고 반응하기 때문에 자신의 성장에 영향을 미칠 수 있는 환경을 적극적이고 능동적으로 선택하고 수정한다.

유아를 수동적 개체로 보는 입장은 투입된 환경과 유아가 표출하는 행동 간의 관계에 초점을 맞춰 유아를 이해함으로써 유아발달은 이미 만들어져 있는 기계가 외부 환경의 조작에 따라 작동하는 것처럼 본다. 이 경우에 유아가 나타내는 모든 변화나 행동은 환경이 제공하는 자극을 받아 나타나 하나의 행동으로 조성되기 때문에 결국 유아는 수동적인 반응자에 불과하다. 그러므로 유아가 새로운 능력을 나타내는 것은 유아에게 가해지는 외적인 힘, 즉 환경적 자극에서 비롯되므로 유아의 발달은 예측이 가능하다. 예를 들면, 유아가 갑자기 새로운 단어를 말하면서 새로운 놀이를 시도한다면 이는 능동적 개체로 이해할 수 있지만, 누군가가 한 말을 모방하거나 부모가 하는 행동을 그대로 따라한다면 이는 수동적 개체로 볼 수 있다. 그리하여 능동적 개체로서의 유아가 언제, 어느 때 어떤 행동을 나타낼지에 대해서는 부모나 보호자가 예측하기 어렵지만 어떤 행동을 계속 따라 하는 유아는 어느 순간에 그 행동이 나타날 것인지를 기대하게 되고 또 그 시기를 짐작할 수도 있다.

4) 발달의 초기 경험과 후기 경험

인간의 발달에 초기 경험이 중요한지, 혹은 후기 경험이 중요한지도 끊임없는 논쟁의 대상이 되어 왔다. 발달의 비연속성을 주장하는 단계론의 입장은 발달의 초기에 받은 경험이 선행 자극이 되어 이후의 발달에 중요한 영향을 미친다고 주장함으로써 발달의 초기 경험의 중요성을 강조한다. 대표적으로 애착이론가는 초기 부모와의 안정된 애착이 이후의 사회정서적 발달에 중요한 영향을 미친다고 보았고, Erikson도 초기 1년 동안 양육자와의 기본적인 신뢰감을 형성해야 이후의 심리적 발달이 더 잘 이루어질 수 있다고 주장하였다.

반면, Baltes와 같은 전생애발달론자는 인간의 발달은 끊임없이 변화하기 때문에 초기 경험 못지않게 후기 경험도 중요하며, 발달에 미치는 역사적 영향도 중요하다고 주장하였다. 즉, 후기 경험의 중요성을 강조하는 입장에서는 인간의 발달을 조수 간만처럼 끊임없이 변하는 것이라고 보고 유아나 청년의 발달도 초기 경험만큼 중요하다고 본다(정옥분, 2012, p. 47). 예로서, 많은 아시아 문화권에서는 6, 7세 이후에 경험하는 것이 인간의 발달에 매우 중요하다고 보는데 이러한 관점은 후기 경험의 중요성을 강조하는 것이라고 볼 수 있다.

4 발달 연구방법

1) 발달 연구의 목적

발달을 연구하는 목적은 인간의 행동과 발달에 대한 과학적 지식과 현상을 기술하고 설명하며, 이를 기초로 다양한 심리학적 이론의 발전에 기여함으로써 지식체계를 정립하여 보다 나은 발달적 환경을 조성하는 데 있다. 발달 연구의 궁극적 목적은 개인의 미래 행동을 예측함으로써 인간의 복지를 향상시키는 데 있으며, 실제적으로는 인간의 발달수준을 올바로 이해하여 이들을 보다 효과적으로 지도할 수 있는 다양한 교육방법을 개발하고 잘못된 행동에 대한 원인을 파악함으로써 개인의 건전한 발달을 이룰 수 있도록 도와주고자 하는 데 있다. 이를 위해 발달 연구는 개인의 발달유형에 대한 규준과 발달특성 및 개인차를 밝혀내고자 한다. 이런 측면에서 장휘숙(2000, p. 15)은 유아를 대상으로 하는 연구에 관심을 갖는 이유를 유아의 발달을 도와주고 지도하기 위해서, 인간의 지적 호기심을 충족시키고 과학의 발전을 도모하기 위해서, 연구자 자신을 이해하기 위해서라고 설명하였다.

2) 발달 연구의 접근방법

(1) 발달적 연구설계에 따른 분류

가. 종단적 접근방법

발달 연구는 개체의 독자적인 발달과정을 환경조건과의 상호작용적 관점에서 검토하는 것이다. 이를 위해 가장 효과적인 연구방법은 종단적 접근방법(longitudinal approach)이라고 할 수 있다. 종단적 접근방법은 한 연령층의 연구대상을 어느 한 시점에서 표집하여 이들을 대상으로 여러 해 동안 반복적으로 연구함으로써 연령 증가에 따른 대상의 성장과 발달특성 및 변화양상을 살펴보는 것이다. 예를 들면, 2015년의 한 시점에서 5세 유아 100명을 표집하여 Wechsler 지능검사를 실시한 후 매년 동일한 대상에게 2019년까지 5년 동안 나타나는 지능의 발달이나 변화과정 및 이와 관련된 특징적인 행동 등에 대해 살펴보는 것이다.

종단적 접근방법은 발달의 여러 측면을 다각도로 측정하여 개체로서의 전체성을 강조하고 변인 간의 관계를 설명하기 위해 실시한다. 그러므로 이 접근방법은 개별행동의 유형이나 집단의 전체적 변화양상을 조사하고자 할 때 효과적이며, 수년 동안 연구를 진행하기 때문에 변화과정에 대한 설명가능성도 높아(이은해, 1995, p. 30) 발달과정에 대한 전반적인 정보를 보다 정확하게 제공해줄 수 있다. 그러나 이 접근방법은 시간과 노력, 비용이 많이 들고, 연구대상자를 편파적으로 선정할 가능성이 있으며, 시간이 지남에 따라 최초의 연구대상자가 많이 탈

락할 수 있다는 문제점도 있다. 또한, 종단적 접근방법은 이러한 문제점으로 인한 연구 결과의 편파성을 배제하기 어려울 뿐만 아니라, 오랜 시간 동안 반복된 검사도구의 사용으로 인한 연습의 효과, 연령 증가에 따른 성숙 요인의 영향, 같은 영역에 대한 상이한 검사도구의 사용으로 인한 편파성 및 그에 따른 결과 해석 등도 문제점으로 지적된다. 더욱이 종단적 접근방법은 중간에 연구대상자가 사망하거나 여타의 이유로 관찰이나 조사가 불가능해질 경우에 연구가 중단될 우려도 있다. 대표적인 종단적 연구로는 미국의 'Berkeley 성장 연구(Berkeley Growth Study)'가 36년간 계속되었고, 'Fels 연구소(Fels Research Institute)'의 연구도 30년간 지속되었다. 우리나라에서는 한국행동과학연구소에서 지난 1975년부터 30여 년 동안 유아의 전인적인 발달을 위한 종단적 연구가 진행된 바 있다.

나. 횡단적 접근방법

횡단적 접근방법(cross-sectional approach)은 연령이 다른 여러 집단을 한 시점에서 동시에 표집하여 연령 집단 간 차이를 전반적이고 개략적으로 탐색하여 기술함으로써 그들 간의 발달적 특징을 발달적 변화의 지표로 간주하는 방법이다. 예를 들면, 2015년의 한 시점에서 5세부터 9세까지의 아동을 100명씩 총 500명을 표집하여 이들을 대상으로 자료를 수집하고 그 결과를 살펴봄으로써 5년의 연령층에 대한 자료를 한 시점에서 한 번에 수집하는 것이다. 횡단적 접근방법은 단기간에 걸쳐 많은 연구대상자를 표집하여 자료를 수집할 수 있어 시간과 노력, 비용이 적게 들어 경제적이고, 연구 자체도 비교적 용이하게 실시할 수 있다는 장점이 있다. 하지만 횡단적 접근방법은 분명한 개인차나 연령에 따른 세부적인 변화를 밝혀내기가 어렵고, 산출된 결과가 연령에 따른 변화라기보다는 표집한 연령집단의 특성으로 인한 변화양상일 수도 있어서 정확한 연구 결과를 도출하기에는 어려움이 있다. 또한, 이 접근방법은 연구대상이 다양한 특성을 지녔거나 여러 지역에서 표집하였을 경우에는 미처 생각하지 못했거나 계획하지 않았던 가외변인(extraneous variables)의 효과를 통제하기가 어렵다. 이러한 여러 가지 단점에도 불구하고 횡단적 접근방법은 경제적이기 때문에 실제 연구를 할 때 연구자가 가장 많이 활용한다.

다. 단기(간) 종단적 접근방법

단기(간) 종단적 접근방법(short-term longitudinal approach)은 종단적 접근방법과 횡단적 접근방법이 지니고 있는 단점을 최소화하고 각각의 방법이 지니고 있는 장점을 최대한 살리면서 자료를 수집하기 위해 Schaie(1965)가 고안한 절충적인 접근방법이다. 이 접근방법은 중복된 연령집단으로 집단 간의 차이를 비교할 수 있을 뿐만 아니라, 출생동시집단(cohort)의 연대별 특징을 비교할 수 있기 때문에 '횡단적/종단적 설계', '출생동시집단 계열설계(cohort-sequential design)' 등으로 다양하게 불린다.

단기(간) 종단적 접근방법은 연구대상을 표집할 때 연도별로 서로 중복되는 연령집단을 고려하여 다양한 연령층을 선정한다. 단기간 동안의 시간 경과에 따라 반복 측정하기 때문에 연구대상의 발달적 특성과 변화 양상 및 집단 간의 차이를 비교하여 종단적인 효과를 얻을 수 있다. 예를 들면, 2015년에 5세, 7세, 9세 유아를 연령당 100명씩 표집하여 이들을 대상으로 2017년까지 매년 이들에게 창의성 검사를 실시한다면, 2015년 5세였던 연구대상은 7세가 되고, 7세는 9세가 되며, 9세는 11세가 됨으로써 연구기간은 비록 3년이지만 5세부터 11세까지 7년간의 자료를 수집할 수 있다(그림 1-5 참조). 그러므로 이 접근방법은 종단적 접근방법에서 소요된 시간보다 그 기간을 상당히 줄여 종단적 효과를 알아볼 수 있다.

단기(간) 종단적 접근방법은 짧은 시간 동안 여러 연령층을 대상으로 연구할 수 있기 때문에 종단적 접근방법에 비해 시간과 노력, 비용이 적게 들며, 연구대상의 표집으로 인한 편파성도 줄일 수 있고, 동시에 출생동시집단(cohort)의 효과도 알 수 있다. 그러므로 이 접근방법은 같은 연령이라도 생활주기와 역사적 사건은 다르기 때문에 연구대상의 시대별 특징을 이해하는 데도 용이하다. 예를 들면, 앞서의 예에서 2015년에 표집한 7세와 2017년에 5세가 7세가 되었을 때의 7세는 같은 7세지만 이들은 2015년과 2017년이라는 다른 시대상과 사회적 상황 및 역사적 사건을 경험한다. 따라서 현재 이 접근방법은 발달을 연구하는 데 있어 가장 바람직한 접근방법으로 본다.

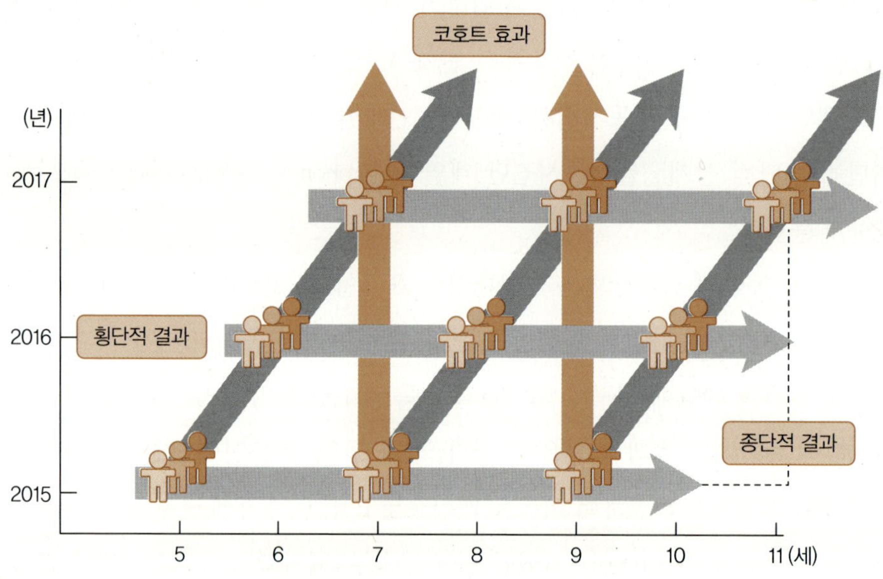

그림 1-5 단기(간) 종단적 접근방법

출처: Berk, L. E. (1999). *Infants and children*, p. 44.

특히 유아의 발달을 생물학적 요인과 환경적 요인의 상호작용에 의해 결정되는 것이라고 볼 때, 연령, 역사, 비규범적 요인 등은 시간의 변화에 따라 상호작용하면서 개인의 전 생애발달에 중요한 영향을 미친다(그림 1-6 참조). 따라서 단기(간) 종단적 접근방법은 이러한 역사적, 연령별 특성이 발달에 미치는 영향을 알아보는 데 매우 유용하다.

단기(간) 종단적 접근방법과 유사한 형태의 조사방법으로 국내에서는 패널조사(panel survey)를 많이 실시하고 있다. 패널조사는 동일한 표본을 두 번 이상의 시점에서 반복적으로 추적하여 조사하기 때문에 종단적 접근방법의 시간의 흐름에 따른 변화를 측정할 수 있다. 특히 한 시점에서 복수연령을 표집하여 동일한 집단을 대상으로 반복적으로 조사할 경우에는 횡단적 실태 파악도 가능하다. 현재 우리나라의 영·유아와 유아 및 청소년을 대상으로 하는 패널에는 한국청소년정책연구원의 한국아동청소년패널, 육아정책연구소의 한국아동패널 등이 있다.

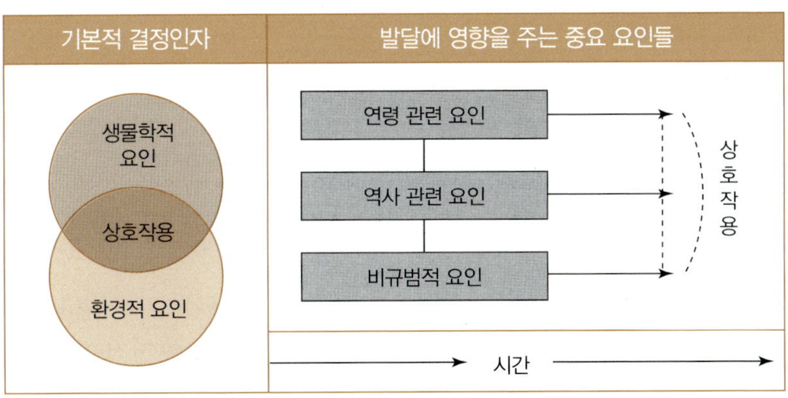

그림 1-6 전 생애발달에 영향을 미치는 중요한 요소

출처: 장휘숙 (2000). 아동발달(제2판), p. 24.

라. 출생동시집단 설계

출생동시집단 설계(cohort design)의 기본 가정은 출생 연도가 서로 다른 사람들은 상이한 역사적, 사회적 환경의 영향을 받을 가능성이 크다는 데 있다. 출생동시집단은 성장할 때 비슷한 사회상과 역사적 사건을 경험한 같은 연령대의 집단이다. 그러므로 이 방법은 같은 연령수준에 있는 출생동시집단을 표집하여 비교함으로써 출생 연도나 측정 연도의 효과를 밝히고자 한다. 예를 들면, 1955년에 출생한 사람 50명과 2005년에 출생한 사람 50명을 표집하여 저축에 대한 개념을 살펴본다고 하자. 이 경우에 1955년의 전쟁 이후의 가난한 시대를 살았던 사람과 2005년의 사회경제적으로 어려움 없이 성장한 사람은 저축에 대한 개념이 다를 수 있다. 이 방법은 같은 시대의 역사적 환경의 영향을 밝힐 수는 있지만 연령에 따른 발달변화나 경향을 살펴보기에는 어려움이 있다.

마. 발생과정분석 설계

발생과정분석 설계(microgenetic design)는 종단적 접근방법을 수정하여 극히 적은 수의 연구대상으로 이들의 특정행동이 어떻게 형성되고 변화해 가는지의 과정을 면밀하게 추적하여 분석하는 방법이다(송명자, 2008, p. 44). 이를 위해 이 방법은 관심 있는 행동을 순간순간 비디오로 녹화하여 반복 관찰함으로써 그 발생과정을 철저하게 규명하고자 한다. 현재 이 방법은 인지발달 분야에서 개인의 인지적 기술이 어떻게 발달하기 시작하여 숙련과정을 거쳐 안정적으로 획득하는지의 과정을 분석하는 데 활용하고 있다. 발생과정분석 설계는 관심 있는 행동을 반복 관찰함으로써 발생과정을 철저하게 규명하여 그에 대한 세부 정보를 제공해줄 수 있는 장점은 있으나, 반복적인 검사도구의 사용으로 인한 연습 효과 때문에 연구 결과의 신뢰성에 문제가 있다.

바. 비교문화연구법

비교문화연구법(cross cultural study)은 여러 다른 문화의 유아를 대상으로 자료를 수집하여 비교하고 분석하는 방법이다(최경숙, 2006, p. 24). 이 방법은 한 사회적 맥락에서 발견한 발달적 사실을 다른 문화나 종족, 혹은 다른 계층에도 적용할 수 있는지에 대한 문화적 보편성이나 유사성을 알아보고자 하는 것이다. 또한, 이 방법은 서로 다른 문화에서 성장하고 발달하는 인간이 외부 세계를 어떻게 지각하고 판단하는지, 혹은 어떻게 정서를 표현하는지 등과 관련한 문화적 맥락에 따른 차이를 알아보기도 한다.

(2) 자료수집과 분석방법에 따른 분류

가. 질적 연구

질적 연구는 비교적 자유로운 질문이나 관찰을 통해 융통성 있게 수집한 정보를 분석하여 결과를 제시하는 방법이다. 이를 위해서는 연구자의 역할과 연구대상과의 친밀감(rapport) 형성이 매우 중요하다. 질적 연구는 연구대상의 깊이 있는 의견을 살펴보고자 하는 것으로서 연구하는 과정 그 자체가 곧 자료분석과 해석의 과정을 겸한다. 그러므로 연구 결과의 제시는 연구대상자의 말을 직접 인용하고 거기에 대한 연구자의 해석을 첨가하는 방식으로 이루어진다(장휘숙, 2000, p. 43). 질적 연구는 대개 소수의 연구대상으로 연구를 진행하며, 심층적인 자료수집 때문에 상대적으로 연구기간이 길어지기도 한다. 최근에는 비디오 등의 다양한 시청각 매체가 발달함에 따라 연구대상을 직접 관찰하는 질적 연구가 증가하는 추세에 있다. 사례연구나 포트폴리오를 통한 연구는 대표적인 질적 연구라 할 수 있다.

질적 연구는 다양한 방법으로 이루어진다(Dawson, 2002, pp. 16-19).

첫째, 행동연구(action research)이다. 이 방법은 어떤 특정한 장면에서 특정 상황을 개선하기 위해 한 집단의 사람과 밀접한 유대관계를 형성하여 함께 생활하면서 연구한다. 이 방법은 자신의 의견을 솔직하게 표현하고, 타인의 의견에 개방적이면서 반성적인 사고가 가능한 소집단의 사람을 대상으로 실시하는 경향이 있다.

둘째, 자료에 근거하여 이론을 도출하는 데 역점을 두는 Glaser와 Strauss의 기저이론(grounded theory)이다. 이 방법은 포괄적인 문헌고찰과 함께 면접과 토론집단(focus group) 등을 통해 자료수집을 하는데 더 이상 새로운 정보를 얻을 수 없을 때까지 계속하기 때문에 가설을 설정하여 검증하는 연구 유형과는 매우 다르다. 이 방법은 연구자가 이전에는 생각하지 못했던 새로운 문제를 취급할 수 있어 매우 융통적이지만 연구대상에 대한 정보가 언제 고갈될 것인지를 예측할 수 없다.

셋째, 문화적 행동을 기술하고 해석하는 데 역점을 두는 문화기술적 방법이다. 이 방법에 대해서는 이 장의 "3) 실질적 발달 연구방법의 (4) 문화기술적 연구"에서 별도로 설명하고자 한다.

나. 양적 연구

양적 연구는 산출된 연구 결과의 전체적인 경향을 파악하기 위해 다양한 통계 방법을 적용하여 분석하고 해석하는 방법이다. 이 방법은 인간현상과 관련된 모든 요인은 수량화가 가능하다는 기본 전제를 가지고 있다. 양적 연구는 모든 현상의 원인과 결과를 수량화함으로써 현상에 대한 명확한 설명을 제시해줄 수는 있으나, 모든 인간 현상을 수량화시키기 때문에 복잡하고 애매한 인간 현상의 특징을 지나치게 단순화시킬 수도 있다(성영혜 외, 1999, p. 29).

양적 연구는 연구대상이나 연구를 실시하는 장면에 대해 어떤 처치나 조작을 가하고 이것이 연구자의 궁극적인 관심 행동에 어떤 영향을 미치는지에 대해 살펴보는 '조작적 연구' 혹은 '실험적 연구'와 비교적 자연스러운 사태에서 특별한 조작을 가하지 않고 변인 간의 관계를 관찰하거나 조사하고 기술하는 '비조작적 연구' 혹은 '기술적 연구', '비실험적 연구', '자연적 연구'가 있다. 조작적 연구의 예로는 Bandura의 TV 공격성 실험연구, Pavlov의 조건반사에 대한 개 실험연구, 놀이실 내에서 환경을 조작한 후 영아의 놀이행동을 관찰하는 연구 등을 들 수 있다. 반면, 비조작적 연구의 예로는 놀이실 내 자연스런 상황에서 유아의 또래와의 상호작용을 관찰하여 빈도를 산출하는 연구 등을 들 수 있다.

(3) 일반적인 연구설계에 따른 분류

가. 상관연구

상관연구는 연구대상에게 어떤 처치를 가하지 않고 있는 그대로의 상태에서 발달에 영향을 미치는 여러 변인 간의 상호 관련성을 밝히고자 하는 것이다. 상관연구는 연구대상의 행동이나 발달에서 그들의 경험이나 특성 간의 관계를 살펴보는 데 주로 적용하며, 대개의 경우 상관계수를 사용하여 결과를 분석하고 해석한다. 이 방법은 관심 있는 변인 간의 관련성에 대해서만 초점을 두기 때문에 정확한 인과관계를 규명하기는 어렵다. 예를 들면, 유아의 창의성과 어머니의 허용적 양육태도와의 관계를 살펴보았을 때, 이 두 변인 간의 상관 정도가 높다고 해서 단순히 어머니의 허용적 양육태도가 유아의 창의성 증진에 영향을 미친다거나 혹은 그 반대라고 설명할 수는 없다. 왜냐하면 유아의 창의성은 다양한 문화적 체험이나 활동, 유아 자신의 타고난 능력 등도 그 원인이 될 수 있기 때문이다(그림 1-7 참조).

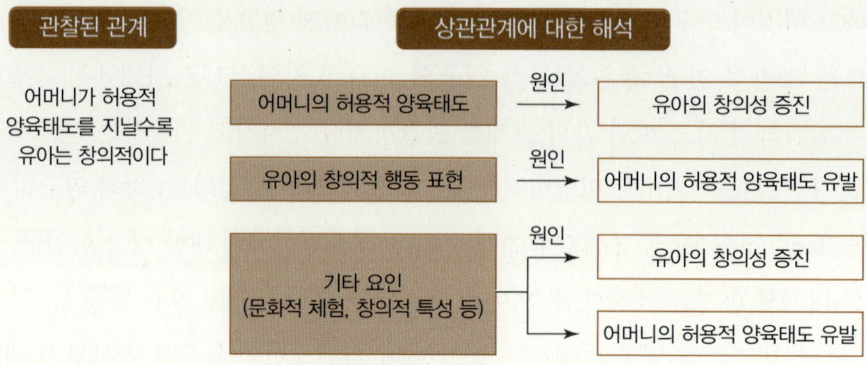

그림 1-7 상관연구의 예

출처: Santrock, J. W., & Yussen, S. R. (1989). *Child development: An introduction* (5th ed.), p. 23을 참고하여 수정함.

나. 실험연구

실험연구는 인과관계를 규명하기 위해 독립변인을 조작함으로써 종속변인에 대한 효과를 살펴보고자 하는 방법이다. 이때 독립변인의 처치 수준을 다양하게 할수록 여러 형태의 인과관계를 규명할 수 있다. 이를 위해 실험집단과 통제집단을 설정하고 실험집단에 다양한 수준의 어떤 조작이나 처치를 가한다. 실험연구는 엄밀하게 통제된 실험실 내에서 독립변인을 조작하여 연구자가 궁극적으로 관심을 갖는 행동과 임의로 변화시킬 수 있는 환경적 조건 사이의 인과관계를 규명하는 '실험실 실험(laboratory experiment)'과 자연스러운 상황에서 연구대상에게 처치를 제공하는 '현장실험(field experiment)' 혹은 '자연적 실험(natural experiment)' 등의 유형이 있다. Bandura의 TV 공격성 실험은 유아에게 공격적인 장면의 TV 보는 시간의 양을 달리하여 보여줌으로써 유아의 공격성에 대한 인과관계를 규명하려 한 실험실 실험연구의 예이다(그림 1-8 참조). 반면, 실외놀이 중 물 · 모래놀이 영역에서 유아와 교사간의 언어적 상호작용을 연구하는 것은 현장실험의 예이다.

그림 1-8 Bandura의 TV 공격성 실험

출처: YouTube (Bandura-bobo doll experiment)

발달 연구의 제 접근방법에 대한 목적과 특징 및 장단점을 요약하면 표 1-1과 같다.

표 1-1 발달 연구의 접근방법

종류	목적	특징	장점	단점
종단적 접근방법	• 연령 증가에 따른 유아의 성장과 발달 특성 및 변화 양상에 대한 이해	• 오랜 시간을 두고 한 연령집단을 반복적으로 연구	• 발달과정에 대한 정확하고 전반적인 정보 제공 • 질적 자료수집 가능 • 발달에 대한 환경과의 상호작용 규명 • 인과관계 규명 • 오염변인에 대한 통제 가능	• 비경제적 • 연구대상 선정 시의 편파성 • 시간경과에 따른 연구대상자의 탈락과 그로 인한 연구 결과의 편파성으로 일반화 곤란 • 동일 영역 내 상이한 검사도구의 반복 사용에 의한 편파성 • 연구계획 변경 곤란
횡단적 접근방법	• 여러 연령층에 대한 전반적이고 개략적인 발달 특성 이해	• 한 시점에서 상이한 연령층을 표집하여 연구	• 시간과 비용 면에서 경제적 • 발달의 일반적 경향과 연령차 이해 가능 • 조사, 측정방법의 타당성 검토 가능 • 예비가설의 검토 가능 • 연구 결과의 즉시 활용	• 연령별 발달의 세부적 변화 파악 곤란 • 가외 변인의 통제 곤란 • 표집한 연령집단의 특성으로 정확한 연구 결과의 도출 곤란 • 개략적인 발달과정 기술로 인과관계 규명 곤란 • 각 연령층의 동질성 확보 곤란

단기(간) 종단적 접근방법	• 짧은 시간동안 중복되는 여러 연령층 대상 표집 연구	• 단기간 내에 연령별 발달 특성을 비교적 정확하게 파악	• 종단적 접근방법에 비해 경제적 • 출생동시집단의 효과 산출 • 표집으로 인한 편파성 감소	• 횡단적 접근방법에 비해 비경제적 • 연구대상의 탈락으로 인한 문제 • 여전히 발달적 변화의 일반화에 대한 문제 존재
출생동시 집단 설계	• 시대별 비교	• 각 시대의 특징을 다른 시대와 비교	• 시대별 역사적 환경의 영향 규명	• 연령별 발달 변화나 경향 파악 곤란
발생과정 분석 설계	• 세심한 발달 특성 규명	• 연구대상이 매일 혹은 새로운 과제에 숙달할 때마다 그것을 시작한 시간으로부터의 변화과정 추적	• 발생과정의 철저한 규명 용이 • 발달과정에 대한 독특한 통찰력 제공	• 연습효과로 인한 발달 경향의 왜곡 • 연구대상의 순간적 행동에 대한 집중적인 노력 필요 • 연구대상이 변화할 수 있는 시간 예측 곤란
질적 연구	• 심층적 연구 결과 산출	• 연구대상과의 친밀감 형성 중요 • 연구과정, 분석, 해석 과정의 일치	• 융통성 있는 자료 수집 가능	• 연구자의 많은 경험과 훈련 필요 • 연구대상수의 제한
양적 연구	• 연구 결과의 전체적인 경향 파악	• 다양한 통계 방법 적용 • 연구 상황에 대한 조작 가능	• 다양한 연구방법 적용 가능 • 다수의 연구대상 연구 가능	• 인간 현상의 단순화

출처: 조성연 외 (2010). 아동발달, pp. 143-144; Shaffer, D. R. (1999). *Developmental psychology: Childhood and adolescence*, p. 29를 참고하여 수정함.

3) 실질적 발달 연구방법

(1) 관찰법

관찰법은 유아대상 연구방법 중 그 역사가 가장 오래된 것으로서 유아의 행동을 자세히 살펴보고 기록하며, 그와 관련된 환경적 측면을 기술하는 방법이다. 관찰법은 질적 연구나 현상 기술, 혹은 인과적 가설을 검증하기 위한 연구의 일차적 자료수집, 예비 연구나 보충 자료의 수집 등의 다양한 목적으로 활용된다.

관찰법은 관찰하고자 하는 장면이나 상황, 시간, 관찰하고자 하는 행동을 발생시키는 조건 등을 통제하면 '통제된 관찰'로, 관찰 상황을 인위적으로 조작하거나 통제하지 않고 있는 그대로의 자연스러운 상황에서 관찰하면 '자연적 관찰'로 분류한다. 또한, 관찰법은 관찰하고자 하는 현장에 관찰자가 직접 참여하여 어떤 역할을 수행하면서 관찰하는 '참여관찰'과 관찰자가 일방경(one-way mirror)을 통해 관찰하거나 혹은 일방경이 없기 때문에 현장에서 직접 관찰할 수밖에 없는 상황에서 관찰 장면 내의 어떤 활동에도 참여하지 않고 관찰하는 '비참여관찰'이 있다.

유아의 발달적 특징을 고려할 때 유아대상의 발달 연구 시 관찰법은 매우 적합한 방법이다. 왜냐하면, 유아는 언어발달이 충분히 이루어지지 않아 의사소통이 원활하지 않으며, 주의집중 시간도 짧아 한 행동을 오랜 시간 동안 나타내지 않기 때문이다. 또한, 윤리적 측면에서 조작이 불가능하거나 자연스러운 상황에서도 별다른 조작을 가하지 않고 유아의 행동을 살펴볼 수 있기 때문에 관찰법은 유아의 특성이나 문제행동 등을 이해하는 데도 적합하다.

관찰법은 특별한 보조도구 없이 종이와 연필만으로 혹은 캠코더, 디지털카메라, 녹음기 등의 보조기구를 이용하여 연구를 진행하기도 한다. 관찰법은 유아의 발달특성상 유아대상의 연구에서 빈번하게 사용하지만 연구대상인 유아나 보호자의 사전 승낙 없이 은밀하게 관찰이 이루어질 경우에는 유아의 권리를 침해하게 된다. 그러므로 유아를 연구대상으로 하여 관찰 연구를 진행하고자 한다면 사전에 유아의 보호자나 대리인의 서면동의를 받아야 하고, 유아가 6세 이상으로 자신의 연구 참여 여부를 고려할 수 있다면 유아의 승낙(assent)을 받는 절차도 필요하다.

(2) 자기보고식 연구

자기보고식 연구(self-report)는 연구대상이 가지고 있는 생각, 태도, 느낌, 능력, 지각과 과거 경험에 대해 질문하고 그에 대해 답하도록 하는 방법이다. 자기보고식 연구에는 임상적인 면접법(clinical interview)이나 구조화된 면접법(structured interview), 질문지법(questionnaire), 검사(test) 등이 있다. 자기보고식 연구는 새로운 연구를 시작하기 전에 관련 분야에 대한 사전지식을 탐색하거나 현상이나 상황을 기술하고, 현재의 현상을 나타나게 한 이유에 대해 설명하며, 미래의 사건이나 상황을 예측하려는 목적으로 실시한다(송인섭, 김정원, 정미경 외, 2001, pp. 123-124). 특히 영 · 유아를 대상으로 그들의 행동특성이나 발달문제 등의 제반 관련 사항에 대해 살펴보고자 할 경우에는 그들의 부모를 대상으로 질문지나 면접으로 자료를 수집하는 부모 보고(parent's report) 방법을 사용하기도 한다.

가. 면접법

면접법(interview)은 언어 표현이 가능한 면접자와 피면접자가 일대일로 대화를 나누면서 면접자가 피면접자에 대한 정보를 수집하는 방법이다. 면접법은 피면접자의 대답이 적절하지 못할 때 추가로 질문하여 답을 알아내려는 탐색수단인

프로빙(probing)과 같은 고도의 면접기술과 면접훈련 및 사전에 피면접자와의 친밀감 형성이 필요하다. 면접법은 면접과 관찰을 병행하면서 매우 융통성 있게 자료를 수집하는 방법인 비구조화된 임상적 면접법(unstructured clinical interview)을 포함하여 면접 절차나 내용, 질문하는 순서 등을 미리 정하지 않고 상황에 따라 면접을 진행하는 '비구조와 면접', '비표준화 면접' 혹은 '비지시적 면접'이 있다. 반면, 면접의 내용과 순서를 미리 일관성 있게 준비하고 그에 따라 동일하게 면접을 실시하는 방법인 '구조화 면접', '표준화 면접' 혹은 '지시적 면접'이 있다.

나. 질문지법

질문지법은 응답자로 하여금 일련의 질문에 대해 자신의 생각을 스스로 기입하도록 하여 자료를 수집하는 방법으로서 도구를 만들고 실시하는 데 용이하기 때문에 자기보고식 연구에서 가장 빈번하게 사용한다. 이 방법은 일련의 문항을 체계적으로 조직하여 작성한 질문지(questionnaire)라는 도구를 이용한다. 특히 질문지법은 전집이 너무 크거나 직접 관찰이 어려운 사회 · 심리적 현상의 상대적인 영향력, 분포상태, 관계 정도 등을 밝혀내고자 할 때 연구대상을 표집하여 전집의 특성을 추리하는 데 유용하다. 그러나 이 방법은 사전에 충분한 준비를 통해 타당도와 신뢰도가 높은 질문지를 제작하여 사용해야만 객관적이고 타당한 자료를 얻을 수 있다. 유아가 직접 연구에 참여할 경우에 연구자는 교사나 연구자가 구두로 질문 문항을 읽어준 후 유아로 하여금 응답할 수 있도록 하는데, 이런 경우에 응답 문항의 수는 3개 이내로 한다. 또한, 응답하는 방법도 그림을 활용하여 유아가 응답하는 데 용이하게 해준다. 유아에 대한 보다 복잡한 내용의 문항은 부모나 보호자가 직접 질문지에 응답하도록 한다.

질문지의 질문유형은 일정한 응답양식 없이 응답자가 주어진 질문에 자유롭게 서술하는 개방형 질문(open-ended question)인 '자유기술형' 혹은 '비구조적 질문'

과 미리 반응이 나올 만한 여러 개의 반응범주를 제시하고 그중에서 선택하게 하거나 서열을 매기도록 하는 폐쇄형 질문(closed-ended question)인 '구조적 질문'이 있다.

다. 검사

검사는 연구대상에게 일련의 구조적 자극을 제시하여 반응한 것을 기초로 개인차를 측정하고, 검사자가 의도했던 특성에 관하여 추론할 수 있도록 수량화하는 체계적인 절차를 거쳐 자료를 수집하는 방법이다. 이를 통해 검사는 자기 이해를 증진시키며, 해당 연구대상을 분류, 선발, 진단한다. 뿐만 아니라 검사는 표준화나 통제의 의미도 지니고 있어서 실시하고 채점하는 데 동일한 절차를 강조하기도 한다. 이러한 점에서 검사는 몇 가지 특성을 지닌다(이은해, 1995, p. 34). 첫째, 검사는 검사내용을 구성하는 문항의 전집을 가정하여 살펴보고자 하는 행동특성을 고르게 반영한다. 둘째, 검사는 객관적 채점이 가능하다. 셋째, 검사는 표준화된 절차에 따라 체계적으로 실시한다. 넷째, 검사 결과는 객관적으로 비교할 수 있고, 통계적 분석도 가능하다.

검사는 함부로 사용하면 부작용을 유발할 수 있으므로 전문적인 훈련을 받은 전문가만이 실시해야 하고, 검사를 받는 연구대상의 권익을 위배하지 않도록 비밀을 보장해야만 한다. 특히 유아가 연구대상일 경우에는 유아에게 어떤 심리적 상처도 주지 않는 범위 내에서 검사를 실시해야만 한다.

(3) 사례연구

사례연구(case study)는 '임상적 방법(clinical method)'이라고도 하며, 대개는 발달적 문제가 있는 특정 유아를 보다 심층적으로 이해하고자 할 때 사용한다. 그리하여 한두 명의 유아를 깊이 있게 연구함으로써 개인과 환경과의 관계에 대해 면접, 관찰, 검사 등의 다양한 방법을 이용하여 정보를 수집하고 이를 종합하여 해석한다(장휘숙, 2000, p. 281). 유아대상의 사례연구는 정상적인 발달을 도와주기 위해, 문제가 있는 경우에 이를 진단하여 적절한 처치나 치료계획을 세우기 위해, 문제가 되는 심리적 기능과 경험을 가능한 한 완전하게 알아내고자 하는 경우 등에 실시한다.

사례연구는 유아의 발달과정에 대해 수집한 정보를 서술적으로 기록하기 때문에 다른 연구에 대한 통찰을 제공해줄 뿐만 아니라 현재 수집한 자료를 분석하여 미래의 행동을 예언할 수 있도록 도와주고, 연구자로 하여금 한 명의 유아를 이해하기 위해 다양한 접근방법을 시도할 수 있게 해준다. 그러나 이 방법은 시간과 노력이 많이 들고, 문제가 있는 유아를 즉시 도와주기 어려우며, 소수 유아의 경험에 의존하기 때문에 연구 결과를 일반화하기에도 문제가 있고, 연구자의 입장에서 때로 객관성이 결여될 수 있으며, 연구자 자신이 선호하는 이론으로 인해 임상적 자료를 잘못 해석할 수도 있다.

(4) 문화기술적 연구

문화기술적 연구(ethnography)는 문화인류학에서 빈번하게 사용하는 방법으로 한 개인을 이해하고자 하는 데 목적이 있는 것이 아니라 한 문화나 사회집단의 가치관과 사회적 과정을 이해하고자 할 때 주로 사용하는 방법이다. 문화가 인간발달에 미치는 영향에 대해 관심이 많아지면서 최근 발달심리학에서도 점차 그 사용빈도가 증가하고 있다. 문화기술적 연구를 할 때 연구자는 일정 기간 동안 직접 그 문화 속에 들어가 원주민과 함께 생활하면서 참여관찰과 원주민의 자기보고, 현장관찰 노트, 면접 등의 다양한 방법을 사용하여 그 문화의 생활과 특징을 기술하고 해석한다. 이런 이유로 문화기술적 연구를 '현장관찰연구(field observation)'라고도 한다. 문화기술적 연구는 주로 서술적이고 질적인 분석방법을 사용한다.

(5) 심리생리적 방법

심리생리적 방법(psychophysiological method)은 생물학적인 기초를 가지고 유아의 생리적 과정과 행동 간의 관계를 측정하는 것으로서 중추신경계 구조가 개인의 발달에 어떻게 영향을 미치는지에 대해 살펴보는 것이다(Berk, 2008, p. 35). 이 방법은 분명하게 기술할 수 없는 유아의 심리적 경험, 즉 지각, 정서, 사고 등을 입증하는 데 기여하였다. 현재 이 방법으로 가장 널리 연구하고 있는 주제는 자율신경계의 비자발적인 활동에 대한 것이다. 예를 들어, 분노나 슬픔 등과 같은 유아의 정서적 표현이 심장박동률을 변화시키는지 혹은 수줍음, 까다로움 등과 같은 유아의 기질적 측면이 자발적 활동유형인지 등에 대해 연구한다. 이를 위해 심리생리적 방법에서는 뇌의 전기적 활동을 기록하는 전기기록도(electroencephalogram: EEG)나 기능적인 자기공명영상(functional magnetic resonance imaging: fMRI) 등의 도구를 사용하여 연구한다(그림 1-9 참조).

실질적인 발달 연구방법의 특징과 장단점을 요약하면 표 1-2와 같다.

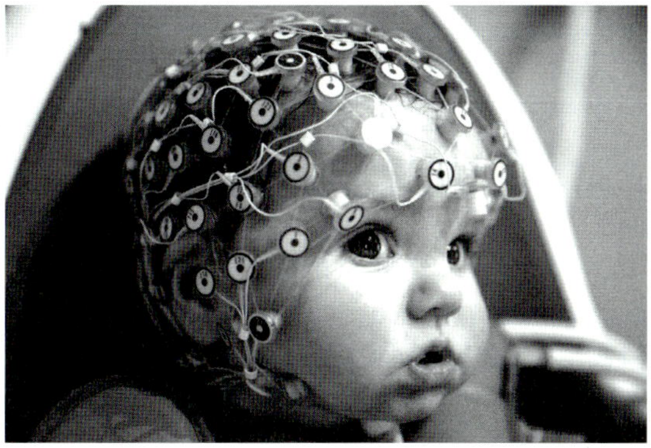

그림 1-9 EEG 검사를 받고 있는 유아

출처: http://www.cbsnews.com/pictures/unlocking-secrets-of-babies-brains/

표 1-2 실질적인 발달 연구방법

연구방법		특징	장점	단점
관찰	자연 관찰	• 자연 상황에서의 관찰	• 유아의 일상생활 반영	• 관찰 상황에 대한 통제 곤란
	통제된 관찰	• 실험실 내에서의 관찰	• 모든 유아에 동일한 관찰 조건	• 유아가 일상생활에서 행동하는 전형적인 방식이 아닐 가능성
자기보고	임상적 면접	• 유아의 생각에 대한 완전한 정보를 얻을 수 있는 융통성 있는 면접 절차	• 일상생활에서 유아가 생각하는 방법에 대해 가능한 한 근접함 • 단시간 내 심층적이고 풍부한 양의 정보 수집 가능	• 유아가 정확하게 정보를 보고하지 않을 가능성 • 융통성 있는 절차로 개인의 정보 비교 곤란
	면접, 질문지	• 모든 대상에게 동일한 방식으로 질문하거나 면접하는 자기보고용 도구	• 표준화된 방법으로 유아의 반응 비교 가능 • 효율적인 자료수집과 채점 • 지각과 태도 측정 용이	• 동일한 깊이의 정보 획득 곤란 • 부정확한 보고 가능 • 사회적 바람직성(social desirability)의 문제 유발 가능
	검사	• 모든 대상에게 동일하게 사용할 수 있는 객관적이고 타당한 도구	• 표준화된 검사도구로 인해 대표집을 통한 유아 간 비교 • 개별적 특성 측정 가능 • 효율적인 채점과 실시방법 • 분석 용이	• 비표준화 검사인 경우에 내용의 타당도와 신뢰도 문제 • 문화적, 성적 편견 개입 가능

실험	• 영향을 미칠 수 있는 요인, 즉 독립변인의 조작을 통해 종속변인에 미치는 효과 측정 • 대부분 연구대상을 실험집단과 통제집단에 무선배정	• 실험 처치를 통한 행동의 인과관계 규명 가능 • 하나의 사건이 또 다른 사건에 어떤 과정으로 영향을 미치는지에 대해 설명 가능	• 제한된 변인의 조작과 실험실 상황으로 일반화 곤란 • 변인의 처치와 조작의 어려움 • 현장 실험 시 가외변인의 통제 곤란
상관연구	• 둘 이상의 사건이나 특성과의 관련성 설명 • 연구대상의 현 상황을 변화시키지 않고 정보 획득	• 상관계수를 통해 두 변인 간의 연관성 정도 설명	• 인과적 관계의 설명 곤란
심리생리적 방법	• 생리적 과정과 행동 간의 관계 측정	• 중추신경계 구조가 어떤 능력에서의 발달과 개인차에 기여하는지에 대한 규명 가능 • 의사소통이 부정확한 유아의 지각, 사고, 정서를 밝히는 데 효과적	• 개인의 자극 처리방법에 대한 정확한 입증 곤란 • 연구자의 관심대상이 아닌 많은 요인이 생리적 반응에 영향을 미칠 가능성
사례연구	• 면접, 관찰, 검사, 심리생리적 측정 등으로 수집한 개인의 심리적 기능에 대한 완전한 묘사	• 발달과정에 대한 풍부하고 서술적인 통찰력 제공 • 개인에 대한 깊이 있는 고찰 용이	• 연구자의 이론적 선호에 따른 편견 개입 • 연구 결과의 일반화 곤란
문화기술적 연구	• 참여관찰을 통한 문화나 사회집단 이해 • 광범위한 현장기록으로 문화의 독특한 가치와 사회적 과정 획득	• 일회성의 관찰방문, 면접이나 질문지에서 추출할 수 있는 것보다 더 완전하고 정확한 기술 가능	• 연구자의 가치관과 이론적 선호로 인한 편견 개입 가능 • 연구 결과의 일반화 곤란

출처: 조성연 외 (2010). 아동발달, pp. 153-154; Santrock, J. W., & Yussen, S. R. (1989). *Child development: An introduction* (5th ed.), p. 29를 참고하여 수정함.

5 유아발달 연구의 최근 동향

유아발달 연구의 목적은 유아의 제 발달 측면을 기술(describe)하고, 설명(explain)하며, 예측(predict)하고, 원인을 알아보기 위해 통제(control)하는 것이다. 유아의 발달양상과 경향을 살펴봄으로써 개별 유아의 발달 수준을 평가할 수 있고, 발달상의 문제가 있으면 이를 극복하고 지도할 수 있는 방법과 통찰력도 얻을 수 있다. 뿐만 아니라 유아발달 연구는 그 결과를 교육에 적용하여 유아를 교육하고 지도하는 데 효과적인 방법을 개발하는 기초자료를 제공할 수도 있다. 궁극적으로 유아발달에 대한 연구는 인류의 발달과정을 이해하고 전인적인 인간발달을 이해하는 기초를 제공해 준다.

1) 국내 연구 동향

1980년대 이후 국내에서는 Piaget 이론에 근거하여 유아발달을 보다 체계적으로 이해하고자 실험과 문헌고찰 방법을 통해 수 · 과학발달, 개념발달, 기억발달 등의 인지발달에 관한 연구가 많이 이루어지면서 주로 개인의 발달과 인간 내면에 초점을 두었다. 연구방법으로는 1980년대 후반으로 갈수록 상관연구가 주를 이루었다.

1990년대에 들어서면서 유아와 관련한 연구는 양적으로 증가하였다. 유아대상 연구는 이론과 방법, 연구 내용 면에서 다양해졌는데 1980년대에 비해 사회성발달에 대한 관심이 증가하면서 환경과의 상호작용과 사회의 영향에 관심을 두었다. 이론적으로는 사회인지이론, 맥락주의(또는 인간생태학), 애착이론, 기질이론 등을 중심으로 관련 연구가 많이 이루어졌다. 실험, 관찰 등의 연구방법과 질문지에 의한 조사연구방법을 통해 유아의 사회적 능력, 사회적 행동, 또래관계, 부모-자녀관계 등의 부모 양육행동의 양방적 관계에 대한 탐색도 증가하였고, 놀이치료, 보육 관련 연구도 증가하기 시작하였다. 연구설계 유형으로는 단순상관연구가 주류를 이루고 있으나 중다변인연구와 질적 접근방법에 의한 연구도 증가하는 경향을 나타냈다.

2000년대 이후에는 전통적인 아동사상에 대한 관심이 많아졌고, Vygotsky 이론과 맥락주의, 인간생태학적 관점에 따른 연구가 증가하기 시작하였다. 특히, 인터넷이 보급되면서 유아의 문제행동 및 상담, 인터넷 관련 문제에도 관심을 가지면서 유아 문제에 대한 중재 프로그램 개발과 효과 연구가 증가하였고, 사회변화에 따른 실제 문제에 대한 관심도 증가하였다. 유아발달에 대한 연구의 주제와 초점은 인간과 환경, 개인과 사회, 내재적 원동력과 외재적 영향력에 대한 것을 규명하고자 하였다.

2) 국외 연구 동향

유아와 관련하여 1970년대 이후 학계가 관심을 가지고 있는 연구 분야는 인간생태학적 관점(human ecological perspectives)과 전 생애적 접근방법(life-span approach)이라 할 수 있다.

인간생태학적 관점은 Bronfenbrenner가 유아와 가족은 상호 영향을 주고받으며, 유아는 자신의 발달에서 능동적인 주체이고, 유아 연구를 위해서는 다학문적 접근을 해야 한다는 것에서 비롯되었다. 또한, Vygotsky도 이와 유사하게 유아발달에 있어 문화적 맥락을 중요시하는 사회문화적 관점을 제시하였다. 한편, Baltes는 전 생애적인 접근방법을 제시하면서 인간의 발달을 한 시기에서만 볼 것이 아니라 생애발달적 관점으로 보아야 한다고 주장하였다.

인간생태학적 관점과 전 생애적 접근방법에 따른 유아발달 연구는 발달적 역사와 유아가 속한 환경체계 간 관계에서의 상호역동성을 강조한다. 이러한 관점에 따라 유아를 연구하는 양적 접근의 연구방법보다 종단적인 질적 연구를 강조하면서 유아의 발달 경로(developmental path)를 전 생애적으로 연구하는 일에 관심을 기울이기 시작하였고, 종단적인 연구방법을 통해 인간이 전 생애를 거쳐 어느 정도의 회복력(resilience)을 갖고 어떤 한 시기에 경험한 발달적 좌절이나 위험을 어떻게 극복해 나가는지를 검증하기도 하였다(Werner & Smith, 1992; 조성연 외, 2010, p. 165 재인용).

이후 1980년대에는 정보처리이론이나 동물행동학에 대한 관심이 증가하기 시작하였다. 인지이론에 기초한 정보처리이론을 통해 유아의 사고, 특히 지각이나 인지능력에 대한 통찰을 얻고자 하였다. 또한, 동물행동학에서의 자연스런 관찰을 통해 생존적인 가치가 있는 적응행동으로서의 애착이나 기타 사회 · 정서행동에 대한 연구가 활발하게 이루어졌다.

1990년대 이후에는 임상적 연구를 통해 이론적 체계를 구축하면서 핵심지식이론(core knowledge perspective), 이론-이론(theory-theory), 생득적 단원이론(modularity nativism), 생애과정이론(life course theory), 발달적 신경과학(developmental neuro science)의 활성화, 역동적 체계(dynamic systems)이론 등과 같은 새로운 이론적 관점이 출현하였다. 이러한 새로운 이론은 끊임없이 해당 이론의 타당성을 검증하고 있다. 한편, 새로운 이론은 유아가 나타내는 특정 현상을 설명하려 하고, 타고난 본성에 관심을 두면서 신경과학적 방법을 활용하기도 하며, 시간의 경과에 따라 끊임없이 변화하면서 스스로 조직화하는 인간의 특성을 이해하고자 한다.

6 유아대상 연구의 제한점과 연구대상자 보호 및 IRB

1) 유아대상 연구의 제한점

유아를 대상으로 연구할 경우에 연구자는 연구대상의 제한된 의사소통 능력, 짧은 주의집중력 등과 관련한 문제에 주의를 기울여야 한다. 특히 언어적 능력이 미숙한 유아인 경우에 연구자는 유아가 나타내는 반응이나 의미를 정확하게 해석해야 하고, 유아가 표현하는 바를 제대로 이해할 수 있도록 사전에 많은 전문적인 지식과 자질을 갖추어야 하며, 이를 위한 훈련도 받아야 한다. 또한, 유아의 주의집중 시간은 매우 짧기 때문에 어떤 과제에 대한 지속성이 결여되어 연구 자체의 타당성을 떨어뜨릴 우려가 있으므로 가능한 한 짧은 시간 내에 연구를 진행할 수 있는 연구 설계를 계획해야 한다.

유아는 성인에 비해 환경의 영향을 더 쉽게 받고 그 영향력도 더 커서 그 효과가 더 오래 지속될 수 있기 때문에 유아대상의 연구는 많은 제한과 어려움이 따른다. 특히 연구자는 유아를 대상으로 연구할 때 유아가 연구에 참여함으로써 어떤 해로운 영향을 받을지도 모른다는 점에 주의를 기울여야 한다. 왜냐하면, 유아 스스로 연구에 참여하겠다는 의지를 표명할 수도 있지만 대부분은 보호자나 양육자의 동의로 연구에 참여하기 때문에 여러 가지 심리적 긴장이나 불안, 스트레스 등을 경험할 수 있기 때문이다. 현장연구에서의 연구윤리와 관련하여 Jackson(1987)은 '공평함(Being Fair)'이라는 표현을 사용하면서 다음과 같이 언급하였다(Graue & Walsh, 1998, pp. 55-56 재인용).

> 어떤 행동이 윤리적인지를 판단하기 어렵다면 연구자는 연구대상의 위치에서 연구대상이 어떻게 느낄지 생각해 보는 것이 좋다. 이때 연구자 자신이 억지로 연구에 참여한다거나 불만족스럽게 생각한다면 연구자는 연구대상에게 그런 행동을 시키지 말아야 한다. 또한, 연구자는 연구대상이 연구 후에 어떻게 느낄 것인지에 대해서도 생각해 보아야 한다. 만일 "그렇게 좋지 않다."라고 생각한다면 연구자는 그런 연구는 하지 말아야 한다(pp. 278-279).

Hurley와 Underwood(2002), Runyan(2000) 등은 아동이 12세 정도가 되어야 연구를 대략적으로 이해하고 스스로 연구 참여 여부를 결정할 수 있다고 보았다. 그러므로 연구자가 유아를 대상으로 연구할 경우에는 윤리적인 문제를 심각하게 고려해야만 한다. 이런 점에서 Foster(1995)는 유아를 대상으로 한 연구는 세 가지 윤리적인 문제에 답할 수 있어야 한다고 주장하였다. 첫째, 연구가 중요한 문제에 대해 의문을 가지고 그 문제에 대한 답을 줄 수 있는가? 둘째, 연구과정에서 연구대상 유아에게 일어날 수 있는 위험의 정도는 허용할만한가? 셋째, 연구대상 유아로부터 자율적으로 동의를 획득함으로써 연구대상 유아의 권리를 존중하고 있는가?(한국아동권리학회 편, 2005, p. 22 재인용).

인간을 대상으로 발달을 연구하는 것은 많은 시간과 노력이 소요되는 복잡하고 힘든 작업이다. 특히 유아를 대상으로 그들의 발달특성이나 경향을 파악하고 분석하고자 한다면 유아의 요구에 민첩하게 대응할 수 있는 능력과 기술 및 그들의 발달적 특징을 이해할 수 있는 기본 지식과 자질을 갖추어야 한다. 유아를 대상으로 하는 연구가 쉽지 않기 때문에 Graue와 Walsh(1998, pp. 55-68)는 다음과 같은 연구자의 자세로 연구를 수행해야 한다고 지적하였다. 첫째, 연구자는 유아가 손상받을 수 있는 경우와 어떤 부당한 종류의 활동에 참여하게 될 경우에 책임(responsibility)을 질 수 있어야 한다. 둘째, 연구대상인 유아가 듣고 싶지 않아도 들어야 하고, 보고 싶지 않아도 봐야 하는 상황이 발생할 때 유아의 그런 불편함

(discomfort)에 대처할 수 있어야 한다. 셋째, 연구자는 자신의 흥미나 관심에 따라 연구하고 그것을 통해 학문적으로 성공할 수도 있고 실패할 수도 있다는 점을 고려하여 연구자로서의 정체감(identity)을 형성해야 한다.

2) 유아대상 연구에서의 연구대상자 보호

유아를 대상으로 연구할 때 연구자는 현재 실시하는 연구가 유아의 발달과 관련한 과학적 지식의 증진과 복지에 어떻게 기여할 수 있는지 생각해 보고 연구해야만 한다. 이를 위해 연구자는 자신의 전문성뿐만 아니라 연구에 참여하는 연구대상자에 대한 책임도 져야 한다. 또한, 연구자는 무엇보다 유아를 존중할 수 있는 겸손한 자세와 태도 및 영·유아의 개인적인 권리와 권익을 존중해 주고 보호해 주는 태도를 지녀야 한다. 이러한 점과 관련하여 우리나라에서는 2012년 2월 1일「생명윤리 및 안전에 관한 법률(약칭 생명윤리법)」을 전면 개정하여 2013년 2월 2일부터 시행함으로써 인간을 대상으로 연구하는 모든 연구자가 연구대상에 대한 복지와 권리 등을 강조하고, 연구대상자의 자발적인 참여를 통해 연구를 진행할 수 있도록 법문화하였다. 특히 연구자는 유아의 연령이 어릴수록 자신의 의지에 따라 연구에 참여하기보다는 부모나 주양육자의 동의에 의해 연구에 참여하게 된다는 점을 간과해서는 안 된다. 이를 위해「생명윤리법」에서는 유아를 취약계층으로 간주하여 반드시 부모나 주양육자 등의 법정대리인의 서면동의를 받도록 명시하였다.

이처럼 유아를 대상으로 연구할 때 연구대상자인 유아의 복지와 권리를 존중해야만 한다는 것은 1960년대 중반부터 활발하게 논의되기 시작하였다. 이러한 논의에 대해 인간대상 연구인 경우에는 연구대상자의 자발적 참여와 동의를 구하는 문제가 중요한 이슈가 되었고, 세계 각국에서는 뉘른베르크 강령(Nuremberg Code, 1947), 헬싱키 선언(Declaration of Helsinki, 1964), 벨몬트 보고서(Belmont Report, 1979) 등을 근간으로 이와 관련한 문제를 해결하고자 하였다. 뉘른베르크 강령에서는 의학실험을 할 때 반드시 충족해야만 하는 것으로 피험자의 자발적 동의와 충분한 정보에 근거한 동의(informed consent)가 이루어져야 하고, 과학적으로 자격을 갖춘 사람만이 실험을 실시해야 하며, 피험자에게 불필요한 신체적, 정신적 고통과 위해를 피해 실험을 해야 한다는 것 등을 명시하였다. 헬싱키 선언은 뉘른베르크 강령의 영향으로 제18차 세계의사협회(World Medical Assembly) 총회에서 채택되었다. 이 선언은 건강한 피험자를 대상으로 하는 실험에서 지켜야 할 윤리적 원칙을 환자를 대상으로 하는 실험에서도 반드시 준수해야 한다는 점을 명시하였다. 이를 위해 헬싱키 선언은 충분한 정보에 근거한 동의를 받아야 한다는 점을 강조하였는데 이는 향후 인간대상 연구의 일반적인 윤리 원칙이 되었다. 벨몬트 보고서는 미국 정부의 매독연구에서 비롯된 것으로써 인간을 대상으로 하는 연구에서의 연구대상자를 보호하기 위한 윤리 원칙과 지침을 제시하였다. 특히 이 보고서는 가장 피해를 받기 쉬운 아동, 정신지체자 등과 같은 사회적 약자를 인체 실험으로부터 보호해야 한다는 점을 강조하면서 인간존중(human right), 선행(beneficence), 정의(justice)를 기본적인 윤리 기준으로 강조하였다. 이외에도 인간을 대상으로 하는 연구에서의 윤리적 측면을 강화하기 위해 1991년 세계보건기구(WHO)와 세계의학회(The Council for International Organizations of Medical Sciences: CIOMS)가 공동으로 인간을 포함하여 생의학 연구를 위한 세계윤리지침을 제정하여 공포하였다. CIOMS에서는 아동연구에서의 주의할 점에 대한 가이드라인을 제시하기도 하였다. 즉, 아동을 대상으로 연구할 경우에는 연구목적이 아동의 보건상 필요한 사항과 관련된 지식을 얻기 위한 것이어야 하며, 반드시 부모나 법정대리인의 허락을 받아야만 하고, 아동의 능력 범위 내에서 아동의 승낙(assent)을 받아야 하고, 아동이 연구에 참여하거나 계속 참여하기를 거부할 경우에 아동의 의견을 존중해야만 한다는 점을 제시하였다(이영, 김온기, 조성연 외, 2015, pp. 81-82).

연구자는 아동의 권리를 최대한 존중하면서 연구를 진행하도록 노력해야 한다. 이를 위해 미국의 아동발달연구회(Society for Research in Child Development: SRCD)에서도 아동을 대상으로 연구할 때 연구자가 지켜야 할 16항목의 연구윤리 강령을 제시한 바 있다(http://www.srcd.org/about-us/ethical-standards-research, 2007). 연구윤리강령은 연구자가 아동을 대상으로 연구할 때 생길 수 있는 위험과 부당한 방법으로부터 아동을 보호하기 위한 것으로써 이 중 몇 가지 특징적인 사항을 제시하면 다음과 같다. 첫째, 유아에게 신체적, 심리적으로 피해를 줄 수 있는 연구 절차를 사용해서는 안 된다. 둘째, 유아에게 연구 참여에 대한 동의를 구하기 전에 연구에 참여함으로써 영향을 받을 수 있는 모든 측면을 알려주어야 하고, 연구 도중 언제든지 그만 둘 수 있는 자유를 보장해 주어야 한다. 또한, 영아를 대상으로 연구하는 경우에 연구자는 부모에게 연구 절차를 더 충분히 설명해 주어야 하며, 영아가 연구에 참여함으로써 받을 수 있는 불편함에 대해 더 특별히 관심을 기울여야만 한다. 셋째, 부모, 보호자나 법정대리인으로부터 연구 참여에 대한 서면동의를 받고, 각자의 책임한계에 대해서도 분명하게 동의를 받아야 한다. 연구 참여자는 어떤 상황에서도 충분한 정보에 근거하여 동의해야만 한다. 넷째, 아동과 상호작용하는 교사 등과 같은 사람이 연구대상인 경우에도 그들에게 충분한 정보를 주고 그에 따른 추가 동의를 받아야만 한다. 다섯째, 연구 참여에 대해 적절한 보상을 해주어야 하나 과하지 않아야 한다. 여섯째, 연구 참여자의 개인정보는 익명성을 보장해 주어야 한다. 일곱째, 연구 참여자의 모든 정보는 비밀을 보장해 주어야 한다. 이러한 윤리적 측면은 비단 연구자뿐만 아니라 연구 결과를 이용하는 사람도 충분히 인지하고 있어야 한다. 그러므로 아동을 대상으로 연구할 때 연구자는 책임 있는 연구를 수행해야 하고, 아동의 권리를 존중하면서 인권을 침해하지 않도록 주의해야 한다(Shaffer, 1999, p. 32). 이러한 측면에서 연구자가 아동을 대상으로 연구할 때 반드시 지켜야만 하는 몇 가지 사항이 있다.

첫째, 해악으로부터의 보호(protection from harm)로서, 연구자는 아동에게 신체적, 정신적으로 해를 입힐 수 있는 연구 조작을 해서는 안 된다. 연구자가 아동에게 해로운 연구 조작을 한다고 의심이 된다면 동료의 자문을 구해야만 한다. 연구자는 수행하려는 연구가 아동에게 해를 미칠 수 있다고 판단되면 다른 방법을 모색하거나 그 연구를 포기해야만 한다. 특히 연령이 어린 유아가 연구대상인 경우에 연구자는 각종의 위험으로부터 연구대상을 보호하기 위해 노력해야 하고, 연구 진행 중에 받을 수 있는 만일의 위험에 대해서도 대처할 수 있는 방안을 마련하여 연구를 수행해야만 한다. 어떤 연구도 개인에게 미치는 최소한의 위험 수준을 벗어나지 않아야 한다.

둘째, 충분한 설명에 의한 동의(informed consent)로서, 연구자는 아동의 보호자나 대리인에게 아동이 받을 수 있는 이익과 위험에 대해 이해하기 쉬운 용어를 사용하여 충분히 설명한 후 서면동의를 받아야 한다. 미국 연방지침에 의하면 7세 이상의 아동이 연구에 참여할 경우에 아동은 자신이 참여하고 있는 연구가 어떤 것인지 이해할 수 있는 수준으로 설명을 들을 권리가 있다는 것을 명시하고 있다. 따라서 연구자는 연구 절차와 내용에 대해 아동이 이해할 수 있는 수준으로 설명해 주어야 한다. 또한, 연구자는 아동으로부터 연구 참여에 대한 승낙도 구해야 한다. 이와 동시에 연구자는 아동에게 언제든지 연구에 참여하지 않을 권리도 있다는 것을 알려주고, 이해시킬 필요가 있다.

셋째, 비밀보장(confidentiality)으로서, 연구자는 연구대상에게서 얻은 모든 자료에 대해 비밀을 유지해야만 하고, 아동의 신상에 관한 정보는 익명화하여 개인

정보가 유출되지 않도록 주의하며, 사생활(privacy)을 보장해 주어야 한다. 그러나 예외적으로 아동학대나 유기 등의 희생자로 의심될 경우에는 이를 아동의 부모나 보호자에게 알려주고, 해당 분야 전문가와 상의하여 아동을 도와줄 수 있는 적절한 방법을 모색해야만 한다.

넷째, 기만(deception) 연구나 연구의 성격상 연구 결과를 알려주는 것이 연구에 긍정적 또는 부정적 영향을 끼칠 수 있다면 연구 내용을 알려주지 않거나 일부를 속이는 등의 필요한 조치를 취할 수 있다. 그러나 연구자는 자료를 수집한 후 아동과 부모에게 이에 대해 분명하게 설명해 주어야 하며, 연구 결과에 대해서도 아동이 이해할 수 있는 수준으로 알려주어야 한다. 그런 후 연구자가 해당 연구에 대한 추가 동의를 받아야만 한다.

3) 기관생명윤리위원회

2012년에 개정된 「생명윤리법」에 따라 연구자는 유아대상의 연구를 할 경우에 연구하기 전에 연구계획서를 작성하여 해당 기관의 기관생명윤리위원회(Institutional Review Board: IRB)의 심의를 받아 연구를 수행해야만 한다. IRB는 인간대상 연구계획서 또는 변경계획서, 연구대상자의 서면동의를 얻기 위해 사용하는 방법이나 제공되는 정보를 검토하고 지속적으로 확인함으로써 인간대상 연구에 참여하는 연구대상자의 권리 · 안전 · 복지를 보호하기 위해 연구수행기관(교육, 연구기관이나 병원) 내에 독립적으로 설치한 상설위원회이다.

「생명윤리법」 제3조에 의해 IRB는 몇 가지 기본 원칙에 따라 심의한다.

첫째, 이 법에서 규율하는 행위는 인간의 존엄과 가치를 침해하는 방식으로 행해서는 안 되며, 연구대상자의 인권과 복지를 우선적으로 고려해야 한다.

둘째, 연구대상자의 자율성을 존중해야 하며, 충분한 정보에 근거하여 연구대상자로부터 자발적인 동의를 받아야 한다.

셋째, 연구대상자의 사생활을 보호해야 하며, 사생활을 침해할 수 있는 개인정보는 당사자가 동의하거나 법률에 특별한 규정이 있는 경우를 제외하고는 비밀을 보장해 주어야 한다.

넷째, 연구대상자의 안전을 충분히 고려하고, 위험을 최소화해야 한다.

다섯째, 취약한 환경에 있는 개인이나 집단을 특별히 보호해야 한다.

여섯째, 생명윤리와 안전을 확보하기 위해 필요한 국제 협력을 모색해야 하고, 보편적인 국제기준을 수용하기 위해 노력해야 한다.

「생명윤리법」 제10조 제3항에 따라 IRB는 다음과 같은 몇 가지 활동을 수행한다.

첫째, IRB의 심의 사항은 연구계획서의 윤리적·과학적 타당성, 연구대상자 등으로부터 적법한 절차에 따라 동의를 받았는지의 여부, 연구대상자 등의 안전에 관한 사항, 연구대상자 등의 개인정보 보호대책, 그밖에 기관에서의 생명윤리 및 안전에 관한 사항이다.

둘째, IRB는 해당 기관에서 수행 중인 연구의 진행과정 및 결과에 대한 조사·감독을 실시한다.

셋째, IRB는 생명윤리 및 안전을 위해 해당 기관의 연구자 및 종사자 교육, 취약한 연구대상자 등의 보호대책 수립, 연구자를 위한 윤리지침 마련 등의 활동을 한다.

IRB는 연구대상자를 보호하기 위해 연구를 실시하기 전에 연구대상자로부터 전자문서를 포함하여 서면동의를 받아야 한다(「생명윤리법」 제16조). 서면동의를 받을 때는 연구의 목적, 연구대상자의 참여 기간, 절차 및 방법, 연구대상자에게 예상되는 위험 및 이득, 개인정보 보호에 관한 사항, 연구 참여에 따른 손실에 대한 보상, 개인정보 제공에 관한 사항, 동의 철회에 관한 사항, 그밖에 IRB가 필요하다고 인정하는 사항 등이 반드시 포함되어야 한다.

이러한 업무 수행과 관련하여 IRB가 심의할 때 주로 역점을 두는 내용은 다음과 같다(교육과학기술부, 한국연구재단, 2011, p. 76).

- 연구계획서에 대한 윤리적, 과학적 타당성이 충분히 제시되어 있는가?
- 피험자에 대한 위험성이 최소화되어 있는가?
- 피험자가 얻을 수 있는 예상 이익과 비교하여 조금이라도 위험성이 있다면 피험자가 감수해야 할 위험이 합리적인가? 그리고 그 실험 결과를 통해 얻을 수 있는 지식에 중요성이 있는가?
- 피험자의 선별은 공정한가?
- 피험자나 법정대리인에게 실험에 대해 충분히 알린 후 동의를 받았는가?
- 피험자가 실험에 대해 자세한 설명을 듣고 이해하였다는 동의서를 받았는가?
- 피험자의 개인정보를 보호하고 데이터의 비밀을 보장하기 위한 적절한 계획이 있는가?

IRB의 심의는 신속심의와 정기(규)심의가 있으며, 1년을 초과하는 연구계획서는 최소 연 1회 이상의 지속심의를 받아야 한다. 또한, 연구대상자나 공공에 미치는 영향이 미미한 경우에는 IRB의 심의를 면제할 수도 있다. 이와 같은 IRB의 심의절차를 도식화하면 그림 1-10과 같다.

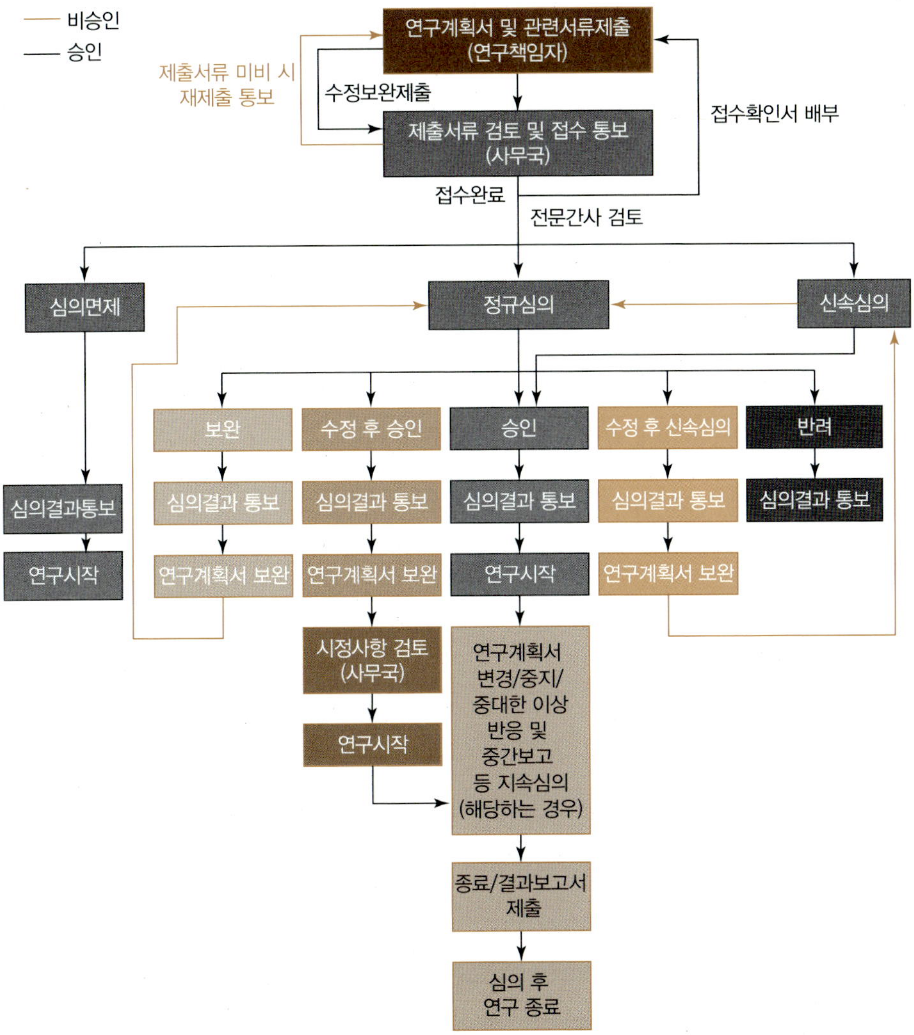

그림 1-10 IRB의 심의 절차

출처: 기관생명윤리위원회 정보포털(www.irb.or.kr)

CHAPTER 02

정신분석이론

1. Freud의 심리성적 이론
2. Erikson의 심리사회적 이론
3. Adler의 개인심리학 이론

CHAPTER 02

정신분석이론

인간의 행동을 무의식적인 과정으로 설명하면서 인간의 정신을 분석하는 것이 정신분석이론(psychoanalytic theory)이다. 정신분석이론은 인간의 무의식 영역을 처음으로 언급하면서 인간의 행동에 대한 무의식의 영향을 강조하였다. 정신분석이론은 인간의 모든 행동에는 반드시 원인이 있다는 심적 결정론과 인간의 행동은 자신이 의식하지 못하는 본능적 충동이 지배한다는 무의식적 정신과정의 두 가지 가정에 기초한다. 정신분석이론을 개척한 사람은 Freud이며, 그의 이론을 근간으로 Erikson, Adler, Jung 등의 신정신분석학(neo-psychoanalysis)이 정신분석이론의 맥을 이었다. 이 장에서는 대표적인 정신분석이론인 Freud의 심리성적(psychosexual) 이론과 Erikson의 심리사회적(psychosocial) 이론에 대해 간단하게 살펴보고, Adler의 개인심리학(individual psychology) 이론을 소개하고자 한다.

1 Freud의 심리성적 이론

Sigmund Freud
(1856~1939)

정신분석이론은 Freud에서 시작되었다. Freud는 의과대학에서 신경학(neurology) 분야를 연구하면서 히스테리아(hysteria)에 관심을 가졌다. 그는 히스테리아 치료를 위해 최면요법을 사용하였으나 그리 큰 효과가 없자, 마음에 떠오르는 어떤 생각이라도 밖으로 자유롭게 표현하도록 하는 자유연상(free association)이라는 방법을 개발하였다. 또한, Freud는 어린 시절의 경험이 무의식에 큰 영향을 미친다고 보고 초기 경험의 중요성을 강조하였으며, 자신의 꿈, 기억, 어린 시절 등을 분석하면서 아동기 성욕이론에 대해 확증을 가지고 '외디푸스 콤플렉스(Oedipus complex)'를 주장하였다. 그는 자신의 이론에 관심을 보이는 젊은 학자들과 매주 토론을 벌이면서 모임을 이끌어 갔는데, 이 모임이 정신분석학파로 발전하였다.

1) 성격에 대한 이해

Freud의 정신분석이론은 성격을 중심으로 이해할 수 있다. Freud는 인간의 모든 행동의 원인은 무의식에 있다고 주장하면서 무의식의 세계를 처음으로 소개하였다. 그는 인간의 내적 욕구나 무의식적 충동은 의식이 활동하는 낮 시간 동안에는 강한 자아와 초자아에 의해 억압되어 있다가, 잠을 잘 때 자아에 의한 의식적 억압이 약화되면서 꿈으로 나타난다고 하였다.

Freud는 인간의 정신세계를 의식(consciousness), 전의식(preconsciousness), 무의

식(unconsciousness)으로 구분하여 이를 빙산에 비유하여 설명하였다. 의식은 물 표면에 떠 있는 작은 부분으로서 주의를 기울이는 순간 바로 알아차릴 수 있는 정신세계인데, 대부분의 자아가 이에 속한다. 전의식은 파도에 의해 물 표면으로 나타났다 잠겼다 하는 부분으로서 주의를 집중하고 노력하면 의식이 될 수 있는 정신세계인데, 이것 역시 자아의 영역에 속한다고 볼 수 있다. 무의식은 물속에 잠겨 있는 부분으로서 가장 넓은 영역을 차지하는데, 이는 의식 밖에 존재하는 정신세계이다. 무의식의 일부가 전의식으로 올라가 의식할 수 있는 경우도 있으나 인간은 대부분의 무의식을 전혀 알지 못한다. 무의식은 원초아와 초자아로 구성되어 있다.

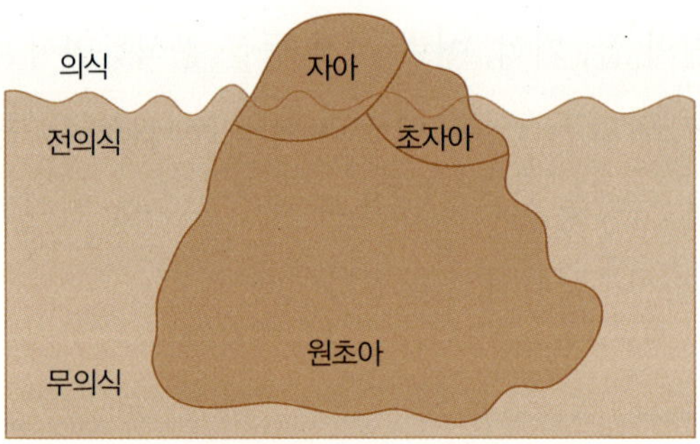

그림 2-1 성격의 구조

출처: 김현택 외 (2001). 심리학, p. 222.

Freud는 성격이 원초아(id), 자아(ego), 초자아(superego)의 세 가지 요소로 구성되어 있다고 보았다. 세 요소는 고유한 기능과 특성, 기제 및 역동성을 가지고 있으며 서로 밀접하게 관련되어 있다. 즉, 인간의 성격은 생물학적 충동(원초아), 적응적 행동(자아), 도덕적 통제지침(초자아)이 상호작용하면서 이루어진다.

원초아는 즉각적인 만족과 긴장 감소를 목적으로 하는 선천적이고 생물학적인 구조로서, 현실을 고려하지 않은 채 쾌락적인 욕망을 수행하고 고통스러운 것은 회피하려 하는 쾌락원리(pleasure principle)에 따른다. 영아는 성장하면서 원초아에서 자아와 초자아를 분화시킨다. 원초아는 식욕, 공격 욕구, 성적 욕구 등 본능적인 욕구를 관장하는데, 본능에는 삶의 본능과 죽음의 본능이 있다. 삶의 본능은 개체의 보존과 종족번식을 목적으로 하는데 Freud는 이러한 삶의 본능을 성 본능으로 보고 리비도(libido)라고 하였다. 반면, 죽음의 본능(thanatos)은 모든 파괴적이고 공격적인 행동을 포함하며 보이지 않게 기능을 수행하는 것으로서, 인간은 누구나 결국 죽게 된다는 삶의 본능의 최종 목표이기도 하다.

자아는 성격의 합리적 요소로서 현실원리(reality principle)에 따라 원초아의 욕구나 긴장, 즉흥적인 충동을 억제하고 현실을 고려하여 합리적인 방법으로 욕구를 충족하는 기능을 한다. 즉, 자아는 원초아의 비합리적인 사고를 저지하기 위해 심리적 힘을 사용하기도 하고, 원초아의 맹목적인 열정을 통제함으로써 유기체가 손상되지 않도록 보호한다.

초자아는 성격의 세 요소 중 가장 늦게 나타난다. 초자아는 유아기 후반(3~6세경)에 발달하기 시작하는 도덕성을 저장하는 곳으로서 원초아의 자유분방한 쾌락추구에 반대하는 힘을 가지고 작용하는 정신 에너지이다. 초자아는 양심의 원리(conscience principle)에 따라 활동하는데 자아로부터 발달하며 쾌락이나 현실보다는 이상(理想)과 완전함을 추구한다. 초자아는 부모나 주위 사람으로부터 물려받은 사회의 가치와 도덕을 내면화시키면서 자신의 행동이 원칙적으로 옳은지 그른지에 대해 판단하도록 도와준다. 초자아는 의식과 무의식에 걸쳐 존재하며, 이들의 행동을 안내하고 지시하는 규칙과 가치로 작용한다.

원초아와 자아 및 초자아는 연령이 증가함에 따라 발달한다(그림 2-2 참조). 태어난 지 1개월 정도 되는 신생아의 정신세계는 대부분 무의식에 속해 있어 본능적 충동을 가진 원초아가 대부분의 삶을 지배한다. 이 시기의 자아는 매우 작고

약하며, 극히 일부분만이 의식에 속해 있어 매우 제한적이며, 전의식도 거의 존재하지 않는다. 3세경의 유아는 의식이 확대되고 정확해지며 전의식도 확장된다. 3세경에 자아는 전의식으로 나오지만 심리적으로 고통스러운 생각은 무의식으로 억압된다. 이후 아동기와 청소년기에 이르러 전의식은 점차 복잡해지며, 3세경부터 발달하기 시작한 초자아는 자아로부터 발달하여 사춘기에 거의 완성된다.

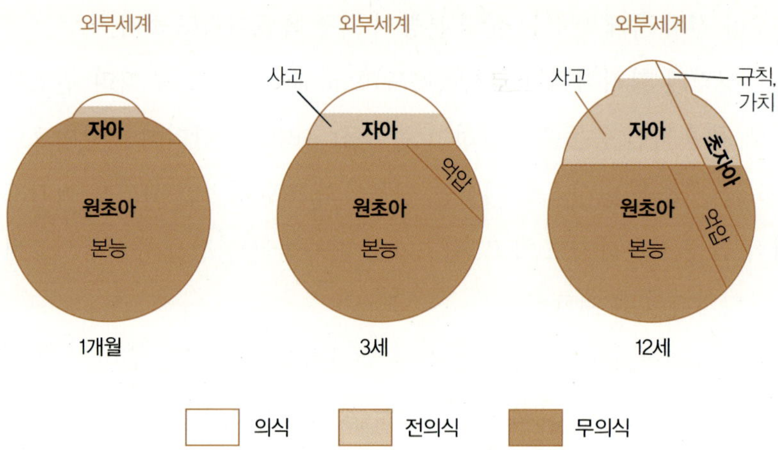

그림 2-2 원초아, 자아, 초자아의 발달적 경향

출처: Thomas, R. M. (2000). *Comparing theories of child development* (5th ed.), p. 128.

2) 성격의 발달단계

Freud는 삶의 본능을 성 본능으로 보고 이를 리비도(libido)라고 하였으며, 리비도가 집중적으로 모이는 부위를 성감대라고 하였다. 리비도는 일정한 순서에 따라 여러 신체부위로 옮겨 다니는데, Freud는 리비도의 이동에 따라 성격이 발달한다고 주장하였다. 또한, Freud는 인간의 성격발달이 다섯 단계로 이루어지며,

각 단계마다에서 추구하는 쾌락이 만족되어야 다음 단계로 넘어갈 수 있다고 주장하였다.

(1) 구강기

구강기(oral stage)는 출생에서 1세경까지의 시기로서 리비도가 입 주위에 몰려 있다. 이 시기의 영아는 젖을 빨고 음식을 씹는 것, 또는 손가락이나 젖꼭지 등 무슨 물건이든지 입에 닿으면 빠는 것을 통해 쾌락을 추구한다. 구강기에 고착되면 손가락 빨기, 과식, 수다 떨기, 손톱 깨물기 등의 구강기적 성격을 보인다.

(2) 항문기

항문기(anal stage)는 1세에서 3세경까지의 시기로서 리비도가 항문에 몰려 있다. 유아는 배설을 통해 긴장과 불편감을 해소하는 쾌감을 느낄 뿐만 아니라 배설물을 보유하는 것으로도 쾌감을 느낀다. 항문기에는 대소변 가리기 혹은 배변훈련(toilet training)이 중요한 과제이다. 그러므로 부모가 억압적이거나 조급하게 배변훈련을 시킬 경우, 유아는 결벽증적 성격이나 수전노, 수집광, 혹은 물건을 낭비하고 어지럽히며 자신을 지저분하게 하는 등 항문기 고착적인 성격을 지니게 된다.

(3) 남근기

남근기(phallic stage)는 3세에서 6세경까지의 시기로서 리비도가 성기로 옮겨간다. 유아는 자신의 몸에 있는 성기에 신경을 쓰기 시작하고 성기에 자극을 가할 때 느껴지는 쾌감을 알게 된다. Freud에 의하면, 남아는 어머니를 이성으로 사랑하게 되는 외디푸스 콤플렉스(Oedipus complex)를 경험한다. 이 시기의 남아는 아버지를 애정 경쟁자로 느끼지만 아버지가 자신보다 강하고 우월하기 때문에 아버지가 자신을 해칠지도 모른다고 생각한다. 그래서 어머니에 대한 성적 욕망과 아버지에 대한 적대감을 억압하는 과정에서 아버지처럼 되기 위해 아버지와 동일시(identification)하려고 한다. 이와 같은 동일시 과정을 거치면서 남아는 그 사회에 적절한 남성적 성역할을 학습한다. 반면, 여아는 아버지를 사랑하는 엘렉트라 콤플렉스(Electra complex)를 경험하면서 어머니를 동일시하여 여성적인 성역할을 학습한다. 유아가 남근기 고착적인 성격을 지니게 되면 과시적이고 공격적이며 교만하고 방종한 경향을 나타낸다.

그림 2-3 여성적 성역할을 학습하는 남근기 여아

(4) 잠재기

잠재기(latent stage)는 6세에서 12세경까지의 초등학교시기로서 리비도가 활동을 멈추고 숨어 있는 듯한 시기이다. 이 시기는 성적 욕구를 억압하면서 겉으로 보기에는 평온한 것처럼 보인다. 아동은 남근기까지의 갈등 해결에 투입하던 많은 성적 에너지를 부모나 동성 친구에게 집중하며 활발한 지적 탐구활동을 한다. 이 시기의 아동은 학업과 친구관계 등을 통해 기본적인 사회적 기술을 습득한다.

(5) 생식기

12~13세 이후 사춘기에 접어들면 아동은 생식기 혹은 성기기(genital stage)에 이른다. 잠재기에 잠복되었던 성적 에너지는 무의식에서 의식의 세계로 나와 다시 왕성한 활동을 시작한다. 잠재기 이전, 즉 구강기, 항문기, 남근기 동안 아동은 자신의 신체 부위에서 성적 쾌감을 추구하는 자기애착적 경향을 보였으나, 생식기부터 아동은 이성에 관심을 갖게 되고 이성으로부터 만족을 얻으려는 이성애착적 경향을 보인다. 이 시기는 잠복기에 확립되었던 원초아, 자아, 초자아 간의 균형이 갈등과 혼란을 겪으면서 불균형하게 되는데, 이러한 불균형으로 인해 불안이 생기면서 아동은 이를 극복하기 위해 방어기제를 사용한다.

3) 방어기제

Freud는 불안을 본능적 충동에서 오는 절박한 위험을 자아에게 경고하는 신호로 보고, 이러한 신호에 반응할 때 자아는 방어기제를 사용한다고 주장하였다. 방어기제(defence mechanism)는 스트레스나 불안, 좌절로부터 자신을 보호하고 갈등상황을 피하기 위해 사용하는 무의식적이고 비현실적인 심리적 책략이다. 방어기제는 성격발달의 수준이나 불안 정도에 따라 여러 가지 형태로 나타난다. 방어기제를 사용하여 그 결과가 성공적이면 몇 번이고 계속 사용하는 경우가 있는데, 이런 경우 흔히 방어기제가 성격의 일부가 되기도 한다. 그러므로 방어기제는 성격형성의 중요한 요인이라고 할 수 있다. 인간은 방어기제를 사용함으로써 불안을 유발하는 고통스러운 감정이나 불쾌한 생각을 왜곡하거나 위장한다.

(1) 억압

억압(repression)은 의식하기에는 현실이 너무 고통스럽고 충격적이어서 이를 무의식 속으로 억눌러 버리는 것이다. 즉, 억압은 욕구나 갈등을 의식 밖으로 배제함으로써 고통으로부터 벗어나려고 하는 것이다. 억압은 다른 방어기제나 신경증적 증상의 기초가 된다. 한편, 억압과 다르게 의식적으로 생각과 느낌을 눌러 버리는 것을 억제(suppression)라고 한다.

(2) 고착

고착(fixation)은 다음 발달단계로 나가는 것이 불안하여 현재 단계에 머물러 버리는 것이다. 성인이 되면 어른다운 사고와 행동을 해야 하는데도 불구하고 어린 아이처럼 사고하고 행동하는 것을 예로 들 수 있다.

(3) 퇴행

퇴행(regression)은 육체적, 정신적으로 충분히 발달되었음에도 불구하고 공포로 인한 욕구불만의 상태에 빠질 때 유아기의 행동이나 사고로 되돌아가려는 현상이다. 즉, 퇴행은 자아가 현실을 견딜 수 있을 만큼 강하지 못하여 리비도의 욕구를 유아적인 방법으로 만족시키는 것이다. 유아에게 동생이 태어나거나 주위의 변화로 불안을 느끼게 되면, 유아는 주위의 사랑과 관심을 획득하기 위해 말을 더듬거나 대소변을 가리지 않는다든지 또는 다시 젖병을 빨거나 기어 다니는 등의 전단계로 후퇴하는 행동을 보이는 것을 예로 들 수 있다.

(4) 합리화

합리화(rationalization)는 용납될 수 없는 자신의 행동 동기를 무의식적으로 위장하여 합리적으로 설명함으로써 자아를 보호하고 사회적 승인을 얻으려는 것이다. 즉, 합리화는 어떤 실패나 불만의 원인이 자기의 무능이나 결함으로 인한 것이 주요 원인임에도 이를 감추고 대신 그럴듯한 이유를 제시하는 것이다. 이솝우화의 '여우와 신포도' 이야기에 나오는 여우의 반응을 예로 들 수 있다.

(5) 치환 또는 전이

치환 또는 전이(displacement)는 어떤 대상에게 적의를 가졌을 때 그 적의의 감정이나 정서를 다른 대상에게 발산하는 것이다. 즉, 이는 적의의 감정을 직접 표현하면 사회적으로 용납되지 않고 벌이나 비난을 받을 우려가 있으므로 적의를 일으키게 한 대상보다 덜 위험한 대상에게 표현하는 것이다. '종로에서 뺨 맞고 한강에서 눈 흘긴다.'는 속담이 이에 해당한다.

(6) 승화

승화(sublimation)는 억압되었거나 금지된 욕구를 직접적으로 표현하지 못할 때, 사회로부터 용인되는 다른 목표를 달성함으로써 간접적으로 원하는 욕구를 만족하려는 행동이다. 승화는 치환의 일종으로도 볼 수 있는데, 그 차이점은 일반적인 치환의 내용과 달리 보다 합리적으로 받아들일 수 있는 수준이고 높은 문화적 목표를 갖는다는 것이다.

(7) 투사

투사(projection)는 자신의 것으로 받아들이기 곤란한 사고나 행동을 다른 사람의 사고나 욕망으로 돌림으로써 자아를 방어하는 것이다. 예를 들면, 아이가 싸움을 할 때 싸움의 원인이 친구에게 있다고 생각한다든지, 성격이 좋지 않은 사람이 오히려 친구가 성격이 나쁘다고 비난하는 경우 등이다.

(8) 반동형성

반동형성(reaction formation)은 사회적으로 수용되지 않거나 죄의식을 일으키게 하는 억압된 욕구를 가진 사람이 무의식적인 희망이나 원래의 욕구와는 반대되는 태도를 의식적으로 표현하는 것이다. 예를 들면, 미워하는 친구에 대한 적개심을 지나친 관심과 애정으로 표현하는 경우이다. '미운 놈 떡 하나 더 준다.'는 속담이 이에 해당한다.

4) 평가

Freud의 이론은 성격발달에 관한 근본적인 가설을 제공하였고 무의식의 영역을 개척했다는 점에서 정신의학과 심리학 발전에 크게 기여하였다. 그의 이론은 인생 초기 경험의 중요성, 특히 부모와 자녀와의 관계를 중시하여 부모의 역할과 자녀양육에 대한 관심을 불러일으켰다. 그는 부모와 자녀 간의 애착, 형제관계, 공격성, 도덕성, 성역할 등의 발달에 관한 연구를 촉진시키는 데도 큰 역할을 하였다(Berk, 2000, p. 18). 또한, 방어기제에 대한 규명도 그의 큰 업적이라 할 수 있다. Freud의 이론을 비판하는 학자조차도 그가 규명한 방어기제에 대해서는 긍정적 평가를 함으로써 방어기제는 일상생활에서도 폭 넓게 수용되고 있다.

한편, Freud의 정신분석이론은 비판도 많이 받는다. 첫째, 그는 생물학적인 성충동에 기반을 두고 성적인 욕구를 강조했으며, 특히 유아기의 성욕을 지나치게 강조했다. 둘째, 인간관이 수동적이며 비관적이어서 인간을 성욕과 과거의 경험에 의해 지배되는 수동적이고 소극적인 존재로 보았다. 셋째, 외디푸스 콤플렉스, 고착 등과 같은 개념은 과학적 검증이나 설명이 어렵다. 넷째, 외디푸스 콤플렉스와 엘렉트라 콤플렉스 등에 대한 그의 편견은 문화에 따라 남녀의 성역할이 바뀐 곳도 있어 그 보편성을 증명하지 못한다. 다섯째, 그의 개념과 가설이 신경증 성인 환자의 임상적 자료에 근거하여 구축되었기 때문에 정상인이나 아동의 발달을 설명하는 데 무리가 있다(유안진, 1999, pp. 61-62).

이러한 Freud 이론에 대해 비판하면서 Freud를 떠나 독자적인 정신분석이론을 세운 신Freud 학파가 등장하였다. 신Freud 학파의 학자들은 Freud의 이론에 매력을 느껴 함께 연구를 시작했지만, 성욕을 지나치게 강조하는 Freud의 이론에 회의를 품고 성장과정 전반에서 사회적 관계를 통한 성격발달을 논하였다. 즉, 신Freud 학파는 인간의 행동과 정서 및 동기는 유전된 자기보존의 본능이나 성적 본능에 의해 나타나는 것이 아니라 환경과 사회문화의 영향을 받는 것이라고 주장한다. 이러한 신Freud 학파에는 Erikson, Adler, Jung, Sullivan, Horney, Fromm, Berne 등이 있다.

2 Erikson의 심리사회적 이론

Erik Erikson
(1902~1994)

Erikson은 인종이 다른 부모의 이혼과 재혼에 따라 자아정체감 문제를 겪으면서 성장하였는데, 이는 그가 자아정체감에 몰두하게 된 배경이 되었다. 그는 틀에 박힌 것을 싫어하여 여러 지역을 여행하고 다녔는데, 이는 다양한 문화 환경에서 성장하는 아동에 대한 비교문화적인 연구의 기초가 되었다. Erikson은 신Freud 학파의 대표적인 학자로서 그의 대표 저서인 《아동기와 사회(Childhood and society)》(1950)에서 생의 8단계를 제시하였다.

1) 이론의 이해

Erikson은 Freud의 이론을 근간으로 하여 자신의 이론을 발전시켰다. 성격발달의 기초로 Freud가 성적인 에너지인 리비도를 강조한 것과 달리, Erikson은 사회적인 에너지를 강조하였다. Erikson은 인간의 발달단계는 유전적 요인에 의해 결정되지만, 사회적 혹은 환경적 힘에 의해 유전적으로 결정된 단계가 현실화된다고 주장하였다. 즉, 그는 인간의 성격발달을 개인과 사회적 환경의 상호작용

결과라고 보았다. 따라서 Freud가 리비도의 위치 이동에 따라 발달단계를 제시한 것과 달리, Erikson은 다른 사람과의 사회적 관계에 초점을 맞추어 발달단계를 제시함으로써 그의 이론을 심리사회적(psychosocial) 이론이라고 한다.

Erikson은 발달을 전 생애에 걸쳐 이루어지는 과정으로 보고, 출생에서 노년기까지 각 단계마다 거쳐야 하는 발달과업을 제시하였다. 그는 각 단계마다 발달과업과 대칭적인 개념인 발달의 심리사회적 위기를 함께 제시하면서, 대칭적인 두 개념이 균형을 이루면서 발달해야 다음 단계로의 진행이 원만하다고 설명하였다. 각 단계마다 개인은 심리사회적 위기와 그 반대편 특성을 겪게 되는데, 이때 양극단 사이에서 위기를 어떻게 겪고 극복하느냐에 따라 성격이 형성된다고 보았다. Erikson은 개인에게 있어서 긍정적 의미의 발달과업 성취만 중요한 것이 아니라 부정적 의미의 발달 위기도 어느 정도 경험하는 것이 원만한 성격을 형성하는 데 도움이 된다고 보았다.

2) 발달단계

(1) 기본적 신뢰감 대 불신감

첫 번째 단계는 기본적 신뢰감(sense of basic trust) 대 불신감(sense of mistrust)으로서 출생에서 1세경까지의 영아기로 Freud의 구강기에 해당한다. 이 시기에 영아는 자신을 돌봐주는 어머니 혹은 양육자와 신뢰감을 형성한다. 어머니가 영아의 신체적, 심리적인 기본 요구, 즉 배가 고플 때 젖을 준다든지 기저귀가 젖었을 때 갈아주는 등 영아의 요구에 적절하게 반응해 주면 영아는 어머니에게 기본적인 신뢰감을 형성하게 된다. 그러나 어머니가 영아의 필요와 요구에 적절히 반응해 주지 않고 영아와 일관성 있는 관계를 유지하지 못하면 영아는 어머니에 대한 불신감을 형성하게 된다. Erikson은 이 시기를 인생에서 가장 중요한 시기로 보았다.

(2) 자율성 대 수치심과 회의감

두 번째 단계는 자율성(sense of automomy) 대 수치심과 회의감(sense of shame and doubt)으로서 1세에서 3세까지의 초기 유아기로 Freud의 항문기에 해당한다. 이 시기에 유아는 괄약근 통제, 혼자 걷기 등이 발달하면서 스스로 하고자 하는 자율성이 발달한다. 유아는 모든 것을 자기 힘으로 해결하려 애쓰고 부모에게 의존하지 않으려고 한다. 이 시기에 유아는 '내 거', '내가 할 거야', '싫어' 등의 말을 자주 하면서 자기주장을 한다. 유아는 이러한 주장이 잘 받아들여지고 자신에 대한 힘이 생기면 자율성이 발달한다. 그러나 이 시기에 부모는 유아가 자신의 뜻대로만 행동하도록 허용하기보다는 사회적으로 적절한 행동을 하도록 외적 통제를 가한다. 유아의 독립적이고 자율적인 노력이 부모로부터 인정받지 못하거나 반복적으로 실패하면 유아는 수치심이나 회의감을 발달시키게 된다.

(3) 주도성 대 죄책감

세 번째 단계는 주도성(sense of initiative) 대 죄책감(sense of guilt)으로서 3세에서 6세 정도까지의 유아기로 Freud의 남근기에 해당한다. 이 시기의 유아는 스스로 어떤 목표나 계획을 세워 그 일을 성공적으로 완수하고자 하며, 개인적 욕구를 충족시키기 위해 부모에게 의존하던 것에서 벗어나 보다 복잡한 행동을 주도적으로 하려고 한다. 따라서 유아는 목표 지향적이고 경쟁적인 행동을 함으로써 주도성을 발달시킨다. 그러나 이 시기의 유아는 행동이나 발달이 미숙하여 자신의 계획과 희망이 실패할 수밖에 없다는 것을 깨닫고, 자신의 행동을 주도적으로 실행할 기회가 부족하거나 주도한 행동이 실패하면 이에 대해 부정적 감정인 죄의식을 갖게 된다. 결국 유아는 죄의식을 만들어 내는 초자아를 내면화하여 새로운 형태의 자기 억제를 함으로써 죄책감을 느끼게 된다.

그림 2-4 주도적으로 과제를 수행하는 유아

(4) 근면성 대 열등감

네 번째 단계는 근면성(sense of industry) 대 열등감(sense of inferiority)으로서 6세에서 11, 12세경까지의 학령기로 Freud의 잠재기에 해당한다. 이 시기의 아동은 가정에서 벗어나 학교라는 보다 넓고 새로운 세계를 경험함으로써 학습에 필요한 기초적인 인지기술과 또래와의 관계를 통한 사회적 기술을 배우고 숙달한다. 즉, 아동은 학교나 사회에서 부과하는 과제를 성실히 수행하면서 자부심과 성취감을 느끼고, 부모나 교사로부터 인정을 받기 위해 열심히 노력하는 과정에서 근면성과 성취감을 발달시킨다. 그러나 학습이나 놀이에서 실수하거나 실패하여 기대하는 기술을 발달시키지 못하거나 자신이 친구나 또래에 비해 뒤떨어지고 능력이 없다고 생각하면 아동은 열등감이나 부적절감을 갖게 된다.

(5) 정체감 대 역할 혼돈

다섯 번째 단계는 정체감(sense of ego identity) 대 역할 혼돈(sense of role confusion)으로서 13세경부터 사춘기에 이르는 청소년기로 Freud의 생식기에 해당한다. 이 시기의 청소년은 급격한 신체변화를 경험하고 새로운 사회적 압력이나 요구에 직면하면서 자신의 존재에 대한 의문을 갖고 이를 탐색하기 시작한다. 청소년은 자신이 누구인지, 자신의 위치는 어디인지, 자신의 능력은 어느 정도인지, 자신의 역할과 책임은 무엇인지 등 자아정체감에 대해 고민한다. 이러한 고민은 자아정체감을 확립하는 과정에서 비롯되는데 Erikson은 자아정체감의 확립을 청소년기의 궁극적인 과제라고 보았으며, 이 시기를 기본적 신뢰감을 형성하는 첫 번째 시기만큼이나 중요하게 생각하였다. 이 시기에 청소년이 긍정적 자아정체감을 형성하면 이후 인생의 여러 단계에서 나타나는 심리적 위기를 잘 극복할 수 있지만 부정적 자아정체감을 형성하면 계속 방황하게 된다. 이러한 고민과 갈등, 방황 등이 길어지면 자신의 존재와 위치에 있어서의 역할 혼돈이 생긴다.

(6) 친밀감 대 고립감

여섯 번째 단계는 친밀감(sense of intimacy) 대 고립감(sense of isolation)으로서 20세경부터 시작하는 청년기를 지나 성인기에 이르는 초기 성인기이다. 이 시기에 청년은 직업을 선택하고 배우자를 찾는데, 이러한 과정에서 청년은 다른 사람과의 친밀감을 형성하는 것이 주요 과제가 된다. 진정한 친밀감은 합리적인 자아정체감을 형성했을 때만 가능한데 이는 우정과 사랑 모두에서 필요하다. 한편, 청년이 친밀감 형성을 잘 이루지 못하면 자신에게만 몰두하여 사회적 관계에서 고립감을 느끼게 된다. 고립은 다른 사람과의 관계에 대한 의지가 없거나 무능한 것이기 때문에 다른 사람과 깊은 감정과 사고를 나누지 못하는 사람은 고독과 절망에 빠지게 된다.

(7) 생산성 대 침체성

일곱 번째 단계는 생산성(sense of generativity) 대 침체성(sense of stagnation)으로서 중년기에 해당하는 성인기이다. 이 시기의 성인은 다양한 측면에서 생산성을 발휘한다. 이 시기는 가정적으로는 자녀를 출산하여 양육하고, 사회적으로는 후세대를 양성하는 데 노력함으로써 자신의 문제가 아닌 다음 세대를 양육하고 교육하는 문제에 더 많은 관심을 기울이고, 직업적인 성취나 학문적, 예술적 업적에서도 생산적으로 활동한다. 이 단계에서 성공적인 발달을 이룬 사람은 가정에서 자녀와의 관계나 배우자와의 관계가 원만하고, 직장에서는 동료나 상사와 부하직원과의 관계가 원만하고 긍정적이다. 그러나 생산성을 제대로 발휘하지 못하면 성격이 침체되고 불모화되어 침체성을 발달시키게 된다. 이러한 사람은 개인적인 욕구에 지나치게 집착하거나 타인의 욕구를 무시하고 다음 세대를 위해 무엇인가를 하지 못하며 생산성을 발휘하지 못한다.

(8) 통합감 대 절망감

마지막 단계는 통합감(sense of ego integrity) 대 절망감(sense of despair)으로서 노년기에 해당하는 시기이다. 지나온 삶을 되돌아보고 자신의 삶이 가치 있다고 느끼며 인생의 의미를 발견할 때 인간은 자아에 대한 통합감을 발달시킨다. 이 시기는 신체적으로 노쇠해지며 직업과 경제활동 현장에서 은퇴하고 배우자의 병과 죽음 등으로 인해 인생의 무력감을 느낄 수 있지만, 이를 자연스러운 것으로 받아들이면 통합감을 발달시킨다. 자아 통합을 이룬 사람은 자신의 인생이 가치 있었다고 생각하면서 생에 대한 통찰과 관조로서 다가올 죽음까지도 수용한다. 그러나 자신의 생을 되돌아볼 때 지나온 삶이 아쉽고 후회가 많으며, 잃어버린 시간이 안타깝고, 신체적 노쇠나 직업에서의 은퇴, 친구나 배우자의 사망 등으로 인생에 대한 무력감과 허무감을 느끼면 절망감이나 극단적인 부정적 자아개념을 형성하게 된다. 이러한 경우에 노인은 죽음에 대한 공포를 지닐 수도 있다.

3) 평가

청년기를 끝으로 5단계로 성격발달이 완료된다고 보았던 Freud 이론을 Erikson은 전 생애적으로 확장시켰다. 또한 Erikson은 유아의 발달에서 Freud가 부모와의 관계만을 중시한 것에서 벗어나 부모만이 아니라 가족, 친구, 사회, 문화적 요인도 중요하게 작용한다고 보고, 사회적 요인이 인간의 발달에 어떻게 영향을 미치는지에 대해서도 알아보고자 하였다. 이를 통해 Erikson은 정신분석이론의 신뢰수준을 높이고 실생활에서의 적용 가능성을 확인시켜 주었다. 즉, Erikson은 Freud의 심리성적 단계에 대해 심리사회적 단계를, 생물학적 영향에 대해 문화적 영향을, 원초아와 무의식에 대해 의식을, 자기방어에 대해 자아정체감을, 비정상적인 연구대상 대신에 정상적인 연구대상을, 특정한 문화적 시각에 대해 비교문화적 시각을, 아동기에 대한 성인의 회상 대신에 아동에 대한 관찰을, 그리고 아동발달에 성인발달을 첨가시켰다(Miller, 2002, pp. 158-159). 뿐만 아니라 Erikson은 정상적인 인간이 사회적 관계 속에서 발달하는 과정을 설명하는 데 기여하였으며, 인간발달에서 전 생애를 통한 발달적 접근을 시도하고 문화적 상대성을 인정한 점도 공헌점이라 할 수 있다.

한편, Erikson은 인간이 천성적으로 선하고 적응적이며 창조적인 힘을 지니고 있는 존재라고 강조하였음에도 불구하고 여전히 정신분석이론이 가지고 있는 기본적인 한계를 벗어나지 못하였다. 즉, Erikson은 Freud와 마찬가지로 인생의 초기 경험을 중요시하면서 인간을 수동적이고 비관론적으로 본 측면이 있으며, 발달단계에 대한 과학적인 근거를 제시하지 못하였고, 이론을 구축한 개념이 애매하고 모호하다는 비판도 있다(Thomas, 2000, p. 161). 또한 Erikson은 유아기에 주도성이 위축되어 죄책감을 형성한다고 하였는데 죄책감이 이 시기의 개념으로 설명하기에 적절하지 못하다는 비판도 있다.

3 Adler의 개인심리학 이론

Alfred Adler
(1870~1937)

Adler는 오스트리아의 빈에서 6남매 중 둘째로 태어났는데 어린 시절 몸이 약해 늘 고생했으며 형에 대한 질투심으로 열등감 속에서 생활하였다. 그는 형을 극복하기 위해 노력했는데 이는 형제 서열에 대한 연구와 열등감에 대한 연구에 큰 영향을 주었다.

Adler는 빈 의과대학을 졸업하고 안과 의사로 개업하였으나, 후에 신경학과 정신의학으로 전환하였다. 개업 후에도 Adler는 심리학, 철학, 사회과학을 공부하면서 1902년 Freud의 토론 그룹에 참여하였는데, 이 모임은 후에 빈 정신분석학회로 발전하였다. 1912년 Adler는 Freud의 이론과 다른 관점을 견지하면서 '개인심리학회(Society for individual psychology)'를 창립하였다. 또한, 그는 신경증이 있는 아동과 부모를 상담하는 아동상담소를 설립하여 부모교육, 부모상담 프로그램, 교사교육, 집단상담 등을 실시하였다. 그러나 Adler 사망 이후 그의 개인심리학은 Freud의 정신분석학을 따르는 사람들의 저항에 부딪혀 일시적으로 쇠퇴하였으나 제2차 세계대전 이후 다시 주목받기 시작하였다. 현재 그의 이론은 자녀양육, 가족치료, 학교상담, 인간관계, 부모교육 및 부모상담 등에서 널리 활용되고 있다.

1) 이론의 이해

Adler는 자신과 타인을 이해하는 데 도움을 줄 수 있도록 간결하고 실제적인 이론을 고안하여 발전시켰다. Adler의 개인심리학(individual psychology)은 인간을 전체적으로 보아야 한다는 입장에서 명명된 용어로서, 여기서의 개인(individual)은 '나누지 못하는(in-divide)'이라는 라틴어 어원을 가진 분리 불가능성(indivisibility)을 의미한다. 개인주의라는 용어는 개인주의적이라는 용어로 오인되어 Adler가 주장하는 공동체감과 상충한다는 비판을 받기도 하였다. Adler는 자아(ego)를 리비도보다 더 큰 동기를 가진 힘으로 보고, 환경적 차이에 따른 인격에서의 개인차를 강조하고 인간의 전체성 개념을 강조하기 위해 개인심리학이라는 용어를 고수하였다. Adler도 인간의 무의식을 강조하였지만 그의 무의식은 Freud가 주장한 성적 본능이 아니라 사회적 충동이었다.

Adler는 Freud와 다른 견해를 가진 정신분석이론을 주장하였다. Adler는 인간을 가치 있고 사회적으로 동기화되며 창의적이고 독립적인 행동을 할 수 있는 존재로 보았다(김춘경, 2006, p. 17). Freud가 인간 정신의 장을 의식 대 무의식, 원초아 대 자아 대 초자아, 죽음의 본능 대 삶의 본능 등의 개별적인 부분으로 나누면서 이들은 서로 배타적이고 적대적이어서 인간은 이들 사이에서 발생하는 갈등에서 벗어날 수 없다(Anshacher, 1978)고 본 반면, Adler는 인간을 갈등의 관계로 보지 않았다. 즉, 그는 개인을 생활양식(lifestyle)이라는 개성화 방식으로 생의 목표를 추구해 나가면서 전체성과 통일체를 형성하는 존재로 보았다(김춘경, 2006, p. 20). 그는 Freud처럼 아동기의 경험과 감정을 탐색하기는 했으나, 개인의 문제는 잘못된 생활양식에서 비롯된다고 봄으로써 형제 간의 경쟁, 익애와 거부, 열등감과 싸우는 방법 등에 초점을 두어 이론을 전개했다. Adler에 의하면, 개인은 어린 시절의 무기력한 존재로서 열등의식을 경험하고 이를 보상하려고 하는데 이러한 열등감 때문에 인간은 우월을 추구하는 욕구를 가지고 일생을 보내려 한다는 것이다.

Adler는 인간을 출생 시부터 인간관계에 노출되어 살아감으로써 사회에 적응해야 하는 사회적 존재로 보았다. 그리하여 인간은 본능적 충동의 지시에만 따르는 것이 아니라 자신의 운명을 선택하고, 자신의 인생 계획을 창조하며, 자신의 목적 성취를 도와줄 특성과 태도 및 능력을 발전시키는 존재라고 하였다.

2) 기본 개념

(1) 전체로서의 인간

Adler는 전체로서의 인간을 주장함으로써 인간을 단일하며 분해할 수 없는 존재로 보았다. 그는 인간을 환원론적이거나 축소적(reductionistic)인 관점보다는 전체적인(holistic) 관점으로 보았고, 개인을 목표를 향해 일정한 패턴으로 살아가는 역동적이고 통합된 유기체로 보았다(김춘경, 2006, p. 24). 즉, 인간은 통일된 자아 일관적 실체, 완전을 추구하려는 능동적인 노력을 하는 자, 창조적이고 자기결정적인 실체, 사회적 소속체, 자기주체성을 가진 자이다(김경희, 1988, p. 29). 또한, Adler는 Freud가 인간의 정신세계를 무의식, 전의식, 의식으로 구분하고 이들이 각각 존재한다고 본 것과 달리, 의식과 무의식, 마음과 몸, 접근과 회피, 양가감정 등의 개념을 개별적인 관점보다는 전체적인 관점에서 보았다.

(2) 열등감과 보상

Adler는 열등감이 인간의 삶에 미치는 영향을 연구하여 열등감을 모든 정신 병리의 원인으로 보았다. Adler의 열등감은 인간이 홍수, 한파 등의 천재지변, 즉 자연에 대해 무기력한 존재라는 것에서 출발하는데, 이는 인간의 성장과 발전, 나아가 인류 문명의 발전을 이끄는 데 매우 중요하다.

열등감이 긍정적으로 인식될 수 있는 것은 열등감에 따른 보상 때문이다. 인간은 신체적 열등감뿐만 아니라 사회적, 심리적 부분에서의 열등감도 보상하려고 노력하는데, 보상은 인간의 잠재력을 성취하게 해주는 건강한 반응이다. Adler는 열등감을 극복하거나 보상하려는 추동을 인간의 기본 동기로 보고, 인간은 열등감을 보상하기 위해 우월감, 충족감, 권력감을 달성하려는 개인적 목표를 성취한다고 주장하였다. 개인적 목표는 실현가능한 것일 수도 있고, 비현실적인 것일 수도 있으며, 때로 신경증적인 것일 수도 있다. 그러나 인간이 개인적 목표를 선택하고 나면 모든 개인의 행동은 의식적이고 무의식적으로 그 목표를 달성하려고 노력하는데, 이러한 목표를 달성하려는 노력은 인생의 원동력이 된다. 인간은 열등감을 극복하고 보상하기 위해 문명, 언어, 기계 등을 창조해 냈다.

(3) 우월에의 추구

Adler는 인간의 공통적인 기본 동기를 열등감에 기초한 우월에의 추구라고 보았다. Adler가 말하는 우월은 사회적 신분이나 지위가 높은 것을 말하는 것이 아니라 자아실현과 유사한 개념이다. 인간은 자신의 열등감 때문에 생기는 긴장과 불안을 참기 힘들어 이를 극복하고자 우월해지려고 한다. 그러므로 우월에의 추구는 인간을 이끌어 주는 선천적 추동으로서 열등감을 극복하려는 욕구에서 나오는데, 이는 환경을 보다 잘 통제할 수 있는 권력이나 힘을 성취하려고 노력하는 것이다. 인간은 자신의 열등감을 보상하는 방향으로 행동하므로 우월에의 추구가 보상의 궁극적인 목적이 된다. 따라서 인간은 전 생애 동안 우월을 추구하려는 노력을 통해 더 높은 단계로 발달한다.

(4) 공동체감

Adler는 인간은 사회의 일원이기 때문에 사회와 결속되어 있을 때 안정감을 가지므로 인간의 행복과 성공이 사회적 유대와 관련이 있다고 보았다. 즉, 인간은 사회구조를 떠나 고립된 존재로 이해할 수가 없다. 이러한 공동체감은 개인의 완전해지고자 하는 욕구를 사회에 대한 관심으로 대체한 것이다. 이런 관점에서 Adler는 인간은 소속하려는 욕구가 있다고 보았다. 즉, 인간은 소속감을 가질 때만이 문제에 직면하여 처리하려고 노력한다. 따라서 강한 열등감을 지닌 사람은 사회적 인정을 받지 못하고, 자신이 중요하다고 생각하는 사람들로부터 수용받지 못한다는 두려움이 있어 고립될지 모른다는 불안감을 지닐 수 있다.

(5) 생활양식

Adler는 인간이 열등감을 극복하기 위해 생활양식을 발달시킨다고 주장하였다. Ansbacher와 Ansbacher(1956)는 생활양식을 자기 혹은 자아, 자신의 성격, 성격의 통일성, 개성, 문제를 해결하는 방법, 삶에 공헌하려는 소망 등으로 정의하였다(Phares, 1984, p. 84 재인용). 즉, 생활양식은 개인의 삶에 대한 기본적 지향이나 성격이며, 성격을 움직이는 체계적 원리이고, 개인의 독특성, 자아개념, 가치, 태도 등을 포함하는 것으로 삶의 목적을 달성하는 독특한 방법이다. 생활양식은 개인의 열등감을 극복하기 위한 노력이며, 4~5세경에 그 틀이 형성되면 그 후에는 거의 변하지 않는다.

3) 성격발달에 영향을 미치는 요인

Adler는 성격의 발달에 있어서 부모와 자녀 간의 관계뿐만 아니라 가족의 수, 형제 관계, 출생 순위 등도 중요하다고 보았다.

(1) 부모-자녀 관계

Adler는 지나친 애정과 거부를 잘못된 부모-자녀 관계의 예로 들면서 지나친 애정을 부적응의 주요한 결정 요인으로 보았다. 부모가 자녀에게 지나친 애정을 표현하면 자녀는 요구하는 것만을 배우고 문제나 좌절에 대응하는 방법을 배우지 못하여 항상 무엇을 기대하는 생활양식을 발달시키게 된다. 이런 경우에 자녀는 갈등이나 장애에 직면하면 극복하기보다는 회피하거나 움츠러들고, 이는 심지어 신경증적 양상으로 나타나기도 한다. 한편, 부모가 자녀를 거부할 경우에 자녀는 세상을 적대적이고 위협적인 곳으로 여겨 자신의 권리를 보장받으려는 생활양식을 발달시키게 된다. 이러한 경우에 자녀는 반항적, 적대적, 비협조적이기 때문에 자신의 목적을 그르치는 경우가 많고, 세상에 대한 불신감을 형성하게 된다(Phares, 1984, p. 85).

(2) 출생 순위

Adler는 출생 순위가 성격 형성에 중요한 영향을 미친다는 것을 처음으로 시사했다. 무기력한 존재로 태어나는 인간은 생래적으로 자연에 대해 열등감을 가지며, 이를 극복하려는 심리적 보상기제로 우월을 향한 추구를 한다. 우월을 향한 추구는 개인이 갖고 있는 열등감의 종류와 정도에 따라 다른데, 일반적으로 동생이 형보다 상대적으로 우월을 향한 추구가 더 강한 경향이 있다.

첫째아의 경우, 부모는 양육 경험이 없어 자신이 없고 불안하며 과잉보호적인 양육태도를 보이고 양육에 있어 시행착오를 많이 겪는데, 이러한 양육태도가 자녀의 성격에 영향을 준다. 일반적으로 첫째아는 어른스럽고 책임감과 성취동기가 강하고 양심적이며 협조적이다. 그러나 주위 사람으로부터 모든 관심과 사랑을 받고 동생들보다 더 높은 위치에 있기 때문에 자만심이 크고 권위적일 수 있으며, 책임감 때문에 스트레스를 받아 걱정이 많고 소심한 성격을 형성할 수 있다.

둘째아나 셋째아는 부모가 양육 경험이 있기 때문에 첫째아에 비해 일관적이고 안정적으로 양육할 수 있으나 자녀가 많아 첫째아만큼 시간과 정성을 기울이지 못한다. 따라서 동생들은 손위 형제를 보고 스스로 배우는 것이 많고 독립적이며 개인주의적인 성격을 형성하게 된다. 이들은 항상 첫째아와 비교하면서 성장하므로 경쟁적이지만, 형제들과 어울리면서 자라기 때문에 사교적이다.

막내는 동생이 없어 가족 내에서 제일 어린 사람이기 때문에 주위 사람들이 늘 돌보아주어 의존적이고 이기적이며 고집이 세고 책임감이 부족하기 쉽다. 막내는 부모를 동일시하기보다는 형제를 동일시하기가 더 쉽다.

외동아는 형제 없이 혼자 자라므로 사회성 발달이 늦을 수 있으나, 형제 간에 생기는 경쟁심이나 질투로 인해 성격이 비뚤어질 가능성이 적다. 일반적으로 외동아는 의존적이며 유아적인 성격 특성을 갖는다.

그림 2-5 출생 순위에 따라 다르게 형성되는 성격

4) 평가

인간 본성의 기본 가정에 대한 Adler의 개인심리학은 인본주의적이며 현상학적으로서 자유, 전체성, 불변성, 주관성, 발생성, 불평등성을 지지한다(김경희, 1988, p. 30). Adler는 공동체를 인간적으로 만들 수 있다는 가능성을 믿은 긍정적인 사회개혁자라고 할 수 있다. 그는 인간의 사회적 특성을 강조하면서 사회현상과 이상발달의 변화와 치료가 가능하다는 긍정적 관점을 지녔다. 그리하여 성격의 사회적 요인을 강조한 Adler 이론은 집단 내에서 개인을 치료하는 집단치료의 개념을 선도함으로써 초등교육, 부모교육, 부부상담, 가족상담 등뿐만 아니라 실존 접근 및 행동치료 접근, 인간중심 접근, 형태치료, 현실치료, 합리적, 정서적 치료 등의 여러 치료법에도 영향을 미쳤다. 이를 통해 새로운 인간 이해와 치료의 장을 마련하는 데 공헌하였다(김춘경, 2006, p. 20).

반면, Adler의 이론적 개념이 실제적 장면과 상당히 관련된다는 점은 인정되지만, 이에 대한 경험적 검증은 부족한 편이다. 이는 그의 이론적 체계가 구체적인 하위 수준에 대한 개념이 부족하고 검증할 수 있는 하위 개념이 불충분하기 때문이다. Freud의 이론에 반발해서 개인심리학을 주창했지만, Adler의 이론에 대한 체계는 Freud를 따라가지 못한다고 평가받는다(Phares, 1984, p. 89). 그래서 Adler의 개인심리학은 상식적인 감각의 심리학이라는 비판과 복합적 개념을 지나치게 단순화하였다는 비판을 받는다.

CHAPTER 03

인지발달이론

1. Piaget의 인지발달이론
2. 핵심지식이론
3. Vygotsky의 사회문화적 인지이론
4. 정보처리이론

03 CHAPTER 인지발달이론

인지(cognition)는 사고를 이끄는 정신의 내적인 과정과 산물을 가리키는 것으로 주의하기, 기억하기, 상징화하기, 범주화하기, 추론하기, 문제해결하기, 창조하기 등의 모든 정신적인 활동을 포함한다. 이러한 인간의 정신적 과정은 사고하면서 환경에 적응하고 환경을 변화시키기 때문에 다른 종(種)과 달리 생존을 위해 매우 중요하다. 이 장에서는 인지발달과정이 어떻게 이루어지는지 설명하는 Piaget의 인지발달이론과 핵심지식이론, Vygotsky의 사회문화적 인지이론, 그리고 인지체계의 구체적인 측면을 밝히려는 정보처리이론 등의 네 가지 관점에 대해 살펴보고자 한다.

1 Piaget의 인지발달이론

Jean Piaget
(1896~1980)

Piaget는 자신의 세 자녀를 관찰함으로써 인간이 자신과 주변 세계를 어떻게 이해하고 탐색하는지, 주어진

단순한 과제를 어떻게 탐색하는지 등에 대해 연구하였다. 그는 연령이 다른 아동을 대상으로 게임의 규칙, 물리학의 원리 등을 적용하여 다양한 문제를 어떻게 해결하고 일상적인 문제에 대해 어떻게 생각하는지 알기 위해 개방적인 문답식에 의한 임상적 방법을 사용하였다. 이러한 실험적 연구를 토대로 Piaget는 동물학과 인식론을 통합한 발생학적 인식론(genetic epistemology)으로 지식의 발달적 기원을 설명하였다(Shaffer & Kipp, 2014, p. 202).

1) 이론의 이해

(1) 지능

Piaget는 동물학적 지식을 배경으로 지능(intelligence)을 유기체가 환경에 적응할 수 있도록 돕는 기본적인 삶의 기능(a basic life function)으로 보았다. 영아가 장난감이 어떻게 하면 소리가 나는지(어떻게 해야 소리 나게 하는지를) 배우는 것, 유아가 색종이를 어떻게 잘라서 미술작업을 할지, 혹은 아동이 산수 문제를 어떻게 풀어야 할지에 대해 궁리하는 것 등은 모두 환경에 적응하려는 모습의 예라고 할 수 있다.

Piaget는 모든 지적 활동의 목표가 사고과정과 주변 환경 간의 균형 있고 조화로운 상태, 즉 인지적 평형(cognitive equilibrium)에 도달하는 것이며, 인지적 평형을 이루어가는 과정을 평형화(equilibriation)라고 하였다. 그리하여 Piaget는 지능은 평형의 한 형태이고, 모든 인지구조는 평형상태를 지향하는 것으로 보았다(Shaffer, 2005, p. 286). 이런 점에서 Piaget는 유아를 구성주의자(constructivist)라고 하였다. 왜냐하면 유아는 새로운 대상이나 사건을 접하면 호기심이 생겨 능동적으로 탐색함으로써 그것의 근본 특징을 이해하려고 하기 때문이다. 물론 이때의 대상이나 사건에 대한 해석, 즉 현실 세계에 대한 구성(construction)은 당시 유아가 가지고 있는 지식 수준에 따라 다르기 때문에 인지체계가 미숙할수록 더욱 제한적으로 해석하게 된다. 유아는 자신의 기존 지식이 새로운 대상이나 사건과 불균형(cognitive disequilibrium)을 이루면 정신적인 조정과정을 거쳐 새로운 경험에 대처함으로써 인지적 평형을 이루게 된다. 이처럼 Piaget는 기존의 지식인 내적인 정신적 도식과 외부 환경 간의 불일치에 의한 인지활동으로 지적 성장이 이루어진다고 봄으로써 그의 인지발달 관점을 상호작용주의라고 한다(Shaffer & Kipp, 2014, p. 202).

(2) 인지도식과 인지기능

영아기와 유아기 및 학령기를 거치면서 아동은 경험을 표상하고 조직하며 해석하기 위한 정신적 구조로서 조직화와 적응의 선천적인 인지기능에 따라 새로운 도식을 구성한다. 영 · 유아는 발달하면서 행동도식, 상징도식, 조작도식을 사용할 수 있게 됨으로써 점차 새로운 경험을 찾고 그것을 자신의 인지구조에 동화시키며, 동시에 자신의 인지구조를 새로운 경험에 맞춰 조절하고, 알고 있던 것을 새롭고 더 복잡한 도식으로 조직화하는 능동적인 과정을 통해 인지발달을 이루어간다. 이러한 조직화와 적응을 통해 영 · 유아는 복잡한 주변 세계를 이해한다.

표 3-1 인지발달에 대한 Piaget의 개념과 정의 및 그 예

	개념	정의	예
시작	평형 (equilibrium)	도식과 경험의 조화	날아다니는 것으로 새만 본 영아는 날아다니는 것은 모두 새라고 생각한다.
	동화 (assimilation)	기존 도식에 근거하여 새로운 경험을 이해함으로써 그것에 적응하려는 시도	하늘을 날고 있는 비행기를 본 영아는 그것을 새라고 생각한다.
	조절 (accommodation)	새로운 경험을 기존의 도식에 맞춰 수정	영아는 그 새로운 새가 깃털이 없고 날갯짓을 하지 않는다는 것을 알고 갈등하거나 불평형을 경험한다. 그것이 새가 아니라고 결론지은 영아는 그것에 새로운 이름을 붙이거나 "저게 뭐야?"라고 질문한다. 성공적으로 조절이 이루어지면 최소한 잠시나마 평형상태를 회복한다.
끝	조직화 (organization)	기존 도식을 새롭고 더 복잡한 구조로 재정리	영아는 날아다니는 대상이라는 상위범주와 새와 비행기라는 두 개의 하위범주로 구성된 위계적 도식을 형성한다.

출처: Shaffer, D. R., & Kipp, K. (2014). *Developmental psychology*, p. 204.

2) 인지발달단계

Piaget는 인지발달을 네 단계로 구분하였는데, 이는 정해진 순서에 따라 일어나며, 점차 더 높은 단계로 나아간다고 보았다. 네 단계는 감각운동기, 전조작기, 구체적 조작기, 형식적 조작기이다.

Piaget의 인지발달에 대한 설명은 특정 단계의 아동이 여러 영역의 경험을 할 때 모두 동일한 이해 수준을 보이지 않는다는 수평적 비동시성(horizontal decalage)과 인지발달에 대한 경험의 역할을 간과했다는 비판을 받았다. 이는 인지의 구조보다 인지의 기능과 발달과정에 관심을 가지고 정보처리적 관점을 접목한 신 Piaget 이론이 등장하는 계기가 되었다(김신옥, 2001).

표 3-2 Piaget의 인지발달단계

단계	연령	특징
감각운동기 (sensorimotor stage)	0~2세	• 감각과 운동을 통한 외현적 활동으로 세계를 이해 • 반사행동에서 목적을 가진 의도적 행동으로 발달 • 대상연속성 개념 획득
전조작기 (preoperational stage)	2~7세	• 언어, 상징과 같은 표상적 사고능력의 발달 • 중심화 경향에 따른 자기중심적 언어의 사용과 자기중심적 사고 • 직관적 사고와 비가역적 사고
구체적 조작기 (concrete operational stage)	7~11세	• 구체적 경험을 중심으로 한 가역적 조작과 논리적 문제해결 가능 • 보존개념 획득 • 유목화와 서열화 가능
형식적 조작기 (formal operational stage)	11세 이후	• 추상적 상황의 논리적 사고 • 명제적 · 가설 연역적 추리와 조합적 추리 가능

2 핵심지식이론

Piaget가 영 · 유아의 인지능력을 과소평가했다고 비판한 연구자들은 영 · 유아의 인지발달을 이해하기 위해 새로운 시각이 필요하다고 보았다. Berk(2013)는 그 비판 연구자들의 연구 결과들을 모아서 핵심지식이론(core knowledge perspective)으로 명명하여 설명하였다(Berk, 2013, pp. 261-266; Shaffer, 2005, pp. 296-301).

핵심지식이론은 영아가 진화의 결과로 '사고의 핵심영역'(core domains of thought)이라는 특정 지식체계를 가지고 태어나며, 이를 바탕으로 새로운 관련 정보를 이해할 수 있어 발달 초기에 인지발달이 빠르게 일어날 수 있다고 주장한다. 각 핵심영역은 독립적으로 발달하기 때문에 인지발달이 하나의 일반적인 과정을 거친다기보다는 영역 특수적(domain-specific)으로 일어나고, 타고난 최초의 지식은 영 · 유아가 탐색하고 놀이하며, 타인과 상호작용함으로써 더 세련되어진다. 영 · 유아는 핵심지식 개념에 근거하여 일상 경험을 자신의 물리적 · 신체적 · 생물학적 영역 내에서 설명하려 하기 때문에 생득이론가(naive theorists)라고 할 수 있다.

1) 물리적 · 수리적 지식

핵심지식이론에 의하면 영아는 물리적, 수리적 영역의 핵심지식을 가지고 태어나며, 영아의 정신과 뇌가 각각의 정보를 특정한 방식으로 처리하도록 제약한다(Spelke & Kinzler, 2007).

영아가 사물의 물리적 특질을 인식하고 있으며, 일상생활에서 이와 관련한 어떤 결과를 접할 때 이런 지식에 근거하여 더 잘 이해할 수 있는데 이는 '기대-위배 방법'(violation-expectation method)으로 입증할 수 있다. 예로서, 한 실험에서 생후 2개월 반 된 영아는 물체가 열린 용기를 통과하는 것보다 닫힌 용기를 통과하는 것을 더 오래 바라보았다(그림 3-2 참조). 이 실험 결과는 닫친 용기 속으로 물체가 통과하는 불가능한 사건이 영아가 가지고 있는 물리적 실제에 대한 개념, 즉 단단한 물체가 또 다른 단단한 물체를 통과할 수 없다는 기대에 대한 위배라는 것을 보여준다(Hespos & Baillargeon, 2001).

그림 3-2 기대-위배방법을 사용한 영아의 물체 견고성 이해의 검증 실험

출처: Hespos, S. J., & Baillargeon, R. (2001). Reasoning about containment events in very young infants. *Cognition, 78*, p. 213.

또한, 핵심지식이론에서는 영아가 기본적인 수 개념을 가지고 있다고 본다(Wynn, 1992). 예로서, 생후 5개월 된 영아에게 1개의 동물인형을 보여준 후 이것이 보이지 않게 스크린을 올리고, 이어서 두 번째 동물인형을 그 스크린 뒤에 놓은 후 빈 손을 보여준다. 이후 스크린을 내렸을 때 영아는 2개의 동물인형이 보이는 기대결과보다 1개의 동물인형만 보이는 비기대결과를 더 오래 쳐다보았다. 이러한 결과는 영아가 2개의 동물인형을 계속 주시하면서 1개의 동물인형에 또 다른 동물인형이 추가될 것을 기대했음을 반영한다. 추가적인 실험에서 5개월 된 영아는 불가능한 결과를 2개에서 3개로 늘려 제시할 때 더 오래 쳐다보았다. 따라서 핵심지식이론은 영아가 3개까지의 수량을 구별할 수 있고, 그 지식을 간단한 연산 수행에 사용할 수 있다고 주장한다.

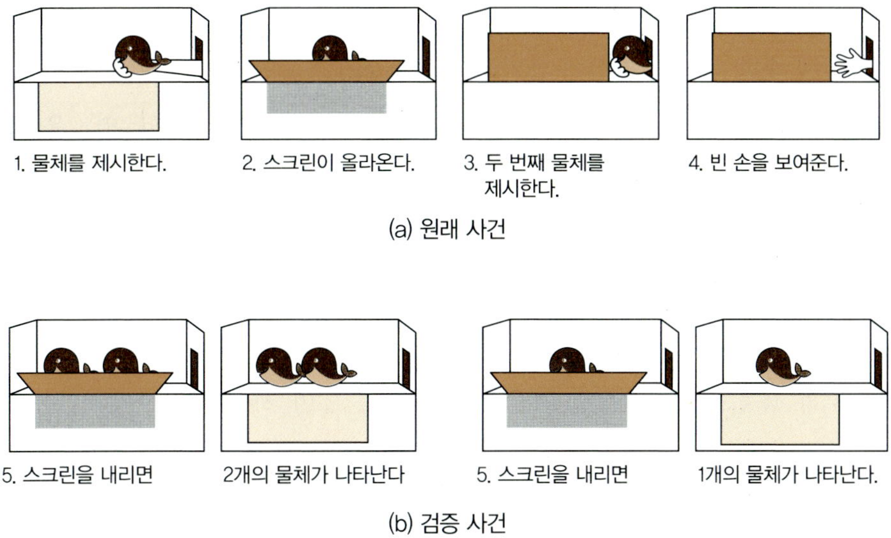

그림 3-3 영아의 기본 수 개념 검증 실험(Wynn, 1992)

출처: Berk, L. E. (2013). *Child development*, p. 264 재인용.

2) 이론-이론

핵심지식이론에 의하면 영·유아는 하나의 사건을 관찰한 후 타고난 핵심지식을 가지고 그것의 원인을 설명하거나 이를 이론화하려 한다. 나아가 영·유아는 자신의 경험을 생득이론으로 검증하고 새로운 정보를 적절하게 설명할 수 없을 때에는 생득이론을 질적으로 변화시킨다. 이처럼 영·유아를 마치 이론가와 같다고 보는 입장을 이론-이론(theory-theory)이라고 한다. 이론-이론은 영·유아의 인지적 변화에 대해 Piaget와 유사하게 설명하면서도 영·유아는 지식을 가지고 태어난 생득이론가이므로 Piaget가 제안했던 것보다 더 일찍 세련되게 추론할 수 있다고 보는 것이다.

영 · 유아의 인지발달에 대한 이론-이론 입장에서 폭넓게 연구된 주제는 자신과 타인에 대한 심리적 지식에 근거하여 생후 2~3년 동안 급속히 형성되는 마음이론(theory of mind)이다. 마음이론은 정신활동에 대한 개념으로서, 영 · 유아가 인간의 정신활동을 어떻게 개념화하는지, 타인의 행동의도나 행동예측에 정신활동을 어떻게 사용하는지를 설명하는 것이다(Shaffer & Kipp, 2014, p. 218). 마음이론에 따라 3~4세 유아에게 심리적, 물리적, 생물학적 원인을 가진 사건을 설명하도록 요구하면 유아는 사건과 관련된 핵심지식을 가지고 일관된 방식으로 사건을 추론할 수 있다(Hickling & Wellman, 2001). 예를 들면, 한 실험에서 유아는 시리얼에 우유 대신 오렌지 주스를 붓는 아이를 보면 "그 아이가 주스를 우유라고 생각했다."고 심리적인 추론을 하였다. 또한 의자에서 뛰어 공중에 뜨려고 했으나 뜨지 못하고 떨어진 아이를 보면 "그 아이가 너무 무거워서 뜨지 못했다."라고 물리적인 설명을 하지만, 나뭇가지에 매달려 보려다가 하지 않고 그냥 지나가는 소녀를 보면 "그 아이가 팔을 다쳤다."라고 생물학적인 설명을 하였다. 그러나 여러 문화권의 유아에게서 생물학적 지식 추론은 물리적 지식 추론이나 심리적 지식 추론에 비해 늦게 나타났다. 이에 대해 이론-이론은 다른 핵심지식 영역에 비해 생물학적 지식의 기초가 약하므로 경험을 통해 생물학적 지식과 관련한 이론을 구성하여 발달시키는 데 더 오랜 시간이 필요하다고 주장한다.

3) 평가

핵심지식이론은 어떤 인지기술이 조기에 나타나고 급속하게 발달하는지를 진화론에 근거하여 설명하고자 하였다. 또한, Piaget의 인지발달이론처럼 아동은 선천적으로 타고난 지식을 스스로 활동하면서 더 복잡한 인지구조로 발전시켜 나간다는 것을 실험을 통해 입증함으로써 인지의 출발점을 구체화하는 데도 기여했다. 그러나 핵심지식이론은 지식을 보다 세련되게 하는 데 경험이 필수적이라는 것을 인식하면서도 유전과 환경요인이 어떻게 인지발달에 작용하는지에 대해서는 명확하게 설명하지 못했다.

3 Vygotsky의 사회문화적 인지이론

Vygotsky는 러시아의 발달심리학자로서 1920~1930년대 초반에 활동하였다. 그는 사회문화적 맥락과 아동발달이 밀접하게 관련되어 있다고 강조함으로써 인지발달을 새로운 시각에서 조망하였다.

Lev Vygotsky
(1896~1934)

1) 이론의 이해

Vygotsky는 아동을 적극적인 지식의 탐색자로 보았다. 이는 Piaget와 핵심지식이론에서 아동을 주변 세계에 대한 지식을 형성하고 검증하는 자기 동기화된 탐색자로 보았던 것과 일치한다. 그러나 Vygotsky는 마르크스 이론에 근거하여 사회적 · 문화적 맥락이 아동의 사고에 영향을 미친다는 것을 강조함으로써 Piaget와 핵심지식이론이 인지발달의 생물학적 측면을 강조했던 것과는 차이가 있다(Berk, 2013, p. 266).

Vygotsky에 의하면 영아는 동물과 마찬가지로 선천적으로 지각, 주의력, 기억능력의 기본정신기능(elementary mental functions)을 가지고 태어난다. 이러한 능력은 생후 2년간 영아가 환경과 상호작용하면서 발달하고 그 이후에는 언어가 급속하게 발달함으로써 유아의 사고는 더 심오하게 발달해 나간다. 언어가 발달함으로써 유아는 문화적으로 중요한 과정을 숙달할 수 있도록 도와줄 수 있는 사람들과 더 폭넓은 사회적 대화를 할 수 있게 되고 타인뿐만 아니라 자기 자신과도 많은 대화를 한다. 그에 따라 유아의 기본정신기능은 인간 특유의 고등정신기능(higher mental functions)으로 변화한다. 이처럼 아동의 사고발달에서 언어는 가장 중요한 도구로서 역할을 하며, 언어를 통해 아동은 타인과 사회문화적 관계를 맺거나 상호작용을 한다.

2) 발달과 교육의 관계

Vygotsky는 아동은 사회문화적 맥락 속에서 성장하며 사회문화로부터 무엇을, 어떻게 사고할 것인지에 대해 배운다고 보았다. 즉, 그는 아동의 사고가 사회문화를 통해 더욱 정교해질 수 있으므로 아동의 발달은 사회문화에 기원을 둔다고 보았다. Vygotsky는 아동이 새로운 원리를 배우고 찾기 위해 호기심을 가지고 적극적으로 환경을 탐색하는 존재지만 스스로 탐색하기보다는 자신보다 더 발달된 기술을 가진 또래나 교사와의 상호작용이나 대화를 통해 더 많은 지식을 획득할 수 있다고 보았다.

Vygotsky는 인지발달을 증진시킬 수 있는 사회적 상호작용을 위해 간주관성(intersubjectivity)과 비계설정(scaffolding)이 중요하다고 주장하였다(Berk, 2013, p. 268). 간주관성은 상호작용하는 두 사람이 과제를 시작하는 시점에서는 서로 다르게 이해하지만 점차 동일하게 이해하는 상황에 도달한다는 것이다. 그러므로 간주관성은 의사소통할 때 공통되는 기저를 만들어 서로의 관점을 맞춰나가는 것이다. 영아는 태어난 후 부모와 눈을 마주치고, 정서나 음성 신호를 교환하며, 부모의 행동을 모방하고, 사물을 가지고 놀면서 간주관성을 발달시키는데 연령이 증가하면서 언어발달을 통한 대화기술이 증가하면 간주관성은 더욱 발달하게 된다.

비계설정은 아동을 지도하는 성인이나 교사가 아동의 현재 수행 수준에 맞추어 지지해 주는 것이다. 아동은 자신에게 필수적인 도움과 격려를 해줄 수 있는 보다 능숙한 협력자와 함께 자신이 속한 문화에서 중요시되는 일상적인 경험과 활동에 능동적으로 참여함으로써 '유도된 참여'(guided participation)를 통한 사고가 발달하는데 이것도 비계설정의 확장된 형태라고 할 수 있다. 이러한 상호작용은 근접발달영역(zone of proximal development: ZPD)에 있는 인지기능을 일깨워줌으로써 아동으로 하여금 새로운 인지발달이 이루어지도록 도와준다. Vygotsky에 의하면 사고가 발달하기 이전에 교사와 학생의 교수-학습 상호작용이 먼저 전개되어 인간 정신의 독특한 특성이 발휘됨으로써 아동은 더 높은 사고 수준으로 나아간다. 그러므로 아동은 사회환경과의 능동적 상호작용을 통해 발달한다(한순미, 1999, pp. 64-68).

바람직한 교육을 위해 Vygotsky 이론을 적용하여 제안하면 다음과 같다(성현란 외, 2001, pp. 41-42). 첫째, 근접발달영역에 있는 기능은 아동의 잠재능력이므로 교사가 이를 지지하고 유도하며 자극해 주어야 한다. 둘째, 교사는 유도된 참여방법을 이용하여 아동을 위한 학습활동을 조직하고 아동의 현재 수준과 진도를 살피면서 고차적인 정신활동을 제공하거나 협동적인 학습상황을 제시하여 서로 돕도록 격려한다. 셋째, 교사는 도표, 지도, 예술작품, 학습책략, 기억 책략 등의 심리적 도구와 컴퓨터, 계산기 등의 물리적 장치인 기술적 도구와 같은 인지발달의 매개 도구를 다양하게 선정하여 아동이 다양한 사고방식을 체험해 볼 수 있는 기회를 제공해 주어야 한다.

3) 언어와 인지발달의 관계

Vygotsky는 언어가 인지발달에서 두 가지 결정적 역할을 한다고 주장하였다. 하나는 성인이 문화적으로 가치 있는 사고방식과 문제해결방식을 아동에게 전달해 주는 1차적인 전달도구로써의 역할이고, 다른 하나는 사고발달의 강력한 도구로써의 역할이다(Shaffer, 2005, p. 333).

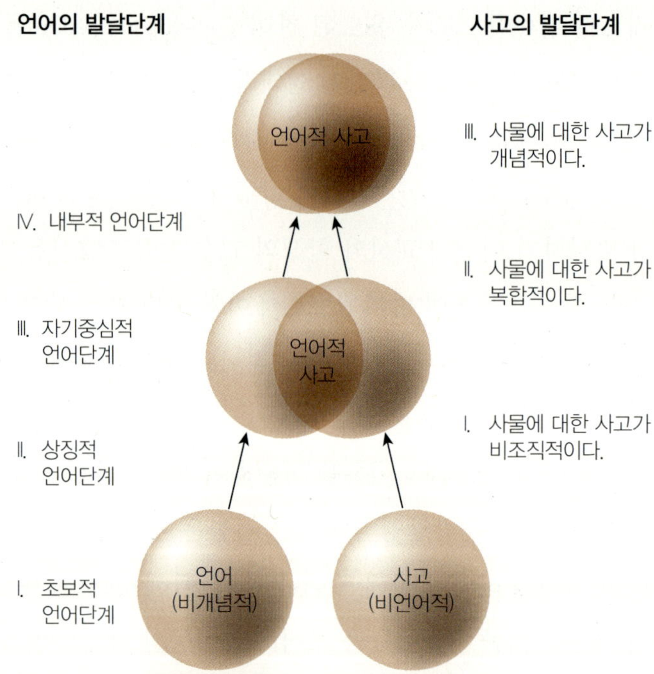

그림 3-4 언어와 사고의 발달 관계

출처: 정옥분 (2007). 아동발달의 이론, p. 238.

인생 초기에 언어와 사고는 서로 관계 없이 독자적인 기능을 하지만 시간이 지남에 따라 점차 언어와 사고가 만나 아동은 언어적 사고를 하게 된다(그림 3-4 참조). 아동이 언어적 사고를 한다는 것은 사물이 갖는 보편적 특성을 나타내는 추상적 개념과 그것의 호칭을 습득했다는 것을 의미한다. 아동은 성장함에 따라 언어적 사고의 폭이 넓어지지만 애창곡을 흥얼거리거나 기계적으로 잘 아는 전화번호를 기억하는 것과 같은 비개념적 언어와 도구를 능숙하게 사용하는 것 같은 비언어적 사고 부분은 여전히 남아 있어 그림 3-4에서와 같이 언어와 사고의 두 원은 완전히 겹쳐지지 않는다.

아동은 자기중심적 언어를 사용하기 시작하면서 언어적 사고를 시작하는데 Vygotsky는 이를 자기중심적 언어단계라고 명명하였다(그림 3-4의 III. 자기중심적 언어단계 참조). Vygotsky는 아동의 초기 사고가 언어적인 것이 아니며, 초기 언어는 아동이 알고 있는 것을 반영한다는 Piaget의 주장에 동의하지만, 비사회적 언어인 자기중심적 언어는 비언어적 추론에서 언어적 추론으로 발달하면서 언어와 인지가 통합하는 과정에서 나타난다고 보았다(정옥분, 2004, pp. 136-139; Berk, 2013, pp. 266-267; Shaffer, 2005, pp. 333-335). 실제로 Vygotsky는 아동이 문제를 해결하거나 중요한 목표를 달성하려 할 때 혼잣말 또는 사적 언어(private speech)인 자기중심적 언어를 자주 사용하는 것을 관찰하였다. 아동은 조직적이고 효율적으로 문제를 해결하기 위해 사적 언어를 통해 자신의 책략을 계획하고 행동을 조정함으로써 목표의 달성가능성을 높인다. 그에 따라 Vygotsky는 아동이 사용하는 사적 언어가 인지적 자기안내체계의 역할을 한다고 주장하였다. 또한 그는 아동이 성장함에 따라 사적 언어는 중얼거리거나 간단히 입술을 움직이는 형태로 변화하지만 완전히 사라지지는 않는다고 보았다. 이후 아동의 언어는 사고가 내면화되면서 내적 언어(inner speech)로 발달하여 외부로 드러나지는 않지만 일상생활을 조직하고 조정하기 위해 사용하는 내면적인 언어적 사고로 발달한다(그림 3-4의 IV. 내부적 언어단계 참조).

4) Vygotsky와 Piaget의 이론 비교

Vygotsky와 Piaget는 인지발달에 대해 서로 상이한 입장을 보인다. 즉, Piaget가 개인과 사회를 독립된 것으로 보고 개인의 발달에 더 주목했다면, Vygotsky는 개인과 사회를 분리할 수 없는 총괄적인 하나의 단위로 보고 개체 발생의 역사와 사회문화의 역사가 교차하는 방식에 더 초점을 맞추었다. 그리하여 Vygotsky의 인지발달이론은 사회문화적 인지이론으로, Piaget는 인지발달이론으로 명명한다.

표 3-3 Vygotsky와 Piaget 이론의 비교

Vygotsky	Piaget
인지발달은 문화마다 다양하게 이루어진다.	인지발달은 문화보편적으로 이루어진다.
인지발달은 아동이 근접발달영역 내에서 또래나 성인 등과의 사회적 상호작용에 의해 지식을 구성해가는 유도된 학습에 의해 이루어진다.	인지발달은 주로 아동이 독립적으로 탐색함으로써 스스로 지식을 구성하면서 이루어진다.
사회적 언어는 사적 언어가 되고, 이는 내적 언어로 변화하는데 사회적 관점도 개인적인 심리과정으로 변화한다.	자기중심적 언어가 보다 효과적으로 의사소통할 수 있는 방식으로 조정되는 것과 같이 개인적 혹은 자기중심적 과정은 사회적 과정이 된다.
성인은 아동의 지적 적응을 위해 내재화할 수 있는 문화적 도구를 전수해줌으로써 아동을 변화시키는 중요한 대행자이다.	또래는 아동에게 타인의 시각으로 볼 수 있는 사회적 조망능력을 향상시켜줌으로써 아동에게 변화를 야기할 수 있는 대행자로서 특별히 중요하다.

출처: Shaffer, D. R., & Kipp, K. (2014). *Developmental psychology*, p. 241.

4 정보처리이론

정보처리이론은 인간의 인지활동을 컴퓨터의 처리과정에 비유하여 설명함으로써 인간의 마음을 정보처리체계(information processing system)로 이해한다. 이 이론은 새로운 정보가 투입되고 저장되며 기억으로부터 인출되는 방식을 통해 아동의 내부에서 학습이 발생하는 기제를 설명해 준다.

정보처리이론은 정보저장소와 인지처리과정의 두 가지 요소로 설명한다. 정보저장소는 감각저장소 또는 감각등록기(sensory register), 작업기억(working memory) 또는 단기기억(short-term memory), 그리고 장기기억(long-term memory)과 같이 투입된 정보가 머무는 곳이고, 인지처리과정은 주의집중(attention), 지각(perception), 시연(rehearsal), 부호화(encoding), 인출(retrieval), 망각(forgetting) 등과 같이 정보저장소로부터 정보가 이동하는 처리과정을 의미한다. 이러한 두 가지 요소는 컴퓨터의 하드웨어와 소프트웨어로 설명할 수 있다. 즉, 하드웨어는 뇌를 포함하는 신경계와 감각수용기 및 신경망이며, 소프트웨어는 정보를 등록하여 해석하고 저장하여 인출하고 분석하는 데 사용하는 주의와 기억 관련 책략이다. 따라서 아동의 인지발달은 하드웨어의 성능을 향상시키는 것과 같이 뇌와 신경계가 성숙하면서, 동시에 소프트웨어의 수준이 향상되는 것처럼 정보에 주의집중하고 해석하며, 경험한 것을 기억하고 자신의 정신활동을 모니터하기 위해 새로운 책략을 사용하면서 점차 더 복잡한 인지과제를 더 빠르고 정확하게 수행하는 것이라고 할 수 있다(Shaffer, 2005, pp. 341-342).

정보처리이론에서는 인간의 정보처리체계가 한 번에 주의를 기울일 수 있는 정보의 양이나 정보를 처리하는 속도에 한계가 있으므로 효과적인 정보처리를 위해서는 다양한 인지적 조작과 책략을 사용할 수 있어야 한다고 본다. 정보는 감각저장소, 단기기억저장소, 장기기억저장소 등과 같은 다양한 저장소를 자동적으로 거치는 것이 아니라 실행 통제 과정(executive control process)을 통해 무엇에 집중하여 입력하고 계획하여 조정함으로써 이동할 수 있다(Shaffer, 2005, p. 343). 따라서 인간은 정보처리체계에서 능동적 역할을 함으로써 자신의 행위를 통제할 수 있다.

1) 정보처리체계의 발달

정보처리체계는 저장소의 용량과 처리과정에서 차이가 있다(조성연 외 5인, 2014, pp. 127-130; Berk, 2013, pp. 280-282; Shaffer, 2005, pp. 344-352; Shaffer & Kipp, 2014, pp. 254-260).

(1) 정보처리 용량의 발달

작업기억인 단기기억의 저장소 용량은 연령에 따라 증가하지만 정보처리의 양이나 기억수행은 기억수행과 관련한 특정 지식을 사전에 기억하도록 하면 개인차가 나타난다. 정보처리의 속도는 아동의 생물학적 성장에 따른 신경원의 수초화와 불필요한 시냅스의 제거에 따라 영향을 받는다.

(2) 사고책략과 사고과정에 대한 지식의 발달

연령이 증가함에 따라 정보처리과정 상의 인지적 조작의 양과 질도 변화한다. 이때 과제수행을 촉진하기 위해 사용하는 목표지향적이고 의도적인 정신적 조작 또는 실행기능을 책략(strategy)이라고 한다(Schneider & Pressley, 1997; Shaffer & Kipp, 2014, p. 254 재인용). 유아도 사고와 문제해결을 위해 단순하고 효율성은 낮지만 책략을 사용할 수 있다. 그 책략은 자발적으로 사용하지 못하는 산출결함(production deficiency)을 나타내고, 자발적으로 더 세련된 책략을 사용한다 해도 더 나이 든 아동만큼 이득을 얻지 못할 뿐만 아니라 덜 효율적인 책략을 쓰거나 가끔 책략을 사용하지 않는 상태로 되돌아가는 활용결함(utilization deficiency)을 보이기도 한다. 이러한 결함은 책략적 사고의 발달이 완만하게 이루어지지 않는다는 것을 시사해 준다.

정보처리이론은 사고과정을 조정하는 실행통제를 잘 하려면 자신의 사고와 사고과정을 인식하는 의식적인 명시적 사고(explicit cognition)를 하는 것이 중요하다고 주장한다. 명시적 사고는 지속적으로 발달하므로 연령차가 나타난다. 반면, 영아와 유아의 사고 대부분을 차지하는 암묵적 사고(implicit cognition)는 사물이나 모국어에 대한 지식과 관련된 사고처럼 생각을 하고 있다는 인식 없이 발생하는 무의식적인 사고다. 이는 일찍부터 발달하지만 아동기 동안 거의 향상되지는 않는다(Vinter & Perruchet, 2000). 명시적 사고와 암묵적 사고는 모두 정보처리과정을 통해 일어나는 사고지만 이들의 발달패턴이 다른 것은 인지발달이 다면적으로 일어나며 모든 사고의 발달 경로가 동일하지 않다는 것을 나타낸다.

2) 정보처리과정의 주요 특성

정보처리과정은 정보를 입력하고, 그것을 작동기억 혹은 단기기억에서 보유하고 변형하여 장기기억으로 보내고, 사고와 문제해결을 위해 인출하는 등의 일련의 과정을 거친다(정옥분, 2004, pp. 119-127; Berk, 2013, pp. 286-305; Shaffer, 2005, pp. 286-305; Shaffer & Kipp, 2014, pp. 261-273).

(1) 정보에의 주의집중

어떤 정보를 부호화하고 유지하여 문제해결을 위해 사용하려면 무엇보다 먼저 그 정보에 주의를 집중하여야 한다. 그러나 유아기의 주의 폭(attention span)은 매우 짧아서 한 가지 활동에 오래 집중하지 못하며, 주의를 집중하려 해도 방해요인이 있으면 쉽게 주의가 분산된다. 그러나 연령이 증가하면서 아동의 주의집중능력은 크게 향상된다. 특히 사춘기에는 주의집중에 관여하는 부분인 망상체(reticular formation)의 수초화가 완성된다.

또한, 연령이 증가할수록 아동은 정보탐색을 위해 보다 체계적이고 계획적으로 주의집중을 하며, 과제수행과 무관한 정보는 무시하고 과제와 관련된 정보에만 주의를 집중하는 선택적 주의집중력(selective attention)이 증가한다. Vurpillot(1968)는 짝지어진 두 집의 창문을 비교하여 두 집이 같은지를 물어봄으로써 이를 증명하였다. 그 결과, 학령전기 아동은 학령기 아동만큼 체계적으로 모든 쌍의 창문을 비교하지 않아 종종 부정확한 답을 하였다. 이는 정보의 탐색이 아동기에 보다 계획적이고 체계적으로 이루어진다는 것을 보여주는 것이다(258쪽 그림 8-6 참조). 또 다른 실험(Tabibi & Pfeffer, 2007)에서는 6~11세 아동에게 교차로 상황을 컴퓨터로 보여준 후 안전하면 파란색 버튼을, 위험하면 빨간색 버튼을 누르도록 했다. 이때 주의를 분산시키는 시각 · 청각 자극으로 개 짖는 소리, 기차 기적 소리, 소년의 고함소리를 제시한 결과, 주의분산 조건과 무관하게 정확한 반응은 연령에 따라 증가하였다. 이러한 결과는 연령이 증가함에 따라 과제수행과 무관한 정보는 무시하고 과제와 관련된 정보에만 선택적으로 주의를 집중하는 능력이 증가한다는 것을 보여주는 것이다(그림 3-5 참조).

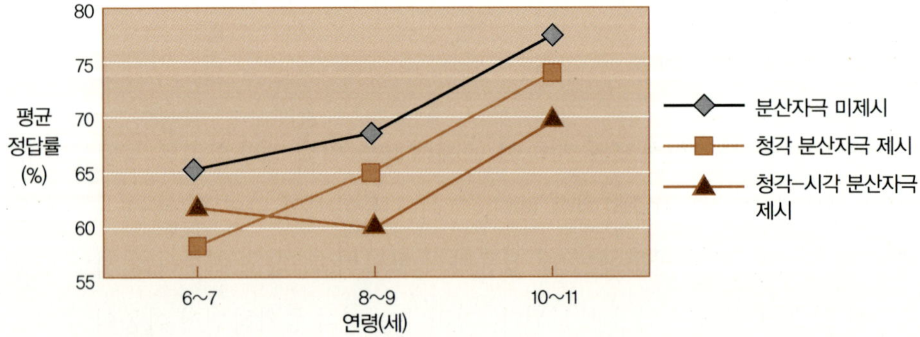

그림 3-5 주의분산 자극에 따른 선택적 주의집중력의 발달(Tabibi & Pfeffer, 2007)

출처: Berk, L. E. (2013). *Child development*, p. 287 재인용.

(2) 정보의 유지와 인출

문제해결이나 학습과정에서 주의를 기울인 정보를 효과적으로 활용하기 위해서는 정보를 보유하고, 저장하며, 인출하는 방법을 찾아야만 한다. 따라서 정보처리과정에서 정보를 장기기억 저장소에 저장하고 필요할 때 그 정보를 쉽게 인출하기 위한 의도적인 활동인 기억 책략의 발달은 중요하다.

정보의 보유와 저장을 위해서는 시연, 조직화, 정교화 등의 다양한 기억 책략이 필요하다. 시연은 새로운 정보를 유지하기 위해 그것을 기억할 수 있을 때까지 반복 연습하는 것이고, 조직화(organization)는 기억하기 쉽게 관련 있는 정보끼리 분류하거나 조직하는 것이며, 정교화(elaboration)는 기억해야 할 정보를 어떤 것에 덧붙여 의미 있게 연결하는 것이다. 인출은 장기기억에 저장된 정보를 꺼내려는 것으로서 인출하기 위한 적절한 책략은 정보를 저장할 때 사용했던 책략을 그대로 사용하고, 정보를 연상할 수 있는 인출 단서를 활용하는 것이다. 예로서, 정교화 책략으로 기억한 정보는 정교화 책략을 이용하여 회상할 때 효과적으로 인출할 수 있다.

유아기에 기억 책략이 나타나지만 유아 스스로 그것을 활용하거나 효과적으로 사용하기는 어렵고, 10세경이 되어야 발달한다. 정교화 책략은 새로 기억해야 할 정보와 관련된 일반적인 지식이 풍부할 때 활용 가능한 책략이기 때문에 적어도 11세 이후 또는 청소년기가 되어야 발달한다.

(3) 상위기억의 발달과 지식 기반의 확대

기억할 때 기억 책략이 왜, 어떻게 도움이 되는지를 이해하면 아동은 기억 책략을 보다 효율적으로 사용할 수 있게 되는데 이러한 기억을 상위기억(metamemory)이라고 한다. 즉, 상위기억은 기억과 기억과정에 대한 지식이다. 그러므로 이는 자신이 기억할 수 있는 것에 한계가 있다는 것을 아는 것, 어떤 것이 다른 것보다 더 기억하기 쉽다는 것을 아는 것, 어떤 책략이 다른 책략보다 더 쉽게 기억할 수 있다는 것을 아는 것이다. 유아기에 비해 아동기에는 상위기억의 발달이 급격하게 일어나 10세 이후 상위기억과 기억수행은 높은 상관을 보인다.

아동은 유아에 비해 세상 지식을 더 많이 알고 있으므로 기억해야 할 정보에 대해서도 더 친숙하다. 상위기억에서 연령 차가 나는 것은 기억 책략의 발달뿐만 아니라 기억 속에 저장되어 있는 정보가 더 많기 때문이다. 아동은 기존 지식을 가지고 새로운 정보를 조직하거나 정교화하여 저장하고, 저장된 정보를 쉽게 활성화하여 인출할 수 있다. 그러나 연령이 어린 유아는 지식 기반이 부족하여 친숙하지 않은 정보를 기억할 때 더 많은 정신적 노력이 필요하다. 따라서 아동은 지식 기반이 풍부할수록 더 많이 배우고 기억할 수 있다.

표 3-4 정보처리과정에 대한 기여 요인과 발달 경향

기여 요인	발달 경향
작업기억의 용량	연령이 증가할수록 아동은 정보처리를 더 효과적으로 하고, 처리속도도 더 빨라진다. 아동은 정보를 제한된 작업기억 공간에 저장하므로 다른 인지과정을 실행할 공간적 여유가 더 많아져 정보처리 용량이 더 커진다.
기억 책략	연령이 증가할수록 아동은 정보를 부호화하고, 저장하며, 인출하기 위해 더 효과적인 기억 책략을 사용한다.
상위기억	연령이 증가할수록 아동은 기억과정에 대해 더 많이 알고, 상위기억 능력이 향상되어 과제수행을 위한 가장 적절한 책략을 즉시 선택하고 그에 따른 진전을 주의 깊게 모니터한다.
지식 기반	연령이 증가할수록 아동은 일반적인 지식이 더 많아져 더 넓은 지식 기반에 근거하여 학습하고 기억하는 능력이 향상된다.

CHAPTER 04

학습이론

1. 이론의 이해
2. Pavlov의 고전적 조건형성
3. Watson의 행동주의
4. Skinner의 조작적 조건형성
5. Bandura의 인지적 사회학습이론

04 CHAPTER 학습이론

학습이론(learning theory)은 어떤 학습의 결과, 즉 행동의 변화를 일으키게 하는 행동기제나 내적 기제인 학습의 과정이 무엇인지를 설명하고 해석하는 등 학습이 일어나는 과정을 설명하는 이론이다(김영채, 1997, p. 198). 학습이론은 발달의 주요 추진력이 유기체 내부가 아닌 외부 환경에 있다고 봄으로써 인간발달에 있어 생물학적 요인보다는 환경적 요인을 더 강조한다. 이러한 학습이론은 Locke의 경험주의 철학과 맥을 같이 하며, 인간이 환경 속에서 점차 경험을 쌓아가며 발달한다는 환경결정론을 주장한다. 이 장에서는 학습이론을 이해하기 위한 기본 개념과 Pavlov의 고전적 조건형성, Watson의 행동주의, Skinner의 조작적 조건형성, Bandura의 인지적 사회학습이론 등에 대해 살펴보고자 한다.

1 이론의 이해

경험주의 철학자인 Locke는 백지설(blank state)을 주장하였다. 백지설은 백지에 어떤 그림을 그리느냐에 따라 작품이 달라지듯 영·유아가 어떤 환경에서 어떤 교육과 훈육을 받으며 성장하느냐에 따라 다르게 발달한다는 것이다. 그러므로 Locke는 영 · 유아에게 무엇이든 가르칠 수 있으며, 성인은 영 · 유아가 좋은 습관을 형성할 수 있도록 학습과 경험을 제공해 주는 것이 중요하다고 보았다. 이러한 Locke의 경험주의 사상은 행동주의의 토대가 되었다.

행동주의는 인간의 심리보다는 눈으로 볼 수 있고 측정할 수 있는 행동을 연구대상으로 하여 환경이 인간의 행동을 결정한다는 환경결정론적 입장을 견지한다. 그리하여 행동주의는 심리학이 과학이어야 한다는 것을 강조함으로써 인간의 발달을 이해할 때 무의식적 동기나 내면의 감정, 혹은 인지적 사고과정에 초점을 두기보다는 직접 관찰하고 측정할 수 있는 외현 행동에 더 초점을 둔다. 즉, 행동주의는 인간의 내적 과정에는 관심이 없고, 겉으로 보이는 행동과 그 행동의 결과에만 관심을 갖는다.

또한, 행동주의는 인간 내부에서 일어나는 신경계의 변화, 호르몬의 변화, 정보처리과정, 무의식, 자유의지 등과 같은 것을 인정하지 않고, 환경자극과 그로 인해 유발되는 반응인 행동에만 관심을 둔다. 그래서 행동주의이론을 자극-반응

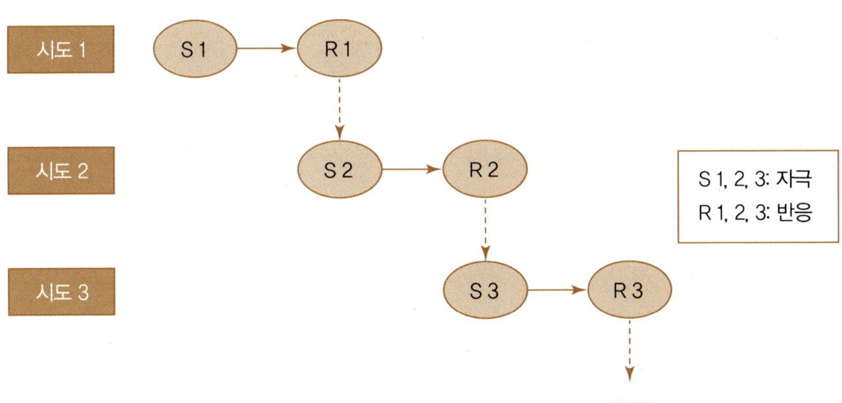

그림 4-1 자극과 반응 연합의 연속

출처: 황혜정, 김연, 한태숙 외 (2012). 인간행동과 사회환경, p. 51.

이론(Stimulus-Response theory)이라고도 한다(최상진, 1997, pp. 29-30). 자극-반응이론에 의하면, 복잡한 행동도 자극과 반응 단위의 구성요소로 분석할 수 있다. 자극과 반응의 연합은 자극에 대한 반응일 뿐만 아니라 이것에 이어 발생하는 사건에 대한 자극으로도 작용한다(그림 4-1 참조). 자극과 반응 간의 이러한 연계는 더욱 확대되어 더 복잡한 학습을 할 수 있게 해준다(정옥분, 2003, p. 93). 이런 의미에서 행동주의이론을 학습이론이라고 한다.

학습이론에 의하면, 인간의 모든 행동은 자극에 대한 반응으로 나타나며, 인간은 외부의 자극과 경험에 의해 행동을 나타낸다. 유기체는 매일 소음, 빛, 전파 등 수많은 종류의 물리적 사건에 노출되는데 이러한 사건은 행동에 직접 영향을 미치기도 하고 미치지 않기도 한다. 행동에 직접 영향을 미치는 사건을 자극(stimulus)이라 하고, 근육이나 내분비선에 의해 야기되는 특정한 활동으로서의 행동을 반응(response)이라 한다. 반응행동의 유형에는 응답행동과 작동행동이 있다. 응답행동은 무릎 반사나 눈 깜박임과 같이 불수의적으로 나타나는 행동이며, 작동행동은 지렛대를 누르는 것과 같이 수의적인 통제에 따라 나타나는 행동이다.

학습이론의 기본 원리는 자극과 반응 간의 관계에 있기 때문에 대부분의 행동은 자극과 반응 간의 관계에 의해 학습한 결과로 본다. 학습은 경험에서 비롯한 행동의 변화로 정의할 수 있고, 변화하는 환경에 대처하는 하나의 적응기제라고 할 수 있다. 유기체는 주변 환경과의 끊임없는 상호작용과정에서 발생하는 경험을 통해 행동을 변화시키므로 학습이론은 환경의 자극 사건과 이에 대한 유기체의 반응 사건에 초점을 맞춘다(Chance, 1987, pp. 35-39).

학습이론은 발달을 연속적인 과정상의 양적인 변화로 보기 때문에 발달에 있어서 단계라는 개념을 인정하지 않는다. 그리하여 학습이론은 발달적 변화에서 질적으로 다른 단계가 있다고 보지 않으며 연령에 대한 언급도 하지 않는다. 즉, 인간의 발달은 비연속적인 단계의 발달이 아니라 연속적인 과정이다.

2 Pavlov의 고전적 조건형성

Ivan Petrovich Pavlov
(1849~1936)

고전적 조건형성(classical conditioning)은 학습이론의 효시로서 소화생리학자인 Pavlov의 동물 실험에서 비롯되어 이론으로 정립되었다. Pavlov는 러시아의 작은 농촌에서 태어났으며, 소년시절에는 그렇게 두각을 나타내지 않았으나 성인이 되면서 철저한 실험주의자가 되었다. 1904년 그는 포유류의 소화생리에 관한 연구로 노벨상을 수상하였다. 그 후 Pavlov는 개를 대상으로 음식이 분해되어 혈액에 흡수되는 소화과정에 관한 실험을 하던 중 개가 먹이를 먹기도 전에 침이 분비되는 것을 발견함으로써 자극과 반응 간의 관계를 최초로 연구하여 고전적 조건형성이론을 발전시켰다.

1) 조건형성의 이해

Pavlov는 심적 반사(psychic reflex)에는 무조건반사(unconditioned reflex)와 조건반사(conditioned reflex)의 두 종류가 있다고 보았다. 무조건반사는 학습을 필요로 하지 않는 선천적이고 영구적인 반사로서 개인차 없이 일어나며, 무조건자극(unconditioned stimulus)과 무조건반응(unconditioned response)으로 구성된다. 무조건자극은 자극을 주면 자연스럽게 반응을 유발하는 것으로서 이때의 반응을 무조건반응이라고 한다. 여기서 '무조건'이란 특정 자극에 대해 절대적으로 반응이 일어나는 것을 의미하는 것으로서 개에게 먹이를 주었을 때 자동적으로 개가 침을 분비하는 것을 예로 들 수 있다. 한편, 조건반사는 경험을 통해 후천적으로 습득하는 반사로서 종 간에 큰 차이를 보이며, 같은 종 내에서도 성원 간에 차이가 크다. 조건반사는 조건자극(conditioned stimulus)과 조건반응(conditioned response)으로 구성되는데, 개에게 먹이를 주러 가는 주인의 발자국 소리를 듣고 개가 미리 침을 분비하는 반응을 예로 들 수 있다.

Pavlov는 개의 타액 분비 실험을 통해 조건화 과정을 설명하였다. 조건화는 아무런 반응을 유발하지 않는 중성자극이 무조건자극과 연합하여 반응을 유발하는 조건자극이 되는 것이다. Pavlov의 실험에서 개에게 먹이를 주면 개는 자연스럽게 침을 분비하는데 이때 먹이는 무조건자극이 되고, 개가 침을 분비하는 것은

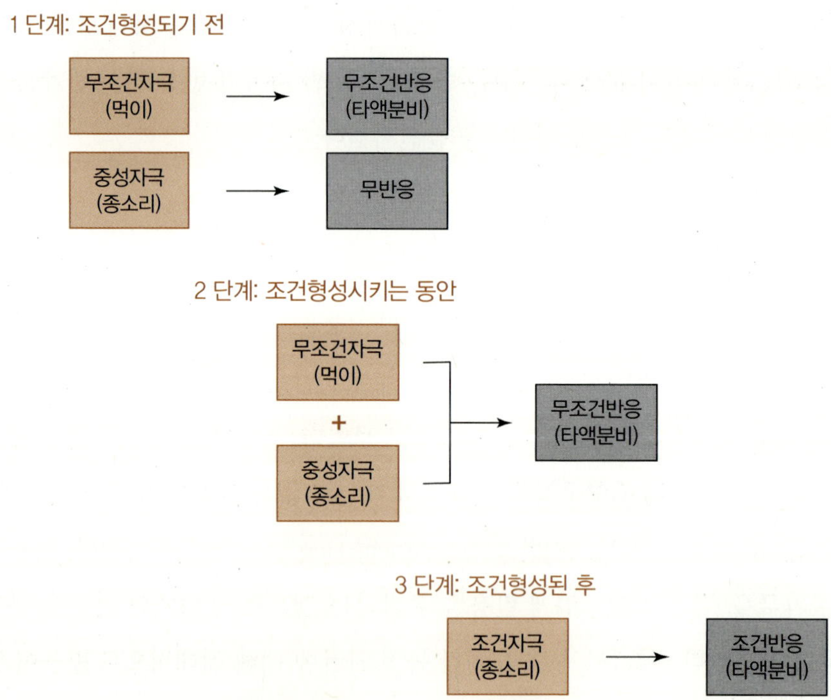

그림 4-2 고전적 조건형성 단계

출처: 김현택, 박동건, 성한기 외 (1996). 심리학, p. 87.

무조건반응이 된다. 한편, 개에게 먹이를 줄 때 종소리를 들려주면 아무런 반응을 나타내지 않는데 이때 종소리를 중성자극이라고 한다. 그러나 먹이를 줄 때마다 종소리를 함께 들려주면 개는 점차 종소리만 듣고도 침을 분비하게 된다. 즉, 종소리가 먹이와 연합하여 침을 분비하도록 조건화된 것이다. 조건화 과정을 통해 종소리는 개에게 침을 분비시키는 조건자극이 되고, 그로 인해 개가 침을 분비하는 반응은 조건반응이 된다. 이처럼 중성자극이 무조건자극과 연합하여 무조건반응을 유발할 때 이를 조건자극과 조건반응이라고 한다.

2) 조건형성의 기본 원리

조건형성의 기본 원리에는 시간의 원리, 강도의 원리, 그리고 일관성의 원리가 있다(안범희, 2007, p. 16). 첫째, 시간의 원리는 근접의 원리라고도 하는데, 조건형성과정에서 자극을 제시하는 시간이 짧을수록 조건형성이 더 잘 이루어진다는 것이다. 즉, 조건자극의 제시는 무조건자극과 거의 동시에 이루어져야 가장 효과적이다.

둘째, 강도의 원리는 무조건자극의 강도와 감각역과의 관계에 대한 것으로서 자극의 강도가 자극을 느끼는 감각역을 넘어야 한다는 것이다. 즉, 무조건자극의 강도가 강하면 강할수록 조건형성이 쉽게 이루어진다.

셋째, 일관성의 원리는 동일한 조건자극을 통해 반응을 일관성 있게 강화해줄 때 조건반응이 더 쉽게 이루어진다는 것이다. 즉, 조건자극(예: 조건화된 종소리)이 일관성 있게 제시되면 조건화는 보다 효율적으로 일어난다.

3) 고전적 조건형성의 관련 요인

Pavlov는 조건형성에 관한 수많은 실험을 하면서 조건화, 소거, 자발적 회복, 일반화와 변별화 등의 개념을 제시하였다.

(1) 소거와 자발적 회복

조건형성이 이루어지고 난 후에도 계속 조건자극이 조건반응을 유발하지는 않는다. 개가 종소리만을 듣고도 침을 분비하는 조건화가 이루어져도 개에게 더 이상 먹이를 주지 않고 계속 종소리만 들려주면 개는 더 이상 침을 분비하지 않는다. 이는 더 이상 학습된 반응이 나타나지 않는 것으로서 이를 소거 또는 소멸(extinction)이라고 한다.

학습된 반응이 소거되었다 할지라도 한참 후에 조건자극을 다시 제시하면 조건반응이 일시적으로 나타난다. 즉, 종소리에 더 이상 침을 분비하지 않는 개에게 일정 시간이 지난 후에 종소리를 들려주면 개는 다시 침을 분비한다. 이와 같이 무조건자극을 제시하지 않더라도 이전에 학습했던 조건자극만으로 조건반응이 다시 나타나는 것을 자발적 회복(spontaneous recovery)이라고 한다. 그러나 조건자극을 무조건자극과 주기적으로 짝지어 제시하지 않으면 자발적 회복은 사라진다.

(2) 자극 일반화와 자극 변별화

자극 일반화(generalization)는 조건자극과 유사한 자극에 대해 조건반응을 나타내는 것이다. 예를 들면, 종소리에 침을 분비하도록 조건형성된 개는 그 종소리와 비슷한 다른 종소리에도 침을 분비한다. 자극 일반화는 유사한 자극이라는 제한된 범위 내에서만 이루어진다.

한편, 자극 일반화는 점차 분화되어 자극 변별화(discrimination)로 대치되는데, 자극 변별화는 자극 일반화에 대한 보완적인 과정이다. 자극 변별화는 한 자극을 다른 자극과 구분하는 것이다. 개에게 먹이를 주지 않고 다양한 종소리만 계속 들려주면 개는 원래의 조건자극과 가장 가까운 종소리에만 반응하는 것을 예로 들 수 있다. 또한, 개에게 한 음조의 종소리에만 먹이를 주고 다른 음조에는 먹이를 주지 않으면 개는 이에 대해서도 변별반응을 나타낸다.

4) 평가

고전적 조건형성의 기본 개념은 연합에 의해 지식이 형성된다고 한 Locke의 경험주의 철학에 기초한다. Pavlov는 조건반사를 이용한 실험을 통해 학습이 이루어지는 연합의 원리를 실증적으로 발견함으로써 학습이론의 초석을 마련하였다. 그러나 Pavlov의 이론은 자극과 반응 간의 수동적인 연합을 설명하는 데 그쳤다는 한계가 있다. Pavlov는 인간의 감정이나 행동이 후천적인 조건형성에 의해서도 이루어지는데 이를 고려하지 못하고 조건형성의 대상을 선천적인 반응을 유발하는 자극으로만 국한하였다는 점에서 비판을 받는다.

3 Watson의 행동주의

John Broadus Watson
(1878~1958)

Watson은 Pavlov의 고전적 조건형성 원리를 인간의 행동에 적용시켜 행동주의학파를 창시하였다. Watson은 John Dewey 밑에서 철학을 공부하기 위해 시카고 대학교에 진학했지만 철학에는 별로 흥미를 느끼지 못하여 신경학과 철학을 부전공으로 하고 심리학을 전공하였다. 특히 동물심리학에 관심이 많았던 그는 박사학위 취득 후 존스홉킨스 대학교에서 동물연구를 하면서 재능 있는 연구자로 명성을 떨치게 되었다. Watson은 '행동주의자가 본 심리학(Psychology as the behaviorist views it)'(1913)이란 논문을 통해 행동주의(behaviorism)라는 말을 처음 사용하였으며, 이후 행동주의는 심리학의 대표적 이론 중 하나로 발전하였다.

Watson은 인간의 모든 행동을 학습된 것으로 보고 발달에서의 유전적 요인을 전혀 인정하지 않았다. 그는 인간의 발달이 환경에 의해 결정된다는 환경결정론을 주장하였다. Watson은 "나에게 12명의 건강한 아이를 준다면 그들을 자신이 원하는 대로 의사든, 변호사든, 도둑이든, 거지든 무엇이든 만들 수 있다."고 함으로써 인간의 발달이 전적으로 조건형성에 의해 이루어진다는 극단적인 환경주의적 입장을 표명하였다(Watson, 1930, p. 82).

1) 정서의 조건형성

Watson은 Pavlov가 발견한 고전적 조건형성의 원리를 인간에게 적용하여 인간의 행동을 설명하였다. Pavlov의 고전적 조건형성을 적용하여 Watson은 영아의 젖병 빠는 것을 설명하였다. 즉, 젖병이라는 중성자극은 영아에게 빠는 반응을 유도하지 않지만 우유라는 무조건자극이 젖병과 연합되면 영아는 우유가 나오지 않아도 젖병을 빠는 조건반응을 보인다.

Watson은 고전적 조건형성을 통해 인간의 모든 행동을 설명할 수 있다고 주장하였다. 심지어 그는 행동뿐만 아니라 정서반응까지도 고전적 조건형성으로 설명할 수 있다고 주장하였다. 그리하여 Watson은 Rayner와 함께 고전적 조건형성 원리를 인간의 정서반응 습득에 적용하는 실험을 하였다(Watson & Rayner, 1920). 그는 11개월 된 자신의 아들 Albert에게 흰 쥐를 보여주고 그때마다 망치로 쇠막대기를 두드리면서 큰 소리를 반복해서 들려주었다. 처음에는 흰 쥐를 무서워하지 않던 Albert가 실험이 반복됨에 따라 흰 쥐만 보고도 울면서 놀라는 반응을 나타냈다. 이에 대해 Watson은 중성자극인 흰 쥐에 놀라는 반응을 유발하는 큰소리가 연합하여 조건형성이 이루어진 것이라고 설명하였다. 이러한 Watson의 주장에 의하면, 인간이 보이는 대부분의 정서반응은 학습된 것이다. 일반적으로 영·유아가 공포를 느끼는 대상은 영·유아가 직접 접했거나 그 영향을 받아서라기보다는 학습된 효과에 의해 무서워하는 경우가 많다. 그러므로 이러한 조건형성을 이용하면 뜨겁거나 위험한 물건에 손대지 못하게 하는 회피반응을 학습시킬 수 있고, 두려움도 없앨 수 있다.

2) 탈조건형성

Watson의 이론을 실생활에 유용하게 적용한 것 중 하나가 조건형성된 정서를 탈조건형성(deconditioning)시키는 것이다. 조건화를 통해 공포를 습득한다면 조건화된 공포도 제거할 수 있다고 가정할 수 있다. 이런 가정하에 Watson은 탈조건형성을 제시하였고, 이는 행동수정기법의 하나인 체계적 둔감화(systematic desensitization)의 기초가 되었다. 체계적 둔감화는 불안이나 공포를 유발하는 자극에 점진적으로 노출시켜 그런 자극에 대한 감정을 둔화시키는 기법으로서 이완상태에서는 불안이나 공포를 느낄 수 없다는 가정을 기초로 한다.

체계적 둔감화는 남아를 데리고 탈조건형성을 수행한 Watson과 Jones의 실험을 예로 들 수 있다. 그 남아는 토끼에 대한 공포가 있었는데, Watson과 Jones는 아이가 좋아하는 음식을 먹는 유쾌한 경험과 토끼를 보는 공포 상황을 같이 짝지어서 토끼에 대한 공포를 감소시켰다. 아이가 음식을 먹는 동안 토끼가 들어 있는 우리를 아이가 무서워하지 않을 만큼 멀리 두었다가, 매일 토끼 우리를 아이에게 조금씩 가까이 두면서 음식을 주었더니 마침내 아이는 토끼를 무서워하지 않게 되었다(Olson & Hergenhahn, 2009, p. 274). 이와 같이 행동주의이론에서는 조건형성이나 탈조건형성을 통해 인간의 정서반응을 학습시키거나 제거할 수 있다고 본다.

3) 평가

Watson은 Pavlov의 이론을 인간행동에 적용시켰으며, 인간의 정서적 반응이 상당 부분 고전적 조건형성을 통해 학습될 수 있다는 것을 밝힘으로써 행동주의이론을 과학적으로 접근시켰다. 그러나 Watson의 행동주의는 정신이 아닌 행동에 대한 과학이라는 점에서 인간의 내면세계에 대한 고려 없이 모든 것을 겉으로 보이는 행동만으로 평가하고, 무슨 행동이든지 조건형성이 될 수 있다고 주장함으로써 인간을 기계처럼 개념화하였다는 비판을 받는다.

4 Skinner의 조작적 조건형성

Burrhus Frederic Skinner
(1905~1990)

Skinner는 미국 펜실베이니아 주에서 태어났다. 뉴욕의 해밀턴 대학교에서 영문학을 전공하고 작가로 잠시 활동하였으나 일찍 작가의 길을 포기하고, 하버드 대학교에서 심리학을 공부하면서 행동주의이론에 빠져들게 되었다. 그는 하버드 대학교 교수로 재직하면서 많은 연구업적을 남겼고, 학습심리학에 상당한 영향력을 미쳤다. 그는 고전적 조건형성에 의한 행동주의이론의 단순성을 비판하면서 새롭게 조작적 조건형성(operant conditioning)이론을 제시하였다. Skinner는 뛰어난 연구자인 동시에 작가이며 사상가였다. 그는 컴퓨터가 발달하기 전인 1930~1940년대에 이미 여러 가지 기계부품과 타이머를 사용하여 스스로 실험장치를 제작하는 재능도 발휘하였다. 쥐, 비둘기 등의 동물실험을 위한 'Skinner 상자(Skinner box)'는 그의 대표적인 발명품이다. Skinner는 엄격한 행동주의자이자 환경론자였으며, 자신의 조작적 조건형성 원리에 따른 이상사회를 묘사한 《월덴 투(Walden Two)》(1948)라는 소설을 출간하기도 하였다.

1) 조작적 조건형성의 이해

Skinner의 조작적 조건형성이론에 영향을 준 사람은 Thorndike이다. Thorndike는 실험적 검증을 통해 학습을 자극과 반응의 결합으로 보았다. 그는 반응의 결과가 만족스러우면 반응이 강화되고, 불만족스러우면 반응은 약화된다는 효과의 법칙(law of effect)을 통해 자극과 반응이 연합하는 과정을 설명하였다(Thorndike, 1927). Thorndike의 효과의 법칙은 특정한 자극에 대한 반응이 성공적일 때 그 결합이 강화된다는 점에서 강화 개념의 선구였으며, Skinner의 조작적 조건형성의 기초가 되었다.

엄격한 행동주의자였던 Skinner는 심리학은 인간의 심리, 욕구 등의 정신적 개념을 사용해서는 안 되며 관찰가능한 외현 행동만을 연구해야 한다고 주장하였다. 행동주의자인 Pavlov와 Watson이 반응적 행동의 조건형성을 연구한 것과 달리, Skinner는 유기체가 스스로 조건형성을 조작하는 것에 대해 연구하였다. 따라서 Pavlov와 Watson의 연구는 반응적 행동(respondent behavior)에 관한 것이지만, Skinner의 연구는 조작적 행동(operant behavior)에 관한 것이다.

Skinner는 인간의 행동에는 고전적 조건형성으로 설명할 수 있는 것이 있는 반면, 유기체 스스로 행동하고 환경을 통제하는 자발적인 조작적 행동도 많다고 설명하였다. 즉, Pavlov의 개 실험에서의 타액 분비나 Watson의 공포에 대한 조건형성 실험에서 유기체는 종소리에 반응하고 큰 소리에 놀라는 것과 같은 수동적이고 기계적인 반응행동만 하는 것이 아니라, 유기체가 스스로 자신의 행동을 조작하는 경우도 많다. 예를 들면, 유아가 혼자 옷을 입고 양말을 신을 수 있도록 연습시킬 때 부모는 유아가 연습해서 혼자 옷을 입고 양말을 신을 때마다 상을 준다. 즉, 유아가 혼자 옷을 입고 양말을 신도록 조작시킨 뒤에 상이라는 자극을 주는 것이다. 유아가 혼자서 옷을 입는다거나 양말을 신는 것과 같은 행동은 특정 자극에 의해 자동적으로 발생하는 것이 아니라 그런 행동을 했을 때 어떤 결과가 뒤따르는가에 따라 그런 행동을 다시 할 수도 있고 하지 않을 수도 있다. 유아가 혼자 옷을 입었을 때 부모가 관심을 보이고 칭찬을 한다면 유아가 다시 혼자 옷을 입을 가능성이 커지지만, 부모가 관심을 보이지 않는다면 유아가 혼자 옷을 입을 가능성은 줄어들 수 있다. 이러한 것은 행동의 결과에 따라 인간의 행동이 변화할 수 있다는 것을 의미한다. 이처럼 반응이 자극을 유도하는 것을 조작적 조건형성이라고 한다. 조작적 조건형성은 자극을 주기 전에 반응이 먼저 일어나야 한다. 이것이 자극은 반응을 유발한다는 고전적 조건형성과 다른 점이다(표 4-1 참조). 동물과 달리 인간에게는 반응행동보다 조작행동이 훨씬 더 중요한 역할을 할 수 있다.

표 4-1 고전적 조건형성과 조작적 조건형성의 비교

구분	고전적 조건형성	조작적 조건형성
용어	• 고전적 조건화 • 조건자극, 무조건자극, • 조건반응, 무조건반응 • 연합적 이동 • 조건 형태 학습	• 도구적 조건화 • 반응, 강화 • 시행착오 학습 • 문제해결 • 반응 형태 학습
반응의 원인	• 자극에 의해 유도된 반응	• 유기체에 의해 방출된 반응
자극과 반응과의 관계	• 유도자극은 반응에 선행함(S–R)	• 강화자극은 반응에 따름(R–S)
행동의 효과	• 무조건자극을 통제하지 못함	• 강화를 통제함
습득절차	• 조건자극과 무조건자극을 짝지움	• 특정 자극 하에서 반응과 결과를 짝지음
학습되는 반응	• 주로 장기(臟器) 반응	• 주로 골격근 반응
소거 절차	• 무조건자극 없이 조건자극만 제시	• 반응 후에 결과 생략
일반화	• 조건자극과 유사한 자극이 조건반응과 유사한 반응 유발	• 강화를 받았을 때와 유사한 자극이 제시되면 유사한 반응이 나타남
변별	• 한 자극에서 무조건반응이 뒤따르고, 유사한 자극에는 무조건반응이 나타나지 않음	• 한 자극이 있을 때 수행한 반응은 강화되고, 다른 자극이 있을 때 수행한 반응은 강화되지 않음

출처: 김현택 외 (1997). 심리학, p. 97; 정옥분 (2003). 아동발달의 이론, p. 101.

2) 강화

조작적 조건형성과정에서 강화(reinforcement)는 학습의 중요한 변인이다. 강화는 행동의 발생 빈도를 증가시키는 것으로서 Skinner는 인간의 모든 행동이 보상과 강화에 의해 학습된다고 보았다. 그는 운동기능, 인지능력, 언어, 사회성 등 영 · 유아의 모든 발달은 환경의 영향과 연습으로 증가하는데 이때 강화를 주면 그런 행동을 더 잘할 수 있게 된다고 설명하였다.

Skinner는 'Skinner 상자'를 만들어 여러 실험을 통해 행동을 조작하는 과정에 대해 설명하였다. Skinner 상자 안에는 먹이통과 먹이 접시를 놓고, 먹이통과 연결된 지렛대를 설치하였다. 이 상자 속에 쥐를 넣어 두면 쥐는 상자 안을 이리저리 돌아다니다가 우연히 지렛대를 누르게 되고 그 결과로 먹이 접시에 먹이가 나온다. 쥐는 지렛대를 누르면 먹이가 나오는 긍정적인 결과를 여러 번 경험하면 점차 지렛대 누르기와 먹이와의 관계를 학습하게 된다. 그 결과, 다른 행동은 사라지고 지렛대를 누르는 속도가 점점 빨라지는데 이러한 과정을 통해 쥐는 지렛대를 누르는 행동을 학습하게 된다. 즉, 보상을 받거나 긍정적 강화를 받은 행위는 반복되고, 강화되지 않거나 처벌받은 행위는 다시 발생할 확률이 줄어든다. 그러므로 조작적 조건형성에서는 강화와 처벌의 역할이 중요하다. Skinner는 행동의 발달이 본능, 욕구, 생물학적 성숙 등과 같은 내적인 요인보다 강화와 처벌이라는 외적인 자극에 달려 있다고 보았다.

강화에는 정적 강화(positive reinforcement)와 부적 강화(negative reinforcement)가 있다. 여기서 정적 또는 부적이라는 용어는 긍정적 또는 부정적, 좋은 것 또는 나쁜 것이라는 가치 판단이 아니라 행동을 제시하거나 철회하는 것이다. 정적 강화는 반응에 따르는 결과가 유쾌한 것으로 Skinner 상자에서 지렛대를 눌렀을 때 나오는 먹이를 예로 들 수 있다. 반면, 부적 강화는 혐오상태를 제거하는 것이다.

예를 들어, 전기가 흐르도록 되어 있으나 지렛대를 누르면 흐르는 전기가 차단되도록 설계된 상자에 쥐를 넣었다고 하자. 쥐가 지렛대를 누르면 전기가 차단된다는 것을 학습하게 되면 지렛대 누르기를 점점 더 자주 하게 된다. 이 경우에 흐르는 전기를 차단하는 것이 부적 강화이다. 부적 강화는 벌과 구별된다. 부모에게 매를 맞거나 혼나는 등의 벌은 혐오상태를 제공하여 행동의 발생 빈도를 감소시키지만, 부적 강화는 행동의 발생 빈도를 증가시켜 혐오상태를 제거하는 것이다. 이와 같이 정적 강화와 부적 강화, 벌은 차이가 있다(표 4-2 참조).

표 4-2 자극 제시와 철회에 따른 강화와 벌의 유형

구분	유쾌한 자극	불쾌한 자극
제시	정적 강화 (보상) 예: 장난감 정리를 잘한 유아에게 그림책 선물하기	벌 (처벌) 예: 장난감 정리를 하지 않은 유아를 꾸짖기
철회	벌 (철회) 예: 장난감 정리를 하지 않은 유아에게서 그림책을 도로 뺏기	부적 강화 (경감) 예: 장난감 정리를 잘한 유아에게 꾸짖지 않기

출처: 안범회 (2007). 학습이론 및 심리, p. 22를 참고하여 수정함.

강화의 종류에는 물질적 강화, 사회적 강화와 내적 강화(자기강화)가 있다. 물질적 강화는 장난감, 과자, 책 등의 물질로서, 이는 생물학적 욕구를 충족시키는 것이므로 일차 강화물(primary reinforcer)이라고 한다. 사회적 강화는 칭찬, 격려, 쓰다듬기 등과 같은 언어적, 심리적 강화이다. 내적 강화는 자기 스스로의 만족감인 자기강화이다. 이는 영 · 유아가 어떤 활동에 대해 성공한 경험을 맛봄으로써 자부심을 갖거나, 자기 욕구의 즉각적 만족을 조절하여 만족을 지연하거나, 새로운 어떤 것에 대한 호기심을 증가시키는 행동 등을 예로 들 수 있다. 사회적 강화와 내적 강화는 일차 강화물과 연합하여 강화효과를 나타내므로 이를 이차

강화물(secondary reinforcer)이라고 한다. 영 · 유아의 행동을 변화시킬 때 처음에는 물질적 강화가 효과적이지만, 언제까지나 물질로만 강화시킬 수 없고 점차 사회적 강화로 바꾸어야 한다. 그러나 사회적 강화도 영구적인 것이 아니므로 최종적으로는 행동의 변화에 대해 자기 스스로 만족하여 행동을 지속하게 하는 내적 강화가 되도록 해야 한다.

강화는 행동 직후 즉각적으로 주어질 때 가장 효과적이다. 강화를 주는 방법은 원하는 반응이 일어날 때마다 매번 주는 연속적 강화와 그렇지 않고 가끔씩 주는 간헐적 강화가 있다. 간헐적 강화는 일정한 간격이나 비율로 이루어지는 고정간격 혹은 고정비율에 의한 강화와 강화가 제공되는 간격이나 비율이 일정하지 않은 변화간격 혹은 변화비율에 의한 강화가 있다. 일반적으로 조작적 조건형성은 강화를 어떻게 주느냐에 따라 습득되거나 제거되는 행동 유형이 달라지며, 연속적으로 강화된 행동에 비해 간헐적으로 강화된 행동이 소거하기에 더 어렵다.

3) 행동조성

조작적 조건형성에서는 원하는 행동이 자발적으로 일어났을 때 강화를 주어 그 행동을 학습시키므로 유기체가 자발적으로 행동을 학습하지 않으면 조건형성이 어렵다. 이런 경우에 조건형성을 시키고자 하는 행동과 가장 유사한 행동을 강화하면서 점진적으로 목표 행동을 학습시켜 나가는 것을 행동조성(behavior shaping)이라고 한다. 대개 조작적 행동은 점진적으로 행동조성이 이루어진다.

Skinner는 비둘기가 목표 지점을 쫄 때까지 기다렸다가 먹이를 언제 주어야 할지 모르는 상황에서 행동조성기법을 사용하였다. 그는 비둘기가 목표 지점을 향해 우연히 돌아설 때만 먹이를 주었다. 이런 행동을 계속 반복하였더니 비둘기의 돌아서는 행동이 점차 증가하였다. 그런 후 비둘기가 목표 지점을 향해 조금이라도 움직이면 먹이를 주는 것으로 강화계획을 바꾸고, 그 다음에는 목표 지점이 놓여 있는 쪽으로 다가갈 때만 먹이를 주는 것으로 강화계획을 바꾸었다. 다음 단계에서는 머리를 조금이라도 움직이면 먹이를 주다가, 마지막에는 목표 지점을 쪼았을 때 먹이를 줌으로써 목표 행동을 학습시켰다. 이처럼 행동조성은 학습시키고자 하는 행동을 작은 단위로 나누어 점진적으로 접근해 감으로써 복잡한 행동을 조건형성시킬 수 있다. 이러한 행동조성방법을 점진적 접근법(method of approximation)이라고 한다(American Psychological Association, 2000, p. 500).

4) 평가

Skinner 이론은 고전적 조건형성의 한계를 극복하고 학습이론의 지평을 넓혔다. Skinner는 유기체가 자유롭게 활동하고 난 다음의 결과에 따라 조작적으로 행동을 통제하는 본질에 대해 탐구하였다. Skinner의 가장 큰 공헌은 조작적 조건형성의 원리를 이용하여 유아의 문제행동을 수정하고 바람직한 행동을 학습시키는 데 행동수정기법(behavior modification)을 적용한 것이다. 유아의 많은 정서적 문제는 바람직하지 못한 행동이 우연한 강화로 습관화되었기 때문이므로(정옥분, 2012, p. 75) 행동수정기법을 통해 다양한 문제행동을 교정하거나 제거할 수 있게 되었다.

한편, Skinner는 인간을 수동적인 존재로 봄으로써 환경의 중요성만 강조하고 생물학적 영향력을 무시했다는 비판을 받는다. 그는 인간의 행동발달에서의 연령에 따른 변화나 개인차 등을 명확하게 설명하지 못하고, 내적 상태의 존재를 거부하며, 눈에 보이는 행동에만 주의를 기울임으로써 인간의 행동과 발달을 충분히 설명하지 못하였다. 또한 실험실에서 동물을 대상으로 한 연구 결과를 인간의 행동에 동일하게 적용하였다는 점에서도 복잡한 인지적 능력을 지닌 인간의 행동을 설명하는 데 한계가 있다.

5 Bandura의 인지적 사회학습이론

Albert Bandura
(1925~)

Bandura는 인지적 사회학습이론을 주장한 대표적 학자이다. 그는 캐나다에서 태어나 브리티시 콜롬비아 대학교에서 심리학을 전공한 후 미국의 아이오와 대학교 대학원에서 사회행동과 학습을 연구한 사회학습이론의 선구자 중 한 사람인 Sears와 함께 연구하였다. Sears의 영향을 받은 Bandura는 사회학습에 관하여 많은 연구를 하였다. Bandura는 Skinner의 조작적 조건형성이론의 영향을 받기는 하였으나 모델링 현상의 이론화에 관심을 가지면서 조건화보다 정보처리 개념에 더 많은 관심을 가졌다. 그는 상호결정론과 자기규제, 자아효능감 등에 관심을 가지면서 행동주의적 관점과는 거리를 두게 되었다(이성태, 2007, p. 158). 그 후 그는 스탠포드 대학교 교수로 재직하였고, 《사회학습이론(Social learning theory)》(1977)을 출간하였다.

1) 이론의 이해

Bandura에 의하면, 인간은 자극을 주면 반응하는 기계가 아니라 능동적이며 사고할 줄 아는 인지적 능력을 지닌 사회적 존재이다. 인간은 동물과 달리 행동과 결과 간의 관계를 생각하고 앞으로 일어날 일을 미리 예측할 줄도 알고, 인지능력이 있어 능동적으로 주위 세계를 이해할 수도 있다. 이러한 인지능력이 있기 때문에 인간은 직접적인 외적 강화나 처벌 없이도 관찰을 통해 새로운 행동을 학습하고 억제할 수 있다. 이런 점에서 Bandura는 인간의 복잡한 행동을 고전적 조건형성이나 조작적 조건형성에서의 자극과 반응, 강화, 소거 등으로 설명하는 데 한계가 있다고 보고, 사회적 상황 속에서의 인간의 행동을 모방이라는 기제를 통해 설명하였다. 이러한 학습은 일상적인 사회생활에서 많이 이루어지기 때문에 이를 사회학습이론이라고 한다. 사회학습이론은 보상이나 처벌을 통해서도 행동이 학습될 수 있지만 동시에 인간의 내적 과정도 인정함으로써 인간의 행동을 학습하는 데 있어서의 인지적 과정을 고려하였다. 그러므로 Bandura의 이론을 인지적 사회학습이론이라고 한다.

인지적 사회학습이론은 다른 사람의 행동을 관찰함으로써 학습이 일어나므로 이를 대리적 조건형성(vicarious conditioning) 또는 관찰학습(observational learning)이라고도 한다. 집에서 늘 존댓말을 사용하는 부모를 보며 언어를 배운 영·유아는 존댓말을 잘 사용하는 것을 예로 들 수 있다. 이처럼 인간은 다른 사람의 행동을 관찰하면서 그 행동에 따른 결과도 관찰한다. 따라서 자신이 만일 그 행동을 모방하여 수행한다면 어떤 결과를 얻게 될 것인지를 예측할 수 있고, 그에 따라 그 행동이 강화되는데 이를 대리강화(vicarious reinforcement)라고 한다. 이런 경우에는 직접 학습을 하는 것이 아니라 대리적으로 학습이 이루어진다고 하여 대리학습(vicarious learning)이라고도 하며, 모방을 통해 이루어진다고 하여 모방학습이라고도 한다.

2) 상호결정론

Bandura의 인지적 사회학습이론에서는 상호결정론(triadic reciprocal determinism) 개념을 제시하였다. Bandura는 인간은 동물과 달리 인지적 존재이며, 발달은 유아와 환경 간의 지속적인 상호작용을 통해 이루어진다고 주장함으로써 상호결정론에 대해 설명하였다. 상호결정론은 발달에 능동적으로 개입하는 유아(Person: P), 유아의 행동(Behavior: B), 그리고 환경(Environment: E)이라는 세 요인 간의 상호작용에 의해 이루어진다.

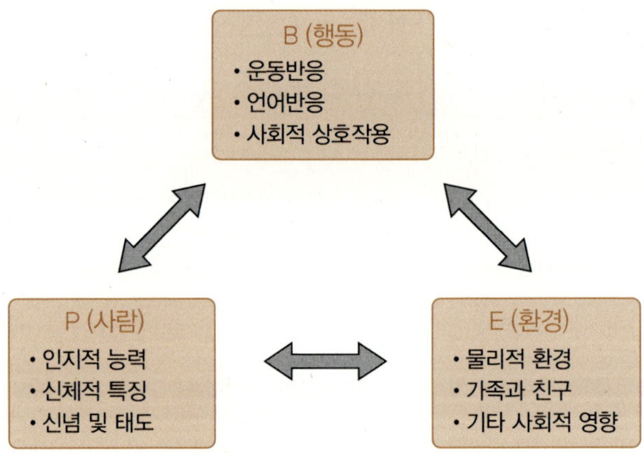

그림 4-3 상호결정론 모델

출처: Shaffer, D. R., (1999). *Developmental psychology: Childhood and adolescence*, p. 51.

환경이 유아의 성격과 행동을 형성한다고 본 Watson이나 Skinner와 달리 Bandura는 유아와 행동 및 환경이 양방향으로 작용한다고 보았다. 유아가 가진 인지적 능력이나 신체적 특성, 혹은 태도는 유아의 행동에 영향을 주고(P→B), 유아의 행동도 유아의 능력이나 신념 또는 태도에 영향을 미친다(B→P). 뿐만 아니라 유아의 특성이나 태도는 환경에 영향을 미치고(P → E), 환경도 유아에게 영향을 미친다(E → P). 또한 행동이 환경에도 영향을 미치고(B → E), 환경도 유아의 행동에 영향을 미친다(E → B). 즉, 유아(P)는 환경(E)의 영향 아래 있을 뿐만 아니라 환경(E)도 유아(P)나 유아의 행동(B)에 의해 영향을 받는다. Bandura는 인간의 심리를 이해하기 위해서는 이러한 세 가지 요인을 살펴보고 이들 간의 관계를 이해해야 한다고 설명하였다(Olson & Hergenhahn, 2009, pp. 454-455).

3) 관찰학습의 구성요소

유아가 능동적으로 자신의 성장과 발달에 개입할 수 있는 것은 환경과 상호작용할 때 인지적 사고과정을 거치기 때문이다. 예를 들면, 병원놀이에서 유아가 의사와 간호사 흉내를 내기 위해서는 이들의 행동에 대한 내적 표상이 필요하다. 또한 다른 사람이 보상이나 처벌을 받는 것을 관찰함으로써 대리강화를 통해 자

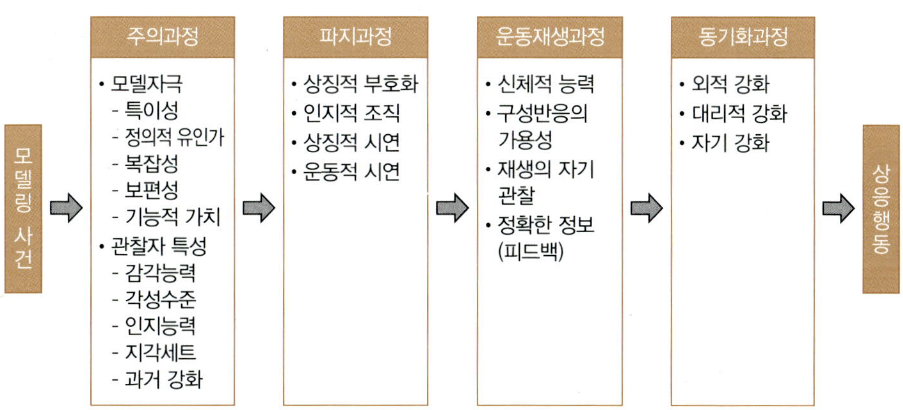

그림 4-4 관찰학습의 구성요소와 과정

출처: 안범희 (2007). 학습이론 및 심리, p. 136.

신의 행동 결과를 예상하는 것도 하나의 인지적 과정이라고 할 수 있다. Bandura는 관찰학습에서의 이러한 인지적 과정이 주의집중과정, 파지(把持)과정, 운동재생과정, 그리고 강화와 동기화과정을 거쳐 이루어진다고 설명하였다. 이 중 한 과정이라도 생략되면 유아는 성공적인 관찰학습을 이루기 어렵다(그림 4-4 참조).

(1) 주의집중과정

유아가 관찰을 통해 학습하기 위해서는 무엇보다 먼저 관찰대상인 모델의 행동에 주의를 기울이는 주의집중과정(attention process)이 필요하다. 유아는 자신이 좋아하고 관심이 있는 사람(애정), 자신과 비슷한 특성을 가진 사람(유사성), 인기가 있고 능력이 있어 부러운 사람(모델의 사회적 지위, 유능함, 인기 등)의 행동에 관심을 갖는다. 또한 매사에 호기심과 관심이 많고 흥미가 높은 유아, 무엇이든지 하고 싶은 욕구가 많은 유아(관찰자의 심리적 특성)도 다른 사람의 행동에 주의를 많이 기울인다.

(2) 파지과정

유아는 대상의 형태를 상징적 형태로 기억하는 파지과정(retention process)을 거친다. 유아는 모델을 관찰한 후 어느 정도 시간이 지난 후에 그 모델의 행동을 모방하므로 모델의 행동을 상징적인 형태로 기억해 두어야만 모방이 용이하다. 이를 위해 주의를 집중하여 기억한 정보를 인지적으로 저장해 두어야 하는데 이를 파지라고 한다. 정보를 파지하는 형태에는 이미지나 그림 등 상징적 형태로 기억하는 심상적 부호(imaginal code)와 글이나 문자 형태로 기억하는 어문적 부호(verbal code)가 있다. 유아는 심상적 부호로 파지하는 것이 더 효과적이어서 심상적 부호를 더 많이 사용하며, 연령이 증가할수록 어문적 부호로 파지하는 것이 증가한다.

(3) 운동재생과정

유아는 관찰을 통해 알게 된 새로운 반응 패턴을 정확하게 재생하기 위해 운동기술을 구사하는 운동재생과정(motor reproduction process)을 거친다. 즉, 유아는 자신이 수행하고 있는 운동기술을 이전에 관찰했던 것과 비교하여 차이가 나는 부분에 대해 스스로 교정하면서 연습함으로써 인지적 시연과정을 거쳐 획득한다. 유아는 단순한 관찰이나 연습만으로 행동을 완전하게 재생할 수 없기 때문에 반복적인 연습과 함께 운동기술도 갖추어야 한다.

(4) 강화와 동기화과정

유아가 새로운 행동을 학습했다 할지라도 그 행동을 유발하는 강화요인이 없으면 다시 행동으로 나타나지 않는다. 유아는 모델의 행동을 모방함으로써 직접 강화를 받거나 받을 것이라고 예상할 때 그 행동에 보다 더 주의를 기울이고 기억하려고 노력한다. 반면, 모델의 행동을 수행할 수 있다 할지라도 그 행동이 부정적으로 인식되거나 사회에서 바람직한 것으로 받아들여지지 않는다면 외현적인 행동으로 재생하지 않을 수도 있다. 그러므로 행동의 재생에는 강화와 동기화과정(reinforcement and motivational process)이 필수적이다.

4) 평가

Bandura의 인지적 사회학습이론은 인지발달의 사회적, 정서적, 동기적 측면을 고려하여 관찰학습과 상징적 표상을 통해 인간의 사고가 사회와 어떻게 연관되는지를 구체적으로 보여주었으며, 환경과 행동 간의 관계를 설명할 때 인간의 인지체계를 연계하여 설명함으로써 인간의 능동적 역할을 강조하였다는 점에서 의의가 있다. Bandura의 이론을 기초로 공격성, 성역할, 감정이입, 친사회적 행동 등에 대한 연구가 다양하게 이루어졌으며, 최근에는 자아효능감에 대한 연구도 활발하게 이루어지고 있다.

반면, 인지적 사회학습이론은 인지체계가 어떻게 발달하고 이러한 발달이 관찰학습에 어떻게 영향을 미치는지에 대해서는 규명하지 못했다는 비판을 받고 있다. 또한 Bandura의 연구가 방법론적인 면에서 체계성이 부족하고, 이론과 관련한 실증적인 예시를 충분히 제시하지 못했다는 점에서도 비판을 받는다(Lerner, 1990).

CHAPTER 05

인본주의이론

1. 인본주의 심리학의 출현
2. Maslow의 욕구위계이론
3. Rogers의 현상학적 성격이론

05

CHAPTER

인본주의이론

20세기에 접어들어 현대화와 산업화가 급속하게 일어나 물질지상주의가 만연되자 사회 각 분야에서는 인간의 존재 가치를 회복시키려는 인본주의 운동이 일어났다. 특히 심리학에서는 현상학, 실존주의 등의 영향을 받아 인본주의적 가치를 중시하는 새로운 경향이 등장하였다. 인본주의이론은 환경결정론에 근거한 행동주의이론과 무의식 결정론에 근거한 정신분석이론에 반대하여 인간의 자아실현과 긍정적인 측면을 강조한다(Corey, 2000; 권중돈, 김동배, 2005, p. 303 재인용). 이 장에서는 인본주의 심리학의 출현 배경을 살펴보고, 인본주의 심리학의 창시자로 인정받는 Maslow의 욕구위계이론과 Rogers의 현상학적 성격이론에 대해 살펴보고자 한다.

1 인본주의 심리학의 출현

인류 역사에서 인본주의는 인간의 존엄성이나 통일성(unity)이 침해받을 때마다 출현하였으나 인간의 존엄성이 무한히 발전할 것으로 낙관했던 18세기 계몽주의시대에 이르러 가장 번창하였다. 계몽주의에서 과학이 인간의 조건을 향상시킬 수 있는 지식을 제공할 거라고 믿었던 과학적 환경론은 19세기 후반에 접어들면서 인간의 의식을 기본적인 요소로 분석하려는 심리학이 발달하면서 행동주의의 근간이 되었다. 당시 행동주의는 행동수정기법, 행동주의적 교수방법 등 인간의 조건을 향상시켜줄 수 있는 과학적 방법을 개발함으로써 인간의 삶에 매우 유익한 영향을 미칠 수 있을 것으로 기대하였다. 그러나 20세기 초 Allport, Rogers, Maslow 등은 당시 심리학계의 주류였던 행동주의가 자연과학을 흉내 내어 인간에 대해 극히 일부분만을 다룸으로써 인간의 존엄성을 간과하는 경향이 있고, 그로 인해 생의 다양한 측면을 무시했다고 주장하였다. 이와 같은 주장에 따라 인본주의 심리학은 행동주의를 비판함으로써 심리학은 측정이나 환경적 통제가 어려운 인간 경험에도 관심을 가져야 한다고 주장하였다(Crain, 1983, pp. 417-420).

또한, 인본주의 심리학에서는 인간을 자유롭고 창의적인 존재이며 자기실현의 역량을 가진 존재라고 믿었다. 그렇기 때문에 인간을 무의식의 비이성적인 힘에 의해 지배되고 성장의 힘과 자유선택의 역량을 가지고 있지 않은 존재로 보던 정신분석학에 대해서도 비판하였다(Crain, 1983, pp. 420-421).

이와 같은 배경에서 1960년 초 Maslow를 중심으로 인본주의 심리학이 등장하였다. 그는 제1세력인 정신분석학, 제2세력인 행동주의와 대조적으로 인본주의 심리학을 제3세력의 심리학이라고 불렀다(Hjelle & Ziegler, 1983, pp. 409-410).

2 Maslow의 욕구위계이론

Abraham Maslow
(1908~1970)

Maslow는 미국 뉴욕에서 태어났으며, Watson의 행동주의에 영향을 받아 1934년 Harlow가 지도한 원숭이 관찰연구로 심리학 박사학위를 취득했다. 그러나 Maslow는 첫째 딸의 복잡한 행동을 관찰하며 행동주의 심리학은 인간보다는 동물의 이해에 더 적절하다고 생각하고 행동주의에 대해 회의적인 입장을 취하게 되었다. 또한 그는 제2차 세계대전을 계기로 심리학은 평화에 기여하는 인간의 이상과 잠재력을 다루는 학문이어야 한다고 생각하면서 당시 Hitler를 피해 미국으로 온 Fromm, Adler 등과 교류하며 자신의 이론적 기초를 마련했다. 이후 1950년대와 1960년대 미국 심리학계에서 인본주의 운동의 가장 유명한 인물로 활동하면서 《존재의 심리학으로(Toward a psychology of being)》(1962), 《동기와 성격(Motivation and personality)》(1970), 사후 출판된 《아브라함 매슬로우 회고집(Abraham H. Maslow: A memorial volume)》(1972) 등의 저서를 남겼다.

1) 이론의 이해

Maslow(1943, 1954)가 인본주의의 입장에서 처음 발표한 것은 인간의 동기에 관한 욕구위계(hierarchy of needs)이론이었다(Crain, 1983, p. 422). Maslow는 인간이란 완전히 만족하는 상태에는 거의 도달하지 못하고 하나를 만족하면 또 다른 것을 만족하려는 '부족함을 느끼는 동물(wanting animal)'이라고 보았다(Hjell & Ziegler,

1983, pp. 415-416). 이런 점에서 그는 인간에게 선천적으로 다섯 가지의 욕구가 있으며, 그 욕구는 강도와 중요성에 따라 위계적으로 구성되어 있다는 5단계 모델을 제시하였다. 이후 1960년대와 1970년대에는 7단계와 8단계로 모델을 확장하였다(McLoed, 2007). 구체적으로 인간의 욕구는 가장 낮은 단계인 생리적 욕구로부터 안전의 욕구, 애정과 소속의 욕구, 자존감 욕구, 인지적 욕구, 심미적 욕구와 같은 기본 욕구(bisic needs), 자아실현의 욕구와 초월의 욕구와 같은 성장 욕구(growth needs)까지 위계적인 순서로 되어 있다고 주장하였다(그림 5-1 참조). 낮은 단계의 욕구일수록 그 강도와 우선순위가 강한 경향을 보이며, 하위단계의 욕구 만족이 더 높은 단계의 욕구를 만족하기 위한 인식과 동기를 부여한다고 보았다. 따라서 Maslow는 인간은 하위 단계의 욕구가 만족되어야 상위 단계의 욕구를 의식하게 되거나 만족하고자 동기화된다고 보았다(이숙 외, 2013, pp.115-116; 조흥식 외, 2010, pp. 135-136; Hjelle & Ziegler, 1983, pp. 417-426; Phares, 1987, pp. 174-176).

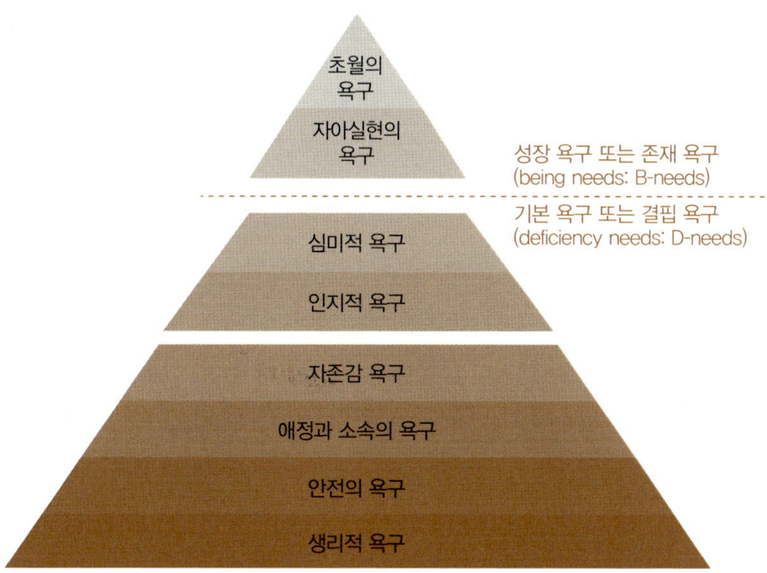

그림 5-1 Maslow의 욕구위계단계

출처: community.saungususd.org/jklein/weblog/1152.html을 참고하여 수정함.

그림 5-1에 제시된 바와 같이 Maslow의 욕구위계단계는 8개의 욕구로 구성되어 있다.

첫째, 생리적 욕구(physiological needs)는 인간에게 있어 가장 기본적이면서 강한 생물학적인 생존의 욕구이다. 이는 음식, 물, 공기, 수면, 성, 추위나 더위로부터의 보호에 대한 욕구 등을 포함한다.

둘째, 안전의 욕구(safety needs)는 생리적 욕구가 만족되면 새롭게 생기는 욕구이다. 이는 안전, 보호, 질서, 불안과 공포로부터의 해방 등과 같은 욕구를 포함한다. 아동은 어른보다 상대적인 무력감을 더 크게 느끼고 어른에게 의존적이므로 안전의 욕구는 아동에게서 더 많이 나타나며, 특히 부모 사이의 갈등, 죽음 등의 불안정한 가정형편에 있거나 질병을 앓는 아동인 경우에 두드러지게 나타난다.

셋째, 애정과 소속의 욕구(love and belongings needs)는 특정한 사람과 친밀한 관계를 맺고 거기에서 소속감을 느끼고자 하는 욕구이다. 특정인과 사랑(예: 상호존중, 칭찬, 신뢰 등)을 주고받으면서 애정의 욕구를 만족시킬 수 있고, 집단에 가입하여 소속감을 느낌으로써 소속의 욕구를 만족하게 된다. 애정과 소속의 욕구를 만족하지 못하면 소외감, 외로움을 느끼게 된다.

넷째, 자존감 욕구(self-esteem needs)는 자기 존중과 다른 사람으로부터 존중을 받고자 하는 욕구이다. 자기 존중은 스스로 자신이 가치 있다고 인정하는 것으로서 이 욕구를 충족하면 자신에 대한 안정감과 자신감을 갖게 된다. 또한, 타인으로부터 존중받고자 하는 욕구는 명성, 지위, 평판, 사회적 성과 등에 의해 충족될 수 있지만 쉽게 사라질 수도 있다. 자존감 욕구를 만족하지 못하면 열등감, 좌절감, 무력감을 느끼게 되어 자신을 부정적으로 지각하게 된다.

다섯째, 인지적 욕구(cognitive needs)는 지식이나 의미를 알고 이해하려 하며, 주변 환경과 세상에 대해 호기심을 가지고 탐색하려는 욕구이다(Huitt, 2004; McLeod, 2014; Saeednia, 2009). Maslow는 인지적 욕구가 기본 욕구와 상호의존적인 관계를 갖는다고 하였다(이숙 외, 2013, pp. 115-116). 안전한 식사와 거주지, 타인과 관계를 맺는 방법 등에 대한 지식은 생리적 욕구, 안전의 욕구, 애정과 소속의 욕구를 채우게 한다. 지식의 획득에 따른 자신감은 자존감의 욕구와, 인지적 잠재력을 충분히 사용하는 것은 자아실현의 욕구를 충족하는 것과도 관계가 있다.

여섯째, 심미적 욕구(aesthetic needs)는 세상과 주변 환경의 아름다움, 균형감 등을 찾아서 감상함으로써 즐거움을 경험하려는 욕구이다(Huitt, 2004; McLeod, 2014; Saeednia, 2009). 그러나 미적이고 균형감 있는 환경을 추구하는 욕구는 안전에 대한 욕구와 중복되어 구분하기 어려울 수 있다.

일곱째, 자아실현의 욕구(self-actualization needs)는 자신의 잠재력을 성취하려는 성장 욕구이다. 하위 기본 욕구를 만족한 사람은 자아실현의 욕구에 따라 자신의 재능과 잠재력을 발휘하기 위해 노력하게 된다. Maslow는 인구의 1% 이하의 소수만이 자아실현을 한다고 보았는데, 그 이유는 많은 사람이 자신의 잠재력을 모르거나 심지어 두려워하여 자아실현의 기회를 놓치기 때문이라고 설명했다. 또한 그는 개인의 잠재력을 발휘할 수 있는 사회적 환경이 마련되어 있지 않거나 잠재력을 실현하는 과정에서 기존의 행동이나 습관을 벗어나야 한다면 두려움과 걱정 때문에 안전의 욕구가 부정적으로 영향을 미치기 때문에 모든 사람이 자아실현을 할 수는 없다고 하였다.

여덟째, 초월 또는 자아초월의 욕구(transcendence or self-transcendence needs)는 Maslow가 자아실현의 성장 욕구를 분화시킨 것이다(Huitt, 2004; McLeod, 2014; Saeednia, 2009). 초기에 제시한 자아실현의 욕구가 보다 일반적인 수준의 성장 욕구를 의미한다면 초월의 욕구는 자아 지향적인 성장 이상의 성장에 초점을 둔 욕구를 의미한다(Maslow, 1971; Maslow & Lowery, 1998; Huitt, 2004 재인용). 즉 초월의 욕구는 자신에 대한 관심을 벗어나 다른 사람이 자신을 돌아보고 충만함을 느끼며 잠재력을 실현할 수 있도록 도움으로써 자아실현의 수준을 높이려는 욕구이다.

자아실현의 욕구 단계에서는 자신의 덕성 함양을 위한 정보를 찾으려 했다면, 초월의 욕구 단계에서는 타인의 덕성을 함양시킬 수 있도록 돕는 정보를 찾으려 한다.

2) 평가

Maslow는 행동주의와 정신분석학을 비판하면서 인간의 존엄성과 가치에 주목하는 인본주의를 주장함으로써 미국 심리학계에서 인본주의의 정신적 대부로 평가된다(Hjelle & Ziegler, 1983, p. 405). 또한, Maslow의 인본주의 심리학은 Rousseau, Montessori, Gesell, Piaget 등의 발달이론의 전통과도 맥을 같이 해왔다고도 평가된다(Crain, 1983, pp. 425-431). 즉, Maslow는 인간을 건강하게 성장하도록 인도하는 생물학적인 내적 본성을 인정하였는데 이것은 발달이론에서 주장하는 성숙이라는 내부기제와 일치한다. Piaget는 생물학적 성숙만으로 인지발달이 이루어진다고 보지는 않지만 아동이 세상에 대한 내적인 호기심과 자기주도적으로 학습할 수 있는 내적 역량을 가지고 있다고 보기 때문에 인본주의와 공통된 입장을 취한다. 이와 더불어 Maslow의 인본주의 심리학은 인간의 의식, 주관적 느낌을 중요하게 생각하는 만큼 현상학적이거나 '지금 이 순간'(here-and-now)을 중요하게 생각한다. 이러한 관점은 어떤 대상을 볼 때 그에 대한 선입견이나 관습적 생각을 갖기보다는 가능한 한 개방적으로 보아야 그 대상을 있는 그대로 볼 수 있다는 생각에서 비롯된 것이다. 이는 Rousseau나 Piaget가 아동의 독특한 지각방식이나 사고방식을 알기 위해서는 현재 있는 그대로를 관찰해야 한다고 주장한 것과도 일관된다.

반면, Maslow를 중심으로 한 인본주의는 지나치게 낭만적이라는 비판을 받기도 한다. 자아실현이 선천적인 경향이라는 주장은 과학적이라기보다는 철학적 또는 거의 종교적인 선언이라고 볼 수 있고, 인간의 자기중심적이고 편파적인 면을 외면했다는 비판을 받기도 한다(Phares, 1987, p. 213).

3 Rogers의 현상학적 성격이론

Carl Rogers
(1902~1987)

현상학(phenomenology)은 개인의 주관적 경험, 감정, 세상에 대한 사적인 개념이나 견해에 대해 연구한다. Rogers는 인간의 행동이 세상을 어떻게 지각하고 해석하느냐에 따라 결정된다고 보았고, 인간의 행동을 보다 잘 이해하기 위해서는 개인 내의 내적 준거체제를 알 필요가 있다고 주장하였다. 이런 점에서 Rogers를 현상학적 심리학의 대변자라고 부른다(Hjelle & Ziegler, 1983, p. 443).

Rogers는 1902년 미국 일리노이주에서 태어나 1931년 컬럼비아 대학교에서 임상심리학 박사학위를 취득하였다. 이후 뉴욕의 아동지도센터와 아동학대예방협회에서 근무하며 당시 상담의 주류를 이루던 정신분석학적 상담이론을 비판하면서 자신의 새로운 상담이론을 발전시켰다. 그는 1940년대 당시에 주로 사용하던 지시적이고 해석적인 상담치료에 이의를 제기하면서 '비지시적 상담'을 주장하였고, 1950년대는 상담에서 내담자를 중요하게 여기는 '내담자중심 상담'으로, 1970년대는 내담자보다 인간에 대한 관심을 더 강조하고자 '인간중심 상담'으로 명칭을 변경하였다.

Rogers는 미국심리학회를 비롯한 여러 학회의 회장을 역임하였으며, 《내담자중심 치료(Client-centered theraphy)》(1951), 《인간의 형성(On becoming a person)》(1961) 등의 수많은 저서를 남겼다. Rogers는 《자서전적 심리학사(A history of psychology in autobiography)》(1967) 제5권에 게재될 만큼 20세기 미국의 영향력 있는 심리학자 중 한 사람이다(Hjelle & Ziegler, 1983, p. 448).

1) 이론의 이해

Rogers는 인간에 대해 Rousseau의 성선설적 관점을 취한다. 그는 인간은 선한 마음과 잠재력을 가지고 태어남으로써 자신의 운명을 바람직한 방향으로 만들어나갈 수 있으며, 자신의 과거 경험에 얽매이지 않고 미래지향적으로 살아갈 수 있는 믿을 만한 존재라고 보았다(정문자 외, 2011, p. 141). Rogers는 인간은 문제상황에 직면하더라도 스스로 자기의 개념과 행동을 바꿀 수 있는 내적 자원을 가지고 있으며, 적절한 조건이 갖춰지면 타고난 잠재력을 발휘하여 그 문제상황을 통제하고 나아가 바람직한 방향으로 변화시킬 수 있는 존재로 보았다. 이런 점에서 그의 입장을 인간중심적이라고 한다.

(1) 인간관

가. 인간본성에 대한 관점

Rogers의 이론은 성격심리학에서의 인본주의 운동에 기여했다고 평가된다. 그 이유는 Rogers가 30년간의 심리치료 경험에 근거하여 인간의 본성에 대해 다음과 같은 결론을 내린 데 있다.

> 나는 인간본질에 대해 아주 낙관적인 관점을 가지고 있지는 않다. 방어적인 목적도 내적인 공포도 없는데도 불구하고 개인은 믿을 수 없을 정도로 잔인하고 소름끼치도록 파괴적이며 미성숙하고, 퇴행적이고, 반사회적이며, 위험한 방법으로 행동하거나 행동할 수 있다는 것을 나는 잘 안다. 그러나 내가 경험한 바에 의하면 가장 참신하고 활기찬 경험 중의 하나는 그런 사람들과 얘기해 본 결과 그들도 우리와 마찬가지로 내면의 깊숙한 곳에는 강한 긍정적 지향성이 있다는 것을 발견한 것이다(Rogers, 1961; Hjelle & Ziegler, 1983, pp. 449-450, 재인용).

나. 생물학적 유기체로서의 인간

인간의 긍정적인 본성을 존중한 Rogers는 인간은 생물학적 유기체로서 신체적, 심리적, 영적으로 분리하여 이해할 수 없는 하나의 전체로 이해해야 한다고 보았다. Rogers에 의하면 유기체는 지적 능력으로만 인식하기보다는 감각과 인지능력을 포함하여 전체적으로 인식해야 어떤 상황에서든 가장 적절하게 이해할 수 있다. 인간 유기체는 특정 순간에 의식적이든 무의식적이든 현상적인 장면(phenomenal field)에서 자신이 지각하고 해석한 것에 따라 행동한다(이효연, Darz, 2012, p. 164). 그러므로 Rogers는 현재 상태(here-and-now)에서 개인이 구성한 현상적인 장면이나 주관적인 경험을 이해하는 것이 심리학 연구의 가장 중요한 목적이며, 상담과정에서 내담자를 진정으로 이해하는 데 중요하다고 하였다.

다. 자아실현의 경향성

Rogers는 유기체가 가진 유일한 동기가 스스로 자아를 실현하고, 유지하고, 향상시킬 수 있는 방향으로 자신의 모든 능력을 개발하려는 자아실현의 경향성(self actualizing tendency)이라고 가정함으로써 인간 유기체가 성장하는 것에 관심을 가졌다(이효선, Darz, 2012, p. 164; Hjelle & Ziegler, 1983, pp. 450-453; Phares, 1987, pp. 155-156). 인간 유기체가 선천적으로 자아실현하려는 경향성은 유전적인 특질이 허용하는 한도 내에서 최선의 자아(self)가 될 수 있도록 하는 동기이다. 예를 들어, 걸음마를 배우는 아기는 혼자 걷기 위해 넘어지고, 부딪치고, 다치더라도 끈기 있게 노력하고, 대학교수는 훌륭한 연구업적을 내기 위해, 골프선수는 우승하기 위해 끊임없이 노력한다. 자아를 발달시키고 실현하기 위해서는 상당한 고통과 노력이 수반되지만 인간은 자아실현의 경향성이라는 동기로 인해 인내하면서 자아실현을 하고자 행동한다. 이처럼 Rogers는 자아실현하는 과정을 보다 더 능력 있는 사람이 되려는 과정으로 보았다.

또한, Rogers는 '훌륭한 삶(good life)'을 위한 성격 특성을 개인이 '완벽하게 기능하는(fully functioning)' 방향으로 나아가게 하는 것이라고 보았다. 여기서 완벽하게 기능한다는 것은 자신의 잠재력을 알고 자신의 능력과 자질을 충분히 발휘하는 방향으로 나아가는 것이다(정문자 외, 2011, pp. 143-144; Hjelle & Ziegler, 1983, pp. 467-471). 그러므로 Rogers의 임상치료 장면에서 내담자가 스스로 치유할 수 있다고 보는 것은 자아실현의 경향성 때문이다.

(2) 자아의 개념과 발달

Rogers는 내담자 스스로 자아를 매우 중요하게 여기면서 진정한 자아를 지키고 찾으려 한다는 것을 경험하면서 자아개념이 필요하다고 보았다.

가. 자아개념

자아(self)는 자기에 대한 개념으로서 현실자아(real self)와 이상자아(ideal self)로 대별할 수 있다. 현실자아는 '나는 누구인가', '나는 무엇을 하는가?', '나는 무엇을 할 수 있는가?' 등과 같이 현재 자신이 어떤 사람인가에 대한 것이다. 한편, 이상자아는 '나는 뭐가 되고 싶은가?'와 같이 미래 자신이 되고자 하는 자아이다. 이상

자아는 Freud의 초자아와 유사한 개념이다. 현실자아와 이상자아가 불일치할수록 인간은 심리적 갈등을 겪는다.

나. 자아개념의 발달

Rogers는 자아개념이 연속되는 현상학적인 장면이나 주관적 경험으로부터 서서히 분화된다고 보았다. 자아는 성장과정에서 타인과 상호작용하거나 다양한 경험을 하면서 보다 더 복잡하게 발달한다. 이는 Maslow가 자아를 타고난다고 주장했던 것과 달리 Rogers가 보는 자아는 긍정적 존중의 욕구, 가치의 조건과 관련하여 발달한다(Phares, 1987, p. 159).

Rogers는 자아개념이 불연속적인 단계를 거쳐 발달하기보다는 유아기나 아동기 초기에 타인이 개인을 어떻게 평가하느냐에 따라 긍정적 혹은 부정적으로 형성한다고 보았다(Hjelle & Ziegler, 1983, pp. 458−467; Phares, 1987 pp. 156-158). 신생아는 신체감각이나 외부자극에 의해 포괄적으로 자신의 모든 경험을 하나로 지각하는 현상학적 장이 있어 분화된 존재로서의 '나(I)'를 지각하지 못하고, '내 존재(me)'와 '내가 아닌 존재(not me)'를 구별하지 못하므로 자아가 존재하지 않는다. 그러나 연령이 증가하면서 영아는 자아실현의 경향성으로 점차 자신과 자신을 제외한 나머지 세계를 구분함으로써 어떤 것이 내 것이고, 어떤 것이 내 것이 아닌지를 구분하는 과정을 통해 자아개념을 형성한다.

자아개념은 환경, 특히 부모, 형제, 친척 등과 같이 중요한 사람과의 상호작용을 통해 발달하며, 아동이 사회적으로 민감해지고, 인지적, 지각적 능력이 성숙해질수록 점차 분화되고 복잡해진다. 이러한 자아개념의 발달에는 긍정적 존중, 가치의 조건, 무조건적 긍정적 존중, 일치(일관성)와 위협의 네 가지 요인이 영향을 미친다.

① 긍정적 존중

Rogers에 의하면 모든 인간은 소중한 존재로서 존중받고 싶은 욕구가 있다. 이러한 욕구는 자아를 의식하기 시작하면서 발달하기 때문에 사랑받고 보호받고 싶어 하는 유아기에 처음 나타난다. 긍정적 존중의 욕구를 충족하려면 자아형성의 초기부터 어떤 경험을 통해 자신이 존중받고 자아실현을 할 수 있는지를 알아야 한다. 그러나 유아는 자기 경험의 가치를 타인이 부여하는 가치에 따라 판단하므로 타인으로부터 긍정적 존중을 받았던 경험에 비추어 행동을 하려 하고 오히려 자신의 자아에 충실하려는 긍정적인 자아존중의 욕구는 좌절되는 행동을 하기 쉽다. 심리적으로 성숙한 인간은 타인이 가치를 부여하는 경험과 자아가 추구하는 것을 일치하게 행동하므로(그림 5-2 참조) 타인뿐만 아니라 자신으로부터도 긍정적인 존중을 받는 것이 중요하다.

② 가치의 조건

인간은 긍정적 존중에 대한 욕구가 강하기 때문에 자신의 인생에서 중요한 사람이 자신에게 갖는 기대나 태도에 민감하게 영향을 받는다. 특히 유아는 부모에게 의존적이므로 부모가 제시하는 '가치의 조건'을 충족해야만 긍정적 존중을 받을 수 있다는 것을 인식하게 된다. 유아가 이러한 가치의 조건을 배우게 되면 유아는 이것을 충족하여 인정받으려 하고 인정을 받게 되면 자존감이 높아진다. 그러나 유아가 지나치게 타인이 요구하는 조건에만 맞추려 하면 자아실현의 잠재력이 줄어들 위험도 있다.

③ 무조건적인 긍정적 존중

Rogers는 인간은 누구나 사랑받고 존중받아야 한다고 생각하였다. 무조건적인 긍정적 존중은 누구든 만약(ifs), 그리고(ands), 그러나(buts)라는 조건 없이 있는 그대로를 수용하고 존중하는 것이다. 특히 양육과정에서는 부모가 자녀를 훈련하거나 통제하지 않는 것이 아니라 자녀를 있는 그대로 귀중한 한 인간으로 인정하고 사랑해 주는 것을 의미한다. 나아가 자신의 경험이 긍정적으로 존중받을 가치가 있는지를 평가할 필요가 없을 정도로 소중하다고 지각하는 유아는 무조건적인 긍정적 자아존중을 갖게 된다. 이와 같은 타인으로부터 받는 무조건적인 긍정적 존중과 자신에 대한 무조건적인 긍정적 자아존중은 유아가 완벽하게 기능하는 사람으로 성장할 수 있도록 지원해 준다.

④ 일치와 위협

인간은 자기에 대한 지각과 자기 행동에 따른 경험을 일관성 있게 유지하고자 행동방식의 대부분을 자신의 자아개념과 일치하도록 선택하고, 자신의 자아개념과 가치의 조건에 일치하는 경험만을 지각하고 인식하려고 한다. 그러나 자아개념 및 가치의 조건과 불일치하는 경험은 자아(또는 자아개념)를 위협하므로 개인은 내적 긴장과 혼란을 겪게 되고 언제든 심리적 부적응을 결과하기 쉽다.

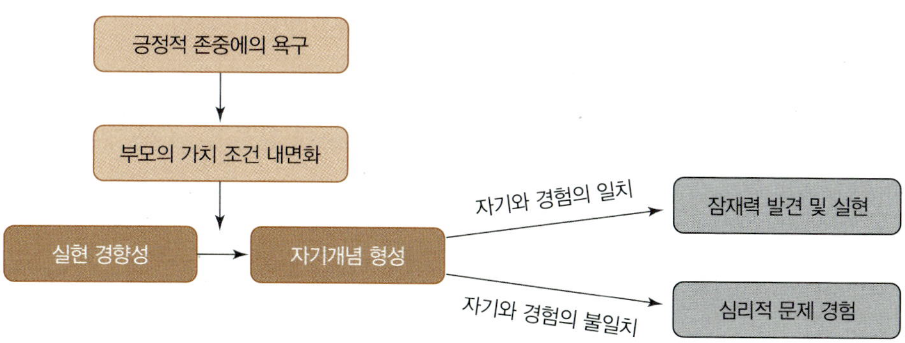

그림 5-2 심리적 부적응의 형성과정

출처 : 이장호, 정남운, 조성호 (1999). 상담심리학의 기초, p. 73.

2) 평가

인본주의 입장에서 Rogers는 인간을 선천적인 긍정적 본성과 잠재력을 바탕으로 스스로 발전하고 변화하는 존재로 보고 인간중심적이고 현상학적인 관점을 취하였다. 그리하여 Rogers는 인간이 자신의 경험을 해석하고 선택하며 자신을 변화시키는 긍정적인 성장능력이 있는 존재라고 보았다(Hjelle & Ziegler, 1983, pp. 417-419; Phares, 1987, pp. 209-215). 연구방법 측면에서도 Rogers는 치료과정을 다룬 경험적 연구를 활성화시켜 자신의 이론을 수정·발전시켰다. 뿐만 아니라 인간중심의 치료는 상담자와 내담자의 관계를 강조함으로써 치료 절차와 치료자의 훈련 절차를 단순화시켰다.

반면, 인간의 본성에 대한 Rogers의 견해는 지나치게 낭만주의적이라는 평가를 받는다. Rogers의 이론은 인간행동의 모든 측면을 자아의 향상과 연결하여 설명하지만 인간이 보이는 다양한 행동 중에는 자아를 향상시키려는 욕구를 지닌 행동으로 보기 어려운 것도 있다. 또한, Rogers의 현상학적 입장은 현상학적인 장에 대한 정보가 될 수 있는 객관적인 환경이나 개인의 생물학적인 특성을 무시했고, 상담자가 내담자의 자기보고에 전적으로 의존하여 그들의 주관적 경험을 똑같이 이해하는 데 어려움이 있다는 비판도 있다. 뿐만 아니라 Rogers가 주로 대학생을 대상으로 연구하고 이론을 전개했기 때문에 말을 잘 못하거나 낭만적인 인간관계에 잘 맞지 않는 집단을 대상으로 연구할 경우에 Rogers식의 접근이 동일한 효과가 있을지에 대해서도 의문이 있다.

CHAPTER 06

생태학적 이론

1. Bronfenbrenner의 생태학적 이론
2. Elder의 생애과정이론

06 CHAPTER 생태학적 이론

생태학은 인간과 그를 둘러싼 사회적, 물리적 환경 간에 존재하는 상호의존적인 체계와 그 상호작용에 대해 관심을 두고 연구하는 분야이다. 그러므로 생태학적 이론은 인간을 둘러싼 환경과 그 맥락에 초점을 맞추어 인간의 발달을 설명한다. 즉, 유아를 중심으로 한 가정, 학교, 지역사회 등의 가까운 환경에서부터 신념, 가치, 역사, 시간 등의 멀리 있는 환경까지 여러 다양한 환경이 유아의 발달에 미치는 영향에 관심을 둔다. 이 장에서는 대표적인 생태학적 이론으로 Bronfenbrenner의 생태학적 이론과 Elder의 생애과정이론을 살펴보고자 한다.

1 Bronfenbrenner의 생태학적 이론

Bronfenbrenner는 러시아의 모스크바에서 출생했으며, 여섯 살 때 미국으로 이주하였다. 그는 신경병리학자인 아버지가 근무하는 정신지체아를 위한 국립연구소 안에서 어린 시절을 보냈는데, 그곳은 매우 넓은 농장 지역으로 수목이

Urie Bronfenbrenner (1917~2005)

우거져 있고 언덕, 늪지, 숲 등의 자연 환경과 수많은 동식물을 쉽게 접할 수 있었다. 이러한 환경에서 자란 Bronfenbrenner는 생물과 환경 간의 상호의존적인 관계를 이해하고 자연 현상에 대한 민감성을 키울 수 있었다. 이러한 경험은 그가 인간발달생태학을 정립하는 기초가 되었다(이성태, 2007, p. 190).

Bronfenbrenner는 코넬 대학교에서 음악과 심리학을 전공하였으며, 1942년 미시간 대학교에서 박사학위를 받았다. 1948년 이후 코넬 대학교 교수로 재직하면서 발달이론 연구의 실제 적용과 정책 개발에 관심을 가져 국가 차원의 여러 위원회에 관여하였으며, 특히 헤드스타트 프로그램과 그 외 여러 발달 프로그램을 설계하기도 하였다. Bronfenbrenner는 《인간발달 생태학(The ecology of human development)》(1979)이라는 저서를 통해 자신의 생태학적 이론을 설명하였다.

1) 이론의 이해

(1) 생태학적 체계

Bronfenbrenner는 발달을 인간이 자신의 환경을 지각하고 다루는 방식에서의 지속적인 변화라고 정의하였다(Bronfenbrenner, 1979, p. 3). 또한 그는 자신이 정립한 인간발달생태학을 능동적으로 성장하고 있는 인간과 인간이 속해 있는 변화하는 속성을 지닌 인접한 환경 간의 전 생애에 걸쳐 일어나는 점진적인 상호 조절과정을 과학적으로 연구하는 학문이라고 정의하였다(정옥분, 2007, p. 273). 이런 관점에서 그는 사회문화적 맥락에서 유아를 이해해야 한다고 함으로써 생태학적 모델(ecological model)을 제시하였다. 이 모델에 의하면 유아는 주변의 인접한 구조로부터 확산된 구조의 생태계 속에서 발달한다. 초창기에 Bronfenbrenner는 이 구조를 네 가지 체계, 즉 미시체계(microsystem), 중간체계(mesosystem), 외체계(exosystem), 거시체계(macrosystem)로 나누었고, 후에 시간체계(chronosystem)를 추가하였다. 이들 체계는 마치 러시아 인형처럼 겹겹이 싸여 있는 겹구조로 되어 있다.

그림 6-1 러시아인형

Bronfenbrenner의 생태학적 모델은 유아의 생활에 직접적, 간접적으로 작용하는 사회적 환경의 상호연계성을 체계화하였다. 그는 유아발달에 직접 작용하는 요인에만 국한하여 생각했던 관점에서 벗어나 보다 포괄적인 관계망에서의 유아발달을 이해하였다. 또한 생태학적 관점에서는 유아가 성장하면서 환경을 극복하고, 환경에 적응하며, 나아가 환경을 창조하는 능력이 있다고 설명함으로써 인간의 적응성이나 유능성을 강조하였다(이영 외, 2009, p. 74). 생태학적 모델에 의하면 유아를 중심으로 유아와 가까이에 있는 체계일수록 유아에게 직접적이고 큰 영향을 미치며 외부에 있는 체계는 그 안에 있는 체계에 영향을 미칠뿐만 아니라 모든 체계는 상호작용하면서 영향을 미친다. 이런 점에서 Bronfenbrenner의 생태학적 모델은 상호작용 개념이 매우 중요하다(그림 6-2 참조).

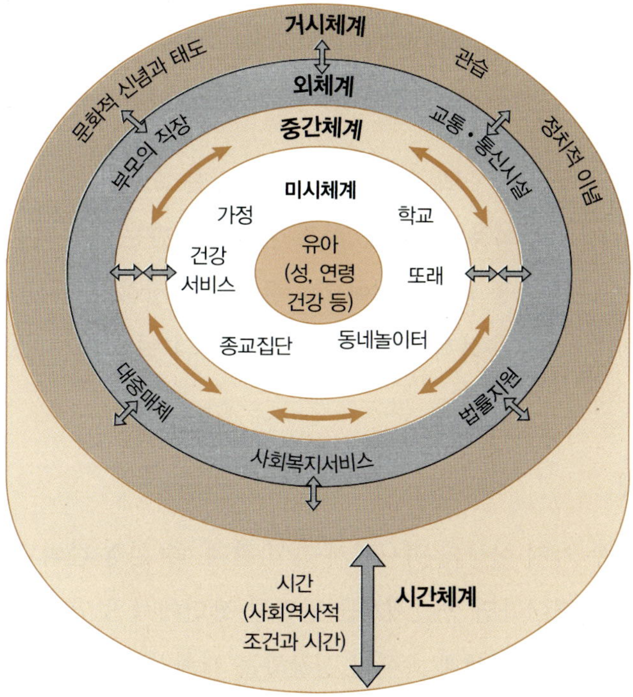

그림 6-2 인간발달의 생태학적 모델

출처: Santrock, J. W. (2007). *Child development* (11th ed.), p. 49.

가. 미시체계

Bronfenbrenner의 생태학적 모델에서 유아는 중앙에 위치하는데, 유아를 둘러싸고 있는 미시체계는 가장 내부에 있는 수준으로서 유아가 속한 가장 직접적인 환경이며 즉각적인 장면이다. 미시체계는 발달하는 개인이 독특한 물리적, 물질적 특성을 가진 환경 내에서 경험하는 활동과 역할 및 대인관계 유형이다(Bronfenbrenner, 1979, p. 20). 미시체계에는 가정, 친구, 또래, 학교 등이 속하며, 이러한 환경은 유아와 밀접하게 상호작용하면서 유아에게 영향을 미친다. 미시체계는 유아가 살고 있는 집의 크기, 동네에 있는 놀이터의 시설물, 도서관에 비치된 장서의 양 등과 같은 물리적 특성과 또래집단의 사회경제적 지위, 부모의 교육수준, 교사의 신념 등과 같이 유아의 발달에 영향을 미칠 수 있는 특성 등을 모두 포함한다.

미시체계 내의 유아와 부모, 또래, 교사 등과 같은 요인은 직접 상호작용을 한다. Bronfenbrenner에 의하면 유아는 환경의 영향을 받는 수동적인 존재가 아니라 환경을 구성하는 능동적인 주체이므로 유아가 성장하면 미시체계도 변화한다. 유아와 관련된 사회문화적 영향에 대한 대부분의 연구는 미시체계에 초점을 둔다.

나. 중간체계

중간체계는 두 가지 이상의 미시체계 간의 관계, 즉 환경 간의 관계이다. 미시체계가 단일한 장면이라면 중간체계는 단일한 장면에서 벗어나 환경과 환경 간의 관계로 이루어져 미시체계 속에서 성장하는 개체가 특정한 시점에서 상호작용하는 것이다. 중간체계 수준의 상호작용은 사적이며 직접적으로 이루어지는데, 여기에는 학교(교사)와 가정(부모) 간 관계, 형제 간 관계, 가정과 또래집단 간 관계가 포함된다. 예를 들어, 부모와의 관계가 원만하지 않은 유아는 친구와의 관계도 원만하지 않을 수 있는데, 이는 중간체계가 유아의 발달에 영향을 미쳤기 때문이라고 볼 수 있다. 일반적으로 중간체계의 상호작용이 밀접할수록 유아의 발달은 순조롭게 진행된다.

중간체계의 상호작용은 유아로 하여금 동시에 여러 역할에 참여하게 한다. 한 유아는 부모에게서는 아들 또는 딸의 역할을 하고, 유치원이나 어린이집에서는 원아의 역할을 하며, 또래들 사이에서는 친구의 역할을 한다. 이와 같이 한 개인이 환경에 따라 다른 역할을 수행한다는 것은 중간체계 개념에서 매우 중요한 의미를 가진다.

다. 외체계

외체계는 유아와 직접 상호작용하지는 않지만 유아의 미시체계에 영향을 주는 사회적 환경으로서 유아가 존재하지 않는 장면 내에서 일어나는 사건이다. 지역사회 수준에서 기능하고 있는 사회의 주요 기관으로는 부모의 직장, 학교운영위원회, 정부기관, 교통·통신시설, 문화시설 등을 들 수 있다. 유아가 이러한 외체계에 직접 참여하지는 않지만 이러한 환경은 유아의 행동에 여러 가지 영향을 미친다. 그러므로 외체계가 유아에게 미치는 영향력은 비개인적이고 간접적이며 일방적이다. 예를 들어, 어머니의 취업 여부에 따라 유아의 생활 패턴이 달라지거나, 대학입시를 결정하는 교육제도가 유아에게 중요한 의미를 갖는 것도 외체계의 영향이라고 할 수 있다.

라. 거시체계

거시체계는 미시체계, 중간체계, 외체계에 포함된 모든 요소뿐만 아니라 개인이 살고 있는 문화적 환경까지 포함한다. 거시체계는 법률과 같이 명백한 형태를 가진 것도 있으나 문화적 신념, 국가, 정치적 이념, 관습, 일상생활 습관 등과 같이 대부분 비형식적인 것이다. 유아가 속해 있는 사회문화적 배경에 따라 부모의 양육태도 등과 같은 가치관이 달라지며 이러한 가치관은 유아의 발달에 지속적으로 영향을 미친다. 일반적으로 거시체계는 다른 체계보다 더 안정적이지만 때로는 사회변화에 따라 변할 수도 있다(Elder & Caspi, 1988). 거시체계는 유아의 삶에 직접 개입하지는 않지만 매우 강한 영향력을 발휘하며, 하위체계에 대한 지지기반과 가치 준거를 제공한다.

마. 시간체계

시간체계는 Bronfenbrenner가 처음 발표한 생태학적 모델에는 포함되어 있지 않았으나 생태학적 관점에서 유아를 설명하는 데 필요한 체계로 간주되어 후에 새롭게 포함된 체계이다. 시간체계는 시간적으로 한 시점의 사건이나 경험이 아닌 전 생애에 걸쳐 일어나는 변화와 사회역사적인 환경을 의미한다. 즉, 어떤 시대에 출생하여 성장하였는가에 따라 유아의 발달과 삶은 큰 영향을 받는다. 예를 들어, 조선시대에 태어난 유아와 현대에 태어난 유아는 그 발달 속도와 생활 방식 등에서 현저한 차이가 있다.

사회라는 환경은 계속 변화하고, 그 사회 속에 있는 유기체인 유아도 끊임없이 변화한다. 유기체와 환경 간의 상호작용인 생태체계 안에서 이 둘은 서로에게 영향을 미친다. 부모, 가족, 친구, 유아교육기관 등 유아를 둘러싼 미시체계에서부터 문화, 관습, 이념 등의 거시체계에 이르기까지 모든 생태체계는 유아에게 영향을 미치며, 이러한 생태환경은 과거, 현재, 미래라는 시간체계의 변화 속에서 작용한다. 그러므로 유아에 대한 이해는 이러한 생태체계 내에서 포괄적으로 이루어져야 하며, 이는 결국 유아가 자신이 속한 사회에 어떻게 적응해 나가는지를 이해하는 데 도움을 준다.

(2) 생태학적 전환

생태학적 전환(ecological transition)은 한 체계 또는 둘 이상의 체계가 주요한 전환을 겪는 것으로서 전 생애에 걸쳐 발생하는 역할이나 환경에서의 전환이다. 이는 자연스럽게 이루어지며 여러 번 일어난다. 이때 전환이 중요하고 변화가 크면 개인의 민감성과 불안감을 고조시키고, 결국 개인의 발달을 강화하거나 저해하기도 한다. Bronfenbrenner는 모든 생태학적 전환을 발달과정의 결과이자 시작이라고 하였다. 전환은 생물학적인 변화와 변화된 환경적 상황의 공동기능이므로 전환이야말로 인간발달 생태학의 주요한 초점인 유기체와 환경 간의 상호작용이라고 할 수 있다(Bronfenbrenner, 1979, p. 25).

가장 일반적인 생태학적 전환은 기존의 미시체계가 기능을 상실하고 새로운 미시체계가 나타나는 것이다. 예를 들면, 동생의 출생, 학교 입학과 졸업, 취업, 결혼, 자녀 출산, 이사, 은퇴 등이 생태학적 전환이며, 이에 따라 개인을 둘러싼 환경이 변화하는 것이다. 이러한 미시체계의 전환으로 미시체계 간의 관계인 중간체계도 변화하게 되어 여러 역할에서의 변화를 수반한다. 생태학적 전환에서 중요한 것은 미시체계 자체의 변화가 아니라 미시체계의 변화에 따라 중간체계가 달라지는 것이다. 즉, 부모의 이혼이 자녀에게 부정적인 영향을 미치지만, 모든 자녀가 같은 정도의 영향을 받는 것은 아니다. 미시체계인 이혼 자체보다는 이혼으로 인한 역할의 변화, 즉 원부모와의 관계, 다른 가족 구성원과의 관계와 지지, 주변 사람과의 관계와 지원 등에 따라 자녀가 받는 영향은 다를 수 있다.

2) 평가

인간의 발달을 설명하는 많은 연구가 유아의 발달 자체에 관심을 가지고 이루어졌고, 유아와 환경의 관계를 다룬다 하더라도 유아 주변의 직접적인 환경에만 한정하여 환경을 매우 협소하게 이해하였다. 그러나 Bronfenbrenner의 생태학적 이론은 환경의 영향을 보다 풍부하게 설명한다. 즉, 생태학적 이론은 유아를 둘러싼 환경을 직접적이고 큰 영향을 미치는 미시체계부터 영향력이 작은 시간체계까지 겹겹의 구조로 체계화하였으며, 이들 각각의 체계와 유아발달과의 관계를 설명하였다. 또한, 개인-과정-맥락의 세분화되고 체계화된 과정중심적 연구방법을 통해 중재프로그램을 만들거나 정책 방향에 대한 실제적 제언을 하는 데도 공헌했다(정옥분, 2003, p. 388). 더불어, 환경의 영향을 실험실 상황이 아닌 자연 환경에서의 상호작용에 초점을 맞추어 인간과 환경이 어떻게 영향을 주고받는지에 대해서도 설명하였다.

반면, 생태학적 이론은 유아의 발달이 일어나는 맥락과 발달에 영향을 미치는 환경을 고려하였으나, 실제로 이러한 모든 맥락과 환경을 고려하여 연구를 수행하는 데는 어려움이 있기 때문에 이론의 검증가능성에 대한 비판이 있다. 또한, 이 이론은 다양한 환경의 영향에 대해서는 강조하였으나 유아의 능동적 발달과정이나 생물학적인 면과 성숙 등의 영향에 대해서는 간과하고 있다는 비판도 있다(정옥분, 2003, p. 388). 이를 보완하기 위해 Bronfenbrenner(1995)는 그의 생태학적 이론에 생물학적인 영향력을 첨가하여 자신의 생태학적 모델을 생물생태학적 모델(bioecological model)이라고 재명명하였다. 그럼에도 불구하고 그의 이론은 여전히 생태학적, 환경적 영향력이 우세하다.

2 Elder의 생애과정이론

Glen Holl Elder, Jr.
(1934~)

생애과정이론(life course theory)은 1960년대 이후 사회학에서 인간의 발달과 사회변화와의 관계에 대한 관심이 많아지고, 종단적 자료가 구축됨과 동시에 연구방법론이 발달함에 따라 등장하였다. 생애과정이론은 개인, 개인과 집단, 인간과 사회의 상호작용에 초점을 맞춰 사회학의 오랜 과제인 미시사회와 거시사회, 행위와 구조 간의 관계를 연계할 수 있도록 해주었다. 뿐만 아니라, 인구학, 노년학, 심리학, 교육학 등의 분야에서도 이 이론을 적용하여 관련 주제를 연구함으로써 빠르게 확산되었고, 근래에는 학제 간 연구도 활발하게 이루어지고 있다(김기태, 2007, p. 51; 이순미, 2013, p. 6; 정옥분, 2004, p. 281).

Elder는 미국 오하이오주 클리블랜드에서 태어났다. 그는 대학교 재학 중 어린 시절에 경험했던 제2차 세계대전을 바탕으로 사람과 사람집단 간의 연계에 관심을 갖게 되었다. 노스캐롤라이나 대학교에서 사회구조와 성격을 연계하는 사회화에 대해 연구하여 1961년 박사학위를 취득하였다. 그는 버클리 대학교의 인간발달연구소에서 30년 이상 수집한 종단자료를 통해 가족과 개인의 생애과정에 대한 연구에 관심을 갖게 되었다. 특히 그는 대공황기의 아동을 주제로 한 연구를 통해 변화하는 사회에서의 생애연구에 몰두하였다. 지금까지도 노스캐롤라이나 대학교의 사회학과 연구교수로 재직하고 있으며, 우수한 연구 업적과 활발한 학계활동을 인정받아 다수의 학술상과 명예박사학위를 수상하였다. Elder의 대표저서로는 '시대의 아이들(Children of their times)' 3부작인 《대공황기의 아동(Children of the great depression: Social change in life experience)》(1974), 《시간과 장소에서의 아동(Children of the time and place: Developmental and historical insights)》(1993), 《대지의 아들(Children of the land: Adversity and success in rural America)》(2000) 등이 있다.

1) 이론의 이해

지난 40여 년간 생애과정이론은 Elder를 선두로 사회학, 인구학, 역사학, 인류학, 생태 및 생애시기를 다루는 발달심리학에서 관련 주제에 대해 연구함으로써 발전해 왔다. Elder는 한 개인의 출생 이후에 사춘기와 죽음을 경험하는 것과 같은 생물학적이고 개인적인 사건이나 경험도 거시적인 사회구조의 시간이나 역사적 혹은 사회적 시간을 구성하는 연령기준의 영향을 받아 사회적 의미를 지니게 된다고 보았다. 그는 생애과정을 연령으로 구분할 수 있는 사건과 역할이 연속적으로 발생하거나 주어지는 것이라고 사회적인 측면에서 정의하면서 생애과정은 대부분의 인간의 일생을 규정한다고 주장하였다. 따라서 생애과정이론은 개인과 집단의 일생을 생애과정을 통해 이해하고자 한다(Elder & Shanahan, 2006, p. 667).

생애과정이론은 인간을 자신이 처한 사회구조와 변화 속에서 자신의 삶을 살아가는 존재로 본다. 그러므로 생애과정이론은 전쟁, 경제공황, 급변하는 국가체제 등과 같은 사회구조와 역사적 변화의 맥락 속에서 인간이 어떤 발달과정을 겪고, 그것의 결과가 인간의 발달에 어떤 영향을 미치는지를 연구한다(정옥분, 2004, p. 281). 이런 관점에서 생애과정이론은 생애 전이에 대한 사회적 규범과 역할규정 및 집단과정의 영향을 강조하며 연령에 따른 규범, 세대 역할전이, 역사적 상황 등과 같은 사회구조가 생애에 미치는 영향에 관심을 갖는다(권희완 외, 1997, pp. 48-49).

생애과정(life course)

생애과정은 생애시기, 생애사, 생애주기 등의 용어와 혼용된다. 이러한 용어는 생애과정의 일부를 구성할 수는 있으나 동의어는 아니므로 생애과정과 혼용하여 사용할 때 주의가 필요하다.

- 생애시기(life span): 심리학 분야에서 주로 사용하는 용어로서 생애단계에서 행동이 발생한 시점을 특정하는 것이다.
- 생애사(life history): 생애과정에서 나타나는 거주, 가구구성, 가족 관련 사건 등과 같이 행위나 사건의 일대기로서 주로 연령-사건력 또는 회고적 생애달력으로 구성된다. 이를 분석하는 방법으로는 사건사 분석방법이 유용하다.
- 생애주기(life cycle): 인구학 분야에서 주로 사용하는 것으로서 세대 간 재생산되는 과정을 지칭할 때 주로 사용한다.

출처: Elder, G. H., Jr., Johnson, M. K., & Crosnoe, R. (2003). The emergence and development of the life course. In J. T. Mortimer & M. J. Shanahan (Eds.). *Handbook of the life course*, pp. 4-5.

(1) 특징

생애과정이론은 행동과학과 사회과학 내 여러 분야의 이론과 연구 및 개념을 적용하여 1960년대부터 발달해 왔는데(그림 6-3 참조), 이는 기존의 심리학적, 사회학적 입장과는 차이가 있다.

첫째, 생애과정이론은 발달심리학이 연령을 발달 기준으로 삼아 개인의 발달에 초점을 둔다는 점을 비판한다(정숙정, 2011). 그리하여 생애과정이론은 Freud의 심리성적 발달단계나 Erikson의 심리사회적 발달단계처럼 대부분의 사람이 연령 구분에 따른 발달단계별 생애과정을 산다고 보기 어렵다고 본다. 예를 들어, 청년기를 사춘기부터 부모로부터의 독립 시기까지라고 볼 때 영양 상태나 미디어 노출 등으로 사춘기는 빨라지고, 취업준비, 교육수준의 증가 등으로 부모로부터의 독립 시기는 연장됨에 따라 청년기가 더 길어지고 있다. 결혼과 초산 연령 증가는 생애사적 발달과업의 수행 적령기가 사회적 영향으로 변화하고 있다는 것을 보여준다. 따라서 생애과정이론은 개인의 생애과정을 다양한 사회적 요인과 관련하여 살펴봐야 한다고 주장한다.

둘째, 생애과정이론은 사회학에서의 역할이론이 특정 시간대의 영향을 고려하지 않은 채 세대를 이해하려 하기 때문에 역사적인 시간과 장소라는 맥락 속에 있는 사람을 이해하기에는 충분하지 않다고 비판한다. Elder는 1960년대 초반에 종단연구 자료를 분석하면서 역할이론만으로 사회가 인간의 생애를 어떻게 조직하고 변화시켰는지를 설명하는 데는 한계가 있다고 보았다. 따라서 Elder는 '대공황기의 아동'을 주제로 연구하면서 역할이론과 연령적 특성을 통합하여 적용하는 생애과정적 관점에서의 이해가 필요하다는 점을 강조하였다.

셋째, 생애과정이론은 생애주기이론이 출생에서부터 노년기까지의 인간발달을 고정적이고, 연속적이며, 예측가능하고, 보편적인 생활단계로 구성하였다고

1960년대~ 1970년대 중반	1970년대 후반~ 1980년대 초반	1980년대 중반 이후
생애과정이론에 대한 관심 증가	생애과정이론의 확산	생애과정이론의 발전
인간발달과 사회변화 간의 관계에 대한 인식고조 • 대공황, 세계대전 등과 같은 사회의 거시적 변화가 개인의 경험과 삶의 기회와 연결된다.	사회적 변화와 개인, 시간과 연결된 삶에 초점 • 분석주제: 시간, 과정, 맥락 • 발달심리학의 전 생애적 접근, 변화하는 환경 속에서의 사회적 역할과 사건에 대한 사회적 관점, 노화 등과 같이 연령과 관련된 변화에 대한 관점을 고려한 연구 수행	인간발달 맥락의 구조적 속성 파악 노력 • 인간의 발달행적과 인간 삶의 사회적 경로 간의 관계, 변화하는 시간대가 삶의 발달과정에 미치는 영향 고찰

그림 6-3 생애과정이론의 연대별 변화

출처: 정옥분 (2007). 전 생애 인간발달의 이론, pp. 281-282; Elder, G. H., Jr. (2001). Families, social change, and individual lives. *Marriage and Family Review, 31*(1/2), pp. 177-178.

비판한다. 그리하여 생애과정이론은 개인의 심리적 변형(transformation)을 전적으로 자연적인 심리적 성장에 의해 이루어진다고 본 생애주기이론이 사회화의 관점, 관습과 문화의 영향을 무시했다고 비판한다. 즉, 생애주기이론은 각 단계에서의 발달과업이 특정한 역사적, 사회적 맥락이나 규범과 관련된다는 것을 설명하지 못한다(Germain & Gitterman, 1996; 김기태, 2007, pp. 53-54 재인용). 그러나 생애과정이론은 개인을 둘러싼 다양한 생태맥락의 영향으로 개인의 신체적 · 심리적 발달이 비결정적인 독특한 경로로 일어날 수 있다고 본다.

(2) 원리

생애과정이론은 사회적 변화, 사회적 경로, 발달행적 간의 관계를 연구하는 이론적 틀을 제공해 준다. 이를 위해 생애과정이론은 생애시기 발달의 원리, 인간대행자의 원리, 시간대의 원리, 연결된 삶의 원리, 역사적 시간과 장소의 원리 등을 제시한다(정옥분, 2004, pp. 282-285; 주지현, 2012; Elder, 2001; Elder & Shanahan, 2006, pp. 691-700).

가. 생애시기 발달의 원리

생애시기 발달(life span development)의 원리는 전 생애적 관점으로 발달과 노화의 과정을 충분히 이해할 수 있다고 인식하는 것이다. 이것은 개인의 생애를 역사적이고 사회적인 차원에서 종합적으로 접근해야 한다는 것을 강조하는 원리이다. 실제로 개인의 현재 삶은 '지금, 여기'의 생활을 보여주는 것이고, 동시에 과거 경험의 결정체이며, 나아가 미래의 삶을 결정하는 요인이다. 이러한 점에서 전 생애적 관점의 장기종단적 연구는 연구기간이 길어짐에 따라 연구대상이 사회적 변화에 더 많이 노출됨으로써 나타나는 행동패턴의 연속성과 변화의 기제를 확실하게 보여준다.

나. 인간대행자의 원리

인간대행자(human agency)의 원리는 개인이 역사와 사회적 환경이 주는 기회와 제약 내에서 자신이 취한 선택과 행동을 통해 자신의 생애과정을 구성해 나간다고 보는 것이다. 이 원리는 개인이 선택과 행동을 통해 자신의 삶을 구성해 가는 동시에 사회적 상황과 구조 및 관계 속에서 개념화하는 방법에 따라 그 선택과 행동이 달라질 수 있다는 것을 의미한다. 예를 들면, 1930년대 미국에서 대공황과 같은 심각한 사회적 변화

그림 6-4 1998년 미국에서 발행된 대공황 기념우표

출처: http://msquared.8m.com/The_Great_Depression.html

를 똑같이 경험해도 어떤 사람은 무력감을 느끼면서 선택의 폭이 매우 좁았던 반면, 또 다른 사람은 성공적인 적응 의지를 가짐으로써 선택의 폭이 넓었다.

다. 시간대의 원리

시간대(timing)의 원리는 생애전이, 사건, 행동패턴에 대한 발달의 선행조건과 결과가 생애과정에서의 시간대에 따라 달라진다는 것이다. 시간대는 특정한 사회적, 역사적 맥락 내에서 개인의 삶을 구성하는 중요 사건(예: 취업, 결혼, 출산 등)의 발생 시기, 중요 사건이 일어나는 순서(예: 결혼 전 출산 등), 중요 사건 간의 간격(예: 결혼과 첫 자녀 출산 간의 간격 등) 등을 의미한다. 예를 들면, 미국에서 대공황이 닥쳤을 때 20세 전에 결혼하거나 일찍 자녀를 출산했던 사람은 그로 인해 사회경제적 어려움에 직면하거나 교육기회를 상실하는 등의 불리한 경험을 하였다. 인생 사건에서의 시간대 차이는 누적되는 사건과 과정이 역동적으로 발생하면서 차이를 유발한다.

라. 연결된 삶의 원리

연결된 삶(linked lives)의 원리는 개인의 삶이 상호의존적으로 이루어지는데 그에 대한 사회적-역사적 영향은 공유하고 있는 관계의 네트워크를 통해 표현된다는 것이다. 이 원리는 시간대의 원리와 함께 생애과정과 맥락 및 인간발달을 보완적으로 설명해 준다. 개인이 상호의존적으로 연결된 삶에서 비형식적인 통제 네트워크를 통해 삶의 행적에 대한 시간대를 조절하고 만들 때는 의미 있는 타자의 역할이 중요하다. 아동이라면 이 네트워크는 발달맥락이고, 발달맥락에서의 의미 있는 타자는 부모이다. 자녀의 존재는 부모 자신의 생애과정의 행적을 진행하거나 수정하는 과정에 영향을 미친다. 세대 간 상호의존성은 자녀의 만혼이나 실직과 같은 사건이 부모의 삶에도 영향을 미친다는 것에서 잘 드러난다.

마. 역사적 시간과 장소의 원리

역사적 시간과 장소(historical time and place)의 원리는 개인의 삶이 생애시간에 걸친 역사적 시간과 장소에 내재되어 있고 그로 인해 개인이 자신의 삶을 만들어 간다는 것이다. 예를 들면, 1998년 우리나라 사람이 'IMF 사태'를 경험한다고 해도 당시 국내 거주자와 미국 거주자 간에, 도시 거주자와 산간지역 거주자 간에 IMF 사태가 미치는 여파는 달랐다. 그러므로 특정한 역사적 시간과 생활 장소에 따라 개인의 IMF 사태 경험은 차이가 있었다. 따라서 IMF 사태와 같은 동일 사건에 대해 직면한 장소에 따라 개인은 다르게 경험할 수 있기 때문에 산출된 연구 결과를 일반화하기는 어렵다.

2) 연구 사례

생애과정이론의 타당성을 입증하는 연구는 대공황이 아동에게 미치는 영향을 주제로 《대공황기의 아동》(1974), 《대공황기의 아동 25주년 기념판(25th Anniversary Edition of Children of the Great Depression)》(1999)을 통해 출판되었다. 두 책에서 소개된 세 가지 동시대 출생집단(cohort) 연구를 통해 역사적 사건이 아동의 생애과정에 어떤 영향을 미쳤는지 이해할 수 있다(정옥분, 2003, pp. 396-400; Elder, 1998).

그림 6-5 《대공황기의 아동》의 25주년 기념판 표지

출처: http://www.unc.edu/~elder/books.html

첫째, 1920년과 1921년 사이에 태어난 사람을 대상으로 캘리포니아주 오클랜드에서 1974년에

종단연구를 실시하였다(Elder, 2013, 인터넷인출 자료). 이들은 노동계층 또는 중산층으로서 경제적으로 풍족한 시기에 아동기를 보내지만 대공황기에 청소년기를 보내고, 제2차 세계대전으로 경제가 호전되기 시작하는 시기에 고등학교를 졸업했다. 이들은 군대에 입대한 경우가 많아 대공황의 영향에서 벗어날 수 있었고, 전쟁이 끝날 즈음에 성인기를 맞이하여 경제성장과 사회안정 속에서 제대 군인을 대상으로 한 무상교육의 기회도 얻을 수 있었다.

둘째, 1974년 종단연구대상과 비교대상으로서 1908년부터 1910년 사이에 태어난 Terman의 종단연구대상은 대공황이 극심할 때 이미 성인이었고, 제2차 세계대전이 발발했을 때는 대부분 결혼하여 자녀가 있었으며 직업을 가진 상태였다. Terman의 연구대상에게 병역은 삶의 방해물이었다. 이들은 제대 후 일상적인 삶을 회복해야 했으나 직업이 불안정하고, 수입이 적었으며, 그로 인해 이혼을 많이 하였고, 50대에 접어들어 건강이 악화되는 등 어려움이 많아 고통을 겪은 것으로 나타났다. Terman은 천재들을 연구대상으로 했기 때문에 더욱 놀라운 결과였다.

셋째, 오클랜드 코호트와 비교한 또 다른 동시대 출생집단은 1928년부터 1929년 사이에 태어난 버클리 종단연구의 대상이었다. 이들은 대공황기에는 유아였기 때문에 어려운 가정경제로 인해 가족분열을 경험하였지만, 나이가 어려 가족에게 경제적 도움을 줄 수 없었고 제2차 세계대전도 이들에게는 전환의 기회를 줄 수 없었다. 이에 버클리 종단연구대상은 아동기에는 낮은 자신감을, 청년기에는 낮은 사회적 능력과 열망 수준을 보였다.

이상과 같은 동시대 출생집단대상 종단연구는 출생연도의 차이에 따라 대공황이라는 역사적 사건을 인생의 다른 시점에 경험함으로써 그것이 개인의 생애에 미친 다양한 영향을 생애과정적 접근으로 잘 보여준다.

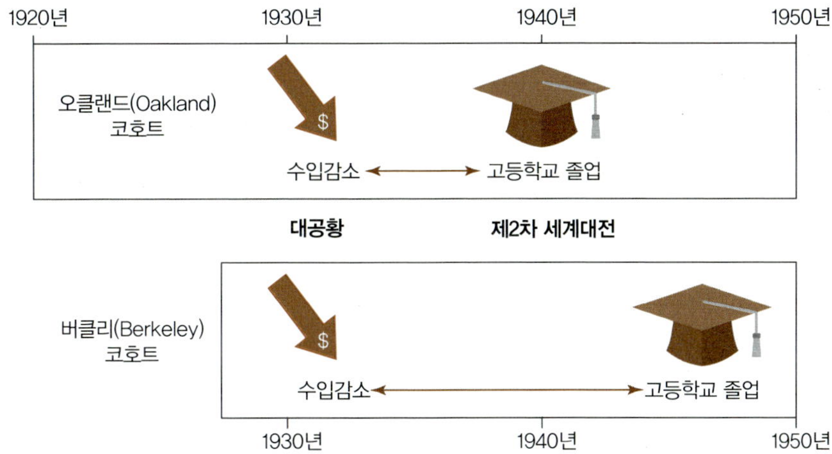

그림 6-6 캘리포니아주의 오클랜드와 버클리 코호트의 역사적 시간대의 차이

출처: Elder, G. H., Jr. (1998). The life course as developmental theory. *Child Development, 69*(1), p. 4.

3) 평가

생애과정이론을 통해 Elder는 인간발달이 전 생애에 걸쳐 전개되는 과정이라는 것을 강조함으로써 발달을 보는 시야를 넓혔다(정옥분, 2004, p. 401; 주지현, 2012; Elder, 1998). 그리하여 생애과정이론은 인간발달의 각 단계는 독특한 가치와 특성을 가지고 있고, 사회적 맥락과 역사, 사건과 역할 변화의 시점이 중요하며, 그 결과로 발달경로도 다양하게 나타날 수 있다는 것을 보여주었다. 또한 이 이론은 발달의 과정에서 개인은 생애과정에서 선택과 결정을 함으로써 인간 본성의 다양성, 고유성, 개체성, 유연성 및 인간과 환경 간의 복잡한 관계성을 강조했다는 평가를 받고 있다.

반면, Elder의 연구는 인간의 발달에 대한 이론적 근거를 확고하게 제시하기보다는 발달을 연구의 매체로 봄으로써 발달의 규칙, 과업, 단계의 중요성을 인식하지 못했다는 평가를 받고 있다. 또한, 생애과정이론은 개인이 자발적으로 환경을 선택한다고 가정하면서도 환경 맥락의 중요성을 지나치게 강조했다는 비판을 받기도 한다.

CHAPTER 07

유아기

1. 신체발달
2. 언어발달
3. 인지발달
4. 사회정서발달

07
CHAPTER

유아기

유아기는 3세부터 6세까지로 초등학교 입학 전까지의 시기이다. 이 시기 동안 유아는 지속적인 신체 성장과 더불어 신체 기능을 세분화하면서 발달한다. 유아는 원활한 신체 기능을 토대로 자조능력을 증진시키고, 운동기능과 조작능력을 바탕으로 자신의 주변 환경을 탐색하면서 경험을 쌓아간다. 또한 유아기는 언어의 증폭기로서 구사할 수 있는 어휘의 수가 늘어나면서 유아는 표현이 풍부해지고, 문장구조를 갖춘 언어를 사용할 수 있다. 이처럼 언어능력이 증진하면서 유아는 자신의 요구를 표현하고 상대방의 언어를 이해하는 의사소통 기술이 발달한다. 더불어 유아는 인지발달도 활발하게 이루어져 표상적 사고가 가능해지고, 영아기와 비교하여 기억능력이 현저하게 향상된다. 뿐만 아니라 유아기의 원활한 사회정서발달을 통해 유아는 자아를 인식하며, 자신과 타인의 정서를 이해할 수 있고, 자신의 정서를 통제할 수도 있다. 이 기간 동안 유아는 타인과의 상호작용을 통해 보다 세련된 사회적 관계를 넓혀 나가면서 도덕성과 성역할도 발달한다. 이 장에서는 이러한 유아의 발달을 신체발달, 언어발달, 인지발달, 사회정서발달로 구분하여 살펴보고자 한다.

1 신체발달

1) 신체적 성장

(1) 신장과 체중의 변화

유아기 동안 유아의 신장과 체중은 꾸준히 증가한다. 영아의 신체 성장속도와 비교해볼 때 유아의 성장속도는 다소 완만하다. 유아기 동안 신장은 1년에 약 7~8cm씩 자라는데 남아는 평균 96.70~119.54cm, 여아는 95.56~118.31cm가 된다(표 7-1 참조). 체중은 매년 약 2~3kg씩 늘어나 남아는 평균 14.92~22.85kg이 되고, 여아는 14.32~21.95kg이 된다. 이처럼 남아가 여아에 비해 신장도 약간 크고, 체중도 약간 더 무겁다. 한편, 이 시기 동안 유아의 머리둘레의 성장은 남녀 모두 점차 둔화된다.

표 7-1 한국 소아(3~7세)의 신체발육 표준치

남아				연령(세)	여아			
체중(kg)	신장(cm)	체질량지수 (kg/m^2)	머리둘레 (cm)		체중(kg)	신장(cm)	체질량지수 (kg/m^2)	머리둘레 (cm)
14.92	96.70	15.97	50.10	3~3.5	14.32	95.56	15.76	49.18
15.91	100.30	15.75	50.43	3.5~4	15.28	99.20	15.59	49.54
16.97	103.80	15.63	50.68	4~4.5	16.30	102.73	15.48	49.82
18.07	107.20	15.59	50.86	4.5~5	17.35	106.14	15.43	50.04
19.22	110.47	15.63	51.00	5~5.5	18.44	109.40	15.44	50.21
20.39	113.62	15.72	51.10	5.5~6	19.57	112.51	15.50	50.34
21.60	116.64	15.87	51.17	6~6.5	20.73	115.47	15.61	50.44
22.85	119.54	16.06	51.21	6.5~7	21.95	118.31	15.75	50.51

출처: 보건복지부 질병관리본부 보도자료(2007.10.19). 소아청소년 성장곡선(신체발육 표준치)

(2) 신체비율의 변화

유아기는 영아기에 비해 신체비율이 보다 성인기에 근접한다. 유아는 여전히 성인에 비해 머리가 더 크지만 유아기 말이 되면 성인과 유사한 신체적 모습을 나타내게 된다. 그리하여 출생 시에 신체의 1/4이었던 머리 크기는 2세경 신체의 1/5이 되고, 6세가 되면 신체의 1/6이 된다.

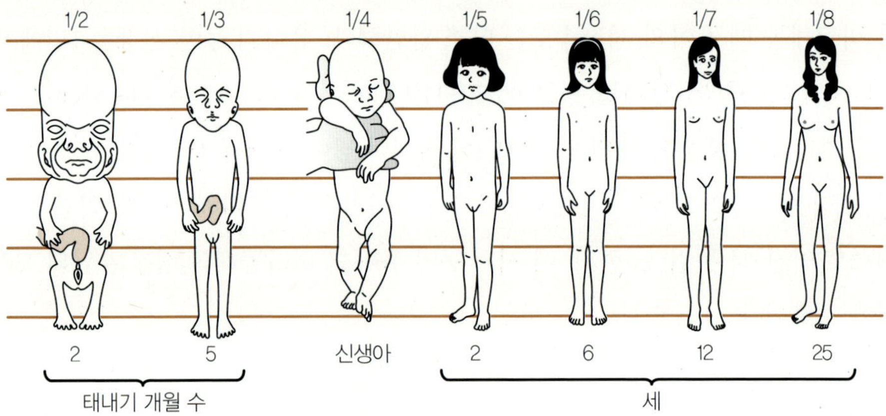

그림 7-1 신체성장비율의 변화

출처: Santrock, J. W. (2013). *Life-span development*, p. 111.

유아의 성장패턴에서는 개인차가 나타난다. 개인차에 영향을 주는 요인은 유전뿐만 아니라 산모의 흡연, 정서적 문제 등으로 다양하다(Wit, Kiess, & Mullis, 2011).

(3) 뇌 발달

유아의 뇌와 신경계도 영아만큼 빠르지는 않지만 지속적으로 발달한다. 그리하여 유아의 뇌 크기는 3세경 성인 뇌의 약 3/4 정도까지, 6세가 되면 성인의 약 95% 정도까지 성장한다(Lenroot & Giedd, 2006).

유아의 뇌 성장은 뇌신경세포의 발달과 함께 이루어지며, 수초화현상이 뇌 발달을 촉진시킨다. 뇌의 수초화현상에는 미엘린과 신경교가 중요한 역할을 한다. 미엘린은 지방세포층이 신경세포의 축색돌기를 둘러싸면서 수초화현상을 나타내는데 이는 신경체계를 통한 정보나 신경전달물질이 축색돌기를 통해 빠르고 효율적으로 통과하도록 도와준다. 또한 신경교는 신경과 신경 사이에서 신경세포에 필요한 물질을 공급하고 신경세포의 활동에 적합한 환경을 조성함으로써 신경세포를 지지해 주는 영양을 공급하며 노폐물을 제거한다. 이런 수초화현상은 유아기의 뇌 발달에 매우 중요하다.

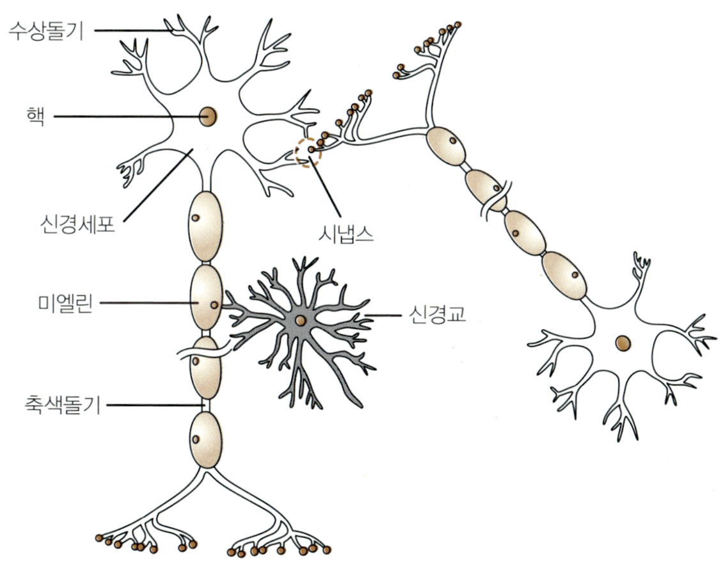

그림 7-2 신경세포의 구조와 기능

3세경 유아는 중요한 뇌 발달이 이루어져 뇌 신경세포의 연결망 수는 영아기 때보다 오히려 감소하지만 효율적인 부분에 집중하게 된다. 이 중 전두엽은 일을 계획하고 조직하며 과제에 주의집중할 수 있는 능력을 관장하는데 3세부터 6세 사이에 가장 빠르게 성장한다(Gogtay & Thompson, 2010). 그 이후에도 전두엽은 판단력, 통찰, 충동억제와 같은 기능을 20대 초반까지 계속 발달시켜 나간다(Society for neuroscience, 2012, p. 17).

2) 운동기능의 발달

(1) 대근육 운동기능의 발달

유아기에는 대근육이 매우 발달한다. 유아마다 개인차는 있지만 바른 자세로 서 있거나 돌아다니기 등의 이동능력이 원활해진다(표 7-2 참조).

3세 유아는 단순하게 뛰기, 높이뛰기, 달리기 등의 동작을 할 수 있으며 이런 활동을 즐긴다. 또한 유아는 세발자전거의 페달을 밟을 수 있으며, 큰 공을 차거나 튀어오르는 공을 양팔로 잡을 수도 있다(조성연 외, 2010, p. 297). 4세 유아는 정글짐 오르기 등을 하며 자신의 능력을 나타내려 하고 신체를 활용하는 보다 어려운 과제에 도전하려고 한다. 이 시기의 유아는 바닥에 줄을 그은 후 그 위를 신체의 균형을 잡고 걸어갈 수 있으며, 놀이기구의 사다리를 오를 수 있고, 달리다가 멈출 수 있으며, 장애물을 뛰어넘을 수도 있다. 5세 유아는 이전 시기보다 더욱 도전적인 활동을 해보려 한다. 유아는 한 발로 서기, 평균대에서 팔을 들어 균형 잡기, 어떤 곳이든 뛰어오르기, 발을 번갈아 가며 계단 오르기 등을 즐기며, 부모와 달리기 시합을 할 수 있을 정도로 대근육 발달과 함께 균형 잡기 능력도 발달한다.

표 7-2 유아의 대근육 운동기능의 발달

연령(세)	걷기	달리기	뛰기	페달 밟기	오르기	던지기
2~3	율동적으로 걸을 수 있다.	몸을 뻣뻣하게 세우고 달릴 수 있다. 방향을 바꾸거나 갑자기 멈추는 것은 어렵다.	두 발로 깡충 뛸 수 있다.	장난감 자동차에 올라타고 두 발로 밀 수 있다.	계단을 오를 때 한쪽 발을 먼저 올려놓은 후 다른 쪽 발을 그 옆에 놓을 수 있다. 높은 곳에 올라갈 수 있지만 내려오지는 못한다.	목표물을 향해 공을 던질 때 두 팔을 사용할 수 있다. 발이나 몸은 움직이지 못한다.
3~4	팔을 앞뒤로 흔들며 걸을 수 있다. 직선을 따라 걸을 수 있다.	유연하게 달리고 출발과 정지가 가능하다.	두 발로 높이 뛰어오른다. 한 발로 장애물을 뛰어넘을 수 있다.	세발자전거를 탈 수 있다.	계단을 오를 때는 한 발로 차례차례 오르지만 내려올 때는 두 발을 모아서 내려온다.	몸을 앞뒤로 흔들며 한쪽 팔로 공을 던질 수 있다.
4~5	곡선을 따라 걸을 수 있다. 평균대 위를 걸을 수 있다.	빨리 달리고, 달리면서 방향을 바꿀 수 있다.	깡충 뛰기를 하면서 앞으로 나갈 수 있다.	세발자전거를 빠르고 유연하게 탈 수 있다.	발을 번갈아 가며 계단을 오르내릴 수 있다. 정글짐, 미끄럼틀, 나무 등을 오르내릴 수 있다.	팔꿈치를 사용해서 공을 던질 수 있다.
5~6	성인처럼 걸을 수 있다.	속력을 내서 달릴 수 있다.	높이뛰기와 멀리뛰기, 줄넘기를 할 수 있다.	두 발 자전거를 탈 수 있다.	성인처럼 오르고 내릴 수 있다.	

출처: 정옥분 (2007). 아동발달의 이해, p. 353.

그림 7-3 발 굴러 뛰어오르기 하는 4세 유아

그림 7-4 킥보드를 타는 5세 유아

(2) 소근육 운동기능의 발달

소근육을 활용한 운동기능의 발달은 유아의 중추신경과 눈과 손의 협응력이 발달하면서 원활해진다. 유아가 3세경이 되면 엄지와 검지를 사용하여 물건을 세련되게 집을 수 있고, 물이 담긴 컵을 엎지르지 않고 나를 수 있으며, 숟가락과 젓가락을 적절하게 사용할 수 있고, 옷의 큰 단추를 채우고 벗기기와 지퍼를 올릴 수 있다(조성연 외, 2010, p. 299). 4세 유아는 실로 구슬을 꿸 수 있으며, 크레파스를 바르게 쥐고 그리기를 할 수 있고, 블록으로 원하는 모형의 탑을 쌓을 수도 있다(Santrock, 2013, p. 212). 5세가 되면 유아는 가위로 직선을 자르거나 곡선을 모양에 따라 오릴 수 있으며, 지퍼를 채울 수 있고, 연필을 바르게 쥘 수 있으며, 색칠을 할 수도 있다.

그림 7-5 필기도구를 원활하게 이용하는 5세 유아

2 언어발달

언어는 의사소통, 사고와 학습의 중요한 수단이다. 유아기 언어발달은 인지발달과 밀접한 관계가 있다. 유아가 감각운동기 말에 획득한 표상능력은 언어 습득을 위해 가장 중요한 인지적 요소인 상징적 사고를 가능하게 하기 때문에 언어발달을 가속화시킨다. 상징을 사용하게 되면서 유아는 빠른 속도로 단어를 획득한다. 유아가 말하기 시작하면 사회적 상호작용도 활발해져 언어발달이 가속화된다. 그리하여 5세경의 유아는 유창하게 말할 수 있으므로 교사와 부모는 유아의 언어발달과정을 이해하고, 발달에 적합한 교육 환경을 제공해 주어야 한다.

1) 언어발달이론

유아기의 언어발달을 이해하는 데는 다양한 이론이 있다. 대표적으로 학습이론, 생득이론, 인지발달이론 등의 전통적인 이론이 있으며, 새로운 관점으로는 제약이론, 정보처리이론, 신경망이론 등이 있다. 유아의 언어습득과정이 생득적 인지 또는 학습에 의한 것인지는 더 이상 논쟁의 대상이 아니며, 언어발달에 있어서 유전과 환경이 어느 정도로, 어떻게 영향을 미치는지에 더 관심이 집중되어 있다. 그 중 한 관점으로 언어발달은 유전적 청사진에 의해 전개되고(Pinker, 2012), 혹은 환경이 더 큰 역할을 한다는 관점(Snow, 1997) 등이 있다.

(1) 전통적 관점의 언어발달이론

가. 학습이론

학습이론에서 언어는 자극과 반응의 연합과 강화에 의해 획득된다. Skinner는 언어도 조작적 조건형성에서의 강화에 의해 학습된다고 주장하였다. 예를 들면, 영아가 우연히 낸 소리에 부모가 미소나 칭찬 등으로 강화할 경우에 영아는 그 소리를 더 자주 내게 되고, 강화 받지 못한 소리는 더 이상 내지 않게 됨으로써 유아는 자신이 속한 문화권의 언어, 즉 모국어를 습득하게 된다. 또한, Bandura는 유아가 주변 사람의 말소리를 관찰하여 이를 모방함으로써 언어를 배우고, 모방한 소리가 정확할 때 주변 사람으로부터 강화를 받아 언어발달을 더 촉진시킬 수 있다고 주장하였다(조성연 외, 2014, p. 277). 그러나 학습이론에서는 언어획득의 속도나 시기에 대한 설명이 충분하지 않고, 유아가 만들어내는 단어 등과 같이 언어의 창조적인 면이나 강화받지 않고도 발달하는 언어적 측면을 설명하는 것에는 한계가 있다.

유아의 언어발달에 미치는 환경의 역할은 보다 긴 발화를 하는 어머니의 유아가 그렇지 않은 유아에 비해 언어발달이 더 빨랐다는 연구 결과를 통해 이해할 수 있다(전효정, 이귀옥, 박혜원, 2004). 즉, 어머니가 더 길게 발화할 경우에 어머니는 보다 다양한 어휘를 사용함에 따라 유아는 더욱 다양한 단어를 듣게 되어 더 다양한 단어를 배우게 된다(전효정, 이귀옥, 박혜원, 2004; Rollins, Snow, & Willet, 1996).

나. 생득이론

세계의 모든 유아가 일정 시기에 일정한 언어발달 유형을 나타낸다는 사실에 근거하여 Chomsky, Lenneberg 등은 언어가 환경적 요인보다 생물학적 요인에 의해 더 많은 영향을 받아 발달한다고 주장함으로써 언어발달의 선천적 측면을 강조하였다. Chomsky(1969)에 의하면 인간은 뇌에 언어획득기제(Language Aquisition Device: LAD)가 있어서 언어를 이해하고 창조할 수 있다. 즉, 인간은 언어획득장치를 가지고 태어나며, 이를 통해 소리를 수용하고 소리에 담긴 언어 자료를 처리하며 규칙을 형성하고 문법에 맞는 문장을 산출할 수 있다. 또한, Lenneberg

(1984)는 모든 문화권에서 동일한 시기에 영아가 옹알이를 시작하고, 첫 단어의 시작과 이어문이 등장한다는 것으로 생리적 발달을 전제로 언어발달이 이루어진다고 주장하였다. 즉, 그는 언어를 종 특유의 고유능력으로 보고 언어는 뇌의 청각 조직 발달과 밀접한 관련이 있어 뇌가 성숙해짐에 따라 발달한다고 설명하였다. 그러나 생득이론은 무엇이 언어습득기제를 작동하게 하는지, 그리고 뇌가 다 성장한 이후에도 끊임없이 언어발달이 이루어지는 이유를 설명하는 데 어려움이 있다.

다. 인지발달이론

인지발달이론은 언어와 사고가 밀접한 관계를 맺으며 발달한다고 주장한다. Piaget는 언어를 인지발달에 따라 나타나는 상징적 표상의 일부로 봄으로써 인지발달이 언어발달을 선행한다고 주장하였다. 2세에서 6, 7세까지의 전조작기(preoperational stage) 유아는 전 단계에서 습득한 지연 모방, 상징 놀이 등이 매우 활발해져 언어 사용 능력도 급격히 발달한다. 이 시기의 유아는 모국어의 문법을 익히고 하루에 평균 10개 정도의 새로운 단어를 습득하지만 여전히 인지적으로 미숙하여 타인의 생각과 자신의 생각을 혼동하고, 타인의 지각이나 감정을 자신의 것과 동일한 것으로 가정한다. 그리하여 Piaget는 유아의 자아중심적인 언어 사용에 대해 유아가 아직 다른 사람의 입장에서 생각하고 느끼고 추론할 수 있을 정도로 사고력이 발달하지 못했기 때문이라고 설명하였다. 이 시기의 유아가 사용하는 자아중심적 언어로는 반복, 독백, 집단적 독백 등이다. Piaget는 집단적 독백을 초보적 대화로 보았으며, 사회적 언어는 구체적 사물을 통한 논리적 사고가 가능해지는 구체적 조작기에 가능하다고 주장하였다. 이와 같은 Piaget 이론은 전조작기의 유아가 어떻게 복잡한 통사적 규칙을 발견하고 학습하는지에 대해 충분하게 설명하지 못하였다. 그러나 이후의 연구자들(Case, 1985; Gelman, 1978)은 전조작기의 유아가 생각보다 더 유능하고 긍정적인 존재임을 밝혔다. 언어발달에 대한 Piaget 이론은 유아의 언어 습득과 사용 능력을 설명하는 최근의 이론에 상당한 영향을 주었다.

한편, Vygotsky는 언어와 사고가 처음에는 분리되어 기능하다가 어느 시점이 되면 언어와 사고가 서로 영향을 주면서 상호작용한다고 주장하였다. 그는 유아가 사물을 언어로 표현하게 되면 그 사물에 대한 개념이 형성되고, 이것은 사고발달로 이어져 언어에 의해 사고발달이 이루어진다고 주장하였다. Vygotsky(1987)는 언어발달이 일련의 단계를 통해 이루어진다고 보고 이를 초기 언어단계(primitive speech stage), 순수 심리언어단계(naive psychology speech stage), 자아중심적 언어단계(egocentric speech stage), 내적 성장 언어단계(ingrowth speech stage)의 4단계로 설명하였다(최미옥, 2004 재인용). 이러한 언어발달은 외적 언어에서 자아중심적 언어로, 다시 내적 언어로 이루어진다고 주장하였다.

Piaget와 Vygotsky는 공통적으로 언어발달이 인지발달과 밀접한 관련이 있다고 주장하였으나, 유아가 지식을 획득하는 과정에 대해서는 서로 다른 주장을 하였다. 즉, Piaget는 인지발달을 유아 스스로 세상을 경험하면서 지식을 얻는 과정으로 보고 언어는 유아의 사고나 개념을 표현하는 수단으로 발달한다고 주장하였다. 반면, Vygotsky는 유아가 성인이나 또래와의 의사소통을 위해 언어를 사용하면서 인지발달이 이루어진다고 주장하였다. 이러한 관점의 차이로 Piaget와 Vygotsky가 시사하는 교육 적용에도 차이가 있다. Piaget는 유아의 언어발달을 위해 언어를 구사하기에 필요한 적절한 수준의 인지적 발달 자극을 제시하는 것이 효과적이지만, Vygotsky는 성인이나 유능한 또래의 주도적이며 적극적인 개입이 효과적이어서 언어를 사용하여 유아의 흥미를 끄는 상호작용이 언어발달과 인지발달에 도움이 된다고 본다.

표 7-3 Vygotsky의 언어발달단계

단계	특징
초기 언어 (0~2세)	• 언어와 사고가 결합되기 전 시기로 비언어적이고 비사고적임. • 언어로 사물을 지칭하고 자신의 요구를 표현함.
순수 심리 언어 (2~3세)	• 단어가 상징적인 기능을 가지고 있다는 사실을 알고 다양한 질문을 하며, 언어를 통해 주변 물체와 현상 등을 이해함. • 언어의 여러 기능 중 단지 문법적 측면에서만 언어를 사용함. • 언어와 사고가 상호 영향을 주어 언어를 사고의 도구로 사용함.
자아중심적 언어 (3~6세)	• 독백형식의 언어를 구사하고, 타인의 반응을 기대하지 않음 • 외적 언어에서 내적 언어로 발달해 가는 과도기적인 단계로 언어의 자기조절기능과 의사소통기능이 분명하게 구별되지 않음.
내적 성장 언어 (7세 이후)	• 논리적 기억을 사용하여 머릿속으로 언어를 조작할 수 있음. • 자신에게 소리 없이 말하는 내적 언어를 사용하고, 사고과정에서 언어의 역할이 중요함

출처: 최미옥 (2004). 비고츠키의 발달이론에 비추어 본 언어와 도덕성발달의 관계, pp. 26-27.

(2) 새로운 관점의 언어발달이론

새로운 관점의 언어발달이론으로 제약이론, 정보처리이론과 신경망이론 등을 들 수 있다. 제약이론에서는 언어발달, 특히 의미 발달을 특정 방향으로 주도해 가는 발달상의 제약이 있다고 주장한다. 정보처리이론과 신경망이론은 엄격한 의미에서 발달이론은 아니지만 언어발달이 이루어지는 방식을 컴퓨터와 같은 정보처리 체계에 비유하거나 뇌의 신경원 활동을 통해 이해하고자 한다.

가. 제약이론

2세경부터 6세까지 영 · 유아는 하루 평균 10개 정도의 단어를 습득하여 6세가 되면 14,000개 정도의 단어를 획득한다. 유아가 어떻게 이처럼 신속하게 새로운 단어를 획득하는지를 설명하기 위해 Markman(1994)은 '제약(constraints)'이라는 개념을 적용하였다. 제약은 인지발달의 각 분야마다 발달을 어떤 방향으로 이루어지도록 인도하는 초보적 형태의 원리이다. 통사발달을 위해서는 보편적 문법(universal grammar)과 같은 강력한 제약을 제안하였으며(Chomsky, 1991), 의미발달을 설명하기 위해서는 대상범위 제약(whole-object constraints)과 분류 제약(taxonomic constraints) 등의 방법을 제안하였다. 대상범위 제약은 어떤 대상의 이름을 새롭게 배울 때 그 단어가 사물의 부분이나 특성 등을 의미하기보다는 사물 전체를 가리키는 성향이다. 이는 우리가 사물을 볼 때 세부 속성으로 나누어 보기보다는 전체로 보는 지각적 성향이 있다는 사실과도 일치한다. 반면, 분류 제약은 새로운 단어가 원래의 대상과 동일한 범주의 다른 대상에도 그대로 사용된다고 가정하는 것이다. 유아가 자신의 집에서 기르는 푸들을 보고 '개'라는 단어를 한 번 배운 후, 친구 집의 불독을 보고 '개'라는 단어를 사용하는 것을 예로 들 수 있다. 이와 같은 두 제약은 매우 신속하게 일어나는 유아의 단어 학습, 특히 유아가 형용사나 동사보다 명사를 더 쉽게 획득한다는 점을 설명하는 데 도움이 된다. 실제로 유아가 초기에 획득하는 단어는 명사가 더 많다는 것이 제약이론을 지지해 준다(Au, Dapretto & Song, 1994).

나. 정보처리이론

정보처리이론은 인간의 인지체계를 컴퓨터에 비유하여 컴퓨터가 주어진 정보를 처리하고 저장하고 인출하는 것처럼 인간의 인지체계도 환경으로부터 들어오는 정보나 이미 저장된 정보를 처리하고 조작한다고 본다. 정보처리이론의 관점에서 유아의 언어발달을 설명하는 모델로는 경쟁모델(competition model)이 있다(Bates & MacWhinney, 1987).

경쟁모델은 몇 가지 특징이 있다. 첫째, 유아는 다양한 화용론적인 목적을 달성하기 위해 언어를 사용하며, 자신의 목적을 달성하기에 가장 적절한 형태를 학습한다는 언어의 기능적 측면(functional aspect)을 강조한다. 둘째, 언어가 그 기능을 수행하기 위해서는 수많은 종류의 정보를 동시에 처리하고 표상해야 한다. 예를 들어, 유아가 "멍멍이 주세요."와 같이 간단한 문장을 말하기 위해 유아는 '주다'라는 행위와 그 행위의 목적이 되는 대상을 표현하기 위해 '멍멍이'라는 적절한 단어를 선택해야 하며, 선택한 단어를 적절히 배열하고, '~주세요'와 같은 통사 규칙에 대한 정보뿐만 아니라 배열된 단어를 올바르게 발음해야 하는 등의 음운론적인 정보도 처리해야 한다. 경쟁모델에 의하면 이러한 인지적 과정은 여러 가지의 처리과정을 포함하며 이러한 과정은 거의 동시에 병렬적으로 처리(parallel processing)된다. 셋째, 언어를 사용할 때는 여러 과정이 포함되며, 각 과정마다 다수의 대안 중 하나를 선택하기 위해 경쟁한다. 예를 들어, 유아는 '멍멍이' 대신에 '강아지' 또는 '개'를 사용할 수 있고, '주세요' 대신에 '줘'를 사용할 수도 있다. 유아가 언어를 사용할 때는 자신의 과거 경험에 따라 여러 가지 선택가능한 대안 중에서 현재 처한 상황에서 활성화(activation) 강도가 가장 높은 것을 선택한다. 유아가 언어로 말하고 듣는 경험을 많이 할수록 활성화 강도가 달라지면서 발달이 이루어진다. 즉, 유아는 연령이 많아질수록 유아기의 언어인 '멍멍이'보다는 일반적으로 활성화 강도가 더 높은 '강아지' 또는 '개'를 더 활발하게 사용한다.

경쟁모델은 다수의 가능한 대안 중에서 특정 대안의 활성화 강도가 점차 증가되는 양적 변화 과정으로 언어발달을 설명하기 때문에 규칙이 없다가 생기거나, 새로운 단어를 사용하게 되는 질적인 변화로 언어습득을 설명하는 다수의 언어습득 이론과 차이가 있다. 즉, 경쟁모델에서의 언어습득은 유아에게 주어진 언어적 자극에 대해 매우 일반적이고도 강력한 정보처리 기제가 작용함으로써 가능하다. 그러나 경쟁모델은 언어발달에서 나타나는 다양한 현상을 단순히 정보처리이론적 관점으로만 설명함으로써 유아에게서 나타나는 독백이나 옹알이 등의 특징적인 언어발달을 설명하는 데는 무리가 있다.

다. 신경망이론

신경망이론은 인공지능과 언어심리학을 결합하여 만든 새로운 이론이다. 신경망이론에 의하면 인간의 뇌에 있는 수많은 신경원은 서로 다른 신경원과 연결되어 복잡한 그물 조직을 형성하며, 개개의 신경원은 다른 신경원을 흥분시키거나 억제시키는 전기 화학적인 물질을 생성하는데 모든 정보는 흥분되거나 억제된 신경원의 패턴 속에 저장된다.

신경망이론에 의하면 유아는 감각 경험으로부터 신경체계를 구성하며, 정보가 증가하면 신경체계를 더욱 확장시켜 새로운 정보를 통합하기 위해 조정한다. 그리하여 유아는 복잡한 규칙을 사용하지 않고 경험을 통해 사람의 얼굴과 같이 아주 복잡한 대상이나 사상, 관계, 문법 규칙 등을 표상할 수 있는 패턴을 생성한다(장유경, 1997; Rummelhart & McCleland, 1986). 이러한 점에서 신경망이론은 정보를 '의미 있는 단위'의 형태로 장기 기억에 저장한다고 보는 정보처리이론과 차이가 있다. 현재 언어와 언어습득에 관한 신경망이론은 매우 활발하게 연구가 이루어지고 있다.

2) 단어와 문장의 발달

(1) 단어 수의 증가

유아는 약 2세경부터 하루 평균 10개의 새로운 단어를 습득한 이후 3세경 900개, 4세경 1,600개, 5세경 2,500개, 6세경 14,000개 정도의 단어를 획득하는 등 단어 수가 크게 증가한다(Clark, 1993). 단어 수가 급격하게 증가하는 것은 유아기의 급속한 인지발달로 사물을 범주화할 수 있는 능력이 발달함과 동시에, 다양한 경험을 할 수 있기 때문이다(Goldfield & Rezmick, 1990).

유아가 단어를 습득하는 데는 개인차가 있고(배소영, 2003; Bates, Bretheton & Snyder, 1988), 습득 속도에는 성차가 있어 일반적으로 여아가 남아보다 더 빠르다(윤혜련, 김영태, 2004; Barrett, 1995). 또한 유아는 추상적 의미의 단어보다는 구체적 의미의 단어를 더 빨리 획득한다. 그리하여 '더 많다', '더 크다', '더 작다' 등의 비교급의 단어나 '~하기 전에', '~후에' 등 시간 개념을 나타내는 단어는 유아기 말이 되어야 획득된다(조성연 외, 2010, p. 309).

연령이 어린 유아는 명사나 명사구를 정교화해서 의사소통하지만 연령이 증가하면서 점차 동사를 정교화해서 의사소통한다. 전자를 참조적 양식(referential style)이라 하고, 후자를 표현적 양식(expressive style)이라 한다. 즉, 참조적 양식은 '엄마', '아빠', '멍멍이' 등과 같이 사물이나 사람을 가리키는 단어이고, 표현적 양식은 '좋아', '싫어', '미워' 등과 같은 다양한 형태의 개인적, 사회적 감정이나 관계를 나타내는 단어이다. 유아가 획득하는 단어는 시간이 지남에 따라서 뿐만 아니라 문화에 따라서도 차이가 있다. 그리하여 대인관계를 중시하는 아시아권의 유아가 서구의 유아보다 표현적 양식의 단어를 더 빨리 습득하며(Choi & Gopnik, 1995) 한국 유아가 미국 유아에 비해 동사를 더 풍부하게 사용한다는 연구 결과도 있다(주영희, 2001, p. 122). 한국과 미국 어머니의 연구 결과에 대해 연구자는 한국 어머니가 미국 어머니보다 동사를 더 많이 사용하고 사물을 지칭하는 명사를 덜 사용하는 경향과 관계가 있다고 분석하였다.

(2) 단어 의미의 발달

유아는 비유나 은유, 유머나 농담 등과 같은 추상적인 언어를 잘 이해하지 못한다. 이는 유아기의 단어 습득방법과 관련이 있는데 그 방법 중 하나가 짧은 순간에 단어를 한 번만 듣고 그 단어의 의미를 습득하는 신속 표상 대응(fast mapping)이다

(Carey, 1977; Heiback & Markman, 1987). 유아의 신속 표상 대응은 추상적 정보보다 구체적 사물인 경우에 더 빠르고 정확하게 습득하며 연령이 증가함에 따라 습득하는 속도도 더 빨라진다.

유아는 새로운 단어를 듣는 순간 자동적으로 몇 가지 가정을 하면서 단어의 의미를 습득한다(Hall & Waxman, 1993). 우선 유아는 익숙하지 않은 단어를 들으면 알고 있는 단어와 새로운 단어의 의미를 대조하여 새로운 단어의 의미를 추론하는데 이를 어휘 대조 제약이라고 한다. 또한, 유아는 각각의 사물은 하나의 명칭만을 가지며, 서로 다른 단어는 독립적이고 중복되지 않은 범주를 지칭한다고 가정하는데 이를 상호배타성 제약이라고 한다. 마지막으로 유아는 제시된 단어가 사물의 일부분이나 부분적 특성보다는 사물 전체를 의미한다고 생각하는데 이를 대상범위 제약이라고 한다.

한편, 유아는 주어진 상황에서 유사성을 추출하여 이를 근거로 단어의 의미를 과잉확대하거나 과잉축소시킨다. 과잉확대(overextension)는 단어의 의미를 원래의 범주보다 더 확대해서 사용하는 것이다. 예를 들면, 유아가 강아지를 멍멍이로 알고 있을 때 고양이나 소 등 네 발이 달리고 털이 있는 짐승을 보면 모두 멍멍이라고 부르는 것이다. 이 시기의 유아가 단어의 과잉확대현상을 보이는 이유는 몇 가지 측면에서 설명할 수 있다(조성연 외, 2010, p. 304). 첫째, 유아는 자신이 명칭을 붙여 말하는 사물이 모두 같은 범주에 속하며 이를 성인도 같은 의미로 사용할 것이라고 생각한다. 둘째, 유아는 제시된 적절한 명칭을 모르거나 기억하지 못한다. 셋째, 유아는 새로운 단어를 습득하는 책략으로 과잉확대를 활용한다. 앞서의 예시와 관련하여 유아는 고양이가 멍멍이가 아니라는 것을 알면서도 성인이 알맞은 단어를 제시한다고 생각하기 때문에 가장 유사한 단어라고 생각하는 멍멍이로 고양이를 명명한다는 것이다(de Villiers & de Villiers, 1979, p. 35). 반면, 과잉축소(underextension)는 단어의 의미를 실제 범주보다 축소해서 사용하는 것이다. 예를 들면, 원추형의 콘에 들어 있는 아이스크림만을 아이스크림이라고 하고 컵에 들어 있는 아이스크림은 아이스크림이 아니라고 하는 것이다. 유아의 단어에 대한 과잉축소현상은 부모가 유아에게 사용하는 언어 형태나 기대와 관련이 있다. 즉, 대부분의 부모는 유아에게 꽃 이름을 세분화해서 말하지 않고 모두 '꽃'이라고 하거나, 지폐의 단위와 상관없이 모두 '돈'이라고 말하는 경향이 있어 유아는 꽃의 종류를 세분화하거나 돈의 단위를 구체화해서 이해하고 표현하기 어렵다(주영희, 2001, p. 123). 이와 같은 단어의 과잉확대현상이나 과잉축소현상은 유아가 어떤 단어를 처음 배울 때 특정 장면을 관찰하면서 그 단어를 듣지만 그 장면의 어떤 부분을 참조해야 하는지에 대해 정확히 알지 못하는 데서 비롯된다. 또한 이러한 현상은 유아가 단어의 의미를 습득하기 위해 자기만의 방식으로 단어를 범주화하기 때문에 나타나는 것이기도 하다. 일반적으로 단어의 의미를 발달시키는 유아기 초기에는 과잉확대현상보다는 과잉축소현상이 더 자주 나타난다(Barrett, 1995, 조성연 외, 2010, p. 305 재인용).

(3) 문장의 발달

한 단어로 문장의 의미를 나타내는 시기를 거쳐 2세경의 영아는 두 단어(two-words) 또는 여러 단어(multi-words)로 만든 초보적 문장을 사용할 수 있다. 예를 들어, "엄마 지갑"이라는 두 단어로 된 문장은 "그건 엄마 지갑이야."라는 의미를 표현하는 것이다. 이처럼 두 단어로 만들어진 문장을 전문형(telegraphic) 문장이라고 한다. 전문형 문장은 조사나 접미사, 접속사 등의 기능어 없이 핵심적인 단어만 나열한다. 문법적으로는 불완전하지만 두 단어 문장을 사용하면서 영아는 이전보다 더 효과적으로 의사소통할 수 있다. 이후 세 단어 이상을 가지고 문장을 만들면서 유아는 문법적 형태소를 사용하기 시작한다. 유아가 문법적 형태소를 사용함에 따라 전문형 문장은 줄어들고 문장의 길이는 점차 길어진다(조성윤, 1992). 3세경의 유아는 2~4개 정도의 단어로 문장을 만들 수 있고, 4세경에는 3~7개 정도의 단어로 문장을 만들 수 있기 때문에 이 시기의 유아는 거의 완전한 문장을 만들어 사용할 수 있다. 또한, 유아가 5세경이 되면 6~12개의 단어를 사용하여 문장을 만들어 사용하기도 한다(유안진, 1999, p. 263; 조성연 외, 2010, p. 306).

언어발달단계는 유아가 사용하는 어휘 수, 즉 평균발화길이(mean length of utterance: MLU)에 따라 분류하기도 한다(Brown, 1973). 평균발화길이는 한 문장 내에서의 평균 형태소 수를 산출한 것으로 유아의 언어발달 정도를 나타내는 지표로 많이 활용된다(표 7-4 참조).

표 7-4 Brown의 언어발달단계

단계	평균발화길이(MLU)	특징
1	1.5~2.0	명사와 동사로 구성된 전문형 문장
2	2.5	전치사, 관사, 불규칙 동사, 명사의 복수형 사용
3	3.0	어휘 수 증가, 보다 정확한 문법
4	3.5	3단계에 비해 MLU 0.5 증가, 이외의 특징은 유사
5	4.0	둘 이상의 문장을 연결한 복잡한 구문 사용

출처: Brown, R. (1973). *A first language*, p. 437; 정옥분 (2013). 아동발달의 이해, p. 386을 참고하여 정리함.

3) 문자언어의 발달

(1) 읽기발달

유아의 읽기 행동에 대한 견해는 학자마다 다양하다. Schickedanz(1986)는 2, 3세 영아와 유아의 읽기 행동을 책 옹알이 사용하기(babbling), 그림 지적하기(commenting picture), 글자 지적하기(commenting words), 책의 이야기 내용 암송하기(reciting text) 등과 같이 일련의 발달과정으로 구분하였다. Clay(1979)는 유아의 읽기 행동을 글자는 이야기로 전환될 수 있는 것임을 이해하기, 구어에서 잘 사용하지 않는 특별한 형태의 문어체 이야기 만들기, 그림을 보고 적절한 문장을 생각해 내기, 책에 쓰인 문장을 기억하기, 단어의 시각적 단서를 사용하여 문장을 재구성하기 등의 6가지 범주로 구분하였다. 또한 이영자와 이종숙(1990)은 유아의 읽기 행동을 전 읽기 이해, 그림을 보고 마음대로 이야기 만들기, 의미를 비슷하게 꾸며 말하기, 단어나 구절을 암기하여 이야기하기, 실제 글자 읽기 등의 범주로 제시하였다. 유아기의 읽기발달과정과 관련하여 이기숙, 김순환과 정종원(2010)은 연령별로 유아의 읽기발달 특징을 표 7-5와 같이 제시하였다.

표 7-5 유아의 연령별 읽기발달

연령(세)	특징
2~3	• 주위 글자에 관심을 갖는다. • 책의 글자는 읽는 것임을 안다.
3~4	• 책을 볼 때 그림이 아니라 글자를 읽는 것임을 안다. • 읽기의 목적을 물을 때 '책을 읽기 위해서', '학교에 가려고', '공부 잘하려고' 등으로 말한다.
4~5	• 책을 읽는 방법, 읽는 방향, 페이지, 제목 등을 안다. • 소리와 글자 간의 일대일 대응을 할 수 있다. • 주변의 아는 글자를 읽어 보려고 한다. • 친구의 이름에 있는 글자를 안다. • 다른 상황에서 아는 글자를 제시할 때 읽을 수도 있다.
5~6	• 주변에서 자주 볼 수 있는 글자를 읽는다. • 가족과 친구의 이름을 읽는다.

출처: 이기숙, 김순환, 정종원 (2010). 한국과 일본 만 3, 4, 5세 유아의 연령, 성, 소득수준에 따른 읽기, 쓰기 능력. 육아지원연구, 5(2), pp. 211-240; 곽노의 (2010). 영 · 유아발달, p. 264를 참고하여 재정리함.

(2) 쓰기발달

유아는 아주 어린 시기부터 자신의 요구와 흥미에 맞는 다양한 형태의 쓰기를 시도한다. 2세 말에서 3세경의 유아는 그림을 통해 표현하거나 끄적거리기를 할 수 있다. 유아기에 나타나는 글자줄은 무작위적 글자줄(아무렇게나 끄적거리는 것), 유형이 있는 글자줄(비슷한 낱자가 번갈아 나타나는 것), 이름의 낱자 배합(이름에 있는 낱자를 다양한 방법으로 재결합하는 것) 등의 3가지 유형이 있다(Sulzby, 1990). 4세가 되면 유아는 끄적거리기를 거의 하지 않고 단어 쓰기를 가장 많이 하며, 5~6세경에는 단어 쓰기 이상의 발달수준을 보이고, 6세가 되면 문장 형태의 쓰기를 한

표 7-6 유아의 연령별 쓰기발달

연령(세)	특징
2~3	• '쓴 것'과 '그린 것'을 구별한다. • 연필, 볼펜, 사인펜 등의 필기도구를 사용해 본다.
3~4	• 쓰라고 요청하면 쓰지만 아직 끄적거리기를 할 때가 많다. • 자기가 쓴 것을 성인에게 보여주려고 한다. • 자기 이름에 있는 글자를 알려고 한다. • 간혹 어떤 글자를 써 달라고 요구한다.
4~5	• 여러 가지 글자 놀이를 즐긴다. • 자기 이름을 쓸 줄 안다. • 성인이 유아의 말을 받아 쓸 때 구어가 아닌 문어로 이야기한다. • 다양한 목적에 맞게 쓰려고 하거나 다른 사람이 쓰도록 불러준다. • 쓰기가 다양한 목적으로 이루어진다는 것을 알고, 모르는 글자를 물으면서 자발적으로 쓰려고 한다.
5~6	• 생일카드, 편지, 초청장, 규칙, 지시문 등과 같이 여러 가지 상황에 맞는 글이 있다는 것과 여러 종류의 글은 각기 다른 조직이 있다는 것을 안다. • 간단한 단어를 쓸 수 있다. • 여러 가지 쓰기 도구를 사용하여 쓴다. • 간단한 글을 써보려고 한다.

출처: 이기숙, 김순환, 정종원 (2010). 한국과 일본 만 3, 4, 5세 유아의 연령, 성, 소득수준에 따른 읽기, 쓰기 능력. 육아지원연구, 5(2), pp. 211-240; 곽노의 (2010). 영·유아발달, p. 266을 참고하여 재정리함.

다. 이러한 경향과 관련하여 이영자와 이종숙(1996)은 유아의 쓰기 행동으로 끄적거리기, 의도적 자형 쓰기, 자모음의 방향이 틀린 글자 쓰기, 단어 쓰기, 문장 쓰기 등의 형태가 나타난다고 설명하였다. 이기숙, 김순환과 정종원(2010)은 유아의 쓰기발달과 특징을 요약하여 표 7-6과 같이 제시하였다.

4) 문법의 발달

유아가 두 단어 문장을 사용할 때는 품사의 순서가 중요하지 않고 문법적 형태소도 나타나지 않는다. 그러나 2~3세경 영·유아는 세 단어 문장을 사용하기 시작하면서 품사의 위치를 정하고, 문법적 형태소를 사용하기 시작한다. 즉, 주어, 동사, 목적어 외에 문장의 요소를 첨가하기 시작할 뿐만 아니라 어간에 어미를 붙이고, 접미사나 조사를 사용하며, 복수형을 만들거나 부정어를 사용하는 등의 문법을 알게 된다. 유아가 가장 먼저 사용하는 형태소는 누군가를 부르는 호칭 어미와 문장 뒤에 붙여 사용하는 문장 어미이다. 배소영(2006)은 3~6세 유아는 주격(이/가, 은/는), 목적격(을/를), 속격(의), 보격(이/가), 여격(에/에게), 부사격(에/으로/와) 등의 격조사를 거의 완벽하게 사용하며, 공존, 장소, 시제 등에 대한 형태소도 사용한다는 연구 결과를 제시하였다(표 7-7 참조).

2세경의 영아도 부정문을 사용하는데 처음에는 "안 먹어.", "안 예뻐." 등과 같이 '안~'의 형태를 사용하여 부정문을 만든다(신경혜, 1994). 그 후 3세경의 유아는 "안 밥 먹어.", "밥 안 먹어." 등과 같이 부정형태소를 올바르게 혹은 잘못되게 배치하는 혼재된 현상을 나타내다가 연령이 증가하면서 '안~'의 형태를 사용하는 부정문이 감소하면서 5세 이후에는 "못 먹는다.", "~하지 못한다." 등과 같은 형태의 부정문을 사용한다(이연섭, 권경안, 김성일, 1979). 또한 이 시기의 유아는 "이게 뭐야?"처럼 간단한 질문이나 "먹어?"처럼 말끝을 올려 질문하는 의문문도 사용한다. 유아가 3세경이 되면 "싫어", "아니" 등과 같은 부정문의 사용이 증가하고, 복수형에 대한 개념도 알게 된다.

표 7-7 문법 형태소의 출현 순위와 사용 예

순위	문법 형태소	사용 예
1	문장어미(요, 다, 야, 에요, 지, 네)	주세요, 사자다, 엄마야, 아기에요, 기쁘지, 아프네
2	과거(았, 었)	산에 갔어, 울었어
3	주어(은, 는)	나는 곰이다, 선생님은 예뻐.
4	주격(가)	엄마가, 오빠가, 병아리가
5	진행(는)	내가 먹는다
6	공존(고, 도, 하고, 랑)	엄마하고, 아기도, 아빠랑
7	장소(에)	산에
8	미래(ㄹ)	쉬 할래
9	도구(로)	몽둥이로 맴매해
10	목적(을, 를)	귤을 먹어

출처: 배소영 (2006). 한국어 발달특성과 학령전기 문법형태소. 한국어학, 31, p. 42를 참고하여 재정리함.

영아는 2세 이후에 경어 어미를 사용함으로써 존칭어에 대한 개념을 습득하고, 3세 6개월 이후의 유아는 '~요'와 같은 경어 어미를 사용한다. 그러나 유아는 여전히 올바른 존칭어의 사용은 어려워 무조건 문장의 끝에 '~요'를 붙이면 높임말로 생각하여 "밥 먹는다요.", "유치원 간다요." 등의 표현을 한다. 유아는 5세 이후에야 비로소 '~께서' 등과 같은 높임말 주격조사를 사용한다(이순형, 2000, p. 67).

4~5세경의 영아는 부사나 형용사를 사용하여 문장을 만들고, 어간에 다양한 어미를 붙여 문장을 변형시킨다. 또한, 이 시기의 유아는 점차 '언제, 어디서, 누

가, 무엇을, 왜, 어떻게'와 같은 다양한 의문사를 사용하여 의문문을 만들 수 있다. 더불어 이 시기의 유아는 단어를 습득하면 모든 경우에 이를 적용하고, 특정한 문법 규칙도 모든 경우에 일괄적으로 적용하는 과잉일반화(overgeneralization) 현상 또는 과잉규칙화(overregularization) 현상을 보이기도 한다. 과잉일반화 현상은 주격조사인 '가'의 사용과 '안~'의 형태로 부정문을 만드는 것에서 그 예를 찾아볼 수 있다. 즉, 유아는 주격을 나타내는 조사로 '엄마가' 혹은 '아빠가'뿐만 아니라 '선생님이가', '인형이가' 등으로 말을 만들어 사용하고(조명한, 1991). "안 먹어", "안 예뻐" 등과 같이 부정문을 만드는 규칙을 과잉일반화시켜 "안 코 자", "안 밥 먹어" 등으로 무조건 앞에 '안~'을 붙여 부정문을 만든다. 5~6세경이 되면 유아는 복잡한 변형까지 다 파악하지는 못하지만 대부분의 문법규칙을 숙달한다. 5~10세경은 언어발달에서 가장 미묘하고도 복잡한 문법적 기술을 획득하는 중요한 시기로서 이때 성인이 사용하는 문법을 거의 이해하게 된다.

5) 의사소통능력의 발달

유아기에는 단어의 수가 급속하게 증가하고 세 단어 이상의 긴 문장을 만들 수 있으며, 문법 규칙을 이해하여 다양한 문장을 구사하게 되어 타인과 효율적인 의사소통을 할 수 있다. 그러나 유아는 자아중심적인 유아기 사고의 특징 때문에 여전히 자아중심적인 언어를 사용하며, 아직 사회화된 언어를 사용하지는 못한다. 이러한 특징으로 인해 어떤 경우에는 유아가 상대방과 이야기를 하고 있지만 그 말의 의미는 자신의 사고에 국한되기도 한다. 그 후 유아기 말이 되면 유아는 자아중심적인 언어가 감소하면서 점차 사회화된 언어를 사용한다(정옥분, 2002, p. 389). 유아의 자아중심적인 언어는 반복, 독백, 집단적 독백 등의 형태로 나타난다. 반복은 누구에게 전달하려는 목적과 관계없이 아는 단어를 계속 사용하는 것으로 그 자체를 즐기는 것이며, 독백은 다른 사람이 알아듣지 못할 정도로 혼자서 자신에게 말하는 것이다. 집단적 독백은 누군가와 함께 있으면서 이야기를 하지만 그 말의 의미가 타인에게 전달되기를 기대하지는 않으면서 단지 상대방에게 자극을 주는 정도로 말하는 것이다. Piaget는 집단적 독백을 초보적 대화로 보았다.

이 시기의 유아는 효과적인 의사소통을 위해 물리적 상황이나 사회적 맥락에 적합한 언어 사용법을 배운다(Newcombe, 1996). 즉, 단어가 가지고 있는 의미나 문법뿐만 아니라 의사소통하는 상대와 장소, 그리고 시간에 맞게 언어를 사용하는 방법을 배운다. 2세경 영아도 대화라는 것이 무엇인지 알기 때문에 누가 질문하면 대답해야 한다는 사실을 알지만, 3세경까지도 유아는 여전히 상황이나 몸짓, 음성어 등 비언어적인 요소에 의존하여 의사소통을 한다(Hallyday, 1975). 4세 정도가 되면 유아는 의사소통하는 상대의 수준에 맞게 화법을 조절해야 한다는 것을 알게 된다. 그리하여 유아는 자신보다 어린 유아에게 이야기할 때는 쉬운 단어를 사용하거나 천천히 말을 반복함으로써 듣는 사람이 이해하기 쉽도록 말한다(Pellegrini, 1982). 반면, 이 시기의 유아는 성인에게는 존칭을 사용해야 한다는 것을 알게 되어 교사나 낯선 성인에게는 부모나 가족구성원에게 이야기할 때보다 더 공손하게 존칭을 사용하여 이야기한다.

6) 언어와 사고의 관계

유아의 인지발달과 언어발달은 서로 밀접하게 관련되어 있는데 관련성은 크게 두 가지 견해로 생각해볼 수 있다. 즉, Piaget로 언어와 사고가 발달하는 데 있어 행동이 중요하다고 보는 입장과 Bruner와 Vygotsky가 대표적인 언어와 사고가 각각 독립적으로 발달하지만 결국 상호관련성을 갖게 된다는 입장이다.

Piaget는 인지발달이 언어발달의 선행 조건으로서 행동이나 활동이 초기의 언어발달을 증진시키며 언어가 유아의 전반적인 인지수준 이상으로 더 복잡하거나 정교해질 수는 없다고 주장한다. 예를 들어, 유아에게 '더 무겁다'와 '더 가볍다'라는 개념과 단어를 가르치고자 한다면, 무게가 다른 두 물체를 이용하여 유아로 하여금 이 단어의 개념을 직접 경험하게 하는 것이다. 즉, 입장은 감각운동적 경험과 사고를 통해 언어가 발달한다고 본다.

반면, Bruner(1975)는 언어가 초기의 감각운동 발달과 그 이후의 상징적 사고를 포함하는 인지적 발달을 자극하고, Vygotsky(1962)는 언어와 사고가 처음에는 각기 독립적으로 발달하다가 아동기에 통합하게 된다고 주장한다. 특히 Vygotsky는 유아가 사고하지 않고 단어나 문법적 구성을 흉내 내는 것처럼 유아의 사고발달도 언어발달 없이도 이루어진다고 보았다. 또한, Vygotsky는 연령이 증가하면서 유아의 언어와 사고는 어느 정도 통합되어 언어가 사고의 발달을 증진시킴으로써 언어 없이는 불가능한 사고의 형태가 나타난다고 보았다. 유아는 2, 3세 정도만 되어도 보다 많은 언어적 기술을 습득하게 됨에 따라 자신의 행동을 조절하는 데 언어를 사용하게 된다. 이런 점에서 Vygotsky(1982; 이영자, 2014, p. 47 재인용)는 혼잣말이 유아가 문제를 해결하는 데 길잡이 역할을 한다고 보았다. Vygotsky 입장에 의하면 유아가 사용하는 혼잣말을 적극 격려하면 유아는 공간-지각적 과제를 더 잘 수행하였다. 이는 유아의 혼잣말이 인지적 자기조절 기능이 있음을 뒷받침하는 것이라고 볼 수 있다.

3 인지발달

유아기는 Piaget의 인지발달단계 중 전조작기에 해당하며, 이 시기의 유아는 눈앞에 존재하지 않는 대상도 표상을 통해 상징적 사고를 할 수 있다. 또한, 유아는 표현능력도 증가하지만 여전히 사고 수준이 미숙하여 논리적으로 사고하지 못하고, 자아중심적이며 직관적으로 사고할 뿐만 아니라 비가역적인 사고 특성을 보인다.

1) 사고의 특징

(1) 상징적 사고

전조작기의 유아는 정신적 표상에 의한 상징적 사고를 할 수 있다. 상징적 사고는 의미를 부여한 단어, 숫자, 이미지 등의 정신적 표상을 사용하는 것으로 어떤 대상에 대해 생각하기 위해 감각기관의 신호나 운동적 단서를 필요로 하지 않는 것이다(이영 외, 2009, p. 258). 유아가 상징적 사고를 할 수 있게 되면 실제로 존재하지 않은 사물을 기억하고 생각할 수 있게 되어 유아는 지연모방이나 상징놀이(symbolic play)를 할 수 있게 된다. 상징놀이 또는 가상놀이(pretend play)는 가상적인 사물이나 상황을 실제 사물이나 상황으로 상징화하는 놀이다. 유아가 막대기를 총이나 칼이라고 한다든지, 베개를 아기라고 업고 논다든지 모래를 물과 짓이겨 떡이라고 하면서 노는 것 등을 예로 들 수 있다. 또한, 유아는 어떤 행동을 본 후 그 행동을 바로 모방하지 않고 일정 시간이 지난 후에 이를 재현하는 지연모방도 가능하다. 예로서, 유아는 엄마나 아빠가 자신에게 한 행동을 소꿉놀이를 할 때 재현한다.

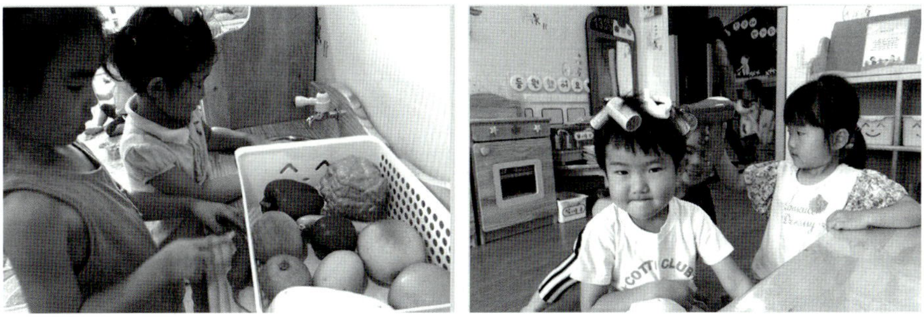

그림 7-6 상징놀이를 하는 유아(좌: 요리하기, 우: 미장원놀이)

(2) 자아중심적 사고

유아는 사물이나 현상을 자신의 입장에서만 봄으로써 다른 사람도 자신과 똑같이 생각하고 행동한다고 믿으며 다른 사람의 관점을 이해하지 못하는 자아중심적 사고를 한다. 유아의 자아중심적 사고는 유아는 다른 사람의 위치나 감정 또는 관점을 이해하는 조망수용(perspective-taking)능력이 발달되어 있지 않아 나타난다.

조망수용능력 중 공간조망은 위치에 따라 사물의 모양이 다르게 보인다는 것을 아는 것으로 유아는 공간조망능력이 발달되지 않아 어떤 위치에서 보든 보이는 장면은 자신의 위치에서 보는 것과 동일하다고 생각한다(그림 7-7 참조). 또한, 연결 유아는 감정조망능력이 발달되지 않았기 때문에 다른 사람의 감정을 이해하지 못하고 다른 사람도 자신과 같은 감정을 가진다고 생각한다. 유아는 엄마의 생일에 자신이 좋아하는 장난감을 선물하면서 엄마가 장난감을 매우 좋아할 거라고 생각하는 것을 예로 들 수 있다.

유아의 자아중심적 사고는 언어에서도 나타나 유아는 자신이 하는 말을 상대

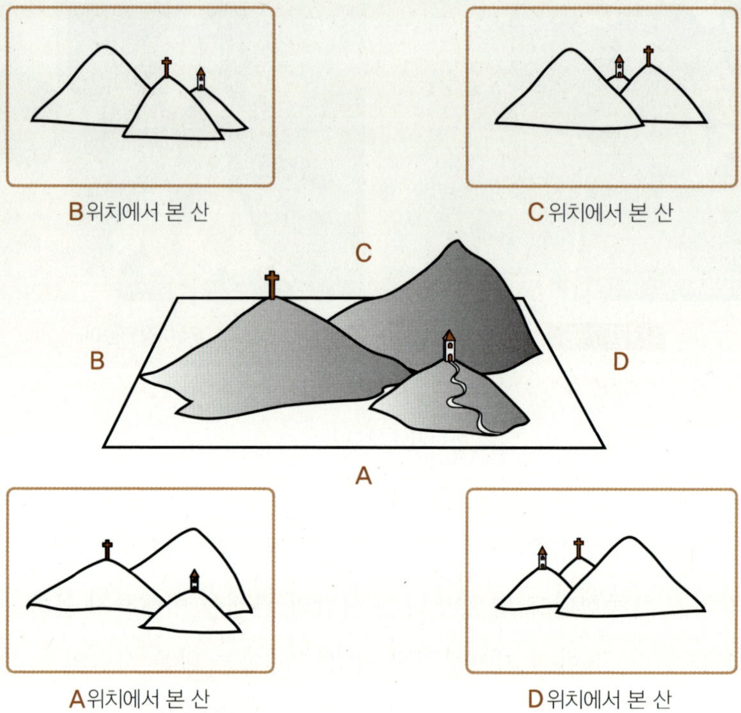

그림 7-7 Piaget와 Inhelder의 세 개의 산 실험

출처: 송명자(2008). 발달심리학, p. 108.

방이 이해하는지에 관계없이 자기의 생각만을 말한다. 이러한 자아중심적 언어는 연령이 증가함에 따라 감소한다(Piaget, 1973; Shaffer & Kipp, 2014, p. 237 재인용). 즉, 3세에 51%, 4세에 48%, 5세에 46%, 6세에 45%이던 자아중심적 언어의 비율이 7세는 28%로 급격하게 감소하여 사회화된 언어를 사용한다.

그림 7-8 얼굴만 숨기면 다른 사람이 못 볼 것이라고 생각하는 유아

(3) 물활론적 사고

유아는 모든 사물은 살아 있고 각자의 의지에 따라 움직인다고 생각하는 물활론적 사고를 한다. 유아가 4~5세가 되면 물활론적 사고는 감소하기 시작하는데 8세경이 되면 생물학적 생명관에 근거하여 생물과 무생물의 개념을 파악하게 되고 더 이상 물활론적 사고를 하지 않는다(Bullock, 1985). 그러나 3, 4세 정도의 유아도 친숙한 사물에 대해서는 물활론적 사고를 하지 않고 생물과 무생물을 어느 정도 구분할 수 있다는 연구도 있다(Wellman & Gelman, 1998; Gelman, 2003, p. 297 재인용).

그림 7-9 인형에게 과자를 먹여주는 유아

(4) 전환적 사고 또는 현상론적 인과관계

유아는 인과관계를 이해하기 시작하지만 그것을 논리적으로 파악하지는 못하고, 하나의 특정 사건으로부터 다른 특정 사건을 추론하는 전환적 사고(trunsductive reasoning)를 한다. 즉, 유아는 하나의 사건을 다른 사건의 원인으로 생각한다. 특히 두 사건 간에 시간적인 간격이 별로 없으면 두 사건이 아무런 관계가 없음에도 불구하고 유아는 두 사건 간에 인과관계가 있는 것으로 생각하는 현상론적 인과관계의 특성을 나타낸다. 예를 들면, 유아는 자신이 친구와 싸운 것과 엄마가 아픈 것을 연결시켜 자신이 친구와 싸웠기 때문에 엄마가 아프다고 생각한다. 그러나 유아는 이해하기 쉬운 사건이나 물리적으로 익숙한 사건에 대한 원인과 결과는 명확하게 연결시켜 이해할 수 있다(Wellman & Gelman, 1998).

(5) 인공론적 사고 또는 목적론적 사고

유아는 이 세상의 모든 사물이 인간에 의해, 인간을 위해 만들어졌다고 생각하는 인공론적 사고(artificialism)를 한다. 특히 유아는 자아중심적 사고의 특성으로 사물이나 자연현상이 자신을 위해 존재한다고 생각한다. 또한, 유아는 모든 사물에는 그것이 추구하는 목적이 있다고 믿는 목적론적 사고를 함으로써 별 목적이 없는 사건에도 어떤 대단한 목적이 있다고 생각한다. 예를 들면, 비는 나무를 자라게 하려고 내린다고 생각한다. 이 시기의 유아는 호기심이 많아 주변 사물이나 사람에게 많은 관심을 보이고, 질문도 많이 하는데 이러한 행동도 목적론적 사고의 측면에서 이해할 수 있다.

(6) 직관적 사고

유아는 겉으로 드러난 사물의 속성을 바탕으로 보이는 대로 사고하는 직관적 사고를 한다. 동시에 유아는 상황의 한 측면에만 집중하고 다른 측면은 무시하는 중심화 현상을 보이는데 이러한 중심화(centration) 현상은 직관적 사고와 관련이 있다(Piaget, 1972). 이 시기 유아의 직관적 사고는 보존개념, 서열화, 분류화 등에서도 잘 나타난다.

이 시기의 유아는 수, 길이, 양, 무게, 부피 등에 대한 보존개념이 발달되어 있지 않으나 연령이 증가하면서 점진적으로 보존개념을 형성해 나간다. 수 보존개념은 5~6세, 길이 보존개념은 6~7세, 양, 면적, 무게 보존개념은 7~8세, 부피 보존개념은 11~12세에 획득된다. 이 시기의 유아가 보존개념을 형성하지 못하는 것에 대해 Piaget(1973)는 유아가 두 개 이상의 차원을 동시에 고려하지 못하고 하나의 차원에만 주의를 집중하는 중심화 현상 때문으로 보았다. 즉, 유아는 사물의 한 차원이 변형되면 눈에 보이는 변형만을 고려하여 사물의 특성이 변하였다고 판단한다. 동시에 이 시기의 유아는 물체의 외형적 변화가 생겼을 때 이것을 원래 상태로 되돌리는 특성인 가역성(reversibility)이 덜 발달되어 있다. 그리하여 내용물의 양이나 길이 등에서는 차이가 없으나 외형을 변화시키면 이것을 원래의 상태로 되돌려 보려고 생각하지 못한다(표 7-8 참조).

표 7-8 보존개념 실험

개념	처음 제시	변형 제시
수	• 두 줄의 동전 수는 같은가? 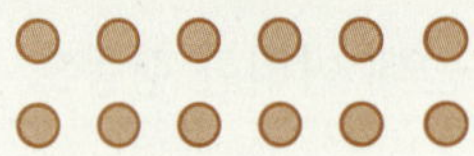	• 동전의 간격을 달리 해도 동전 수는 같은가? 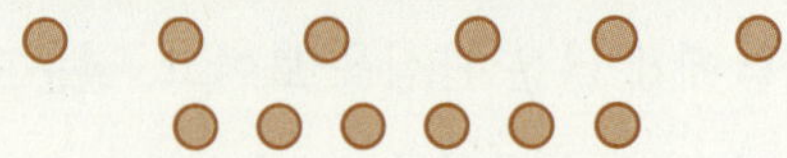
길이	• 두 막대의 길이는 같은가? 	• 막대를 옮겨 놓아도 길이는 같은가? 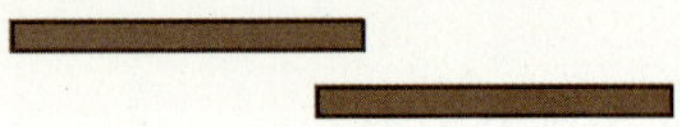
액체	• 두 컵의 물의 양은 같은가? 	• 넓적한 컵에 옮겨 부어도 양은 같은가? 
질량	• 두 공모양의 찰흙은 양이 같은가? 	• 하나를 변형시켜도 양은 같은가? 
면적	• 두 마리의 소는 동일한 양의 풀을 먹을 수 있는가? 	• 풀의 위치를 바꾸어도 동일한 양의 풀을 먹을 수 있는가? 
무게	• 두 공모양의 찰흙 무게는 같은가? 	• 하나를 변형시켜도 무게는 같은가? 
부피	• 두 공모양의 찰흙을 물에 넣으면 올라오는 물 높이는 같은가? 	• 하나를 변형시켜 물에 넣어도 물 높이는 같은가? 

출처: 정옥분 (2013). 아동발달의 이해, p. 383.

유아기 초기는 일정한 특성에 따라 사물을 순서대로 늘어놓는 서열화도 충분히 발달되어 있지 않아 3~4세 유아는 여러 길이의 막대를 크기 순서대로 나열하지 못하며, 5~6세가 되어야 비로소 어느 정도 순서대로 막대를 나열할 수 있으나 전체적으로는 아직도 순서대로 완성하지 못하고 한쪽에만 맞춰 나열하기도 한다. 완전하게 서열화가 가능한 시기는 구체적 조작기부터다.

전조작기의 유아는 여러 가지 형태, 색, 크기, 모양 등에 따라 같은 속성을 가진 것끼리 묶는 분류화(classification) 개념도 형성되어 있지 않다. 이와 관련하여 상위유목과 하위유목 또는 전체와 부분의 관계를 이해하는 능력인 유목 포함(class inclusion)도 이 시기의 유아는 잘 이해하지 못한다(그림 7-10 참조). 즉, 유아에게 노란색 장미 5송이와 빨간색 장미 10송이를 보여준 후, '장미'와 '빨간 장미' 중 어느 것이 더 많은지를 물어 보면, 대부분 '빨간 장미'가 더 많다고 대답한다.

그림 7-10 유목 포함 실험

2) 기억발달

유아기는 영아기에 비해 기억능력이 크게 향상된다. 기억능력의 향상은 기억 용량이 증가하고 재인과 회상능력이 발달하는 것을 의미한다. 기억 용량은 정보를 저장할 수 있는 공간으로 감각기억, 단기기억, 장기기억의 용량을 말한다. 감각기억과 장기기억은 연령에 따라 용량에 변화가 거의 없으나, 단기기억은 연령이 증가함에 따라 용량이 증가한다(Bjorklund, 1995). 단기기억의 용량을 측정하기 위해서는 기억 폭(memory span)을 검사하는데, 기억 폭 검사는 유아에게 몇 개의 숫자를 불러준 후 불러준 숫자를 순서대로 말해 보게 하는 것이다. 이때 정확하게 회상한 개수를 세어 기억 폭을 측정하는데, 기억 폭은 유아기에 급속히 증가한다. Dempster(1981)의 연구에서 2세 유아는 2개 정도의 숫자를 회상하고, 5세 유아는 4.5개 정도, 성인은 7~8개 정도의 숫자를 회상하였다.

유아는 기억하기 위해 주의를 기울일 줄도 안다. 유아에게 숨겨진 곳을 기억하라는 지시를 주었을 때와 지시를 주지 않았을 때 2세경의 유아는 숨겨진 곳에 주의를 기울이는 빈도와 정도에 별 차이가 없었지만, 3세경의 유아는 지시를 주었을 때 더 자주 장난감이 숨겨진 곳을 쳐다보았다(유안진, 1999, p. 268). 그러나 유아는 기억 용량이 제한되어 있고 기억을 체계화하는 능력도 부족하기 때문에 유아의 기억은 체계적이지 못하고 부정확하기도 하다(Case, 1985). 예를 들면, 유아에게 낮에 유치원에서 있었던 일을 물어보면 유아는 사실과 다르게 대답하는 경우가 있는데 이는 유아가 거짓말을 하는 것이 아니라 기억을 제대로 하지 못하기 때문이다.

유아의 기억발달에는 여러 요인이 영향을 미친다(이영 외, 2009, pp. 276-277). 첫째, 유아의 지능이나 언어능력, 개념 형성의 차이, 뇌 발달의 차이 등 개인적인 능력의 차이가 상황에 대한 이해와 인지, 언어적 기술에 영향을 미치므로 기억능력에 차이를 유발한다. 둘째, 유아는 익숙한 경험보다는 새롭고 특별한 사건을 더 잘 기억하므로 사건의 특이성이 기억에서의 차이를 유발한다. 셋째, 유아는 단순히 보기만 한 것보다는 직접 경험한 것을 더 잘 기억한다. 넷째, 부모나 성인이 유아에게 과거의 사건에 대해 이야기하는 방식에 따라 기억에서의 차이를 유발한다. 즉, 부모나 성인이 유아의 말에 대답만 하기보다는 자연스럽게 이야기를 주고받는 경우, 경험이나 사건에 대해 대화식으로 이야기하는(narrative) 경우, 반복적인(repetitive) 대화보다는 정교한(elaborative) 대화방식을 사용하는 경우에 유아가 더 잘 기억한다(Haden & Fivush, 1996).

기억능력을 향상시킬 수 있는 효과적인 기억 책략은 연령이 증가함에 따라 많아진다. 기억 책략의 사용에 관한 연구(Ornstein, Nans, & Liberty, 1975)에서 2세 유아는 자유회상 동안 사물들을 친숙한 범주로 묶는 경향을 보였고(Rossi & Rossi, 1965), 3~4세 유아는 기억하려는 것을 반복해서 연습하는 시연(rehearsal)을 사용하였다. 그러나 유아가 사용하는 기억 책략은 아직 비효율적이어서 아동기가 되어야 비로소 효과적인 기억 책략을 사용한다.

유아기에 기억능력이 크게 발달하는 것은 기억 용량의 증가, 기억 책략의 발달, 상위기억의 발달, 그리고 연령 증가에 따른 지식 기반의 확대의 네 요인에 의한 것이다.

(1) 기억 용량의 증가

연령에 따른 기억 폭의 증가는 연령이 증가하면서 정보를 처리하는 속도가 빨라지고 점점 더 효율적이 된다는 Case(1985)의 조작 효율성 가설로 설명이 가능하다. 즉, 어렸을 때는 많은 시간과 노력을 필요로 했던 문제가 나이가 들면서 자동적으로 처리되어 시간과 노력을 적게 들이고도 쉽게 답을 얻을 수 있게 된다. 또한 Kail(1994)은 조작 효율성의 증가는 학습이나 경험의 영향도 받지만 주로 생물학적 성숙에 기인한다고 보았다. 즉, 뇌와 신경계의 수초화가 증가하고 불필요한 뉴런의 제거가 정보처리를 좀 더 효율적으로 해주기 때문이다.

(2) 기억 책략의 발달

기억 책략은 정보를 장기기억 속에 저장하고 그 정보가 필요할 때 쉽게 인출할 수 있도록 해 주는 의도적인 활동으로서 기억술이라고도 한다. 기억 책략에는 기억하려는 것을 반복 연습하는 시연(rehearsal), 관련 있는 것끼리 묶고 유목화하는 조직화(organization), 기억해야 할 정보에 다른 것을 연결시켜 정보가 갖는 의미의 깊이와 폭을 더욱 확장시키는 정교화(elaboration), 그리고 도움이 될 수 있는 단서를 사용하는 인출(retrieval) 전략 등이 있다. 기억 책략은 유아기에 나타나기는 하지만 그다지 효율적이지 않다가 아동기에 크게 발달한다.

(3) 상위기억의 발달

상위기억은 기억과 기억과정에 대한 지식이다. 자신이 정보를 기억하는 데는 한계가 있고, 짧은 내용보다 긴 내용을 기억하기가 더 어려우며, 어떤 기억 책략을 이용하는 것이 더 효과적인지를 아는 것 등이 상위기억에 관한 것이다. 유아도 상위기억에 대한 초보적인 지식을 가지고 있어 3, 4세 유아조차 짧은 내용이 긴 내용보다 기억하기에 더 쉽고, 긴 내용을 기억하려면 더 많은 노력이 필요하다는 것을 안다. 또한, 유아는 자신의 기억능력을 과대평가하는 경향도 있다.

(4) 지식 기반의 확대

학습할 내용에 관해 이미 많은 지식을 가지고 있다면 그 내용을 기억하기가 훨씬 수월하다. 즉, 이미 알고 있는 주제에 관해 학습한다면, 그것은 기억 속에 저장되어 있는 기존의 지식이나 정보와 빠르게 연결될 수 있기 때문이다.

친숙한 주제와 친숙하지 않은 주제에 관한 글을 읽는 경우, 친숙한 주제는 이미 가지고 있는 지식에 새로운 정보를 연결시켜 재빨리 정보를 처리할 수 있다. 왜냐하면, 친숙한 주제는 새로운 정보를 조직하거나 정교화하기 위한 도식을 이미 가지고 있기 때문이다. 그러나 친숙하지 못한 주제를 학습하거나 기억해야 할 경우에는 그 주제와 관련된 지식이 기억 속에 저장되어 있지 않기 때문에 더욱 많은 노력이 필요하다. 이와 함께 연령 증가에 따른 기억 책략의 발달과 지식 기반의 확대에 따라 회상기억도 증가한다.

3) 최근 연구 동향

Piaget는 전조작기의 유아는 자아중심적이고, 비가역적이며, 직관적이어서 모순과 오류로 가득한 사고를 하는 것처럼 지나치게 부정적인 모습으로 이론을 제시하였다. 그러나 최근 많은 학자들은 유아기의 인지능력을 '전조작기'로 규정하는 것을 비판하고, 유아기의 인지발달 수준도 Piaget가 생각한 것보다 훨씬 앞선다는 사실을 이론-이론(theory-theory) 관점에서 다양한 실험을 통해 입증었다(정옥분, 2013, p. 386). 이론-이론 관점은 Piaget가 제시한 과제가 유아에게 지나치게 어렵거나 복잡하고 생소하여 유아가 접근하기에 어려울 뿐만 아니라 대부분의 자료수집방법도 유아의 미숙한 언어적 설명에 의존하는 등의 문제점이 있다고 지적하였다. 따라서 이 관점에서는 유아에게 친숙하거나 보다 단순한 과제를 제시하면 유아도 타인의 관점을 고려할 수 있을 뿐만 아니라, 보존개념이나 유목 포함 등의 과제도 상당 부분 수행할 수 있으며, 훈련을 통해서도 유아의 인지능력을 향상시킬 수 있다고 본다.

(1) 자아중심성

공간조망능력을 알아보기 위한 Piaget와 Inhelder(1966)의 '세개의 산 실험'과제는 전조작기 유아에게는 복잡하고 어려운 과제라는 비판을 받아 왔다. 이를 개선하여 유아에게 복잡하지 않은 과제를 제시했을 때, 유아는 자아중심성을 훨씬 덜 보이는 것으로 나타났다. 예를 들면, Flavell 외(1993)는 3세 유아에게 한 면에는 강아지 그림이 있고, 다른 면에는 고양이 그림이 있는 카드를 보여주면서 유아는 강아지를 볼 수 있는 위치에 앉히고, 실험자는 고양이를 볼 수 있는 위치에 앉아서 실험을 했다. 유아에게 실험자가 어떤 그림을 보고 있느냐고 질문했을 때 대부분의 유아는 '고양이'라고 올바르게 대답했다. 이춘재(1982)의 연구에서도 인형이나 동물 등 유아에게 친숙한 과제를 사용한 경우에는 연구대상의 10%만이 자아중심적 반응을 보였지만, 친숙하지 않은 과제를 사용한 경우에는 50% 이상이 자아중심적 반응을 보였다. 이러한 결과를 통해 볼 때 Piaget의 주장과 달리 유아는 익숙하지 않은 상황에서만 자아중심적 사고를 하는 것으로 보인다. 또한 유아의 대화도 대상이 누구냐에 따라 사용하는 언어의 수준이 달라진다. 즉, 4세 유아가 자신보다 어린 영아에게 얘기할 때는 또래나 성인에게 하는 것보다 훨씬 더 간단한 문장을 사용한다(정옥분, 2013, p. 387).

(2) 물활론

유아는 Piaget가 생각하는 것처럼 물활론적인 사고를 하지 않는 것으로 보인다. Piaget의 연구 결과, 유아가 무생물도 생명이 있으며 감정을 가지고 있는 것으로 느끼는 물활론적 사고를 하는 것은 바람, 구름, 달, 해와 같이 유아에게 친숙하지 않은 대상을 사용하였기 때문으로 보인다. 그러나 유아에게 친숙한 로봇, 크레용, 블록, 공 등을 대상으로 질문하면 유아는 이것이 살아 있다고 생각하지 않았다(Richards & Siegler, 1986). Keil(1979)의 연구에서도 3세 유아는 생명이 있는 대상에게만 감정과 정서를 부여함으로써 생명이 없는 대상을 구분할 수 있는 능력이 있음을 보여 주었다.

(3) 유목 포함

유목 포함에 관한 실험에서 질문양식을 바꾸거나, 각 유목의 수를 5개 미만으로 줄이고, 유아에게 좀 더 친숙한 꽃이나 동물을 과제로 사용하면 유아도 유목 포함을 할 수 있었다(정옥분, 2013, p. 388). Piaget는 유목 포함 실험과 비슷한 실험에서 질문 양식과 유목의 대상을 약간 변형하여 흰 소와 검은 소의 그림을 사용하였다. 그는 이 소들을 한 쪽으로 비스듬하게 눕혀 놓고 모두 자고 있다고 설명한 후, 유아에게 "검은 소가 더 많니? 소가 더 많니?", "검은 소가 더 많니? 자고 있는 소가 더 많니?"라는 두 가지 질문을 했다. 유아는 "자고 있는 소가 더 많니?"라는 질문에 더 많은 정답을 했다. 또한, Markman(1978)은 유목 포함이 유아의 수 세기 능력에 의존하므로 장미꽃 두 송이와 백합꽃 한 송이처럼 각 유목의 수를 적게 제시하였더니 5~6세 전의 유아도 유목 포함을 할 수 있었다.

4) 조기교육과 인지발달

유아기의 지능은 영아기의 지능을 기초로 발달한다. 지능의 안정성을 4년 간 종단 연구한 성현란(2008)은 17개월의 지능이 30개월의 지능과, 그리고 30개월의 지능이 48개월의 지능과 상관관계가 있다는 결과를 보고하였다. 이러한 결과는 인지발달에 대한 기초가 잘 형성된 유아는 이후의 인지발달도 잘 이루어질 가능성이 높다는 것을 시사해 준다.

유아의 인지발달을 도모하기 위해서는 교사와 부모가 유아에게 발달에 적합한 프로그램과 교육기회를 제공해 주는 것이 중요하다. 그러므로 교사와 부모가 유아의 발달에 적합한 교육 신념을 지닐 때 유아의 인지발달이 잘 이루어지며(백지희, 2008), 조기 사교육은 오히려 유아의 인지발달에 부정적인 영향을 미칠 수 있으므로(우남희, 백혜정, 김현신, 2005) 지나친 조기교육에 대한 인식 전환이 필요하다.

4 사회정서발달

유아기는 정서와 성격이 발달하는 중요한 시기다. 특히 유아는 어린이집과 유치원 등의 기관에 다니게 되면서 지금까지 가족 내에만 머물던 것에서 벗어나 또래와 교사 등과의 관계를 형성하고, 다양한 매체의 영향을 받게 됨으로써 보다 폭넓은 대인관계를 형성하게 된다.

1) 정서발달

유아기에는 자아인식이 생겨남으로써 유아는 점차 자신과 타인의 다양한 정서를 구분하여 느끼고 이해할 수 있다. 이후 아동기에 접어들면 아동은 다른 사람의 정서반응도 이해할 수 있어 사회적 기대와 상대방의 연령 수준과 정서 상태 및 장소에 적합하게 자신의 정서를 조절하여 표현할 수 있게 된다.

(1) 정서 표현

유아는 다양한 방법으로 정서를 표현할 수 있는데 지속시간이 짧고 정서 표현의 변화도 급격한 것이 특징이다. 즉, 유아는 울다가도 바로 기분이 좋아져 미소를 짓기도 하는 등, 쾌와 불쾌의 양극단의 정서를 빈번하게 표현한다. 또한 유아의 정서 표현은 부모의 반응에 따라서도 영향을 받는다. 예를 들어, 유아가 동생을 괴롭힐 때 부모가 그런 행동이 부끄러운 일이라는 것을 언급하게 되면 유아는 더욱 수치심을 느끼게 된다.

정서는 1차 정서와 2차 정서로 나눌 수 있다. 1차 정서는 기쁨 또는 불안같이 자기 스스로 느끼는 정서로서 영아도 경험할 수 있다. 2차 정서는 타인과의 관계에서 느끼는 것으로서 영아기 후반부터 시작하여 유아기에 들어서서 더 빈번하게 경험할 수 있다. 유아가 2차 정서를 경험하는 것은 유아가 자신과 타인을 구별하여 인식하고, 다른 사람의 정서 표현을 참조하여 자신의 행동을 결정하는 사회적 참조를 활용하기 시작해야 가능하다(Lewis, Feiring, & Rosenthal, 2000). 유아의 자아인식은 약 15~18개월 무렵부터 발달하는데 이에는 자부심, 수치심, 당황함, 죄책감 등이 포함된다. 아동기 초기가 되면 아동은 자부심과 죄책감 같은 정서를 점차 일상적으로 경험하고 표현하게 된다.

(2) 정서 유형

가. 기쁨

영아는 생리적이고 감각적으로 기쁨을 느끼고, 기쁨을 나타낼 때는 웃음이나 동작으로만 표현하는 데 반해, 유아는 사람과의 관계 속에서도 기쁨을 느끼고, 얼굴표정과 함께 언어를 사용하여 표현한다. 3세경의 유아는 자극에 대해 재미를 느끼므로 특이한 동작이나 행동을 보거나 따라하며 즐거워한다. 유아는 몸짓이나 유머 등을 이해할 수 있게 되면서 말장난이나 익살스런 몸짓을 함으로써 상대방을 기쁘게 하기도 한다.

나. 분노

유아는 자신의 요구가 거부당하거나 의지가 좌절될 때 분노를 표현한다. 유아기에 접어들면서 유아는 신체적인 공격성을 보이기 시작하는데 언어가 발달함에 따라 떼를 쓰는 행동은 감소하고, 욕설과 야유 등 말로 하는 공격성은 증가한다.

그림 7-11 기쁨을 표현하는 유아

그림 7-12 분노를 표현하는 유아

다. 공포

유아는 큰 소리, 새로운 상황 등에 대해 두려움을 느끼는데 어떤 대상에 대한 막연한 두려움이나 공포는 그 대상에 대한 정확한 정보가 없거나 대처방법을 잘 알지 못해 나타난다. 예를 들어, 강아지가 쫓아오거나 크게 짖어서 놀란 경험이 있는 유아는 다른 종류의 개를 만나더라도 공포를 느낀다. 유아가 느끼는 이러한 공포는 주변에 대한 지식이나 경험이 넓어지면서 점차 감소한다. 또한 성장과정에서 나타나는 대부분의 공포는 일시적으로 나타났다가 자연스럽게 소멸된다.

6세경의 유아는 상징적 사고가 발달하면서 구체적 사물에 대한 공포는 감소하지만 자신이 직접 경험하지 않은 사건에 대해 상상하는 것만으로도 공포를 느낄 수 있다. 예를 들어, 유아는 귀신이나 도깨비를 직접 본 적도 없으면서 동화책이나 매체를 통해 경험한 것만으로 공포를 느낀다. 그리하여 유아는 어두운 장소나 낯선 장소에 가면 귀신이나 도깨비가 있을지도 모른다고 상상하며 공포를 느끼곤 한다. 심지어 유아는 자주 이용하는 집 안의 화장실조차 누군가 있을지도 모른다고 상상하여 무섭게 느끼곤 한다. 유아가 일상생활에서 접하는 공포는 잘 해결되지 않으면 장기적으로 반복되는 경우가 있는데 심한 경우에는 야뇨증이나 야경증으로 발전하여 치료를 요하기도 한다.

라. 질투

질투는 대표적인 2차 정서로서 18개월경 나타나기 시작하는데 동생이 태어나는 경우에 유아는 질투의 감정을 더 심하게 표현한다. 질투의 감정을 지닌 유아는 어른이 옆에 있으면 동생을 예쁘다고 쓰다듬다가도 어른이 보이지 않으면 동생의 얼굴을 손바닥으로 누르거나 얼굴 위로 이불을 덮어 버리는 등 질투의 감정을 표현한다. 또한 유아는 질투로 인해 퇴행행동을 보이기도 한다. 예를 들어, 유아는 컵으로 혼자 우유를 마실 수 있지만 동생이 우유병을 들고 누워서 먹는 것을 보면 자기도 누워서 우유를 먹겠다고 고집을 피운다.

유아는 사회적 관계가 넓어짐에 따라 질투의 감정과 대상이 좀 더 넓어지고 다양해진다. 그리하여 유아는 아버지를 상대로 어머니의 애정을 차지하기 위해, 유치원이나 어린이집에서 교사의 애정을 차지하기 위해 질투의 감정을 표현하기도 한다.

(3) 정서 이해

유아기에는 자신의 정서뿐만 아니라 타인의 정서를 이해할 수 있는 능력이 발달한다(Bassetta, Denham, Mincic, & Graling, 2012). 유아는 상황에 따라 다른 정서가 나타날 수 있고, 정서를 표현할 때도 얼굴표정이 달라진다는 것을 알게 된다. 또한 유아는 다른 사람의 정서 표현이 자신의 행동에 영향을 주며, 자신의 정서 표현도 다른 사람의 정서에 영향을 미칠 수 있다는 것을 이해하게 된다. Ensor, Spencer와 Hughes(2011)는 2~4세의 유아도 친사회적 행동과 관련된 정서를 이해하고, 정서를 나타내는 용어를 이해할 뿐만 아니라 감정의 인과관계에 대해서도 배운다는 연구 결과를 제시하였다. 또한 4, 5세 유아는 자신의 정서를 반영할 수 있는 능력이 발달하며, 같은 사건에 대해서도 사람마다 각기 다른 감정을 느낀다는 것도 알게 된다. 이와 함께 이 시기의 유아는 사회적 기대에 부응하도록 정서를 조절할 필요가 있다는 것도 알게 된다.

(4) 정서 조절

정서 조절(emotional regulation) 또는 정서 규제는 상황에 따라 직접적인 정서 표현을 유보하고 합리적으로 행동하는 것이다(조성연 외, 2010, p. 319). 정서 조절은 2세경이 되면 나타나기 시작하여 유아기에 급격하게 증가한다(Bridges & Grolnick, 1995, pp. 185-211). 정서 조절 능력은 유아가 타인과의 상호작용에서 요구한 것을 얻어내고 갈등을 해결하고자 할 때 중요한 역할을 함으로써(Bassetta et al., 2012) 유아가 사회적으로 유능해지는 과정에서 중요한 기능을 한다(Cole, Dennis, Smith-Simon & Cohen, 2009; Perry et al., 2013).

정서 조절은 자기 규제(self-regulation)와 실행 기능(executive functioning)의 두 가

지로 설명할 수 있다(http://developingchild.harvard.edu/key_concepts/ executive_function). 자기 규제는 자신의 수준에 맞게 정서를 조절하는 것이다. 이는 조절할 사고나 감정이 행동 목표가 되고, 행동 목표와 자신의 현 상태를 좁히려는 동기가 있어야 하며, 목표를 성취하는 데 필요한 노력을 기울일 수 있어야 한다. 예를 들면, 유아가 원하는 것을 구할 때 행동 목표는 '울거나 떼쓰지 않기'이고 울음이 나오려 하지만 울음을 참으려는 동기가 있어야 하며, 울음을 참으려고 눈을 끔벅이거나 먼 산을 바라보는 등의 노력을 할 수 있어야 한다. 한편, 실행 기능은 유아의 정서를 조절하는 데 필요한 기술로서 문제가 생기면 뇌에서 문제를 거르고, 과제의 우선순위를 정하며, 목표를 세워 성취해가면서 충동을 억제하는 기술이다. 실행 기능은 목표에 대한 정보를 유지하면서 최신 상태를 유지하면서(updating) 자신의 자동적인 반응을 억제하는 능동적 억제(active inhibition) 능력, 그리고 목표를 달성하기 위해 적합한 방법을 찾아내어 빠르게 전환하는 과제 전환(task-switching) 능력을 포함한다.

가. 정서 조절에서의 부모 영향

유아가 느끼는 정서에 대해 부모가 어떻게 반응하느냐에 따라 유아의 정서 조절은 영향을 받는다. Gottman(2012)은 부모가 자녀의 정서에 대한 반응 유형을 정서코칭 접근(emotion-coaching approach)과 정서무시 접근(emotion-dismissing approach)의 두 가지로 구분하였다(Santrock, 2013, p. 248). 각각의 반응 유형은 부모가 분노, 좌절, 슬픔 등과 같은 자녀의 부정적 정서를 다루는 방식에서 현저한 차이가 있다.

표 7-9 부정적 정서에 대한 정서코칭 접근과 정서무시 접근

구분	정서코칭 접근	정서무시 접근
관점	• 자녀의 부정적 정서를 교육의 기회로 삼음	• 자녀의 부정적 정서를 부정하거나 무시함
방식	• 격려하기, 온정적으로 대하기 • 자녀가 흥분할 때 자신의 정서를 어떻게 다루는지 보여줌	• 거부 또는 거절하기 • 문제행동을 보다 더 나타냄

부모가 자녀의 정서에 대한 정보나 지식을 알고 있으면 자녀의 정서를 다루는 방법을 알게 되어 자녀의 정서 발달을 증진시켜 줄 수 있다. 그리하여 아버지의 자녀에 대한 정서적 코칭은 자녀의 사회적 유능성을 증진시키고(Baker, Fenning, & Crnic, 2011), 어머니가 행하는 정서적 코칭은 자녀의 문제행동을 줄인다(Dunsmore, Booker, & Ollendick, 2012).

나. 정서 조절에서의 또래 영향

또래관계에서 유아가 자신의 정서를 조절할 수 있는 능력은 매우 중요한 역할을 한다. 3세 유아에 비해 4세 유아가 분노를 조절하기 위한 전략을 더 잘 알고 있고 더 많이 만들어 낸다(Cole et al., 2009). 또래관계에서 유아가 부정적 정서를 자주 표현하면 또래로부터 거부당하는 경험을 많이 할 수 있지만, 긍정적 정서를 표현하는 유아는 또래에게 인기가 있다.

2) 사회성발달

(1) 자아발달

Erikson은 심리사회적 이론을 통해 전 생애 동안 8단계의 발달과정을 제시하

면서 유아기의 자아발달에 대해 설명하였다(표 7-10 참조). 유아기는 자아에 대한 인식이 생겨나면서 주도성이 발달한다.

표 7-10 Erikson의 심리사회적 발달단계

단계	기간	특징	기본 강점
1	생후 1년	신뢰감(sense of basic trust) 대 불신감(sense of mistrust)	희망
2	영아기	자율성(sense of autonomy) 대 수치심과 회의(sense of shame and doubt)	의지
3	유아기	주도성(sense of initiative) 대 죄책감(sense of guilt)	목적
4	학령기	근면성(sense of industry) 대 열등감(sense of inferiority)	능력
5	청소년기	정체감(sense of ego identity) 대 정체감 혼미(sense of role confusion)	충실
6	청년기	친밀감(sense of intimacy) 대 고립감(sense of isolation)	사랑
7	중년기	생산성(sense of generativity) 대 침체감(sense of stagnation)	보호
8	노년기	자아통정(sense of ego integrity) 대 절망감(sense of despair)	지혜

가. 주도성발달

이 시기의 유아는 신체발달이 원활해짐에 따라 목적을 가지고 이동하여 자기 주도적으로 원하는 바를 성취하려 하고, 스스로 의사결정을 할 수도 있어 주도성(initiative)이 발달한다. 이 시기에 유아는 사람마다 자신의 권리를 가지고 있다는 것을 인식하고 앞으로 어떤 사람이 되고자 하는지에 대해서도 탐색함으로써 자신이 가지고 있는 능력에 따라 목적하는 바를 이루고자 한다. 주도성의 발달을 통해 유아는 자신의 활동 영역을 점차 넓혀간다. 그러나 유아는 자신이 원하는 것을 얻지 못하거나 목적하는 바를 달성하지 못하면 낮은 자아존중감을 형성할 수도 있다.

나. 자기 이해

이 시기의 유아는 자신이나 타인에 대해 인식하게 함으로써(Easterbrooks, Bartlett, Beeghly, & Thompson, 2013, pp. 98-101) 자기 이해를 발달시킨다. 자기 이해는 자아에 대한 표상임과 동시에 자아개념을 위한 재료나 내용이 된다(Harter, 2012, p. 27). 유아가 자신에 대한 전반적인 정체감을 발달시키는 것은 아니지만 이 시기의 유아는 자기 이해를 통해 자신을 평가하는 데 필요한 합리적인 토대를 마련한다. 그리하여 유아는 신체적 특성, 소유물, 활동 등과 같은 외현적인 특성으로 자신을 판단한다. 예를 들어, 자신과 친구 간의 차이를 설명할 때 4세 유아는 머리카락 색깔, 키, 소유물 등이나 놀이하고 있는 활동 종류에 관해 언급하지만, 유아기 후기에 이르면 자신이 잘 할 수 있는 것을 언급하는 등 내재적인 심리적 특성으로 자신을 표현한다.

다. 자아통제

자아통제(self-control)는 어떤 목표를 위해 충동이나 욕구를 자제하고 즐거움이나 만족을 지연시키는 능력으로서 영아기부터 발달한다. 자아통제능력 중 하나가 만족 지연이다. 만족 지연(delayed gratification)은 유아가 욕구 좌절 상황에서 즉각적인 보상을 받는 대신 나중에 더 큰 보상을 받으려고 만족을 지연시키는 것이다. 마시멜로우 실험은 유아의 만족 지연능력을 알아보는 대표적인 방법이다(참고 참조).

참고

마시멜로우 실험(marshmallow test)

유아도 원하는 것을 얻기 위해 만족을 조절할 수 있는지에 대해 알아보고자 미국 스탠포드 대학교의 Mischel과 Ebbesen(1970)은 마시멜로우 실험을 고안하여 실시하였다. 이들은 600명의 4~6세 유아에게 유아가 좋아하는 마시멜로우를 주며 "지금 먹어도 되고, 내가 방을 나간 후 15분 후에 돌아올 텐데 그때까지 먹지 않고 기다리면 마시멜로우를 하나 더 줄거야."라고 말하였다. 실험하는 동안 유아는 다양한 방법으로 마시멜로우를 먹지 않으려고 노력하였다. 실험 결과, 대부분의 유아가 즉시 마시멜로우를 먹었지만 1/3은 연구자가 올 때까지 기다려서 마시멜로우를 하나 더 먹을 수 있었다. 이러한 만족지연능력은 연령이 많아질수록 더 증가하였다. 추후 연구를 통해 만족을 지연시킨 유아가 즉시 마시멜로우를 먹은 유아에 비해 청소년기에 사회적 유능성이 더 높았고(Mischel,, Shoda, & Peake, 1988), 수학능력검사(Scholastic Aptitude Test: SAT)에서도 더 높은 점수를 받은 것으로 나타났다(Shoda, Mischel, & Peake, 1990).

두 번째 마시멜로우 실험

영국 로체스터 대학교의 Kidd, Palmeri와 Aslin(2012)은 Mischel과 Ebbesen의 연구 결과를 토대로 유아는 마시멜로우를 즉시 먹는데, 왜 다른 유아는 마시멜로우를 먹지 않고 기다리는지 알아보고자 하였다. 3~6세 사이 28명의 유아를 대상으로 연구자가 약속을 지키지 않는 집단과연구자가 약속을 지키는 집단으로 나누어 임의배정한 뒤, 각 집단에게 사전 실험을 실시하였다. 연구자가 약속을 지키지 않는 집단에게는 "여기 쓰던 크레파스가 있는데 그림을 그리면서 기다리고 있으면 돌아와서 새 크레파스 세트를 줄게."라고 말한 후 나가서 2분 30초 후에 돌아와 "어머, 미안해. 새 크레파스를 못 가져왔네. 쓰던 크레파스를 그냥 쓰겠니?"라고 말했다. 그리고 한 가지를 더 말했다. "탁자 위에 작은 스티커가 있는데 내가 올 때까지 기다리면 더 큰 스티커를 줄게."라고 말한 후 방을 나간지 2분 30초 후에 돌아와서 "어머, 큰 스티커를 못 가져왔네."라고 말했다. 연구자가 약속을 지키는 집단의 유아에게는 새 크레파스와 큰 스티커를 주었다.

사전 실험 후, 전통적인 마시멜로우 실험을 하였다. 그 결과, 연구자가 약속을 지켜 믿을 수 있는 집단의 유아(약 12분)는 약속을 지키지 않아 믿을 수 없었던 집단의 유아(약 3분)에 비해 약 4배나 더 긴 시간을 기다릴 수 있었다. 이러한 결과는 유아의 만족지연이 유아의 개인 특성만이 아니라 유아가 처한 상황이나 조건, 그리고 양육 환경 등에 따라서도 달라질 수 있다는 것을 시사해 준다. 즉, 불안정하고 신뢰가 부족한 환경에서 자란 유아는 미래에 대한 기대나 믿음이 없어 만족을 지연시키는 능력이 충분히 발달하지 못할 수도 있다.

출처: https://en.wikipedia.org/wiki/Stanford_marshmallow_experiment(2015. 6. 27 인출함)

(2) 타인과의 관계

가. 타인 이해

유아는 타인에 대한 이해가 증진될 뿐만 아니라 타인을 통해서도 배우는데(Harter, 2012, p. 27) 마음이론은 이에 관심을 두고 연구한다. 즉, 마음이론은 유아가 자신과 타인의 정신적 과정을 자각하는 데 초점을 두고 유아가 타인을 이해한다는 것은 타인이 나름의 정서와 요구를 가지고 있다는 것을 이해하는 것이라고 본다. 그리하여 마음이론은 Piaget가 주장한 것처럼 유아가 자아중심적인 것은 아니며, 알려진 것보다 유아는 타인을 더 민감하게 지각한다고 본다(Thompson, 2012).

마음이론에서는 2, 3세 유아도 타인이 유아의 눈앞에 있는 것을 본다는 것을 인식하며, 긍정적 정서와 부정적 정서를 구분할 수 있고, 사람들은 자신이 원하는 것을 얻기 위해 노력한다는 것을 이해한다고 본다. 심지어 마음이론에서는 4, 5세 유아도 자신에 대해 기술할 때 심리적 특성, 즉 마음의 상태를 사용할 뿐만 아니라 타인에 대한 심리적 특성도 지각할 수 있다고 본다. 또한, 유아가 사람들은 항상 자신이 믿는 대로 표현하지는 않는다는 것을 알아간다고 본다(Mills, Danovitch, Grant, & Elashi 2012; Mills, Elashi, & Archacki, 2011). 마음이론에서는 4세 유아조차 사람들은 자신이 원하는 것을 얻기 위해, 혹은 문제를 피하기 위해 거짓 진술을 할 수도 있다는 것을 이해한다고 본다. 예를 들면, 4, 5세 유아에게 친구가 유치원에 가기 싫어한다는 정보를 주었을 때, 친구가 아프다고 말해도 친구가 아프다는 말을 그대로 믿지는 않는다. 또한, 유아는 타인은 자신이 원하는 것과 다른 것을 원할 수도 있다는 것을 인식한다. 심지어 18개월의 유아조차 자신과 타인이 좋아하는 음식이 서로 다르다는 것을 이해한다. 연령이 증가하면서 유아는 자신이 좋아하지 않는 음식을 성인은 좋아할 수도 있다고 언어로 표현할 수 있다

(Flavell, Mumme, Green, & Flavell, 1992).

한편, 타인을 이해하기 위해서는 서로 공유할 수 있는 공통 부분(joint commitment)을 알아야 한다. 서로 공유할 수 있는 공통 부분은 결속을 다지면서 함께 활동하는 데 필요하다. 이러한 관계에서 유아는 '우리'라는 공동의식을 형성함으로써 상대방과 공통의 결과를 공유하고, 상대가 좀 못하더라도 이를 보완해 주려고 한다. Gräfenhain Carpenter와 Tomasello(2013)는 3세 유아도 협조적으로 상호작용하기 위해서는 상대와 공동으로 노력해야 한다는 것을 이해한다고 주장하였다.

나. 또래관계

유아기는 가족에서 벗어나 또래와 관계를 맺기 시작하면서 또래와 상호작용하기 위한 사회적 기술을 익히는 시기다. 또래는 유사한 수준의 사회적 위치, 인지능력, 행동 등으로 상호작용하는 동년배로서 또래관계는 동등한 수준에서 이루어지는 것이 특징이다. 이는 위계가 있는 부모-자녀 관계나 형제 관계와는 다른 수준으로 유아에게 영향을 미친다. 유아기의 또래관계는 이성친구보다 동성친구와 놀이하는 데 더 많은 시간을 보낸다.

또래는 가족 이외의 세상에 대한 정보와 동등한 수준에서의 비교대상에 대한 기회를 제공해줄 뿐만 아니라 또래로부터 자신의 능력에 대한 피드백을 제공해주는 기능을 한다. 그러므로 좋은 또래관계는 유아의 사회정서발달에 필수적이다. 또래로부터 거부되거나 위축되어 외로움을 느끼는 유아는 우울해질 위험이 있고, 또래에게 공격적인 유아는 미래 청소년 비행이나 학업 중도 탈락 등과 같은 문제행동을 나타낼 수도 있다(Bukowski, Buhrmester, & Underwood, 2011, pp. 154-155).

다. 친사회적 행동

사회적 행동은 다른 사람과 상호작용하며 주변 환경에 대처하는 것인데 사회적 행동 중 긍정적인 사회적 행동, 즉 도움주기, 나누기 등 사회적으로 수용되고 우호적인 관계를 촉진할 수 있는 행동을 친사회적 행동이라고 한다(이숙재, 이봉선, 1999, p. 255). 3세 유아도 다른 유아를 도와주거나 장난감을 나눠주기도 하고 위로하는 행동을 보이기도 한다. 또한, 이 시기의 유아는 매우 드물지만 자발적이며 자기희생적인 양보와 같은 친사회적 행동을 나타내기도 한다(Shaffer, 1999, pp. 523-524).

(3) 도덕성발달

유아기에는 초보적인 양심이 발달하기 시작하는데 이 시기에 유아는 부모의 가치나 기대, 태도 등을 자신의 행동지침으로 사용하기 시작한다(조성연 외, 2010, p. 329). Piaget는 유아가 도덕적 규칙과 사회적 인습을 어떤 방식으로 이해하는지, 그리고 어떻게 도덕적 판단을 하는지에 관심을 갖고 유아의 도덕성발달을 설명하였다. 그는 유아의 도덕성발달도 인지적 발달단계에 따라 이루어진다고 보고 도덕성발달의 4단계를 제시하였다(Nolen-Hoeksema, Fredrickson, Loftus, & Wagenaar, 2009, p. 86). Piaget는 유아의 도덕성발달은 도덕 판단의 기준이 외부에 있거나 불변한다는 타율적 도덕성에서 점차 행동의 동기나 의도를 고려한 자율적 도덕성으로 발달해간다고 설명하였다.

- 1단계: 전조작기 초기에 해당하며 유아는 평행놀이를 하면서 특정한 사적인 규칙을 따른다. 놀이에 일부 규칙을 적용하기도 하지만 규칙을 자주 변경하고, 협동이나 경쟁과 같은 합의된 목표가 없다.

- 2단계: 5세경에 시작하며 규칙을 상호 간의 약속이라 생각한다. 이는 절대적으로 신이나 부모의 권위에 따르는 도덕적 필수 사항이기 때문에 영원하며 신성하고 불변한다고 생각한다. 유아의 도덕적 판단은 행위의 의도보다는 결과에 중점을 둔다.
- 3단계: 구체적 조작기 이후에 나타나며 규칙을 사회적 관습으로 인정하기 시작함으로써 서로 동의하면 규칙은 언제든 변화할 수 있다고 생각한다. 행위자의 의도를 고려한 판단을 할 수 있다.
- 4단계: 형식적 조작기에 해당하며, 도덕 판단은 개인적이거나 개인 상호 간의 상황을 넘어 좀 더 폭넓은 사회적 논쟁점을 언급한다. 관념적 형태의 도덕 추론을 할 수 있다.

Piaget의 도덕적 추론을 성인기까지 연장한 Kohlberg(1969, p. 376)는 도덕적 갈등상황을 통해 보편적인 도덕발달단계를 제시하였다(참고 참조). 그는 도덕발달단계가 연령이 증가함에 따라 발달한다고 보고, 이를 전인습적(preconventional) 수준, 인습적(conventional) 도덕발달 수준, 후인습적(postconventional) 도덕발달 수준의 3수준으로 나누고 각 수준별로 2단계를 제시함으로써 6단계의 도덕발달단계를 제시하였다. Kohlberg에 의하면 유아기의 도덕발달단계는 전인습적 수준의 처벌 지향단계 또는 쾌락 지향단계에 머물거나 좀 더 나아가 인습적 수준의 착한 아이 지향단계에 머문다.

- 1수준: 전인습적 도덕발달 수준
  - 1단계: 벌을 피하기 위해 규칙에 복종하는 처벌과 복종 지향단계
  - 2단계: 보상이나 좋아하는 것을 얻기 위한 상 또는 쾌락을 지향하는 도구적 상대주의 단계
- 2수준: 인습적 도덕발달 수준

3단계: 타인에게 거부당하지 않기 위한 착한아이 지향단계

4단계: 권위자의 비난을 피하고 책임회피에 대한 죄책감을 면하기 위해 법이나 사회적 규칙을 지키는 법과 질서 지향단계

• 3수준: 후인습적 도덕발달 수준

5단계: 공공의 복지를 위해 합의된 일반적 원리에 따른 사회계약 지향단계

6단계: 정의, 공평 등에 따라 스스로 결정하는 보편원리 지향단계

참고

Heintz의 도덕적 갈등 상황

Heintz의 부인은 희귀한 종류의 암으로 죽어가고 있었다. 부인의 병이 낫기 위해서는 같은 마을에 사는 약사가 최근에 발명한 약으로만 치료할 수 있었다. Heintz가 그 약을 사려고 했으나 약사는 그 약을 만드는 데 상당히 많은 돈이 들었기 때문에 Heintz에게 약값 원가의 10배나 되는 2,000달러를 요구하였다. Heintz는 1,000달러밖에 없어 할 수 없이 약사에게 가서 부인이 죽어가고 있다고 설명하고 그 약을 1,000달러에 팔거나 아니면 외상으로라도 달라고 간청했다. 그러나 약사는 그 약을 개발하는 데 돈이 많이 들었다며 Heintz의 부탁을 거절했다. 절망에 빠진 Heintz는 결국 약국 문을 부수고 들어가서 아내를 위해 약을 훔쳤다.

질문 1. Heintz는 약을 훔쳤기 때문에 벌을 받아야 하는가?

____

질문 2. 약사는 터무니없이 비싼 약값을 요구할 권리가 있는가?

____

질문 3. 약사가 부인을 죽이는 것이나 다름없다고 비난하는 것은 정당한가?

____

질문 4. 부인이 중요한 일을 하는 사람이었다면, 약사를 더 심하게 처벌해야 하는가?

____

(4) 성역할발달

성역할(gender role)은 자신이 속해 있는 사회문화에서 남자와 여자 각각에게 기대되고 요구되어 체득된 행동양식이다. 사회화과정에서 성역할은 유아의 적응에 중요한 역할을 하고 경우에 따라서는 성역할 고정관념(sex-role stereotype)에 대한 문제를 유발하기도 한다. 한편, 성정체감(gender identity)이란 자신의 성에 대한 감각을 가지는 것으로 성에 대한 지식이나 이해, 성에 대한 수용도 등을 포함한다(Tobin, Menon, Menon et al., 2010). 유아는 2세 반경에 성정체감을 형성한다.

가. 성역할발달 이론

성역할발달 이론은 크게 생물학적 영향에 의한 이론, 사회 경험에 의한 이론, 인지적 요인에 의한 이론으로 구분할 수 있다(Santrock, 2013, pp. 251-252)

① 생물학적 영향에 의한 이론

염색체, 호르몬 등의 생물학적인 영향은 성을 결정하고, 성차를 설명해 준다. 23개의 염색체쌍 중 23번 염색체가 성염색체로서 이것이 인간의 성을 결정해 준다. 또한 인체에서 분비되는 여성호르몬(estrogen)과 남성호르몬(testosterone)의 성호르몬은 성차를 발달시키는 데 중요한 기능을 하여(Hines, 2011). 여성성과 남성성을 발달시킨다.

② 사회 경험에 의한 이론

사회 경험에 의한 이론에서는 성역할의 차이를 생물학적인 성향보다 사회적 경험에서 비롯된 것이라고 주장하는데 이 관점의 이론으로는 사회적 역할이론, 정신분석이론, 사회학습이론 등이 있다.

사회적 역할이론은 남자와 여자의 성차가 각기 상반되는 역할에서 비롯된다고 본다(Wood & Eagly, 2012, p. 91). 즉, 이 이론은 대부분의 문화권에서 여성은 남성에 비해 권력이나 지위가 더 낮기 때문에 여성은 사회에서 권력과 지위가 낮은 역할에 적응함으로써 남성보다 더 협력적이고 덜 지배적인 면을 갖게 되었다고 설명한다. 따라서 성에 따른 사회적 위계와 권력이나 노동이 사회적 역할에 영향을 미쳐 성차를 유발하는 데 영향을 준다.

정신분석이론에서의 성차는 남근기 때 유아가 반대 성을 가진 부모에 대해 애정을 갖기 시작하면서 발달한다고 주장한다. Freud에 의하면 남근기의 유아는 남아의 외디프스 콤플렉스와 여아의 엘렉트라 콤플렉스를 통해 성역할을 배우면서 성차가 발달한다. 즉, 이성 부모에 대한 애정은 불안감을 야기하는데, 남아와 여아는 이를 극복하기 위해 동일시(identification)라는 방어기제를 통해 동성 부모의 성역할 특성을 무의식적으로 습득하면서 성차를 유발한다.

사회학습이론에서는 유아의 성역할 발달이 관찰과 모방을 통해 나타난다고 설명한다. 태어나면서부터 남아와 여아는 다르게 대우를 받는데 남아와 여아가 성유형화된 행동을 할 때 강화를 받음으로써 성역할을 학습한다. 즉, 유아는 성과 관련한 타인의 행동과 언어를 관찰하고 모방하여 행동으로 나타낼 때 받게 되는 보상이나 벌을 통해 성역할 행동을 강화하거나 소거할 수 있다(Bussey & Bandura, 1999). 유아는 부모뿐만 아니라 학교, 또래의 행동과 주변 성인의 행동, 문화, TV 등과 같은 대중매체 등을 통해 타인의 행동을 관찰하면서 성역할을 학습한다.

③ 인지적 요인에 의한 이론

성역할 발달에서 가장 영향력 있는 인지적 요인에 의한 이론인 성 도식이론(gender schema theory)은 성유형화된 행동이 유아가 자신의 문화권에 적합하거나 부적합한 행동에 대한 성 도식을 발달시키면서 나타난다고 설명한다(Berenbaum

& Beltz, 2011). 도식은 인지적 구조이자 개인의 지각에 지침을 주는 연결고리망이라고 할 수 있다. 이런 의미에서 성 도식은 여성성과 남성성이라는 용어로 세상을 조직하고 인식하게 해주는 인지적 틀이다. 유아는 세상을 지각하여 자신이 발달시킨 도식에 맞춰 행동하도록 내적으로 동기화되어 있다. 연령이 증가하면서 유아는 자신의 문화권에 적합하고 적합하지 않은 행동을 골라내면서 점차 자신이 세상을 인식하는 방법과 기억한 내용을 토대로 성 도식을 발달시키면서 성유형화된 행동을 한다(Conry-Murray, & Turiel, 2011)(그림 7-13 참조).

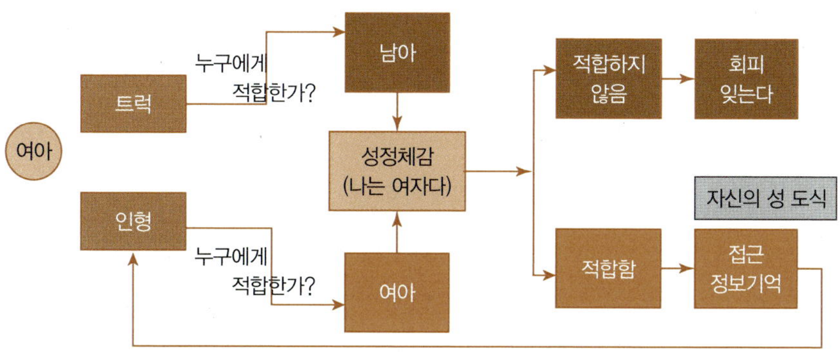

그림 7-13 성 도식을 통한 여아의 성유형화 과정

출처: Berk, L. E. (2008). *Infants, children, and adolescents*, p. 397.

나. 유아기의 성역할발달

각 문화권마다 남성과 여성에게 기대하는 성역할이 있다. 예를 들어, 남성에게는 지배적, 권위적, 공격적, 외향적, 능동적, 경쟁적, 독립적 특성 등을 기대하고, 여성에게는 감정적, 보호적, 애정적, 내성적, 수동적, 의존적 특성 등을 기대한다(조성연 외, 2010, p. 333). 이러한 사회문화적 기대에 따라 여아는 여성다운 것을, 남아는 남성다운 것을 선택하고 그에 따라 행동한다. 이러한 행동은 놀잇감과 색

깔 선호에서도 나타나 남아는 자동차와 총, 파랑색을 선호하며, 여아는 인형과 장신구, 분홍색을 선호한다.

성역할은 이미 2세 때부터 나타나 유아는 옷, 장신구, 소품 등으로 남성과 여성을 구분한다(Fargot, Leinbach, & Hangan, 1986). 3세가 되면 장난감을 구분하며(Weinraub & Brown, 1983), 4세는 파란색과 갈색은 남자의 색이고, 분홍색은 여자의 색이라고 생각한다(Picariello, Greenberg, & Pillemer, 1990). 5세가 되면 사회적 행동과 성을 관련시킨 지식이 나타나기 시작하여 공격성이나 지배성은 남성적인 특징이고, 친절하고 정서적인 것은 여성적인 특징이라고 이해한다. 이러한 구분은 주로 아동기에 발달한다(Weinraub, & Brown, 1983).

성역할과 관련하여 Bem(1974)은 기존의 남성성과 여성성의 단일 차원에서 벗어나 남성성과 여성성을 각각 독립된 두 가지 차원으로 보고 남성성, 여성성, 양성성, 미분화의 4가지 성역할 유형을 제시하였다. Bem이 제시한 성역할 유형 중 양성성을 가진 유아가 남성성과 여성성의 한쪽으로 성유형화된 유아보다 사회적 적응력이 더 좋고, 자아존중감과 도덕성발달 등도 더 높은 수준을 나타낸다. 그러나 사회적 성취를 위해서는 남성성을 가진 경우가 더 유리하다는 연구 결과(Yager & Baker, 1979)도 있다.

CHAPTER 08

아동기

1. 신체발달
2. 언어발달
3. 인지발달
4. 사회정서발달

CHAPTER 08 아동기

아동기는 초등학교에 다니는 6~11세까지의 시기로 학령기라고도 한다. 이 시기는 성격 형성을 위한 에너지의 역동성이 어느 정도 평온한 시기이며, 학습에 필요한 기초능력을 신장하여 학습기술을 습득하는 등의 인지적 조작능력이 발달하는 시기이다. 또한 이 시기에 아동은 사회적 관계를 위한 생활 배경이 학교와 지역사회로 넓혀진다. 이 과정에서 아동은 사회 구성원으로서 알아야 할 기초지식과 기술을 습득할 뿐만 아니라 욕구를 표현하고, 이를 조절하는 방법 등 대인관계에서 필요한 기술도 터득해 나간다. 이 장에서는 아동기의 발달을 신체발달, 인지발달, 언어발달, 사회정서발달로 나누어 살펴보고자 한다.

1 신체발달

아동기 동안 신체 크기는 더욱 커지고, 체격이 잘 갖추어지면서 신체기능은 더 발달한다. 특히 이 시기 아동의 신체발달은 자아개념 형성에도 영향을 미친다.

1) 신체적 성장

(1) 신장과 체중의 변화

아동기의 신장과 체중의 성장은 완만하지만 지속적으로 성장한다. 신장은 1년에 평균 5.5cm씩 증가하여 11세경이 되면 약 146cm로 성장한다. 체중은 골격과 근육의 발달에 따라 달라지는데 1년에 평균 2.7kg씩 증가하여 11세경에는 40kg에 이른다. 아동기 말이 되면 신장은 출생 시의 1.5배가 되며, 체중은 약 13배가 된다.

팔과 다리가 빠르게 성장하고, 머리 크기는 신장의 1/7~1/8 정도가 되면서 점차 성인의 신체 비율을 나타낸다. 얼굴 윤곽도 아기 얼굴에서 벗어나 얼굴형이 갸름해지고, 코와 입도 더 커지고 넓어지면서 점차 성인 얼굴 모습으로 변해간다.

표 8-1 한국 소아(6~12세)의 신체발육 표준치

남아				연령(세)	여아			
체중(kg)	신장(cm)	체질량지수(kg/m^2)	머리둘레(cm)		체중(kg)	신장(cm)	체질량지수(kg/m^2)	머리둘레(cm)
21.60	116.64	15.87	51.17	6~6.5	20.73	115.47	15.61	50.44
22.85	119.54	16.06	51.21	6.5~7	21.95	118.31	15.75	50.51
24.84	123.71	16.41		7~8	23.92	122.39	16.04	
27.81	129.05	16.97		8~9	26.93	127.76	16.51	
31.32	134.21	17.58		9~10	30.52	133.49	17.06	
35.50	139.43	18.22		10~11	34.69	139.90	17.65	
40.30	145.26	18.86		11~12	39.24	146.71	18.27	

출처: 보건복지부 질병관리본부 보도자료 (2007.10.19). 소아청소년 성장곡선(신체발육 표준치)

그림 8-1 아동의 신체발달 변화

(2) 뇌 발달

아동기에 뇌는 느리게 성장하지만 뇌의 구조와 영역에서는 여전히 다양한 변화가 나타나고, 뇌의 용량은 거의 완성된다. 뇌의 구조와 영역의 변화에서 편측성과 수초화 현상은 아동기에도 계속 발달한다. 뇌의 편측성은 뇌의 두 반구가 좌뇌와 우뇌의 기능을 담당하는 경향이고, 수초화 현상은 신경세포의 축색돌기에 미엘린이라는 지방물질이 막을 형성하여 자극과 정보를 원활하게 전달하는 현상이다. 최근에 자기공명영상(magnetic resonance image: MRI) 같은 영상기술의 발달로 아동기 뇌 발달과 인지발달 간에 어떤 관계가 있는지를 규명하는 연구가 진행되고 있다(Diamond & Lee, 2011). 일례로 뇌의 고등기능을 담당하는 전두엽 부분은 청소년기까지 계속 발달하는데 전두엽은 주의력, 추론, 인지적 통제 등의 기능을 담당한다. Johnson, Grossmann과 Cohen-Kadosh(2009)에 의하면 전두엽은 보다 복잡한 문제해결에 필요한 최적의 뇌신경망을 찾아서 연결해 주는 역할과 같이 뇌의 각 영역에서 담당하고 있는 기능을 상호 조율해 주는 역할을 한다.

2) 운동기능의 발달

아동기 초에 대근육과 소근육의 기본적인 운동기능은 거의 발달한다. 이 시기의 아동은 뛰기, 오르기, 한 발 뛰기, 수영하기, 자전거 타기, 스케이팅 등과 같이 대근육을 활용하여 운동하는 능력이 현저하게 향상된다. 대근육 발달을 통해 아동은 다양한 운동을 하면서 또래관계를 돈독하게 하고, 게임의 규칙을 지키는 태도를 배운다.

그림 8-2 축구하는 아동

그림 8-3 스케이트를 타는 아동

한편, 이 시기에는 소근육 운동능력도 발달한다. 아동은 미세한 근육을 원활하게 움직이고 근육을 통제하면서 소근육 운동기능을 활용하는 다양한 활동에 참여한다. 예를 들어, 아동기에는 연필을 쥐는 동작이 확립되면서 글씨를 쓰는 것이 보다 원활해지고, 바느질 같은 미세한 수작업도 가능해진다. 소근육이 발달하면서 일상생활에 필요한 자조기술이 증진되고, 동시에 독립심도 증가한다.

표 8-2 아동의 소근육 운동기능의 발달

연령	소근육 운동기능
7세	• 크레용으로 색칠하기를 좋아한다.
8~10세	• 손을 좀 더 편하고 세밀하게 사용할 수 있다. • 글쓰기가 원활해진다. • 그림이나 글씨의 크기를 작게 할 수 있다.
12세경	• 조작기술이 성인의 수준과 유사해진다. • 수준 있는 수공예품을 만드는 데 필요한 복합적이고 빠른 동작을 습득할 수 있다. • 악기연주가 가능하다.

아동기에는 운동능력에서 개인차와 성차가 두드러진다. 남아는 여아보다 근육이 더 발달하고, 순환계도 더 효율적으로 발달한다(김광웅, 방은령, 2003, p. 420). 또한, 남아는 17세까지 운동능력이 계속 발달하지만, 여아는 13세경에 최고조에 달하던 운동능력이 이후에는 쇠퇴하거나 유지되는 수준에 머문다. 아동기에는 신체기능이 원활해짐에 따라 활동량이 증가하면서 교통사고, 익사, 추락사고 등 아동의 안전사고가 많이 발생하므로 부모와 교사는 아동의 안전생활에 유의해야 한다.

2 언어발달

언어능력의 대부분은 유아기에 획득되지만 언어의 유능성과 관련된 중요한 발달은 주로 아동기에 이루어진다(조성연 외, 2010, p. 345). 아동은 초등학교에 진학하면서 많은 어휘를 학습하고, 길고 복잡한 문장을 사용하게 되며, 특히 읽기와 쓰기능력이 두드러지게 발달한다.

1) 음성 · 어휘와 문법의 발달

아동은 초등학교 입학 전에 대개 음성학적인 발달을 완성하지만 일부 강세 패턴은 여전히 덜 발달되어 있다. 의미에서의 미묘한 차이를 가져오는 발음은 초등학교시기에 점진적으로 발달한다(예: 눈[目], 눈[雪]). 아동기의 음성학적인 발달은 단어의 의미가 얼마나 복잡한가에 따라 영향을 받는다(조성연 외, 2010, p. 345). 어린 아동도 단어를 쉽게 이해하기 위해 발음해 보는 것이 가장 좋은 방법이라는 것을 알지만, 아동에게 새로운 단어의 의미와 소리를 동시에 입력하도록 요구하면 아동의 정보처리능력의 한계로 단어의 의미가 충분히 이해될 때까지 아동은 일시적으로 소리를 잘 내지 못한다(Berk, 1997, pp. 353-354).

학령기 말 아동이 습득하는 단어의 수는 약 40,000개 정도인데 이는 하루 평균 20개 정도의 새로운 단어를 습득하는 것과 같다. 또한 학령기 아동은 단어의 형태학적 지식(morphological knowledge)을 습득하여 낯선 단어의 의미를 추론할 수도 있다(Anglin, 1993). 유아기에 비해 학령기의 아동은 단어를 더 정확하게 사용하며, 단어를 다양한 측면에서 이해하게 된다(Berk, 1997, p. 359). 즉, 단어를 정의할 때, 초등학교 저학년 아동은 '칼은 사과를 자를 때 쓴다', '자전거는 바퀴와 체인이 있다' 등과 같이 단어의 기능이나 외양 등에 초점을 맞춰 보다 구체적으로 기술한다. 그러나 아동이 초등학교 고학년이 되면 '칼은 자를 때 쓰는 것이다', '톱은 칼과 유사하다', '칼은 무기로도 사용할 수 있다' 등과 같이 단어의 동의어나 범주를 나타내는 것으로 설명할 수 있다. 또한, 학령기 아동은 언어의 분석적 접근을 통해 단어가 갖는 여러 가지 의미를 이해할 수도 있다. 즉, '날카로운', '차가운'이라는 단어는 물리적인 의미뿐만 아니라 심리적인 의미도 있다는 것을 알게 되어 은유적 표현이나 유머를 이해하게 된다.

아동은 문법적 지식이 발달하여 문법적 오류가 점차 줄어들고, 복잡하고 긴 구문도 구사할 수 있게 된다. 이러한 경향은 단순한 발달뿐만 아니라 학교교육의 의식적인 문법 발달 촉진 때문이기도 하다. 그리하여 초등학교 1~2학년 아동은 단어가 언어의 기본 단위이고, 글자는 음소로 이루어지며, 다른 음소는 다른 글자와 관련된다는 사실을 의식적으로 인식한다. 초등학교 3~4학년이 되면 아동은 문법적으로 적절한 문장인지 아닌지를 판단할 수 있고, 단어 퀴즈 놀이도 능숙하게 할 수 있다. 이후 초등학교 5~6학년이 되면 아동은 명사, 동사, 형용사, 접속사와 같이 말을 구성하는 요소를 인식하고, 동의어와 범주 관계에 있는 단어에 대해 설명할 수도 있으며, 비유하는 말을 많이 사용하고, 단어의 여러 가지 의미를 파악할 수도 있다.

2) 의사소통능력의 발달

의사소통은 언어를 매체로 개인의 감정이나 의견, 생각 등을 상대방에게 전달하는 것이다. 효과적인 의사소통을 위해서는 참조적 의사소통기술(referential communication skills)이 필요하다. 참조적 의사소통기술은 화자의 언어적 메시지를 인식하여 청자의 수준에 맞게 언어적 메시지를 분명하게 전달할 수 있는 능력이다. 3~5세 유아는 구두로 전달된 메시지 중 의미가 모호한 부분을 잘 인식하지 못한다. 그러나 학령기 아동은 상대방이나 자신의 메시지가 분명하지 않을 때 어느 부분이 모호한지를 인식하고 그 부분을 분명하게 인식할 수 있다.

초등학교 1학년과 3학년 아동에게 놀이방법을 부적절하게 설명함으로써 놀이를 어렵게 한 실험 결과, 1학년 아동은 설명이 부적절하다는 것을 알지 못한 채 놀이를 하려고 시도하였으나, 3학년 아동은 설명 내용을 검토하여 놀이하려고 하였다(Kossan & Markman, 1981). 이러한 결과는 아동기에 참조적 의사소통기술이 발달한다는 것을 입증하는 것이다. 특히, 초등학교 고학년인 9~10세 아동은 익숙하지 않은 사물에 대해 설명할 때는 듣는 사람에 맞춰 내용을 조절하면서 정보를 제공해 준다(송명자, 1997, p. 199; 정옥분, 2002, p. 503).

아동기에 참조적 의사소통기술의 발달이 가능한 것은 이 시기 아동의 인지발달로 인해 탈중심화가 이루어지고, 자기중심적인 언어 사용이 감소하며, 역할수행기술이 발달하고, 사회언어학적으로 듣는 사람에게 맞추어 말을 조절하는 언어적응력이 증가하기 때문이다(Berk, 1997, p. 371). 그리하여 아동기에는 의사소통기술이 급격하게 발달한다.

(1) 읽기와 쓰기의 발달

가. 읽기발달

아동기에는 학교교육 때문일 수도 있지만 글자에 대한 관심이 급증하면서 읽기능력이 빠르게 발달한다. 아동기의 읽기발달은 아동 개개인마다 그 시기와 능력에 차이가 있을 수 있지만 Chall(1979)은 그 단계를 다섯 단계로 나누어 설명하였다. 그 중 아동기는 준비단계에서부터 3단계까지 관련된다(표 8-3 참조).

초등학교 아동의 읽기능력은 아동의 지식이 많을수록 빨리 발달한다. 또한, 아동의 연령이 증가할수록 아동은 책의 허구성 및 구조에 대한 지식이 증가하고, 동시에 자신이 읽은 내용으로부터 추론하는 능력도 점차 증가한다. 뿐만 아니라, 아동은 상위 인지전략이 발달함으로써 더 많이 읽고 더 잘 읽게 된다.

나. 쓰기발달

아동의 쓰기능력은 읽기능력이 발달한 후에 발달한다. 유아기에는 글씨를 거꾸로 쓰거나 소리 나는 대로 쓰는 경우가 많으나, 아동기에 이르면 이런 경향은

표 8-3 Chall의 아동기 읽기능력의 발달단계와 특징

단계		특징
준비	출생~ 초등학교 1학년	• 읽기에 필요한 선행조건을 학습한다. • 글은 왼쪽에서 오른쪽으로 읽고 쓴다는 것을 안다. • 글자의 종류를 안다. • 자기 이름 쓰기를 학습한다.
1	초등학교 1~2학년	• 읽기를 배우고 단어를 소리로 바꾸는 능력을 획득한다. • 글자와 발음의 관계에 관심을 둔다. • 한글의 발음에 대한 통찰력이 생기기 시작한다.
2	초등학교 2~3학년	• 보다 능숙하게 글을 읽는다. • 글자와 발음의 관계를 확실하게 이해한다. • 자동적으로 단어를 재인할 수 있다. • 유창하게 읽고, 묵독이 가능하다.
3	초등학교 4학년~ 중학교 3학년	• 글을 통해 정보획득능력이 급속하게 발달한다. • 자신이 읽은 책으로부터 새로운 정보를 얻게 된다. • 듣기보다 읽기가 정보를 습득하는 방법으로서 더 중요하다.
4	고등학교	• 읽기능력을 완전히 발달시킨다. • 여러 관점에서 제시된 정보를 잘 이해할 수 있다. • 문학, 역사, 경제학, 정치학 등에 대해 철학적이고 복잡한 논의를 할 수 있게 된다.

출처: Chall (1979). The great debate: Ten years later with a modest proposal for reading stages, p. 34; 정옥분 (2002). 아동발달의 이해, pp. 502-503의 내용을 재정리함.

점차 사라진다. 또한, 아동기에는 글씨를 보다 정확하게 쓰고 자신의 생각을 글로 표현하는 능력도 발달한다. 초등학교 2학년 이후에는 아동의 글씨가 점차 작아지고 자연스러워지며 더 고르게 된다. 초등학교 고학년이 되면 자신만의 독특한 필체가 나타나기 때문에 초등학교 이후에는 필체가 개선된다 하더라도 큰 변화는 없다(곽노의, 2010, p. 360).

쓰기능력의 발달과 관련하여 아동이 철자를 습득하는 전략은 음소 이전의 철자 단계, 음소철자 단계, 정자법 철자 단계, 그리고 자동화된 철자 단계의 네 단계를 거쳐 획득한다(표 8-4 참조). 철자 습득 전략에 대한 일련의 발달단계는 분리된

단계가 아니라, 오히려 동일한 연령에도 다양한 철자 습득 전략을 사용할 수 있고, 장기간에 걸쳐 다양한 철자 습득 전략을 중복하여 사용할 수도 있다는 것을 시사한다.

표 8-4 아동의 철자 습득 전략의 발달단계

단계		철자 습득 전략
1	음소 이전의 철자	초등학교 1학년 아동은 실제 단어와 닮은 철자를 모호하게 만들어 사용한다.
2	음소 철자	아동이 음소에 대한 지식이 발달하면서, 단어의 모든 음소를 철자로 표현한다.
3	정자법 철자	아동은 유사한 소리가 나는 말을 유추하기도 하고, 일반적인 철자에 대한 규칙을 점점 더 활용하기 시작한다.
4	자동화된 철자	읽고 쓰는 경험이 증가하면서 아동은 여러 가지 단어의 철자가 어떤지를 알고, 많은 단어를 빠르고 정확하게 인출해낸다.

출처: 곽노의 (2010). 영 · 유아발달, pp. 360-362의 내용을 참고하여 재정리함.

아동이 쓰기 활동을 통해 고차적인 활동인 작문을 하려면 철자 외에 작문 기능, 문법 규칙 및 상위 인지능력이 있어야 한다. 이러한 능력을 기초로 아동은 연령이 증가하면서 작문의 길이가 점점 길어지고 사소한 문법 규칙은 점차 자동화되는데 초등학교를 졸업할 즈음에는 작문에서 사용하는 구문의 구조가 대화 시 사용하는 구문의 구조보다 훨씬 더 복잡해진다. 연구 결과(이기숙, 김순환, 정종원, 김민정, 2013)에 의하면, 5세아의 읽기능력과 어휘력은 초등학교 3학년에서의 읽기 이해능력과 어휘력에 차이를 유발하는 주요 변인이며, 성과 소득수준 및 부모 교육수준이 아동의 읽기 이해능력과 어휘력에 지속적으로 영향을 주었다. 특히, 유아기 문해 관련 사교육 경험에 따라서는 차이가 없는 것으로 나타나 유아의 읽기능력과 어휘력을 길러주기 위해서는 무엇보다 경험적이고 흥미로운 문해 환경 조성과 부모와 교사의 적극적인 역량이 중요하였다.

3) 이중언어발달

이중언어(bilingualism)는 한 사람이 두 개 이상의 언어를 사용하는 일 또는 그런 능력이다(박영순, 1990). 최근 다문화 가정의 증가로 유아기부터 이중언어 환경에 노출되는 경우가 많고, 그 시작 연령도 낮아지는 추세이다. 그에 따라 이중언어 경험이 아동의 발달에 미치는 영향은 사회적 이슈가 되었다.

이중언어의 사용은 각 언어발달에 긍정적 또는 부정적 영향을 준다. Cummins (1979, 1981)는 언어 학습과정에서 모국어와 제2언어는 관련이 있다는 역치가설 (threshold hypothesis)을 주장하였다. 역치가설은 외국어 학습은 외국어와 모국어가 모두 유창할 때에만 효과가 있다는 것으로 Andersson(1976), Redlinger(1979) 등이 지지하였다. McLaughlin(1986)도 제2언어를 가르치기 전에 제1언어의 읽기와 쓰기를 가르치는 것이 제2언어를 효율적으로 습득하게 한다는 것에 동의하면서 Cummins의 이론을 지지하였으나, 그가 사회적 다양성과 문화화의 정도를 염두에 두지 않은 점에 대해서는 비판하였다.

이중언어 집단과 단일어 집단의 언어발달을 비교하여 이중언어의 효과를 알아본 결과, 이중언어를 사용하는 아동이 언어의 형식적 측면에 더 초점을 맞추기 때문에 오히려 단일어를 사용하는 집단보다 언어 구조를 더 빨리 습득하고 실수도 더 적게 하였다(Goodz, 1987; Meisel, 1990). 반면, 이중언어 집단과 단일어 집단의 언어발달 수준과 과정은 매우 유사하지만(De Houwer, 1995; Gathercole, 2006; Lindholm, 1980), 이중언어 사용 아동이 단일어 사용 아동보다 언어 습득의 완성 시기가 더 늦고, 발달 수준의 차이는 6세(황혜정, 황혜신, 2000) 혹은 10세에 이르러 사라졌다(Gathercole, 2006). 이중언어를 사용하는 아동의 언어발달이 완성되는 시기의 차이는 언어습득과정에서 각 언어가 언제, 어떻게 '투입(input)'되었는지에 따라 달라질 수 있다.

이중언어의 사용은 아동의 언어발달뿐만 아니라 인지발달과 사회성발달 등 아동의 전반적인 발달에 영향을 준다. 이중언어와 인지발달과 관련한 초기 연구에서는 이중언어의 사용이 아동의 지능발달이나 학업성취에 부정적인 영향을 줄 수 있다는 인식이 지배적이었으나(Darcy, 1963), Pearl과 Lambert(1962)가 이중언어의 사용이 아동의 인지발달에 긍정적인 영향을 준다는 결과를 보고한 이후에 이중언어 사용에 대한 인식은 긍정적인 방향으로 전환되었다. 최근에는 이중언어 사용과 관련하여 언어 사용에 대한 지식과 관련한 상위 인지의 한 분야로서 언어를 사고의 대상으로 다루면서 언어의 구조적 측면을 조작하고 숙고하는 능력인 상위 언어능력에 대한 관심이 증가하고 있다(Turner & Heiman, 1984). 그에 따라 상위 언어능력이 이중언어, 인지와 사회적 능력과 관련이 있다는 다양한 연구 결과도 제시되고 있다(전효정, 이귀옥, 박혜원, 2004; Bialystok, 1988, 1999, 2001; Bialystok & Ryan, 1985; Genesee, 1979).

3 인지발달

1) 사고의 특징

아동기는 Piaget의 인지발달단계 중 구체적 조작기에 해당하며, Piaget는 7세에서 11세까지의 시기를 인지발달의 주요 전환점으로 보았다. Piaget는 아동기가 유아기에 비해 인지능력에서 현저한 증가를 보이지만 여전히 사고의 한계가 있다고 설명하였다. 즉, 이 시기의 아동은 논리적 사고가 가능하나 이는 주위에서 관찰가능한 구체적인 사물이나 사건에 한정되며, 가설적이고 추상적인 언어 사용은 불가능하다. 구체적 조작기의 중요한 발달은 조작의 습득이다. 논리적 조작은 주어진 정보를 특정한 목적을 위해 변형시키거나 관련된 사고로 통합하는 정신적 조작능력이다. 이는 어떤 현상을 머릿속에서 원래의 상태로 전환시킬 수 있는 가역성의 발달이 우선되어야 한다. 또한 이 시기의 아동은 전체와 부분의 관계를 정확하게 파악할 수 있어 유목 포함(class inclusion)이 가능하다. 구체적 조작기에 아동은 보존개념, 분류화, 서열화 등의 개념을 획득한다.

(1) 보존개념

보존개념은 물리적인 외양이 변할지라도 그 내용물의 속성이나 양은 그대로 존재한다는 것이다. 이 시기의 아동은 단순히 눈에 보이는 지각적 특성에만 의존하지 않고 논리적 조작에 의해 보존 문제를 해결한다. 여러 가지 보존개념은 연령이 증가하면서 발달한다. 즉, 아동의 수 보존개념은 5~6세, 질량과 무게 보존개념은 7~8세, 부피 보존개념은 11~12세에 획득된다. 특정 형태의 보존개념은 다른 형태의 보존개념보다 훨씬 더 빨리 발달하는데 Piaget는 이러한 발달적 격차를 설명하기 위해 수평적 격차(horizontal decalage)라는 용어를 사용하였다. 아동이 보존개념을 획득하기 위해서는 보상성, 동일성, 반환성 등의 추론을 포함한 가역성 개념을 획득해야만 가능하다. 이에 대한 구체적인 설명은 "7장 유아기의 3. 인지발달"을 참고하기 바란다.

(2) 분류화 및 유목 포함

분류화는 사물을 같은 속성을 가진 것끼리 범주화하는 것으로써 구체적 조작기의 아동은 사물의 모양, 색, 형태, 크기 등에 따라 일관성 있게 분류할 수 있다.

또한 아동기에는 물체를 공통의 속성에 따라 분류하고 한 대상이 하나의 유목에 속하는 것으로 분류하는 단순 유목화가 가능하다. 즉, 아동에게 노란색 장미 5송이와 빨간색 장미 10송이를 보여주고, '장미'와 '빨간 장미' 중 어느 것이 더 많은지를 물어 보면, 대부분의 아동은 '장미'가 더 많다고 올바르게 대답한다. 또한 7~8세 아동은 물체를 2개 이상의 속성에 따라 분류하는 다중 유목화의 개념이나 상위 유목과 하위 유목 간의 관계로 전체와 부분의 관계를 이해하는 능력인 유목 포함 개념도 획득한다.

(3) 서열화

구체적 조작기의 아동은 사물을 차례대로 배열할 수 있는 서열화(seriation) 개념이 발달하여 전체 중에서 가장 큰 것, 나머지 중에서 가장 큰 것을 고르는 방식으로 물건을 크기순으로 나열할 수 있다. 아동기에는 한 가지 속성에 따라 대상을 비교하면서 순서대로 배열하는 단순서열화뿐만 아니라, 두 가지 이상의 속성에 따라 대상을 비교해서 순서대로 배열하는 다중서열화도 가능하다(그림 8-4 참조). 아동의 서열화 개념 획득도 길이, 무게, 부피에 따라 차이가 있어 길이는 7~8세, 무게는 9세, 부피는 11~12세경에 이루어진다. 서열화는 아동이 수의 관계를 이해하고 셈하는 데 기초가 된다.

그림 8-4 다중서열화 실험

출처: 송명자 (2009). 발달심리학, p. 129를 참고하여 제시함.

이 시기의 아동은 서열화 개념의 하나인 추이성(transivity)도 가능하다(그림 8-5 참조). 아동에게 길이가 다른 A, B, C 3개의 막대를 주고 A와 B의 길이를 비교해 보게 하면 아동은 “A가 B보다 더 길다.”고 답한다. 그러면 B와 C를 비교하여 B가 C보다 더 길다는 것을 아동에게 확인시킨 후 막대를 직접 비교하지 않고 A와 C중 어느 것이 더 긴지를 추측해 보게 한다. 이러한 실험 과제에서 아동은 7~8세경이 되어야 비로소 A가 C보다 길다는 것을 정확하게 추론할 수 있다.

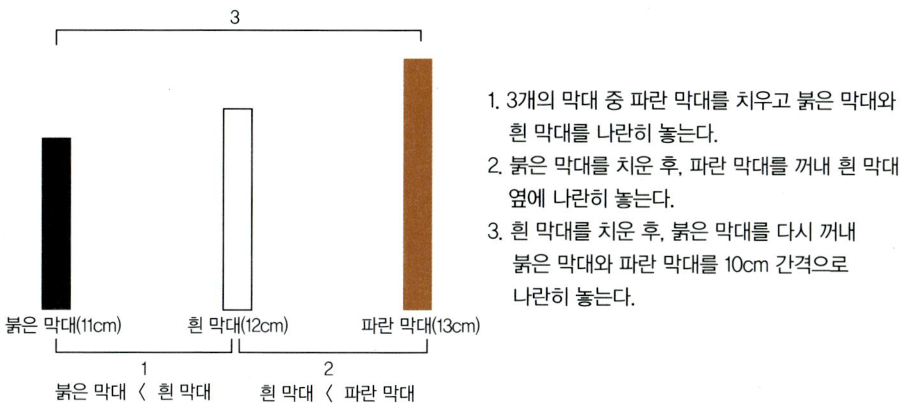

그림 8-5 추이성 실험의 예

출처: Piaget, Inhelder, & Szeminska (1964); 김영선 (1999). Piaget의 수개념과제 수행에 있어서의 유아의 언어적 표현력과 수학적 사고능력 간의 관계. 한국영유아보육학, 17, pp. 339-340의 추이성 실험 절차를 참고하여 정리함.

Piaget는 추이성 조작, 다중유목화 등 7~8세에 동시에 획득되는 현상을 가리켜 동시성 현상이라고 설명하였다.

(4) 탈중심화

구체적 조작기에 아동은 탈중심화(decentration)가 이루어진다. 탈중심화는 자신의 관점에서 벗어나 타인의 조망이나 입장을 고려하는 것이다. 이 시기의 아동은 가족 구성원과 또래를 비롯한 여러 사람과 상호작용하면서 서로의 생각을 비교하고, 여러 자극의 특성에 주의를 기울이면서 새로운 지식을 얻어 지각적 오류를 줄인다. 동시에 아동은 다른 요소를 무시한 채 한 요소에만 주의를 집중하는 자신의 사고에서 모순점을 발견한다. 이러한 사회적 경험을 통해 아동은 자아중심성이 감소하면서 자극의 한 가지 이상의 측면을 동시에 고려하고 주의를 기울이는 탈중심화가 일어난다. 탈중심화는 아동의 사회성발달에 기여하게 된다.

2) 기억발달

기억은 일상생활에서 수많은 인지활동을 수행하는 데 있어서의 필수 불가결한 요소이다. 아동은 연령이 증가함에 따라 기억과제를 더 잘 수행하게 된다.

(1) 주의집중력의 발달

연령이 증가하면서 중추신경계와 뇌량이 발달함에 따라 아동은 주의집중력이 발달한다. 아동기에는 주의집중 시간이 증가할 뿐만 아니라 자극의 특정 측면에만 주의를 집중하고 무관하거나 중요하지 않은 주변 요소에는 주의집중을 하지 않는 선택적 주의집중력이 발달한다. 즉, 아동이 중요한 과제에 주의집중하고 사소하고 부적절한 자극에는 주의를 기울이지 않는 선택적 주의집중을 함에 따라 아동은 효율적인 학습을 할 수 있다. 이후 아동은 연령이 증가할수록 더욱 계획

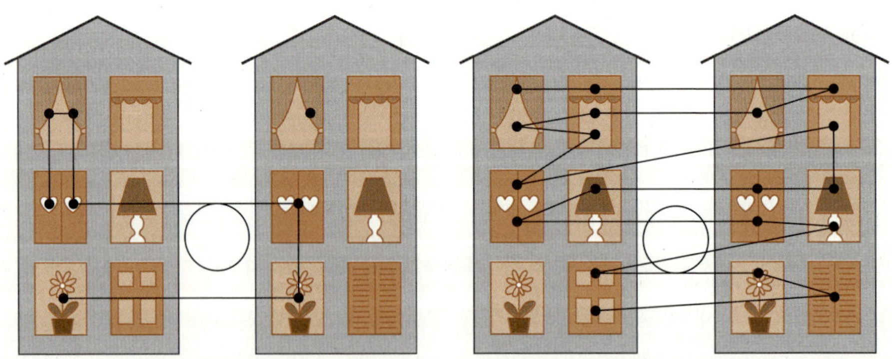

그림 8-6 선택적 주의집중 실험

출처: Vurpillot, E. (1968). The development of scanning strategies and their relation to visual differentiation. *Journal of Experimental Child Psychology, 6*(4), 643; 정옥분 (2013). 아동발달의 이해, p. 500 재인용.

적이고 체계적으로 융통성 있게 주의를 집중하면서 주의집중 전략을 사용한다. 아동은 유아보다 더 오랫동안 주의를 집중하고, 선택적으로 주의집중을 할 수 있을 뿐만 아니라 목표달성에 필요한 정보를 수집하기 위해 계획을 고안하고 실행시킬 수도 있다(그림 8-6 참조).

주의집중을 조절하는 뇌의 전두엽에 있는 망상체(reticular formation)가 사춘기 이후에 완전히 수초화되므로 아동기 이후에 주의집중능력이 향상된다. 인간의 마음은 제한된 정보처리 용량을 갖고 있어 이를 보호하기 위해서는 정보처리에 순차성(serial processing)을 부여해야 하기 때문에 주의(attention)는 인지과정의 필수적인 요소이다(이정모 외, 2004, p. 112).

아동기는 선호하거나 혹은 잘 발달된 반응을 억제하는 인지의 억제(inhibition) 능력도 발달한다. 이는 우연 학습과제 실험을 통해 알 수 있다(Miller & Weiss, 1981; 송명자, 1997, p. 160 재인용). 우연 학습과제 실험은 7세, 10세, 13세 아동에게 각종 동물 장난감을 숨기는 장면을 관찰하게 한 후, 숨겨진 곳과 유사한 장소에 집에서 사용하는 친숙한 물건을 함께 숨겨두고 숨겨놓은 동물을 찾아내게 하는 것이다. 그 결과, 아동의 연령이 많을수록 동물이 숨겨진 장소를 기억하는 의도적 기억량이 증가하고, 연령이 적을수록 집에서 사용하는 물건이 있는 장소를 기억하는 우연적 기억량이 더 많았다. 이러한 결과는 연령이 증가함에 따라 아동은 과제와 관련되는 정보에 더 주의를 집중하고, 과제와 관련이 없는 정보에 대해서는 주의를 차단하는 주의배분능력이 발달한다는 것을 입증하는 것이다. 이러한 주의집중력은 7세경의 아동에게 훈련을 통해서도 증진될 수 있다(Shaffer, 1993; 송명자, 1997, p. 160 재인용).

(2) 기억발달

① 기억 책략의 발달

기억 책략(memory strategy)이란 장기기억 속에 정보를 저장한 후 필요할 때 인출할 수 있게 하는 의도적인 활동이다. 아동기에는 지식 기반의 확대 및 상위기억이 발달함에 따라 기억 책략이 발달하는데 기억 책략은 시연, 조직화, 정교화, 인출 등이 있다.

시연(rehearsal)은 나중에 회상할 것을 생각하여 미리 기억해야 할 대상이나 정보를 눈으로 여러 번 보거나 말로 되풀이하면서 그 내용을 기억하려는 기억 책략이다. 시연은 약 6~7세경에 나타나며, 연령이 증가함에 따라 아동은 자발적인 기억 책략의 하나로 시연을 사용한다. 연령이 증가함에 따라 아동이 사용하는 시연 방법에는 차이가 있다. 즉, 9세 아동은 기억해야 할 새로운 단어를 하나씩 따로 반복하여 시연하지만, 13세 아동은 새로 제시된 단어와 기존의 단어를 누가적으로 묶음으로 구성하여 시연한다. 누가적 시연(cumulative rehearsal)이 기억하는 데 훨씬 효과적이다.

조직화(organization)는 기억하려는 정보를 서로 관련 있는 것끼리 묶어서 기억하려는 기억 책략이다. 다음의 10개 항목으로 구성된 목록을 외어보자.

목록 1: 배, 성냥, 손톱, 코트, 잔디, 코, 연필, 개, 컵, 꽃
목록 2: 칼, 셔츠, 차, 포크, 배(boat), 바지, 양말, 트럭, 숟가락, 접시

대부분의 사람은 10개의 항목이 3가지 범주로 묶일 수 있는 목록 2를 더 쉽게 외운다. 이처럼 일상적인 맥락에서 서로 연관이 있는 것끼리 묶는 연합적 군집화(associate clustering)는 유아기에도 나타나지만, 단어의 의미와 관련지어 기억하는

범주화(categorization)는 9~10세경이 되어야 나타난다. 그러나 친숙하거나 전형적인 과제인 경우에는 4~6세경의 유아도 범주화 책략을 사용할 수 있다. 조직화의 기억 책략도 연령이 증가할수록 더 많이 사용한다.

정교화(elaboration)는 같은 범주에 속하지 않는 내용 간에 관계를 설정하여 쉽게 기억하려는 기억 책략이다. 아동은 작업기억 용량에 한계가 있기 때문에 복잡한 정교화는 사용하기 어려워 정교화의 기억 책략은 10세 이후에 가능하고, 이후 성인기까지 점진적으로 발달한다(최경숙, 2006a, p. 195). 그러나 5세 유아도 초보적인 정교화의 기억 책략을 훈련시키면 이들도 정교화 기억 책략을 사용하여 기억 수행을 증가시킬 수 있다(송명자, 1997, p. 164).

인출(retrieval)은 저장한 내용 중에서 필요한 정보를 꺼내는 기억 책략이다. 정보를 보다 효율적으로 인출하기 위해서는 인출 단서를 활용해야 하는데 6, 7세 아동도 정확한 인출 단서를 제공해 주면 회상률이 높아진다(박명자, 최경숙, 1990).

② 지식 구조의 발달

장기기억 속의 정보는 어떤 형태로든 상호 관련된 구조를 형성하는데 이러한 구조를 지식 구조(knowledge structure)라고 한다(성현란 외, 2004, p. 307). 아동이 장기기억 속에 저장한 지식을 확장시키는 것은 기억 수행 능력이 발달했다는 것을 보여주는 것이다.

장기기억에 정보를 저장하는 형태는 크게 구성기억과 내용지식 측면에서 살펴볼 수 있다(Berk, 1997, p. 277). 구성기억(constructive memory)은 유아기에 발달하는 것으로 일상적인 경험을 중심으로 일의 진행을 기억하는 사태도식(event scheme)과 자신의 일상적인 경험을 기억하거나 자기 자신에 대한 정보를 기억하는 자서전적 기억(autobiographical memory) 등으로 정보를 저장하는 것이다.

학령기 아동은 내용지식(content knowledge)이 발달하기 때문에 추상적이고 일반적인 지식으로 구성되는 의미적 기억을 할 수 있어 보다 관련 있는 개념으로 구성하여 기억하려는 위계망 구조를 사용한다. 아동은 유아보다 대부분의 주제에 대해 더 많은 지식을 가지고 있기 때문에 확장된 지식 기반을 통해 더 잘 기억한다. 또한, 아동은 특정 분야에 대해 잘 발달된 내용지식 구조인 영역 특정 지식(domain-specific knowledge)이 발달하여 관련된 영역의 새로운 정보를 학습하거나 기억을 더 쉽게 할 수 있다. 이는 서양장기인 체스를 잘 두는 아동과 체스 초보자인 성인을 대상으로 체스 말의 수와 일반 숫자를 회상하는 실험을 통해 알 수 있다(그림 8-7 참조). 즉, 체스를 잘 두는 8~10세인 아동은 체스 말 배열을 더 많이 기억하였으나 숫자는 성인이 더 많이 기억하였다(Chi, 1978; 정옥분, 2013, p. 502 재인용). 이는 아동도 어떤 주제에 대해 많이 알수록 그 주제에 대한 학습과 기억을 더 잘 할 수 있다는 사실을 입증한 것이다.

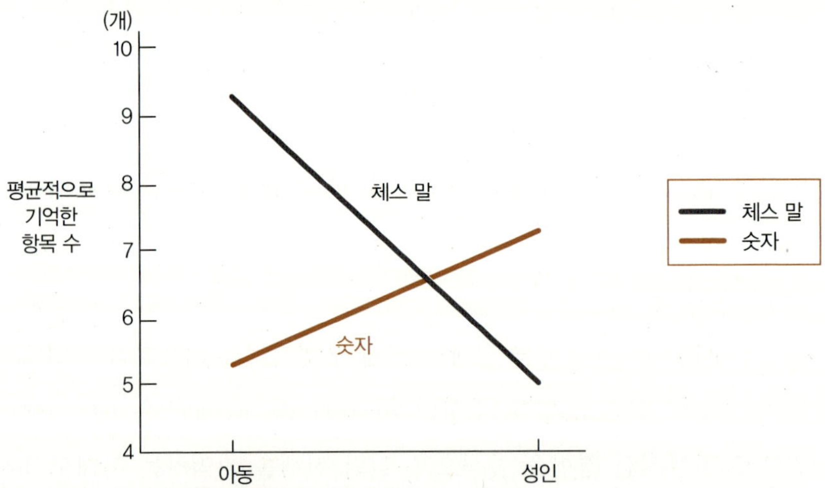

그림 8-7 체스 말 배열과 숫자 기억에 대한 실험

출처: Chi, M. T. (1978). Knowledge structure and memory development. In R. S. Siegler (Ed.) *Children's thinking: What develops?* Hillsdale, NJ: Erlbaum.; 정옥분 (2013). 아동발달의 이해, p. 502 재인용.

③ 상위기억능력의 발달

상위인지가 아동의 인지과제 수행에 중요한 기능을 담당하고 있듯이 상위기억능력도 아동이 기억과제를 효율적으로 처리하고 수행하는 과정에 영향을 미친다. 상위기억능력은 상위 인지적 지식, 즉 기억현상에 관한 지식과 기억과정을 통제하는 자기조정능력을 포함한다.

아동의 상위 인지적 지식 중 자신이나 타인의 기억 용량을 정확하게 판단하는 지식은 초등학교 입학 이후에 발달한다. 이를 알아보기 위하여 Flavell(1993)은 유아와 아동에게 한꺼번에 열 장의 그림을 보여주고 그 중 몇 장의 그림을 정확히 기억할 수 있는지를 알아보았다(성현란 외, 2004, pp. 318-319 재인용). 그 결과, 열 장 모두를 외울 수 있다고 답했던 유아는 실제로는 몇 장밖에 기억하지 못했고, 초등학생은 예언했던 것과 실제 기억한 것이 거의 일치하였다.

과제에 대한 지식은 기억해야 할 과제가 요구하는 작업량이나 난이도를 정확히 판단하는 지식으로서 과업수행을 효율적으로 계획하는 데 필요한 상위 인지 능력이다. 학령전기의 유아는 과제의 양이 많을수록 암기하는 데 시간이 더 많이 걸리고, 이전에 학습했던 과제를 다시 암기하는 것은 처음 외우는 것보다 훨씬 더 쉽다는 사실을 안다. 그러나 기억해야 할 항목 간에 의미 있는 관계가 있으면 더 효과적으로 기억할 수 있다고 판단하는 능력은 학령기 이후에 발달한다.

책략의 효과에 대한 상위 인지적 지식은 과제가 단순하고 친숙할 경우에는 유아에게서도 나타난다. 예를 들면, 유아가 보물찾기 놀이를 할 때 보물이 숨겨진 곳을 유심히 보고 그곳에 어떤 표시를 해두면 나중에 더 찾기 쉽다는 것을 이해한다. 이러한 책략에 대한 지식은 연령이 증가함에 따라 양적, 질적으로 증가한다. 학령기의 아동은 유아기의 아동에 비해 생각하는 책략의 수가 더 많고, 더욱 체계적이고, 계획적이며 성인의 책략과 유사하다. 예를 들어, 학교에 실내화를 잊지 않고 가져가는 방법을 물어보면, 유아는 눈에 띄는 곳에 두거나 어머니에게 부탁하거나 심지어는 실내화를 신고 자는 등의 외적인 행동에 의존하는 책략을 주로 사용한다. 그러나 학령기 아동은 되풀이하여 생각하거나 시연하는 것과 같은 내적인 사고에 의존하는 책략을 사용한다.

기억에 대한 자기조정(self-monitoring)능력은 과제가 요구하는 방향에 따라 자신의 기억수행 행동을 계획, 진행, 평가하는 전체적인 기억작용의 통제과정이다. 이러한 과정은 기억하는 사람, 기억해야 할 과제, 기억할 때 사용하는 책략에 대한 상위인지적 지식을 포함한다. 예를 들어, 3일 동안 10과목의 시험을 치러야 하는 학생은 시험 준비과정에서 기억에 대한 자기조정능력을 발휘한다. 대체로 상위기억 조정능력은 초등학교 입학 이후에 성공과 실패를 경험하면서 발달하지만 더 이른 시기에도 나타날 수 있다.

④ 사회적 맥락에서의 기억발달

기억발달은 기억 책략, 지식의 구조, 상위기억능력 등 개인의 능력뿐만 아니라 사회적 맥락에 의해서도 영향을 받는다. 기억에 관한 연구는 최근까지도 회고적 기억(retrospective memory)인 과거에 대한 정보를 회상하는 데 초점을 두었다. 그러나 유치원 통학버스 시간에 맞추어 기다리기, 친구 생일날에 맞추어 생일카드 보내기 등과 같이 미래의 사건에 대해 주의를 기울일 것을 기억하는 전망적 기억(prospective memory)이 일상생활에서 중요한 역할을 하는 기억의 또 다른 기능으로 부각되면서 이에 대한 관심이 증가하고 있다.

아동도 미래의 어떤 시각에 맞춰 과제를 수행해야 한다면 책략적 시간관리(strategic time-monitoring)능력, 즉 주어진 시간을 효율적으로 사용하고 관리하는 능력을 활용할 수 있다. 이와 관련하여 10세와 14세 아동에게 오븐에 굽고 있는 과자를 30분 후에 꺼내야 한다는 것을 잊지 말라는 과제를 주고 이 시간을 어떻게 보내는지 살펴보았다. 그 결과, 친숙한 상황인 집에서 과자 굽기를 하면 10세 아동은 30분을 효율적으로 관리하였으나, 친숙하지 않은 실험실 상황에서는 시계를 쳐다보는 빈도가 점차 늘어나는 불안한 시간관리능력을 나타냈다. 반면, 14세 아동은 장소에 관계 없이 시계를 쳐다보는 빈도가 적고, 30분의 시간을 어느 정도 자유롭게 사용하였다. 따라서 전망적 기억은 연령은 물론 생태학적 맥락에 의해서도 영향을 받는다고 할 수 있다(Ceci & Bronfenbrenner, 1985).

3) 지능발달

(1) 심리측정적 접근

Piaget의 인지발달이론은 아동의 지적인 발달특성을 이해하는 데 용이하지만 아동이 지니고 있는 지적 능력의 정도를 보다 구체적이고 실용적으로 이해하는 데는 한계가 있다. 이를 보완하고자 심리측정적 접근에서는 지능을 개인 간 능력의 차이를 나타내는 특성으로 간주하면서 지능의 구조를 파악하고자 하였다. 따라서 심리측정적 접근은 지능발달을 지능검사에 의한 지능지수(IQ)의 개념으로 수량화하고 개인 간 비교를 함으로써 개인차를 진단하고자 한다(조성연 외, 2010, p. 335).

일반적으로 지능은 추상적 사고를 수행하는 능력(Terman, 1922)이나 목적에 따라 행동하고 합리적으로 사고하며 환경에 효율적으로 대응할 수 있는 능력(Wechsler, 1958)으로 정의한다. 이러한 지능의 구조적 발달은 다음과 같은 두 가지 가설로 설명할 수 있다(Vasta, Haith, & Miller, 1992). 첫째 가설은 연령이 어린 아동의 지능은 상대적으로 미분화된 일반적 지능으로 구성되지만 연령이 증가하면서 점차 분화되어 독립적인 특수한 지능으로 발달한다는 것이다. 둘째 가설은 연령이 증가하면서 상징적이고 언어적인 능력이 출현함에 따라 추상적 사고가 지각과 운동능력을 대신함으로써 지능을 구성하는 하위요인이 본질적으로 변하게 된다는 것이다. 이러한 가설은 그 타당성이 입증되어(Sternberg, 1983) 지능이 아동기를 거쳐 15, 16세경부터 20세에 정점에 도달하게 된다는 근거가 된다(김태련 외, 2004, p. 197).

아동의 연령이 증가함에 따라 지능의 안정성도 증가한다. 2세 이전의 영아기 지능은 아동기나 청소년기 지능과 낮은 상관관계를 나타내지만, 2세부터는 안정성이 증가하며, 특히 초등학교 입학 후에 측정한 지능지수는 18세까지의 지능지수와 상당히 높은 상관관계를 나타낸다(Sameroff et al., 1993; 김태련 외, 2004, pp. 197-198 재인용). 그러나 아동에 따라서는 지능이 안정적이지 않고 일관성 있게 증가하거나 감소하는 경우도 있다(그림 8-8 참조). McCall 외(1973)의 Fels 종단연구결과에 의하면 140명 아동 중 반 이상이 2.5세부터 17세 사이의 시간의 변화에 따라

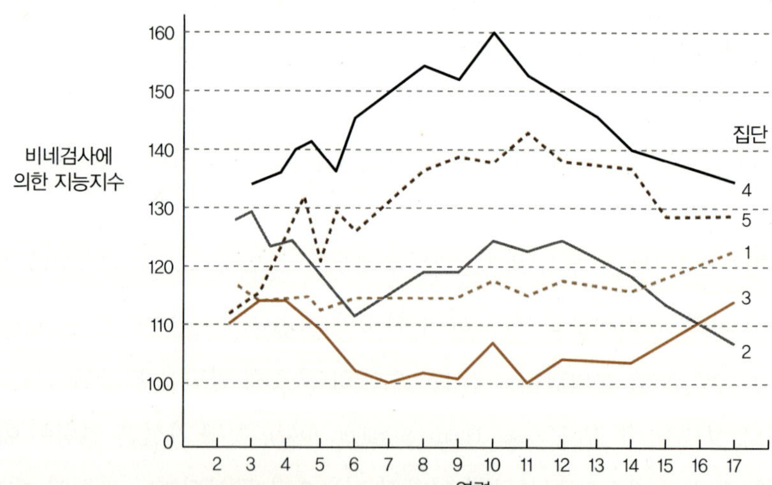

그림 8-8 아동의 지능지수 변화 패턴

출처: McCall, R. Appelbaum, M., & Hogarty, P. (1973). Developmental changes in mental performance. *Monographs of the Society for Research in Child Development, 38*(3), p. 150.

지능지수의 변화가 있었고, 변화의 범위는 20점 이상이었다. 전형적으로 부모가 자녀의 지적 성장에 관심이 많아 지적 자극을 풍부히 제공해 주고, 지나치게 엄격하거나 허용적이지 않은 양육방식을 사용하면 아동의 지능지수는 증가한다. 그러나 빈곤한 환경에서 양육되거나, 특히 부모의 지적 수행 정도가 낮은 아동인 경우에는 지능지수가 감소하였다(김태련 외, 2004, p. 198).

(2) 대안적 관점

아동의 지능발달을 지능검사에 의한 지능지수로 판단하는 것과 관련하여 심리측정적 접근은 지능검사의 타당성으로 인한 비판을 받는다(송명자, 1997, p. 146). 즉, 기존의 지능검사는 이미 경험했거나 학습된 지적 수행 수준을 진단하기 때문에 아동이 발휘할 수 있는 지적 잠재력을 보여주지 못한다. 또한 기존의 지능검사가 학교 학습능력을 예언하는 지표는 제공해 주지만, 성인이 실제 사회생활에서 활용할 수 있는 보다 포괄적인 지적 능력에 대한 발달수준은 보여주지는 못한다. 이러한 비판에 대한 대안으로 Vygotsky의 근접발달영역의 개념, Feuerstein의 구조적 인지수정이론, Sternberg의 삼원이론, Gardner의 다중지능이론, 역동적 지능평가(dynamic assessment) 등을 들 수 있다.

① Sternberg의 삼원이론

Sternberg(1985)는 기존의 지능이론이 실생활과 관련이 없으며 단편적인 능력만을 측정한다고 비판하고, 이러한 문제점을 해결하기 위해 지능의 세 가지 근원, 즉 한 개인이 처한 상황과 그 개인이 측정한 과제를 경험한 정도 및 그 과제에 대한 인지적 처리방식을 종합적으로 고려해야 한다는 지능의 삼원이론(triadic theory of intelligence)을 제시하였다(그림 8-9 참조). 지능의 삼원이론에 대한 세 요소는 정보를 얼마나 효율적으로 처리하는가에 대한 정보처리 혹은 구성적 요소, 환경에 어떻게 대처하는가에 대한 상황적 또는 맥락적 요소와 문제를 해결하는 데 이전 경험을 어떻게 사용하는가에 대한 경험적 요소이다.

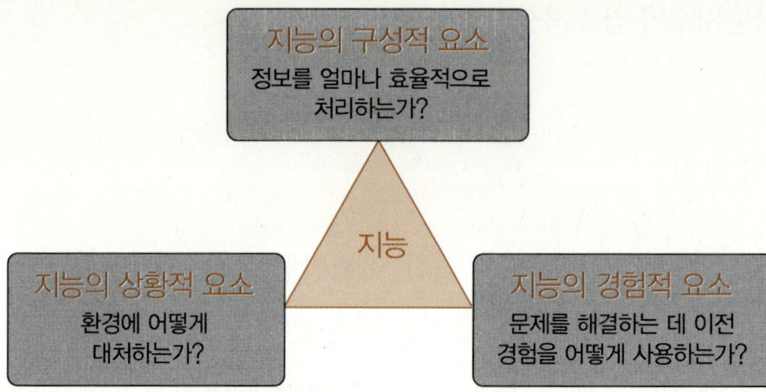

그림 8-9 Sternberg의 삼원이론

출처: 송길연 (2014). 발달심리학, p. 325를 참고하여 재정리함.

Sternberg는 자신의 삼원이론을 일반인이 알기 쉽도록 성공적 지능(successful intelligence)이론으로 제시하여 설명하였다. 성공적 지능은 세 가지의 지능으로 구성되며 각각은 서로 구분되는 독립적 지능이고, 세 가지 지능이 균형을 이룰 때 지적 수준이 높은 것으로 본다(김태련 외, 2004, pp. 191-192).

- 분석적 지능: 판단, 평가, 비교, 대조하는 능력으로 기존의 전통적 지능과 유사하며 주로 학교 장면에서 활용하는 학업적 지능이다.
- 창의적 지능: 설계, 발명, 고안, 상상하는 능력으로 비교적 새로운 장면과 과제에 대처하는 독창성이나 통찰력을 의미한다.
- 실제적 지능: 사용, 적용, 실행에 옮기는 능력으로 개인이 처한 삶의 현실이나 상황에서 직면하는 문제를 파악하고 해결하는 실용적 능력이다.

일상적인 상황에서 아동이 수행하는 대부분의 과제는 세 가지 지능이 결합되어야 가능하다. 그러므로 부모와 교사는 아동에게 과제를 수행하는 데 필요한 기억 책략과 함께 분석적, 창조적, 실용적 사고를 학습할 기회를 제공해 주는 것이 필요하다.

② Gardner의 다중지능이론

Gardner(1983)는 기존의 지능이론이 언어적 지능과 논리 수학적 지능을 지나치게 강조하고, 지능이 높은 아동이 모든 영역에서 우수하다고 보는 획일적인 지능관을 갖고 있다고 비판하였다. 그는 지능이란 여러 가지 내용을 다룰 수 있는 능력이지만 한 가지 내용을 다루는 능력은 다른 내용을 다루는 능력과 무관하다고 보았다. 그리하여 그는 인간의 지능이 서로 독립적이며 적어도 7가지 서로 다른 능력으로 구성되어 있다는 다중지능이론(theory of multiple intelligences)을 제시하였다. 이후 8번째 지능을 추가하였으며, 최근에는 9번째 지능을 더하였다. Gardner(1999)는 9가지 지능이 지능의 모든 세계를 표현하고 있는 것은 아니지만, 각 능력은 분명하며, 뇌의 특정 부위와 연결되어 있고, 각기 다른 발달과정을 거친다고 설명하였다.

Gardner는 모든 사람은 서로 다른 지능 프로파일을 나타내며, 개인마다 각 지능이 나타나는 정도는 다르지만 나름대로 우수한 하나 이상의 지능을 가지고 있고, 각 지능이 나타내는 활동형태도 사람마다 차이가 있다고 보았다. 또한, 그는 각각의 지능을 어느 정도까지는 발달시킬 수 있는데, 특히 아동기에는 적절한 환경조성을 통해 지능을 촉진시킬 수 있다고 보았다. 그러므로 그는 교사가 개별 아동의 강점을 포착하여 강화시켜 주고 약점은 보완해 주는 역할을 해야 한다고 강조하였다(최경숙, 2006a, p. 162; Shaffer & Kipp, 2007, pp. 343-345).

Gardner의 다중지능이론은 전통적인 학업 지능 중심의 지능과 달리 지능의 개

표 8-5 Gardner의 다중지능이론

지능	내용	직업
언어 (linguistic)	단어의 의미와 소리에 대한 민감성, 새로운 개념을 이해하기 위해 단어를 사용하고, 의미를 전달하기 위해 언어를 사용하는 능력	시인, 소설가, 저널리스트
논리-수학적 (logicall-mathematical)	사물과 상징, 그 작용 및 적용 간의 관계에 대한 이해, 추상적 사고력, 문제를 인지할 수 있는 능력과 그 이유를 찾으려는 능력, 수학적 조작능력	수학자, 과학자
공간-시각 (spatial-visual)	3차원적으로 생각하는 능력, 사물을 정확하게 지각하고 마음의 눈으로 상상하는 능력, 균형과 구성에 대한 민감성	엔지니어, 조각가, 지도제작자
신체-운동 (bodilyl-kinesthetic)	대상을 지각하는 능력, 신체를 고도로 분화된 방식으로 사용하는 능력	무용가, 운동선수
음악 (musical)	음의 고저, 멜로디, 리듬, 음색의 다양성을 이해하고 만들어내는 능력	음악가, 작곡가
대인간 (interpersonal)	타인을 이해하고 감정, 기분, 동기, 의도를 식별하는 능력, 타인과 효과적으로 상호작용하는 능력	심리치료사, 대인관계 전문가, 영업직
개인 내 (intrapersonal)	자신의 내부 상태에 다한 민감성, 자신의 강점과 약점을 파악하고 자신에 대한 정보를 적절하게 사용하여 적응적으로 행동하는 능력	인생의 거의 모든 성공에 기여
자연 (naturalistic)	자연적인 환경의 유기체에 영향을 미치거나 이들에 의해 영향을 받는 요인에 대한 예민성	생물학자, 자연주의자
영적/존재론적 (현시점에서 아직 고려 중) (existential)	삶과 죽음의 의미, 인간 존재와 관련된 문제에 대한 예민성	철학자, 신학자

출처: Davis, K., Christodoulou, J., Seider, S., & Garder, H. (2011). The Theory of multiple. In R. Sternberg & S. Kaufman (Eds.). *The Cambridge handbook of intelligence*, pp. 485-503; 송길연 (2014). 발달심리학, p. 327을 참고하여 재정리함.

념을 음악 지능, 신체-운동 지능, 개인내적 지능 등을 포함하여 보다 다양한 측면으로 확장시켰다(김태련 외, 2004, p. 192). 그러나 지능을 여러 가지 내용을 다룰 수 있는 능력이라고 보는 것은 지나치게 포괄적이라는 측면과 9가지의 지능이 과

연 지능의 '여러 가지 내용'을 포괄하고 있는지, 그리고 이러한 능력이 서로 독립적인지도 명확하지 않다는 점에서 비판을 받고 있다(이정모 외, 2004, p. 397).

③ Feuerstein 구조적 인지수정이론

Feuerstein의 구조적 인지수정이론(structural cognitive modifiability: SCM)은 Piaget의 발생학적 인식론과 Vygotsky의 사회문화적 이론에 근거를 둔다. 이 이론은 문화적 전달과 인지발달을 연계시켜 중재학습경험(mediated learning experience: MLE) 개념을 도입하여 Piaget의 도식 개념을 더욱 융통성 있게 확대하면서 인간의 고등 정신기능의 출현과 그 수정 가능성에 대해 설명한다. 구조적 인지수정이론은 인간을 변화할 수 있고 환경에 적응 가능한 유기체로 간주함으로써 지능이란 유기체가 자신을 수정해야 할 때 스스로 수정하려는 경향성으로 본다(Feuerstein & Hoffman, 1995). Feuerskein은 인간이란 학습에 의해 수정될 수 있는 능력과 미래 적응을 위해 어떠한 수정도 할 수 있는 능력을 지녔다고 봄으로써 지능을 변화가능한 특성으로 설명하였다. 따라서 지능은 인간의 조정력에서 중심 역할을 한다. 그는 다양한 행동과 감정적 상태가 인지적 중재를 통해 수정할 수 있는데, 중재학습 경험이 인간 수정 가능성의 근접(proximal) 요인으로서 유전적 경향, 신체 손상, 또는 교육 결핍과 같은 원거리(distal) 요인의 영향을 조절할 수 있다고 보았다(전효정, 2012). 이처럼 구조적 인지수정이론(Feuerstein et al., 1979, 1980)은 인간유기체가 개방 체제로써 일상에서 변화하는 요구에 적응할 수 있는 독특한 능력을 지니고 있다는 것을 전제로 한다.

구조적 인지수정이론의 이론적 요소로는 결핍된 인지기능(deficient cognitive function)의 목록, 중재된 학습경험의 준거와 인지 지도(cognitive map) 등을 들 수 있다. 구조적 인지수정이론의 원리는 학습잠재력 평가도구(Learning Potential Assessment Device)와 도구적 심화(Instrumental Enrichment) 등과 같은 응용체계를 통해 구현된다.

구조적 인지수정이론에서의 인지기능은 선천적으로 고정적이고 수정 불가능한 것이 아니라 역동적이고 가변적이어서 수정가능한 개방체제이다. 따라서 이 이론에 의한 Feuerstein 도구적 강화 프로그램(Feuerstein Instrumental Enrichment Program)은 단편적인 지식과 기술의 획득에 그치지 않고, 한 인간의 전 인지구조를 근본적으로 수정하고 변화시키는 것에 목표를 둔다.

(3) 창의성

창의성(creativity)은 새로운 아이디어나 혁신적이고 독특한 해결법을 산출해 내는 능력으로 확산적 사고와 밀접하게 연관되어 있다. 일반적인 지능검사와 같이 하나의 문제에 하나의 정답을 요구하는 수렴적 사고(convergent thinking)와 달리 확산적 사고(divergent thinking)는 하나의 문제에 대해 여러 가지 다른 해답을 찾는 것이다.

창의적 사고의 구성 요소로는 일반적으로 독창성, 유창성, 융통성, 정교성 등의 4가지 요소를 들 수 있다(Torrance, 1975). 독창성은 다른 사람이 생각하지 못하는 독특한 아이디어를 산출하는 능력이며, 유창성은 많은 아이디어를 산출하는 능력이고, 융통성은 다른 방식으로 응용할 수 있는 능력이며, 정교성은 아이디어를 결정하고 복잡하게 확장시키는 능력이다.

아동의 창의성을 측정하기 위해서는 심리측정적 접근에 의한 다양한 검사도구를 이용한다. 대표적으로 Getzels과 Jackson(1962)의 창의성 검사도구, Torrance 창의적 사고력 검사(Torrance Tests of Creative Thinking: TTCT) 등이 있다.

창의성을 증진시키는 방법으로는 브레인스토밍(brainstorming)을 들 수 있다. 이 방법은 창의적인 아이디어를 제안하도록 격려하고 마음속에 떠오르는 것은 무엇이든지 말하도록 하는 것이다. 이 방법을 적용할 경우에는 아동들 간 아이디어로 경쟁하도록 하되 다른 아동의 아이디어는 비판하지 않도록 해야 한다.

4 사회정서발달

1) 정서발달

아동기에는 정서 이해와 정서 규제가 더욱 발달한다. 아동기 정서발달은 몇 가지 특징이 있다. 첫째, 아동은 자부심과 수치심 같은 복합적인 정서를 이해하는 능력이 향상된다. 둘째, 아동은 특정한 상황에서 한 가지 이상의 정서를 경험할 수 있다는 것을 이해한다. 예를 들어, 아동은 어떤 것을 성취했을 때 기쁘지만, 한편으로는 불안하기도 하다는 것을 이해할 수 있다. 셋째, 아동은 친한 친구가 전학을 가면 슬프고, 선물을 받으면 기쁜 것과 같이 사건에 따라 정서적 반응에 일반적인 경향성이 있다는 것을 안다. 넷째, 아동은 원하지 않는 선물을 받았을 때 이를 숨기고 감사의 표현을 할 수 있게 되는 등 부정적인 정서반응을 억제하거나 숨길 수 있다. 다섯째, 아동은 감정을 조절하는 데 필요한 자신만의 방식이나 전략을 사용할 수 있다. 예를 들어, 아동은 화가 났을 때 화를 다스리는 방법을 알고 화 난 감정을 효과적으로 다룰 수 있다. 여섯째, 아동은 감정이입능력이 발달하여 상대방의 감정이나 상태를 이해할 수 있다.

아동의 정서는 보존개념의 발달과 함께 사회적 경험이 증가하면서 발달한다 (Berk, 2013, p. 394). 아동의 정서발달을 위한 초보적인 사회적 경험은 가족과의 정서적인 대화이므로 아동기의 가족관계는 매우 중요하다. 가족과의 대화는 타인의 정서를 판단하고 이해할 수 있도록 도와주는 중요한 역할을 한다.

2) 사회성발달

아동기에는 자아 이해와 타인 이해 및 자아존중감 등과 관련한 사회성발달이 증가한다.

(1) 자아와 타인 이해

자아(self)는 자기에 대한 지식과 평가 및 통제의 세 가지 측면에서 이해할 수 있다.

가. 자아 이해

① 자아에 대한 지식

학령기 아동은 자신을 이해하여 표현할 때 몇 가지 특징이 있다. 첫째, 아동은 자신의 내재적 특성을 이해하여 자신을 설명한다(송명자, 2008, p. 253). 8세부터 11세 정도의 아동은 성격, 가치관, 신념 등의 심리적 특성으로 자신을 설명할 수 있다. 이는 유아기의 유아가 구체적인 특성으로 자신을 기술하는 것과 차이가 있다. 예를 들면, 이 시기의 아동은 자신에 대해 언급할 때 '인기 있는', '착한', '잘 도와주는', '영리한', '바보 같은' 등의 가치 판단적인 형용사를 사용하여 설명한다(Harter, 2006, p. 526). 둘째, 아동은 자신을 사회적 측면에서 인식할 수 있기 때문에 자신이 속해 있는 사회적 집단을 언급하면서 자신을 설명한다. 예를 들면, 아동은 "난 교회에 다녀요.", "난 아람단원이에요." 등과 같이 자신이 속해 있는 집단을 언급하면서 자신을 설명한다. 셋째, 아동은 자신이 한 것과 하지 않은 것으로 설명하기보다는 자신을 타인의 행동과 비교하는 등의 사회적 비교를 통해 자신을 설명한다. 즉, 학령기 아동은 자신을 이해할 때 점차 심리적 특성과 사회적 특성으로 이해함으로써 사회적 비교를 한다.

② 자아존중감

아동은 자신의 신체적, 심리적 특성을 이해하여 자아를 발달시킴과 동시에 자신의 질적인 특성에 대해서도 평가하여 자아존중감(self-esteem)을 발달시킨다. 자아에 대한 전반적인 평가를 의미하는 자아개념(self-concept)과 비교하여 자아존중감은 자아에 대해 긍정적이거나 부정적으로 평가하는 것으로써 아동의 안녕(well-being)감 발달에 중요하다(Marsh, Ellis, & Carven, 2002). 자아존중감은 자신의 가치(self-worth) 또는 자아이미지(self-image)라고도 하는데, 이는 자신의 학업, 신체, 외모 등을 평가함으로써 전반적으로 자신에 대한 가치를 판단하는 것이다. 이러한 자아존중감은 위계적 구조를 지닌다(그림 8-10 참조).

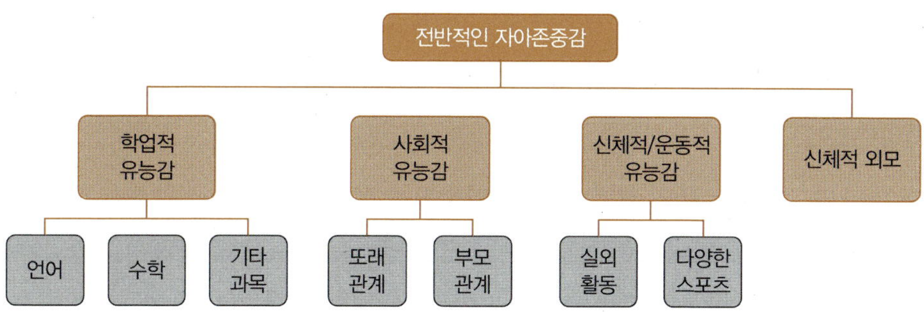

그림 8-10 자아존중감의 위계적 구조

출처: Berk, L. E. (2008). *Infant and children*, p. 484.

부모와 또래 및 문화나 인종 등은 아동의 자아존중감에 영향을 준다. 아동의 자아존중감은 부모와의 상호작용을 통해 형성된 자아인식에 기초하여 발달한다. 부모가 온정적이고 지지적인 양육방식을 나타내는 경우에 아동은 긍정적인 자아존중감을 형성한다. 그러나 부모와 지속적인 갈등을 경험하거나 학대를 받은 경우에 아동은 자신에 대해 부정적인 인식을 갖게 되어 부정적인 자아존중감을 형성하게 된다. 한편, 아동의 자아존중감은 또래의 평가나 아동 자신이 또래와 비교하는 사회적 비교정보(Saffer, 2000, p. 177-178; 조성연 외, 2010, p. 359 재인용)를 통해서도 영향을 받는다. 이 외에도 문화와 인종도 아동의 자아존중감 형성에 영향을 미친다. 즉, 서구의 개인주의 문화보다 아시아의 집단주의 문화는 아동으로 하여금 집단에 의존하게 함으로써 자신의 가치를 낮게 판단하는 경향이 있다. 또한, 인종차별을 경험한 소수인종의 아동은 부정적으로 자아를 인식할 수 있어 낮은 자아존중감을 형성하는 경향이 있다.

자아존중감이 객관적인 사실과 항상 부합하는 것은 아니다. 아동의 자아존중감은 자신의 능력과 매력적인 특성에 대한 신념에 기인하므로 성취 등과 관련한 객관적인 사실에 기반을 두지는 않는다. 그러므로 아동의 자아존중감은 학교 수행 등의 학업 성취와 정적인 상관관계를 나타내지는 않는다. Baumeister, Campbell, Krueger와 Vohs(2003)는 자아존중감이 높은 아동이 보다 주도적이긴 하지만 언제나 긍정적인 사회적 관계를 보여주는 것은 아니라는 결과를 제시하였다. 그 결과에 의하면 자아존중감이 높은 아동은 친사회적 행동과 반사회적 행동을 모두 나타내기 쉬워 아동의 자아존중감이 항상 긍정적인 방향으로만 관련되는 것은 아니다. 한편, 아동에게 성취와 관계가 없는 칭찬을 해주는 것도 문제가 된다. 즉, 아동의 성취가 형편없는 데도 지나치게 칭찬을 많이 해주면 아동은 경쟁이나 비난 상황을 조정하는 데 어려움이 생겨 오히려 자아존중감이 더 낮아질 수 있다. 그러므로 아동의 자아존중감을 높이기 위해서는 성취에 적합한 칭찬과 지원을 해주어야 하며, 자아존중감이 낮은 이유를 찾아서 그에 적합한 대처방법이나 중재 프로그램을 제공해 주는 것이 바람직하다. 기본적으로 자아존중감이 낮은 아동을 돕기 위해 부모나 교사 등의 의미 있는 성인은 아동에게 정서적 지원과 함께 사회적인 인정과 성취를 경험해볼 수 있는 충분한 기회를 제공해 주고, 아동으로 하여금 문제 상황에 직면하여 현실적으로 해결할 수 있도록 돕고, 자신의 수준을 스스로 인정하는 데 필요한 자기판단능력을 키우도록 도와주어야 한다.

③ 자아통제

아동기에 아동은 자기를 통제할 수 있는 능력, 즉 자아통제력이 향상된다. 자아통제력은 자신의 행동, 정서, 사고 등을 조정하는 능력으로서 이는 사회적 유능성을 높이고 성취감을 신장시킨다. Vazsonyi와 Huang(2010)은 자아통제력이 4세에서 10세 사이에 증진되는데 자아통제력이 높으면 비행행동을 줄일 수 있으며, 아동의 자아통제력에 부모 양육방식이 영향을 미친다는 연구 결과를 제시하였다. 즉, 부모가 온정적이고 긍정적인 감정으로 지지할 때 아동의 자아통제력이 증진되었다.

나. 타인 이해

타인에 대한 이해는 사회인지과정인 조망수용능력(perspective-taking ability)이 발달함으로써 증가한다. 조망수용능력은 상대방의 관점과 사고와 감정 등에 대해 생각할 수 있는 능력이다. 조망수용능력이 작동하려면 타인의 관점을 고려하면서 자신의 사고를 조절하는 능력인 인지적인 억제와 다른 각도에서 상황을 바라볼 수 있는 능력인 인지적인 융통성이 발달해야 한다.

조망수용능력은 아동이 친사회적 태도와 행동을 발달시키는 데 중요한 기능을 한다. 친사회적 행동은 타인의 요구나 문제를 타인의 관점에서 이해하고 수용했을 때 나타난다. 조망수용능력이 자신의 감정을 통제하고 상대의 감정상태를 수용하면서 어느 정도 중립적인 정서 상태를 유지할 때 가장 잘 작동하기 때문에 이로 인해 친사회적 행동이 증진될 수 있다(Bengtson & Arvidsson, 2011).

조망수용능력 중 아동의 대인지각능력인 역할수용능력도 연령에 따라 발달한다(Selman, 1980; 조성연 외, 2010, pp. 360-362 재인용). 아동은 자신의 조망과 친구의 조망이 다르다는 것을 이해하기 시작하면 타인을 더 잘 이해할 수 있게 된다. Selman(2010)은 아동에게 인지적 갈등상황을 제시한 후 그에 따른 반응을 분석하여 역할수용능력의 발달변화를 5단계로 제시하였다(참고 참조). 그는 아동의 역할수용능력이 타인의 관점에 대한 이해가 없는 자아중심적 혹은 미분화된 단계에서 제3자적인 입장에서 타인의 관점을 이해하는 사회적 역할수용단계로 발달한다고 설명하였다(표 8-6 참조).

참고

Selman의 인지적 갈등상황

8살 소녀 홀리는 나무타기를 좋아하는데 아버지는 홀리에게 나무에 올라가지 말라고 했다. 그래서 홀리는 나무에 올라가지 않겠다고 아버지와 약속했다. 그러나 어느 날 길을 가다가 친구의 고양이가 나무에 걸려서 힘들어하고 있는 것을 보았다. 홀리는 나무에 올라가지 않겠다고 아버지와 약속했지만 힘들어하는 고양이를 보니 갈등이 생겼다.

질문 1. 홀리는 무슨 생각을 할까?

____

질문 2. 홀리의 아버지는 홀리의 결정에 대해 어떻게 생각하실까?

____

표 8-6 역할수용능력의 발달단계

단계	역할수용능력	갈등에 대한 홀리의 전형적인 반응
0단계 자아중심적 또는 미분화 (3~6세)	• 자신의 관점과 타인의 관점이 있다는 것을 인식하지 못한다. • 자신이 느끼는 것은 무엇이든 옳고 타인도 그렇게 느낄 것이라고 생각한다.	• **홀리 입장** 홀리가 나무에 올라가서 고양이를 구할 것이다. • **홀리 아버지 입장** 홀리 아버지도 고양이를 좋아하므로 아버지도 행복할 것이다.
1단계 심화-정보적 역할수용 (6~8세)	• 타인의 조망이 자신의 조망과 다를 수 있다는 것은 알지만, 타인이 정보를 가지고 있을 때만 타인의 관점을 이해한다고 생각한다. • 타인의 사고가 무엇인지 생각할 수 없어서 어떤 일에 어떤 반응을 해야 할지 예측할 수 없다.	• **홀리 아버지 입장** 홀리가 나무에 올라간 이유를 모른다면 홀리 아버지는 화를 내겠지만, 이유를 안다면 나무에 올라갈 수밖에 없는 것을 알게 될 것이다. 즉, 양쪽이 같은 정보를 가지고 있다면 같은 결론을 내릴 것이라고 생각한다.
2단계 자기반성적 역할수용 (8~10세)	• 같은 정보를 가지고 있어도 자신과 타인의 관점이 다를 수 있다는 것을 알게 된다. • 타인의 관점도 고려할 수 있고, 타인의 관점에서 자신의 행동에 대해 타인이 어떻게 반응할지도 예측할 수 있다. • 자신의 입장과 타인의 입장을 동시에 고려하지 못한다.	• **홀리 입장** 홀리가 나무에 올라갈 것인데 홀리 아버지는 홀리가 나무에 올라간 이유를 이해할 것이다. • **홀리 아버지 입장** 홀리의 안전이 걱정되어 홀리 아버지가 반대할 것이다.
3단계 상호적 역할수용 (10~12세)	• 자신과 타인의 입장을 동시에 고려할 수 있으며 타인도 그렇게 할 수 있다고 인식한다. 제3자의 관점을 가정하고 각 사람이 상대방의 견해에 어떻게 반응할지를 예측할 수 있다. • 제3자 입장에서 설명할 수 있다.	• **홀리 입장** 홀리가 고양이를 좋아하기 때문에 고양이를 구하러 나무에 올라갔지만, 홀리도 나무에 올라가지 않기로 한 약속은 알고 있다. • **홀리 아버지 입장** 홀리 아버지는 홀리가 나무에 올라가서는 안 된다는 것을 알고 있었으나 고양이에 대해서는 알지 못했다. 그래서 홀리는 아버지와의 약속을 어긴 것이므로 벌을 받을 것이다.
4단계 사회적 역할수용 (12세 이상)	• 타인의 입장을 사회적 체계의 입장(예: 일반화된 타인의 입장)과 비교하여 이해하려고 한다. • 사회집단에서 대부분의 사람이 취하는 입장을 고려한다.	• **홀리 입장** 홀리가 나무에 올라갔지만 벌을 받을 필요는 없다. 홀리의 행동은 인도적으로 동물을 대우하는 것이므로 홀리의 행동은 정당하다. • **홀리 아버지 입장** 대부분의 다른 아버지도 이 점을 알 것이다.

출처: Saffer, D. R. (2000). *Social & personality development*, p. 193; 최순영 (2003). 인간의 사회 · 성격발달심리, pp. 102-104.

(2) 도덕성

도덕성은 옳고 그른 것을 구분하고 인간관계에서 지켜야 할 규범을 준수하는 것이다. 도덕성은 사회질서를 유지하며, 자신이 속한 문화적, 사회적 집단에서 적절하게 대응하도록 하기 때문에 사회성발달에서 중요하다. 아동기의 도덕성발달은 사회적 규범과 사회적 이해 측면에서 살펴볼 수 있다.

가. 사회적 규범으로서의 도덕성

정신분석이론과 사회학습이론은 아동이 어떻게 도덕적 존재가 되는지에 대해 도덕적 정서발달과 도덕적 행동발달에 초점을 맞추어 설명하였다. 정신분석이론과 사회학습이론은 아동이 도덕적 기준을 자신의 것으로 내면화함으로써 도덕적 발달이 이루어진다는 점에서는 일치된 견해를 보이지만, 도덕적 발달을 위해 내면화하는 기제에 대해서는 차이가 있다.

정신분석이론에서는 3~6세의 남근기 동안 초자아의 발달과 관련하여 도덕성이 나타난다고 본다. 초자아의 발달은 부모의 역할과 밀접한 관련이 있다. 아동은 남근기에 나타나는 외디푸스 콤플렉스와 엘렉트라 콤플렉스를 통해 동일한 성을 가진 부모의 역할에 동일시하는 과정에서 초자아를 발달시킨다. 이 과정에서 아동은 죄책감을 피하기 위해 부모로부터 습득한 해도 되는 행동과 해서는 안 되는 행동의 도덕적 기준에 따라 행동한다. 즉, 부모로부터 도덕적 기준을 동일시하는 과정에서 아동의 도덕성이 발달한다.

사회학습이론에 의하면 아동은 연령에 관계없이 자극과 반응 간의 관계에 따라 학습과 모델링에 의해 연속적으로 발달한다. 도덕성은 이러한 발달과정에서 보상과 벌에 따라 행동이 강화되거나 소거되면서 발달한다. 특히 보상과 벌에 따라 자신의 행동을 조절하는 능력을 형성해 간다고 볼 때 아동이 사회규칙을 지키려고 노력하는 것을 도덕성의 발달로 간주할 수 있다(정옥분, 2007, p. 529).

정신분석이론과 사회학습이론에서 주장하는 바와 같이 도덕성을 사회적 규범에 동일시하고 이를 학습함으로써 발달한다고 보는 데는 한계가 있다. 즉, 도덕성을 사회적 기준에 동조하는 것만으로 본다면 히틀러의 독재나 무솔리니의 전체주의 등과 같이 때로 윤리적 원칙이나 사회적 목적에 반하는 경우가 생길 수 있다. 그러므로 인지발달이론에서는 규칙을 내면화하는 것 자체가 중요한 것이 아니라 아동이 정의와 공정성의 개념에 근거하여 도덕적 판단을 할 수 있을 때 도덕성이 발달하는 것이라고 본다.

나. 사회적 이해로서의 도덕성

인지발달이론에 의하면 도덕성은 인지적 성숙과 사회적 경험으로 외현적인 결과를 지향하는 단계에서 사회제도와 법체계를 더 깊이 이해하는 단계로 발달하는 것이다. Piaget는 자신의 인지발달단계에 기초하여 도덕적 이해를 타율적 도덕성과 자율적 도덕성으로 분류하였다(표 8-7 참조). 그리하여 아동은 전조작기 이전에 나타나는 전도덕적 단계를 거쳐 구체적 조작기에 나타나는 타율적 도덕성 단계에서 형식적 조작기에 나타나는 자율적 도덕성 단계로 발달한다. 아동기에서 아동은 사람은 누구나 각자의 관점을 가질 수 있으며, 결과보다 의도를 더 중요하게 생각하여 행동을 판단할 수도 있다는 것을 알게 된다. 이러한 이해를 통해 아동은 아동기 중반에 이르러 도덕적 추론을 할 수 있다.

Kohlberg는 Piaget의 인지발달이론에 기초하여 세 가지 수준에 따른 6단계의 도덕발달단계를 제시하였다("7장 유아기의 4. 사회정서발달의 (4) 도덕성발달" 참조). Kohlberg는 도덕성발달이 아동기 후반에서 청소년기를 거쳐 성인기까지 이루어지며 이 과정에서 도덕적 추론능력도 발달한다고 보았다. 그러므로 도덕적 추론을 하기 위해서는 인지능력이 발달해야만 한다. 즉, 도덕적 추론은 타인의 입장을 고려할 수 있는 역할수용능력과 융통성 있게 추론할 수 있는 형식적 조작능력

표 8-7 Piaget와 Kohlberg의 도덕발달단계 비교

<table>
<tr><th>Piaget</th><th colspan="2">Kohlberg</th></tr>
<tr><td>전도덕적 시기
(0~5세)</td><td rowspan="2">전인습적 도덕발달 수준
(10세 이전)</td><td>처벌과 복종 지향단계</td></tr>
<tr><td>타율적 도덕성
(6~10세)</td><td>도구적 상대주의 지향단계</td></tr>
<tr><td rowspan="4">자율적 도덕성
(10세 이후)</td><td rowspan="2">인습적 도덕발달 수준
(10세 이후)</td><td>착한 아이 지향단계</td></tr>
<tr><td>법과 질서 지향단계</td></tr>
<tr><td rowspan="2">후인습적 도덕발달 수준</td><td>사회계약 지향단계</td></tr>
<tr><td>보편원리 지향단계</td></tr>
</table>

출처: 조성연 외 (2010). 아동발달, p. 365의 표를 참고로 재구성함.

이 발달해야만 한다.

또한, 아동의 도덕성발달에는 또래와의 상호작용과 같은 사회적 환경도 중요한 영향을 미친다. 아동은 또래와 상호작용하면서 종종 인지적 불균형을 경험한다. 이러한 인지적 불균형은 아동에게 상대방의 입장에서 생각해볼 수 있게 함으로써 조망수용능력을 발달시킴과 동시에 도덕발달을 촉진하는 기회가 된다(Gibbs, Basinger, Grime, & Snarey, 2007).

(3) 공격성

아동기의 공격성은 주로 또래관계에서 나타나는데 이는 발달과정에서 부정적인 결과를 유발할 수 있다. 공격성은 의도적으로 타인을 해치려는 행동인데 아동기의 공격성은 유아기의 공격성과 차이가 있다. 즉, 유아기에는 의사소통능력이 부족하여 자신의 욕구가 좌절되었을 때 공격성을 통해 충족하려는 도구적 공격

성이 주로 나타난다. 그러나 아동기에는 자신의 존재감이나 사회적 인정을 얻으려는 수단으로 공격성을 나타내는 관계적 공격성이 더 자주 나타난다.

아동기에 나타나는 공격성은 인지적 발달과도 관련이 있다. 아동기에는 또래와의 관계가 빈번해지면서 갈등상황이 자주 발생한다. 이를 해결하기 위해 아동은 문제해결 기술을 습득함과 동시에 타인에 대한 이해를 증진시키고 타인의 의도를 파악할 수 있게 된다. 또한, 아동은 타인이 공격적 행동을 할 때 그 의도가 공격적인지를 판단하여 반격을 할 것인지를 결정하기도 한다. 이러한 결정을 위해 아동은 타인의 의도를 판단하는 능력과 공격적 행동이 나타난 상황을 이해할 수 있는 능력이 있어야만 한다. 예를 들어, 아동기에 나타나는 적대적 공격성은 추론능력이 발달하면서 가능하다. 왜냐하면, 아동이 타인의 공격의도를 구분할 수 있고, 만일 공격행동이 의도적이라고 판단하면 그에 대한 보복은 정당하다고 생각하기 때문이다(Shaffer & Kipp, 2006).

때로 어떤 아동은 상습적으로 또래를 괴롭히기도 한다. 이러한 적대적 공격성에 반복적으로 피해를 당하면, 그 아동은 자존감이 낮고 불안감 수준이 높으며 타인에 대해서도 적대적으로 대하는 경향이 있고(최순영, 2003, p. 185), 간혹 자신보다 약한 대상을 찾아 가해자가 되기도 한다. 아동기의 지속적인 공격성은 비교적 안정적인 속성이 있어 청소년기와 성인기의 범죄행동이나 학대행동 등과 같은 공격행동을 예측할 수 있게 한다(최경숙, 2006b, p. 313).

(4) 친사회적 행동

친사회적 행동(prosocial behavior) 또는 이타적 행동(altruistic behavior)은 자신에 대한 보상을 기대하지 않고 타인의 유익을 추구하는 행동이다. 유아기에도 타인을 돌봐주거나 힘들어하는 친구를 위로하는 등의 친사회적 행동의 기초가 되는 감정이입 행동이 나타나지만 자발적인 자기희생적 행동은 드물다. 이러한 자발적인 친사회적 행동은 조망수용능력과 도덕성이 발달하면서 아동기에 빈번하게 나타난다. 또한 도덕적 추론에 기초한 고등수준의 친사회적 행동은 아동기부터 시작하여 청소년기에 자주 나타난다.

친사회적 행동은 도덕적 행동을 표현하는 것이다(Poorthuis, Thomaes, Denissen, van Aken, & Orobio, 2012). 아동기에는 간혹 거짓말, 도둑질 등과 같은 비도덕적이고 반사회적인 행동을 하기도 하지만 공감, 이타적인 행동 등과 같은 친사회적인 행동을 하기도 한다. Damon(1988)은 친사회적 행동 중 나누기 행동이 어떻게 발달하는지에 대해 연구하였다. 그 결과, 유아가 처음 나누기 행동을 하는 것은 공감능력이 발달해서가 아니라 일종의 재미있는 사회적 놀이로 즐기는 것이었다(Santrock, 2013, p. 327 재인용). 그러나 아동기에 이르러서야 비로소 아동은 '공정함(fairness)'이라는 객관적인 생각을 표현하는 등 보다 복합적인 차원에서 나누기 행동을 하였다. 6세경의 아동이 공정이라는 말을 사용하는 것은 '평등'이나 '같은 것'이란 말과 유사한 의미를 지니지만 초등학교 고학년이 되면서 아동은 공정한 것과 공평한 것은 차이가 있다는 것을 알게 된다(Santrock, 2013, p. 328).

(5) 성유형화

가. 성정체성

성정체성은 자신의 성을 인식하고 성을 인식하는 것이 무엇을 의미하는지 아는 것이다. 성정체감과 관련한 정보를 처리할 때 아동은 성범주 분류체계를 사용하는데 이는 아동에게 성과 관련한 선택기준을 제공해 준다. 즉, 아동은 역할을 선택할 때 남자 혹은 여자의 역할이냐 아니냐의 성범주에 따라 선택한다. 이러한 성범주 분류체계를 통해 아동은 해당 문화권에서 강조하는 성정체성을 내면화시킨다. 아동기의 성정체성은 유아기의 성정체성발달에 이어 성안정성과 성항상성을 이해함으로써 획득된다. 성안정성은 자신의 성은 변하지 않으며 자라서도 여자 또는 남자가 된다는 것을 아는 것이다. 성항상성은 머리 모양, 옷 모양, 행동이 다르더라도 언제든지 같은 성이라는 것을 인식하는 것이다. 아동의 성정체성은 보존개념의 획득과 관련하여 학령기 초의 보존개념 형성 시기에 함께 획득한다.

나. 성역할 고정관념

전조작기의 아동과 달리 구체적 조작기의 아동은 성역할에 대한 생각이 보다 융통성 있게 변하고 10~11세가 되면 성인과 유사한 성역할 고정관념을 갖는다. 예를 들어, 여성은 감정적이고, 마음이 부드러우며 섬세한 반면, 남성은 야심이 있고 자기주장이 강하며, 공격적이고 지배적이라고 생각한다. 2차 성징이 나타나는 형식적 조작기가 되면서 아동은 자신의 성을 확인하고 성역할 동조압력을 받아 자신의 성에 일치하는 성역할 행동을 강화한다. 그러나 청년기에 이르면 다시 융통성 있는 성역할 고정관념을 나타낸다.

다. 성유형화된 행동

성유형화된 행동은 해당 문화권에서 기대하는 성역할을 수용하여 고정적인 성역할 행동을 하는 것이다. 성유형화된 행동은 양성성과 성유형화 개념 모두 개인적 성격 특질로 이해하지만 상황에 따라 다르게 형성될 수 있다(Leaper & Smith, 2004).

① 신체적 발달의 차이

남성은 여성과의 신체 크기와 호르몬의 차이 등으로 인해 차별화된 성유형화된 행동을 나타낸다. 즉, 남성은 대・소근육의 움직임을 활용하는 행동을 더 많이 하는 반면, 여성은 비교적 정적인 행동을 더 많이 하는 경향이 있다. 또한, 뇌 크기도 남성의 뇌가 여성의 뇌보다 더 크고, 뇌의 접혀진 정도는 여성의 뇌가 남성에 비해 더 많이 접혀 있다(Halpern et al., 2007). 뇌가 더 접혀 있다는 것은 뇌 조직 표면이 더 많다는 것을 의미한다. 일반적으로 공간과 시각을 담당하는 뇌의 두정엽 영역은 남성이 여성보다 더 크고, 정서표현을 담당하는 뇌 영역은 여성이 남성보다 더 활성화되어 있다. 그러나 여전히 인간의 뇌와 관련한 연구 결과는 극소수만이 밝혀진 상태여서 이러한 차이가 성차를 유발하는지에 대해서는 알려진 바가 극히 드물다.

② 인지발달의 차이

인지적 차이가 아동의 성유형화된 행동에 영향을 줄 수 있다. 예를 들어, 도움주기 행동인 경우에 상황에 따라 다른 성유형화된 행동을 기대한다. 즉, 아동에게 도움을 주거나 돌보는 행동을 할 때는 여자가 남자보다 더 자발적이라고 예측하여 여성적인 성유형화된 행동으로 인지한다. 그러나 자동차가 고장 나서 도움이 필요한 경우에는 남자가 여자보다 더 자발적이라고 예측하여 남성적인 성유형화된 행동으로 인지한다(Eagly & Crowley, 1986). 또한, 수학 등과 같은 학과목에 있어서도 성유형화된 기대가 있다. 그러나 미국의 수학능력평가시험(SAT) 중 수학에서 성차는 나타나지 않았다(Hyde, Lindberg, Linn, Ellis, & Williams, 2018). 그럼에도 불구하고 부모나 교사는 아동의 수학적 유능성에 대해 여학생보다는 남학생에게 더 높은 기대를 걸기 때문에 여학생이 남학생보다 수학에 대해 더 높은 부정적 태도를 지니게 된다고 볼 수 있다(Gunderson, Ramirez, Beilock, & Levine, 2012).

③ 사회정서발달의 차이

사회정서적 발달에서의 성유형화된 행동은 공격적 행동, 정서표현 행동, 친사회적 행동 등에서 나타난다. 공격적 행동은 남아가 여아보다 신체적인 공격적 행동을 더 많이 나타냄으로써 성유형화된 행동 특성을 나타낸다(Coyne, Nelson, & Underwood, 2011). 이러한 차이는 생물학적 요인과 환경적 요인으로 설명할 수 있다. 생물학적 요인은 유전과 호르몬의 영향이며, 환경적 요인은 문화적인 기대, 성인과 또래의 모델링, 사회적 기제 등에 의한 영향이다. 예를 들어, 남아가 공격적 행동을 하면 주변 성인은 씩씩하다고 이야기하는 등 긍정적인 반응을 보이지만, 여아가 공격적 행동을 하면 얌전하지 못하다는 등의 부정적인 반응을 보인다. 이러한 성인의 태도는 아동으로 하여금 성유형화된 행동을 유발하는 요인이 된다.

정서표현 행동에서도 여자가 남자보다 웃기, 울기, 행복감 표현하기 등의 정서표현을 더 빈번하게 나타내고, 남자는 분노 등의 정서표현을 더 많이 함으로써 성유형화된 행동 특성을 나타낸다(Leaper & Smith, 2004). 또한, 행동 규제와 조절에서는 여아가 남아보다 자기 규제를 더 잘하는 것으로 나타남으로써 정서 조절에서 성유형화된 행동이 나타난다.

CHAPTER 09

유아용 검사

1. 발달검사
2. 인지적 영역 검사
3. 정의적 영역 검사

09
CHAPTER

유아용 검사

검사를 실시하는 주요 목적은 유아의 발달과 특성을 정확히 이해하고, 이를 바탕으로 유아에게 적절한 교육환경을 제공해줌으로써 최적의 발달을 도모하는 데 있다. 특히 개별 유아의 특성과 다양성을 존중하는 최근의 경향에 비추어 볼 때, 목적에 맞는 적절한 검사를 실시하는 것은 유아의 발달과 특성을 이해하는 유용한 방법이 된다. 그러므로 유아를 보다 정확하게 이해하기 위해서는 여러 가지 검사에 대한 정보를 정확하게 이해해야만 한다. 이 장에서는 국내에 소개된 유아용 표준화 검사를 중심으로 전반적인 발달수준을 측정하는 발달검사와 지능검사, 언어검사, 창의성 검사 등의 인지적 영역의 검사, 성격검사, 사회정서검사, 자아개념검사 등의 정의적 영역의 검사에 대해 알아보고자 한다.

1 발달검사

1) 발달검사

(1) 유아발달수준검사

유아발달수준검사(Developmental Level Test)는 4~6세 자녀를 둔 부모와 교사가 유아의 발달 상태를 객관적으로 파악할 수 있도록 곽노의, 김진호와 유구종(1998)이 개발한 검사이다. 이 검사의 규준은 6개월 간격의 백분위점수로 제시되어 있다. 유아발달수준검사의 결과는 교육 상담 및 교육 계획에 활용할 수 있으며, 부모와 교사에게 5세아의 초등학교 입학 여부에 관해 보다 효율적으로 의사결정을 할 수 있는 자료를 제공해줄 수 있다.

유아발달수준검사는 운동기능, 지각, 언어, 학습에 대한 관심 및 창의성, 수·과학, 표현력, 사회성 등 7개 하위 영역에 대해 측정할 수 있도록 구성되어 있으며, 부모용과 교사용이 있다(표 9-1 참조). 각 문항은 5단계 기술평정척도로 제시되어 있으며 부모나 교사가 평소 관찰하였던 행동을 근거로 평정하도록 되어 있다. 언어영역의 예를 들면, '읽기에 관심 가지기' 문항의 경우 1단계 '읽기에 관심을 보이지 않는다', 2단계 '읽기에 관심을 보이는 편이지만 그림만 주로 본다', 3단계 '자신이 선택한 책을 끝까지 다 읽는다', 4단계 '친숙한 책을 여러 번 반복하여 읽는다', 5단계 '관심 있는 주제의 책을 찾아서 읽으며 애착을 보인다'로 5단계의 평정기준이 제시되어 있고, 제시된 5단계 중에서 평소했던 관찰을 근거로 가장 적합한 단계에 평정한다. 판단이 어려울 경우 대충 평정해서는 안 되며 일정 기간 충분히 더 관찰한 후에 평정해야 한다. 전체 문항 평정에 소요되는 시간은 약 15~20분 정도이다.

표 9-1 유아발달수준검사의 하위영역과 문항 수

영역	측정 내용	문항 수	
		교사용	부모용
운동기능	대근육, 소근육	8	7
지각	시각/청각/촉각에 의한 구별	10	8
언어	이야기 듣고 이해하기, 바르게 이야기하기, 이야기와 읽기에 관심가지기, 말과 글의 관계 알고 쓰기	20	17
학습에 대한 관심 및 창의성	다양한 학습활동에 대한 흥미, 학습자로서의 호기심, 학습에 대한 창의성, 창의적 사고	8	7
수 · 과학	수개념, 분류, 도형 · 공간관계 인식, 시간개념, 관련짓기, 서열화, 포함관계, 인과관계	10	8
표현력	신체 표현, 경험과 감정 표현, 노래 부르기, 창의적 표현	7	5
사회성	집단활동 참여, 정서적 안정감 보이기, 갈등 해결, 상대방 고려하기, 친구나 성인과의 상호작용	14	15
계		77	67

(2) 한국판 시지각 발달검사

유아의 시지각 경험은 학습과 일상생활의 적응에 매우 중요하다. 유아용 시지각 발달검사는 지각운동기능에 결함이 있는 유아는 여러 가지 학습 과제나 일상생활의 적응에 필요한 기능을 제대로 수행할 수 없다는 관점에서 개발되었다(문수백, 여광응, 조용태, 2003, p. 3).

시지각 발달검사(Developmental Test of Visual Perception: DTVP)는 3~8세의 정상아와 장애아의 시지각능력을 측정하기 위해 Frostig, Lefever와 Whittlesey(1961)가 5개 하위영역의 54문항으로 개발하였다. 5개 영역은 눈-운동 협응(16문항), 형태 항상성(18문항), 도형-배경 관계(5문항), 공간 위치(8문항), 공간 관계(7문항)이다. 이후 초판이 가진 심리측정적 문제점을 보완하고 유아의 시지각능력을 순수한 시지각

능력과 운동기능이 통합된 시지각능력으로 분리하여 측정할 수 있도록 Hammill, Pearson과 Voress(1993)가 4~10세를 대상으로 한 시지각 발달검사 2판(DTVP-2)을 개발하여 출판하였다. 국내에서는 문수백, 여광응과 조용태(2003)가 DTVP-2를 기초로 4~8세 유아의 시지각능력을 측정할 수 있도록 한국판 시지각 발달검사(Korean Developmental Test of Visual Perception: K-DTVP-2)를 표준화하여 출판하였다. K-DTVP-2는 8개의 하위 검사로 구성되어 있으며(표 9-2 참조), 규준은 6개월 간격의 백분위점수와 평균이 10이고, 표준편차가 3인 하위 검사별 표준점수 및 평균이 100이고, 표준편차가 15인 종합척도 표준점수로 제시되어 있다.

표 9-2 한국판 시지각 발달검사(K-DTVP-2)의 하위 검사 및 측정 내용

<table>
<tr><th>하위 검사</th><th>측정되는 시지각 유형</th><th>시지각 능력</th><th>운동기능이 통합된 시지각능력</th></tr>
<tr><td>눈-손 협응</td><td rowspan="2">공간 관계: 사람의 신체, 공간과 관련된 모양과 형태의 분석</td><td></td><td>○</td></tr>
<tr><td>공간 관계</td><td></td><td>○</td></tr>
<tr><td>공간 위치</td><td>공간 위치: 그림의 역전과 회전의 변별</td><td>○</td><td></td></tr>
<tr><td>따라 그리기</td><td rowspan="4">형태 항상성: 크기, 명암, 질감, 위치를 달리하여 제시해도 속성이나 형태의 지배적인 특성 인식</td><td></td><td>○</td></tr>
<tr><td>시각통합</td><td>○</td><td></td></tr>
<tr><td>시각-운동 속도</td><td></td><td>○</td></tr>
<tr><td>형태 항상성</td><td>○</td><td></td></tr>
<tr><td>도형-배경</td><td>도형-배경: 일반적인 감각 배경 내에 숨겨진 그림 인식</td><td>○</td><td></td></tr>
</table>

K-DTVP-2를 실시하기 위해 검사자는 검사 실시 전 최소 3번 이상 연습하여 검사 실시와 기록방법을 숙지해야 하며, 반드시 정해진 순서대로 개별적으로 검사를 실시해야만 한다. K-DTVP-2를 실시하는 데 소요되는 시간은 약 30~60분 정도이며, 일반적으로 한 번에 검사를 마칠 수 있지만 유아의 상태에 따라 검사를 나

누어 실시할 수도 있다. K-DTVP-2는 언어적 반응이 거의 없어 농아나 난청의 문제를 가지고 있는 유아에게도 실시할 수 있다.

그림 9-1 한국판 시지각 발달검사(K-DTVP-2)

2) 발달선별검사

(1) 한국판 다이얼-3 검사

DIAL(Developmental Indicators for the Assessment of Learning, 1972)은 3~6세 유아 대상의 발달선별검사이다. 이 검사는 개별 유아를 대상으로 심층적 진단을 요하는 발달 지체와 위험한 상황에 있는 유아를 선별하기 위해 개발되었다. 1990년에 DIAL 개정판(DIAL-R)이 출판되었고, 이후 Mardell-Czdnowski와 Goldenberg(1998)가 DIAL-3을 출판하였다. 한국판 다이얼-3 검사(Korean Developmental Indicators for the Assessment of Learning-3: K-DIAL-3)는 DIAL-3을 기초로 전병운, 조광순, 이기현, 이은상과 임재택(2004)이 국내에서 표준화하였다.

K-DIAL-3은 운동영역, 인지영역, 언어영역, 신변자립영역, 사회성영역, 심리사회적 행동영역의 6개 하위 영역으로 구성되어 있다(표 9-3 참조). 이 중 운동영역, 인지영역과 언어영역의 문항은 유아에게 직접 검사를 실시하여 유아의 반응에 따라 0~2점으로 채점하고 결과를 기록한다. 신변자립영역과 사회성영역은 부모가 응답하도록 되어 있는데, 신변자립영역은 4점 리커트 척도이고 사회성영역은 3점 리커트 척도이다. 심리사회적 행동영역은 검사를 실시하는 동안 검사자가 유아의 행동을 관찰하여 3점 리커트 척도로 평정한다.

표 9-3 한국판 다이얼-3 검사(K-DIAL-3)의 하위영역과 문항 및 문항 수

하위 영역	문항	문항 수
운동	잡기, 뛰기와 스키핑, 쌓기, 엄지손가락과 다른 네 손가락, 자르기, 보고 그리기, 이름 쓰기의 22과제	7
인지	신체부분, 색 이름, 색 이름 빨리 말하기, 수 세기, 위치, 개념, 도형의 30과제	7
언어	개인에 대한 정보, 조음, 사물과 동작, 문자와 소리, 단어 말하기 및 찾기, 문제 해결의 19과제	6
신변자립	빨대 사용, 단추 채우기, 병뚜껑 열기, 이 닦기, 신발 왼쪽 오른쪽 맞게 신기, 머리 빗기 등	15
사회성	활동 지속, 금지한 것 따르기, 하던 일 끝내기, 다른 사람의 감정 묘사하기, 다른 사람 물건 사용할 때 허락받기 등	20
심리사회적 행동	어른과 떨어지기, 울음/칭얼거림, 질문에 대한 언어적 반응, 인내력, 주의집중, 행동 수준, 참여, 충동성, 지시 이해	9

K-DIAL-3는 정해진 순서 없이 검사를 실시할 수 있으며, 전체 검사에 약 30분 정도 소요된다. 검사 결과는 '잠재적 지체'와 '통과' 두 가지로 판단한다. '잠재적 지체'는 유아의 수행이 잠재적으로 발달지체의 가능성이 있음을 의미하고, '통과'는 유아가 생활연령에 적합하게 발달하고 있음을 의미한다.

그림 9-2 한국판 다이얼-3 검사(K-DIAL-3)

(2) 한국판 유아발달검사

유아발달검사(Child Development Inventory: CDI)는 Ireton(1992)이 부모가 일상생활에서 관찰할 수 있는 영·유아의 행동에 대하여 연령별 발달을 기술할 수 있도록 개발하였다. 한국판 유아발달검사(Korean Child Development Inventory: K-CDI)는 CDI를 기초로 김정미와 신희선(2006)이 국내에 맞게 표준화하였다.

K-CDI는 15개월부터 6세 영·유아를 대상으로 사회성(35문항), 자조행동(38문항), 대근육운동(29문항), 소근육운동(30문항), 표현언어(50문항), 언어이해(50문항), 글자(23문항)와 숫자(15문항) 영역의 270문항과 현재 나타나는 유아의 증상과 문제를 부모가 체크하는 30문항 등 8개 하위 영역의 총 300개 문항으로 구성되어 있다. 부모가 체크하는 유아의 증상과 문제에 관한 30문항은 시각·청각·발달·적응문제(9문항), 운동능력의 부조화(2문항), 언어문제(4문항), 미성숙(4문항), 주의집중문제(3문항), 행동문제(3문항), 정서문제(5문항) 등 영·유아에게서 관찰할 수 있는 다양한 증상과 행동문제를 포함한다. 부모가 체크한 문제항목은 보충적인

검사 결과 자료로 사용한다.

K-CDI는 영 · 유아가 현재 나타내는 발달행동이나 이전에 나타냈던 행동에 대해 어머니나 유아를 가장 잘 알거나 자주 접하는 양육자나 교사가 제시된 문항을 읽고, '예', '아니오'로 응답하여 측정한다. 문항 내용이 유아가 현재 하는 행동이거나, 이미 발달적으로 성숙하여 지금은 하지 않지만 이전에 나타냈던 행동이면 '예', 문항 내용이 유아가 현재 하지 못하거나 요즘 막 시작하려는 행동이면 '아니오'에 표시한다. 부모나 다른 양육자가 검사를 마치는 데에는 일반적으로 30~40분 정도가 소요된다. K-CDI는 문항별로 연령 규준을 제시하고 있다.

2 인지적 영역 검사

1) 지능검사

(1) 한국판 카우프만 아동용 지능검사

카우프만 아동용 지능검사(Kaufman Assessment Battery for Children: K · ABC)는 Kaufman과 Kaufman(1983)이 2세 6개월부터 12세 6개월까지의 영 · 유아를 대상으로 인지심리학과 신경심리학의 지능이론을 근거로 비언어적 과제에 비중을 두어 의사소통에 문제가 있는 특수아동이나 타문화권 아동에게도 실시할 수 있도록 제작한 개별지능검사이다(곽금주, 2002, p. 251). 이후 이 검사는 3~18세 아동과 청소년의 정보처리능력과 인지능력을 측정하는 것으로 연령 범위를 확대하여 개정판(K · ABC-II)을 출판하였고, 국내에서는 문수백(2014)이 K · ABC 개정판을 들여와 한국판 카우프만 아동용 지능검사로 명명하여 국내 표준화하였다.

K · ABC-II는 5개의 하위 척도와 18개의 하위 검사로 구성되어 있다(표 9-4 참조).

표 9-4 한국판 카우프만 아동용 지능검사(K · ABC-II)의 하위 척도에 따른 하위 검사

하위 척도	하위 검사	측정 내용	해당 연령(세)
순차처리	수 회생, 단어 배열, 손 동작	• 연속적, 시간적 순서에 따라 배열된 과제를 처리하는 기능 • 정보를 받아들여 저장한 후 몇 초 안에 그것을 사용하는 단기기억능력	4~6
동시처리	블록 세기, 관계 유추, 얼굴 기억, 그림 통합, 빠른 길 찾기, 삼각형, 형태 추리, 이야기 완성	• 정보를 통합적으로 입력하여 적절한 답을 찾기 위해 과제를 동시에 통합하여 해결하는 능력 • 시각적 형태를 지각, 저장, 조작하고 사고하는 시각적 처리능력	4~6
학습력	이름 기억, 이름 기억 지연, 암호 해독, 암호 해독 지연	• 주의집중 기능, 부호화 · 저장 · 감각의 통합 기능, 학습을 위한 전략 생성과 효율적으로 새로운 정보를 보유하는 기능 등 세 가지 기능을 통합하는 능력 • 새롭게 배운 정보, 혹은 이전에 배운 정보를 저장하고 효율적으로 검색하는 장기기억과 인출능력	4~6
계획력	형태 추리, 이야기 완성	• 높은 수준의 의사결정과 집행과정 • 연역, 추리와 같은 추론능력을 활용하여 새로운 문제를 해결하는 유동성 추론능력	7~18
지식	표현 어휘, 수수께끼, 언어지식	• 각자가 속한 문화에서 획득한 지식의 깊이와 넓이를 보여주는 결정성 능력	7~18

K · ABC-II는 개별검사로서 연령마다 실시하는 하위 검사가 다르지만 대체로 5~8개 사이의 하위 검사를 실시하며, 검사 시간은 60~90분 정도 소요된다. 연령과 하위 검사에 따라 시작 문항, 중단 규칙, 시간 제한, 예제 문항, 가르치기 문항이 다르기 때문에 검사자는 검사틀에 제시된 지시문뿐만 아니라 하위 검사와 각 하위 검사에 필요한 보조도구에는 어떤 것이 있는지 숙지한 후 검사를 실시해야만 한다.

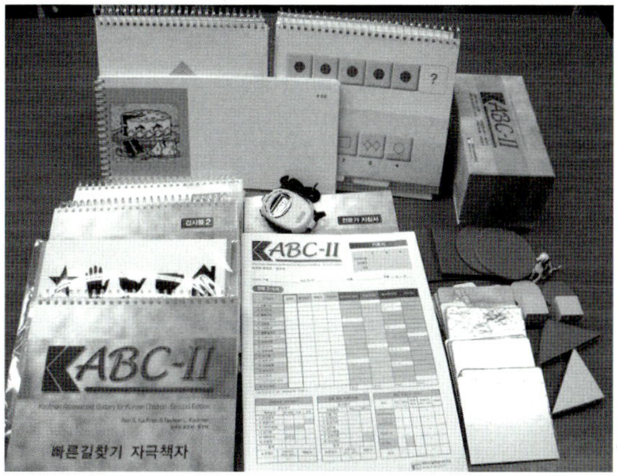

그림 9-3 한국판 카우프만 아동용 지능검사(K · ABC-II)

(2) 한국판 유아용 웩슬러 지능검사

유아용 웩슬러 지능검사(Wechsler Preschool and Primary Scale of Intelligence: WPPSI)는 지능을 다차원적인 속성을 가진 총체적 능력으로 간주하여 Wechsler(1967)가 3세부터 7세 3개월까지의 유아 지능을 측정하고자 제작한 개별 지능검사이다. Wechsler는 기존의 지능검사가 지나치게 언어 기능에 치중되어 있다고 판단하여 비언어성 지능을 측정하는 동작성 척도를 개발하여 자신의 지능검사를 언어성 척도와 동작성 척도로 구성하였다. 이 검사는 1989년에 개정판(Wechsler Preschool and Primary Scale of Intelligence-Revised: WPPSI-R)을 출판하였다. 우리나라에서는 박혜원, 곽금주와 박광배(1995)가 유아용 웩슬러 지능검사(WPPSI-R)를 한국판 유아용 웩슬러 지능검사(Korean Wechsler Preschool and Primary Scale of Intelligence: K-WPPSI)로 국내에서 표준화하였으며, 2002년에 수정판을 출판하였다. 수정판에서는 3, 4세 유아의 빠른 발달적 변화를 민감하게 측정할 수 있도록 규준표를 3개월 단위로 제작하고 실시 지침과 채점 방식을 보다 구체화하였다.

K-WPPSI는 동작성 소검사와 언어성 소검사로 구성되어 있는데, 소검사마다 1개씩의 보충검사를 포함하여 각각 6개씩의 하위 검사로 구성되어 있다. K-WPPSI는 유아의 지능을 측정하거나 특별한 교육이 필요한 유아(영재/지체)를 발견하는 데 사용할 수 있으며, 검사를 통해 진단을 내릴 때는 하나의 검사 결과에만 의존하지 말고 다른 정보를 종합하여 해석하는 것이 좋다.

K-WPPSI는 총 12개의 소검사가 있지만 지능을 알아보기 위한 지수를 산출하기 위해서는 두 개의 보충검사를 제외한 10개의 소검사만을 사용하여 검사한다(표 9-5 참조). K-WPPSI는 전문적인 소양과 경험을 갖춘 사람이 표준화된 절차를 준수하여 실시해야 한다. 검사 실시에는 60~70분 정도가 소요되며, 3, 4세 아동은 검사시간 중간에 5~10분 정도의 휴식 시간을 가질 수 있다. 이 검사는 3개월 간격으로 연령별 규준을 제시하고 있으며, 각 소검사에서 수행한 원점수가 평균적으로 어느 연령 수준에 해당하는지를 파악할 수 있는 지적연령 산정표도 마련되어 있다.

표 9-5 한국판 유아용 웩슬러 지능검사(K-WPPSI)의 하위 검사

동작성 검사	언어성 검사
1. 모양 맞추기	2. 상식
3. 도형	4. 이해
5. 토막 짜기	6. 산수
7. 미로	8. 어휘
9. 빠진 곳 찾기	10. 공통성
11. 동물 짝짓기 (보충검사)	12. 문장 (보충검사)

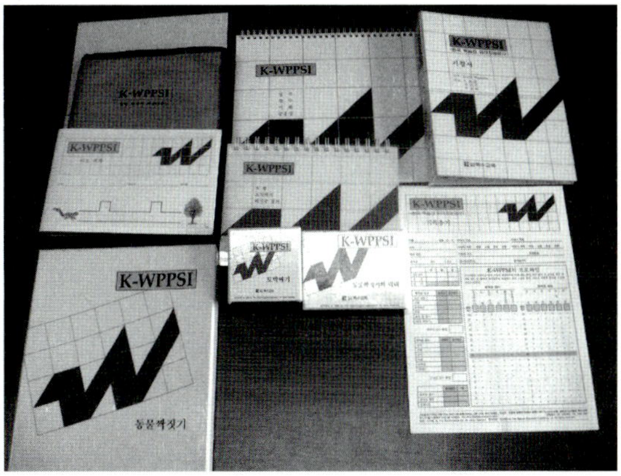

그림 9-4 한국판 유아용 웩슬러 지능검사(K-WPPSI)

(3) 한국판 라이터 비언어성 지능검사

라이터 비언어성 지능검사(Leiter International Performance Scale, 1929)는 비언어적 방법으로 지적 능력, 기억력, 주의력 등의 인지기능을 평가하기 위해 개발한 지능검사이다. 이후 수차례 개정이 이루어지다가 Leiter가 1979년에 2~18세를 대상으로 표준화하였으며, Roid와 Miller(1997)가 라이터 비언어성 지능검사의 장점을 살리고 연령 범위를 2~20세까지 확장하여 Leiter-R을 출판하였다. 한국판 라이터 비언어성 지능검사(Korean-Leiter International Performance Scale-Revised: K-Leiter-R)는 신민섭과 조수철(2010)이 Leiter-R을 번안하여 2~7세 유아를 대상으로 국내 표준화하였다.

한국판 라이터 비언어성 지능검사는 비언어적 방법으로 인지기능을 측정하기 때문에 이중언어 환경에서 자란 아동이나 의사소통장애, 인지적 지연, 청각장애 및 운동장애, 외상성 뇌 손상, 주의력 결핍장애 및 특정 형태의 언어적 장애를 가지고 있는 유아에게도 유용하다. 한국판 라이터 비언어성 지능검사는 추론 능력, 2차원 및 3차원 공간의 시각화, 기억력, 주의력, 복잡한 과제를 수행하기 위한 집중력, 복잡한 정보를 처리하는 속도 등과 같은 다양한 기능을 포함하는 인지적 기술과 능력을 측정한다. 이를 위해 한국판 라이터 비언어성 지능검사는 단어나 숫자, 인쇄 자료 및 여러 다른 자료를 인지하고, 능숙하게 조작하고 추론하는 능력을 필요로 하지 않는다. 대신 이 검사는 그림이나 삽화 및 기호를 가지고 검사하는데 모든 검사는 몸짓이나 팬터마임과 같은 비언어적인 방법으로 실시한다.

한국판 라이터 비언어성 지능검사의 주된 검사 실시방법은 팬터마임이다. 이 검사는 손가락으로 카드나 빈 곳을 가리키기, 고개를 끄덕이기, 눈썹을 치켜 올리기 등이나 손과 머리를 움직이기, 얼굴 표정이나 표현하기 등의 지시방법을 사용한다. 이 검사의 실시방법은 일반적인 언어적 검사와 다르므로 검사자는 검사를 실시하기 전에 모든 지시문을 익히고 적절하게 몸짓을 할 수 있는 준비를 갖추어야 한다. 연령별로 실시하는 소검사와 시작문항은 다르지만 검사 실시 시간은 대체로 40분 정도 소요된다.

한국판 라이터 비언어성 지능검사의 하위 검사에는 시각화 및 추론검사와 주의력 및 기억력 검사가 있다(표 9-6 참조). 시각화 및 추론검사는 시각화, 추론 및 공간능력과 관련된 비언어적 지적 능력을 알아보고자 측정하는 것으로 9개의 소검사로 구성되어 있으며, 지능지수(IQ)를 제공하고 있다. 주의력 및 기억력 검사는 주의를 기울이고 기억하는 것에 어려움이 있는 유아를 포괄적으로 진단하고 평가하고자 비언어적인 주의력 및 기억력을 측정하는 것으로 10개의 소검사로 구성되어 있다. 또한 이 검사에는 소검사 외에 다차원적인 행동 관찰 정보를 평가할 수 있는 검사자용과 부모용 평정척도가 있다. 이 검사는 임상적 필요에 따라 시각화 및 추론검사나 주의력 및 기억력 검사 중 하나만 선택하여 실시할 수도 있고, 정확한 평가를 위해서는 모두 사용할 수도 있다.

표 9-6 한국판 라이터 비언어성 지능검사 (K-Leiter-R)의 하위 검사

시각화 및 추론검사	주의력 및 기억력 검사
1. 전경배경: 숨은 그림 찾기	1. 쌍대연합: 짝 찾기 게임
2. 그림 유추: 알쏭달쏭 도형 맞추기	2. 즉각 재인: 무엇이 빠졌을까
3. 형태 완성: 모양 만들기	3. 바로 따라 기억하기: 기억하기
4. 짝짓기: 짝짓기 게임	4. 지속적 주의력: 같은 그림 찾기
5. 순서 추론: 다음은 뭘까	5. 거꾸로 따라 기억하기: 거꾸로 기억하기
6. 반복패턴 찾기: 순서대로 또 나와요	6. 대응도형 찾기: 찾아 바꾸기
7. 그림 맥락 추론: 어디에 맞을까	7. 공간 기억: 위치 외우기
8. 범주화: 끼리끼리 맞추기	8. 지연 쌍대연합: 짝 다시 찾기
9. 접힌 형태 추론: 접으면 뭐가 될까	9. 지연 재인: 빠진 것 다시 찾기
	10. 분할 주의력: 두 개 동시에 하기 게임

출처: 신민섭, 조수철 (2010). 한국판 라이터 비언어성 지능검사: 전문가 지침서, p. 13.

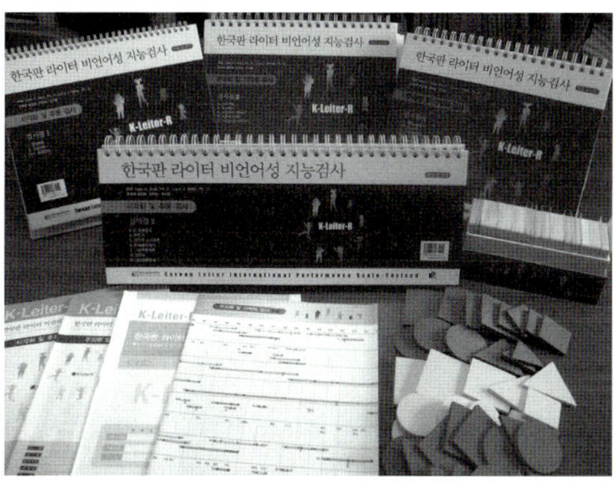

그림 9-5 한국판 라이터 비언어성 지능검사(K-Leiter-R)

2) 언어검사

(1) 그림어휘력검사

그림어휘력검사(Peabody Picture Vocabulary Test)는 Dunn과 Dunn(1959)이 2세 반부터 8세경 유아의 수용어휘 능력을 측정하기 위해 개발하였다. 이후 이 검사는 4판까지 출판하였고, A형과 B형의 동형검사가 있다. 우리나라에서는 김영태, 장혜성, 임선숙과 배현정(1995)이 피바디 그림어휘력검사의 개정판(Peabody Picture Vocabulary Test-Revised: PPVT-R)을 들여와 국내에서 표준화하였다. 그림어휘력검사는 초등학교 읽기 교과서와 다수의 언어발달에 관한 논문을 참고하여 선정한 112개 문항으로 구성되어 있다. 선정한 어휘는 품사별로 명사(57%), 동사(20%), 형용사(12%), 부사(1%)이고, 범주별로 동물, 건물, 음식, 가구, 가정용품, 신체 부위, 직업, 도형, 식물, 학교 및 사무실의 비품, 기구 및 장치, 악기, 교통기관으로 이루어져 있다.

그림어휘력검사는 훈련문항이 있으며, 연령마다 시작문항이 달라 검사문항 수도 연령마다 다르다. 이 검사는 시간제한 없이 빠르게 진행하는데 글이나 말로 응답할 필요 없이 검사자가 유아에게 한 문항 당 4개의 그림을 제시하면 유아는 그 중 한 개의 그림을 선택하여 손가락으로 가리키면 된다. 이 검사의 규준은 백분위점수와 그에 따른 등가연령으로 제시되어 있다. 이 검사는 정상 유아뿐만 아니라 정신지체, 청각장애, 뇌손상, 자폐증, 행동결함, 뇌성마비 등 언어 문제가 있는 유아의 수용어휘능력을 평가하는 데도 활용할 수 있다.

3) 창의성 검사

(1) 유아 종합 창의성 검사

유아 종합 창의성 검사(Korean-Comprehensive Creativity Test for Young Children: K-CCTYC)는 전경원(1995)이 4~6세 유아를 대상으로 언어, 도형, 신체 영역에서의 창의성을 측정하기 위해 개발하였는데 2000년에 개정하여 재표준화하였다. 유아 종합 창의성 검사는 상상력이 유아에게 매우 중요한 요소이며, 창의성의 본질적 요소라고 보는 선행연구(Stark, 1987; Torrance, 1966; Williams, 1980)에 따라 이를 창의성의 한 요인으로 포함시켰다. 이 검사는 언어, 도형, 신체의 세 영역의 4개 소검사로 구성되어 있으며, 유창성, 융통성, 독창성, 상상력을 측정한다(표 9-7 참조).

표 9-7 유아 종합 창의성 검사의 영역과 소검사 및 검사 내용과 측정 요인

영역	소검사	검사 내용	측정 요인
언어	검사 1 빨간색 연상하기	빨간색을 보고 연상되는 물건이나 느낌 및 생각을 적어보게 한다.	유창성, 융통성, 독창성
도형	검사 2 도형 완성하기	9개의 S자 모양을 제시하고, 그것을 사용하여 생각나는 그림을 그리게 한다.	유창성, 융통성, 독창성
신체	검사 3 동물 상상하기	전래동화나 우화에 등장하는 동물을 5가지 등장시켜 상상하게 한다.	상상력
	검사 4 색다른 나무치기	전통놀이의 비석치기와 같은 형식으로 세워져 있는 나뭇조각을 색다른 방법으로 쓰러뜨리게 한다.	유창성, 융통성, 독창성

유아 종합 창의성 검사를 수행하기 전에 검사자는 유아의 생각을 자유롭게 표현할 수 있도록 동기유발을 시키기 위한 사전운동을 실시한다. 사전운동은 4~6세 유아의 창의성 검사에 중요한 영향을 미치므로 매 활동마다 사전운동을 한 후

검사를 실시한다. 이 검사는 유아의 주의집중 시간이 길지 않기 때문에 본 검사를 2, 3일에 나누어 실시하는 것이 바람직하다고 권고한다. 유아 종합 창의성 검사의 검사 1과 검사 2는 집단검사로서 수업시간에 실시해도 되지만, 검사 3과 검사 4는 개별검사이다. 유아 종합 창의성 검사는 소검사의 순서를 바꿔 실시해도 되며, 검사 시간은 사전운동을 포함하여 30~40분 정도 소요된다. 유아 종합 창의성 검사의 규준표는 공개되어 있지 않고, 채점을 마친 기록지를 출판사로 보내면 T점수와 백분위점수를 기관별, 개인별로 제공해 준다.

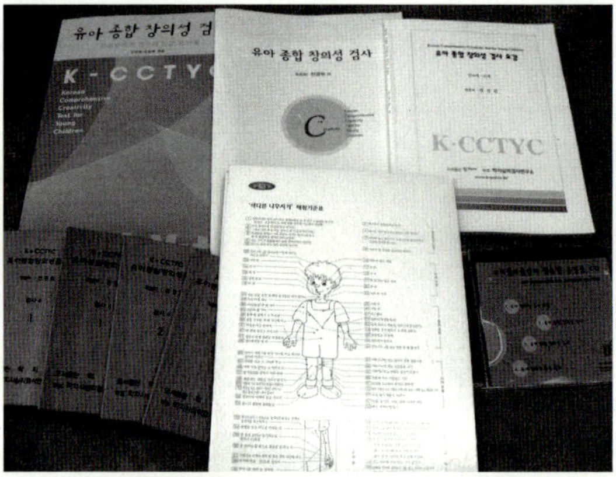

그림 9-6 유아 종합 창의성 검사

(2) 유아 도형 창의성 검사

유아 도형 창의성 검사(Korean-Figural Creativity Test for Young Children: K-FCTYC)는 도형을 통해 4~6세 유아의 창의력과 특성을 파악하고자 전경원(2001)이 개발하였다. 이 검사는 가형과 나형의 동형검사이며, 각 검사마다 2개의 소검사로 구성되어 있고, 유창성, 독창성, 개방성과 민감성을 측정한다(표 9-8 참조).

유아 도형 창의성 검사는 한 개의 검사를 실시하고 난 후, 잠시 가벼운 활동을 하고 이어서 나머지 검사를 실시하거나 다음 날 검사를 실시할 수도 있다. 이 검사는 개별 또는 집단으로 실시할 수 있는데, 집단으로 실시할 경우에는 검사자 한 명당 유아 10명을 넘지 않도록 한다. 유아 도형 창의성 검사의 소검사당 제한 시간은 5분이지만, 준비활동과 검사 시 제목을 적는 시간이 필요하여 한 검사당 5~10분이 소요되어 총 15~20분 정도의 시간이 걸린다. 이 검사의 규준표는 공개되어 있지 않고, 채점을 마친 기록지를 출판사로 보내면 T점수와 백분위점수를 포함한 점수표를 기관별, 개인별로 제공해 준다.

표 9-8 유아 도형 창의성 검사의 소검사와 검사 내용 및 측정 요인

검사	검사 내용	측정 요인
검사 1 으뜸도형으로 그리기	갓의 일부분을 선으로 제시하고, 이를 이용하여 연상되는 모양으로 완성한다. 총 18개의 같은 도형을 제시한다.	독창성 유창성
검사 2 모듬도형으로 그리기	제시된 5개의 도형 (갓의 일부분, 之의 변형, 수막새 일부분, 태극무늬의 일부분, 점) 을 이용하여 자유롭게 완성한다.	개방성 민감성

출처: 전경원 (2001). 유아 도형 창의성 검사 요강, p. 46.

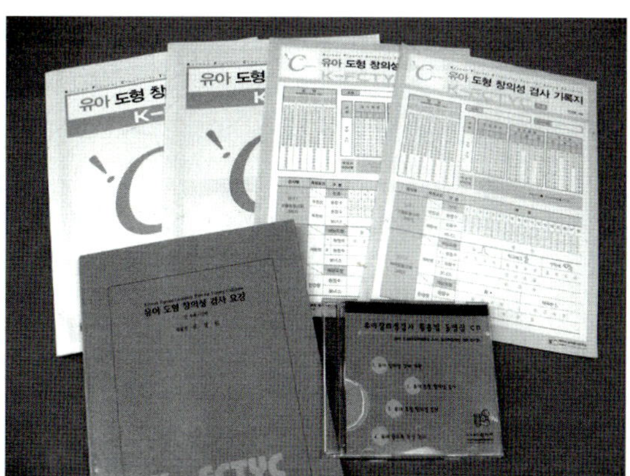

그림 9-7 유아 도형 창의성 검사

(3) 유아 창의적 특성 검사

유아 창의적 특성 검사(Korean Creativity Traits Checklist: K-CTC)는 부모나 교사의 관찰을 통해 4~6세 유아의 창의적 특성을 알아보고자 전경원(2003)이 개발한 체크리스트 형식의 검사이다. 이 검사는 유아의 창의성을 알아보기 위해 일차로 사용할 수 있는 검사이다. 유아 창의적 특성 검사는 인지적 요인과 정의적 요인의 두 개 요인으로 구성되어 있다. 인지적 요인은 유창성, 융통성, 독창성의 3개 항목의 11문항이고, 정의적 요인은 탈고정관념/독자성, 호기심/모험심, 다양성, 민

표 9-9 유아 창의적 특성 검사의 요인별 항목과 측정 내용 및 문항 수

요인	항목	측정 내용	문항 수	
인지적	유창성	특정한 상황에서 얼마나 많은 양의 아이디어나 해결책을 산출해 내는지에 대한 아이디어의 풍부함과 관련된 양적 능력	11	
	융통성	고정관념, 시각, 사고방식 자체의 틀을 깨고 변환시켜 다양하고 광범위한 아이디어나 해결책을 산출해 내는 능력		
	독창성	기존의 사고에서 탈피하여 희귀하고, 참신하며 독특한 아이디어나 해결책을 산출해 내는 능력		
정의적	탈고정관념/독자성	기존의 규칙에 얽매이지 않고, 틀에 박힌 대로 하는 것을 싫어하는 특성/남에게 의지하거나 속박되지 않하고 홀로 서려는 성질이나 성향	11	29
	호기심/모험심	새롭고 신기한 것을 좋아하거나, 모르는 것을 알고 싶어하는 마음/위험을 무릅쓰고 어떤 일을 하려는 마음	5	
	다양성	생각이나 행동양식 따위가 다양한 정도로서 다양한 분야에 관심이 많아 여러 분야의 다양한 아이디어를 수용하는 특성	5	
	민감성	느낌이나 반응이 날카롭고 빠른 성질. 주변 환경에서 오감을 통해 오는 다양한 정보에 대해 민감한 관심을 보이고, 이를 통해 새로운 영역을 탐색해 나가는 성향	4	
	유머감각	남을 웃기는 말이나 행동을 잘하는 감각	2	
	개별성	여럿 중에서 하나씩 따로 나뉘어 행동하고 사고하는 특성으로 혼자 생각하고 아이디어를 내고 시간을 보내는 것을 좋아하는 경향	2	

감성, 유머감각, 개별성의 6개 항목의 29문항 등 총 40문항으로 구성되어 있다(표 9-9 참조).

유아 창의적 특성 검사는 최소한 3개월 이상 유아를 관찰한 후에 실시해야 하며, 유아 1인당 10~20분 정도가 소요된다. 각 문항은 특성이 관찰되면 1점씩 주어져 총점이 40점인데 검사 결과에 따라 유아의 창의성 수준을 매우 높음(39~40점), 다소 높음(36~38점), 보통(31~35점), 다소 낮음(28~30점), 매우 낮음(27점 이하)의 5단계로 평가한다.

3 정의적 영역 검사

1) 성격검사

(1) 유아성격검사

유아성격검사(Personality Test for Young Children: PTYC)는 4~7세 유아의 성격 특성을 이해하기 위해 송인섭(1993)이 개발하였다. 송인섭(1993)은 유아의 성격이 아직 분화되지 않았다는 가정 아래 유아가 하나의 현상을 어떻게 보며 그 현상에 관련된 자신을 어떻게 보느냐의 시각에서 출발하였다. 이 검사는 유아로 하여금 하나의 현상과 관련된 자기를 비춰봄으로써 자신을 긍정적 혹은 부정적으로 분류하여 유아 자신의 성격을 이해할 수 있도록 하였다. 따라서 이 검사는 성격 특성 뿐만 아니라 정서발달, 자아, 정신건강과 같은 특성을 측정한다.

유아성격검사는 학문성, 사회성, 가족성, 정서성 등 4개 척도의 26문항으로 구성되어 있는데, 유아가 얼마나 정직하고 성실하게 응답하는가를 알아보기 위한 4

문항의 타당성 척도를 추가하여 총 30문항으로 이루어져 있다(표 9-10 참조). 이 검사는 개별이나 집단으로 실시할 수 있으며, 20~30분 정도의 시간이 소요된다. 각 문항은 유아에게 친숙한 그림으로 제시되어 있으며, '그렇다'와 '아니다'에 응답하도록 되어 있어 글자를 모르는 유아에게도 특별한 어려움 없이 사용할 수 있다.

표 9-10 유아성격검사의 척도와 측정 내용 및 문항 수

척도	측정 내용	문항 수
학문성	공부하는 활동에 대한 긍정적 또는 부정적 특성	7
사회성	개인이 사회적 상황에 적응하는 정도에 대한 지각	7
가족성	유아의 가족과의 관계가 어떠한지를 나타내는 특성	6
정서성	이상성, 도덕성, 신체, 외모, 생김새 등을 나타내는 한 개인의 감정이나 정서, 신체 능력을 나타내는 특성	6
타당성	유아가 얼마나 솔직하고 성실하게 자기의 경험이나 정의적 상태를 나타냈는지 등 검사 결과의 신뢰성과 타당성을 파악하려는 척도	4

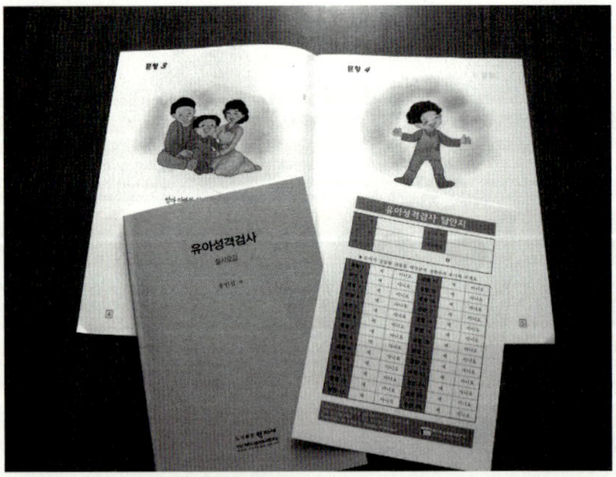

그림 9-8 유아성격검사

(2) 한국판 아동용 회화통각검사

아동용 회화통각검사(Children Apperception Test: CAT)는 Bellak(1949)이 성인용 주제통각검사(Thematic Apperception Test: TAT)를 기초로 3~10세 아동의 성격을 투사적 방법으로 알아보고자 개발하였다. 그리하여 CAT는 TAT 도판의 자극 장면을 유아기와 아동기에 주로 나타나는 여러 가지 심리적 문제를 쉽사리 투사할 수 있는 그림으로 바꾸고, 아동에게는 인간자극보다 동물자극이 더 잘 동일시된다는 가정에서 도판에 등장하는 주인공도 동물로 바꿔 제작하였다. 우리나라에서는 김태련, 서봉연, 이은화와 홍숙기(1993)가 번안하여 4~12세 아동을 대상으로 한국판 아동용 회화통각검사(Korean-Children Apperception Test: K-CAT)로 명명하여 국내 표준화하였다.

K-CAT는 각 9매의 표준도판과 보충도판으로 구성되어 있다. 검사자는 아동에게 표준도판 9매를 가능한 한 순서대로 보여주며 여러 가지 질문(예: 너는 이것이 무엇이라고 생각하니? 네가 생각하는 대로 말해보렴.)을 하고, 이에 대한 아동의 반응을 기록한다. 보충도판 9매는 반드시 다 사용할 필요는 없으며, 아동의 문제와 관련되어 있는 도판만 골라 실시한다. 아동은 도판을 보고 대인관계, 사회적 상호작용, 동일시 양식 등과 같은 아동의 보다 구체적인 문제를 반영하는 반응을 나타내고, 동시에 공포, 공격성, 애정의 원천이나 그 대상 및 반응기제에 대한 단서를 제시한다.

K-CAT는 투사적 방법에 의한 검사이므로 검사자는 투사검사의 기본 이론과 원리를 이해하여 검사 도중 아동의 행동을 상세히 관찰하고 기록하여 그 반응을 분석하고 판단해야 하므로 많은 훈련과 예리한 판단력이 필요하다.

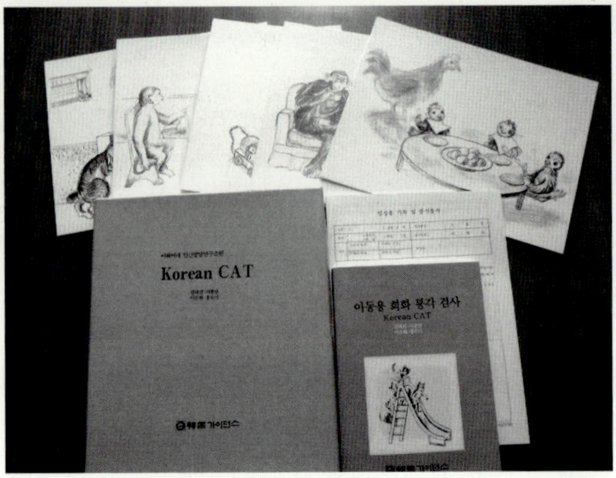

그림 9-9 아동용 회화통각검사

2) 사회정서검사

(1) 교사 평정에 의한 유아용 정서지능 평가도구

교사 평정에 의한 유아용 정서지능 평가도구는 Mayer와 Salovey(1997)가 제시한 정서지능의 영역 및 요소를 기초로 이영자, 이종숙과 신은수(2000)가 개발하였다. 이 평가도구의 정서지능은 정서의 인식과 표현, 정서에 의한 사고 촉진, 정서적 지식의 활용, 정서의 반영적 조절의 4개 영역으로 평가한다. 정서의 인식과 표현은 자신의 정서를 정확하게 인식하는 것이고, 정서에 의한 사고 촉진은 좀 더 효율적이고 세련된 사고에 도움을 줄 수 있도록 정서를 활용하는 것이며, 정서적 지식의 활용은 정서가 전달하는 의미를 이해하는 것이며, 정서의 반영적 조절은 정서가 전달하는 정보를 축소, 과장, 왜곡하지 않고 자신과 타인에 대한 정서를 관리, 조절하는 것이다.

유아용 정서지능 평가도구는 유아교육기관에 다니는 3~5세 유아를 대상으로 교사가 유아의 일과활동과 일상생활을 일정 기간 동안 관찰한 후 유아의 정서 능

표 9-11 교사 평정에 의한 유아용 정서지능 평가도구의 영역과 문항 수 및 문항 예

영역	문항 수	문항 예	정서 지능
등원 및 귀가	7	등원 시 유치원에 들어오기 싫어도 우는 것으로 표현하지 않는다.	정서의 인식과 표현
		등원 시 지나치게 흥분하여 과잉 행동을 한다.	정서의 반영적 조절
놀이 계획과 대화하기	14	놀이 계획을 잘하는 친구에게 적절하게 부러움을 표현한다.	정서 지식의 활용
		두 가지 놀이 중 한 가지만 선택하면, 선택하지 않은 다른 놀이가 더 하고 싶어지는 마음이 있어도 참고 놀이를 한다.	정서에 의한 사고 촉진
대집단 활동	14	자신이 친구를 방해했을 때 친구가 싫어하는 것을 안다.	정서의 인식과 표현
		싫은 유아가 옆에 앉을 경우 싫다고 친구를 밀거나 짜증을 낸다.	정서의 반영적 조절
정리 시간	9	즐거운 마음으로 정리 정돈한다.	정서의 반영적 조절
		정리 정돈을 잘하면 교사나 친구들이 기뻐한다는 것을 안다.	정서의 인식과 표현
실수하는 상황	6	자신의 실수에 대해 친구가 놀리면 누구나 실수할 수 있음을 상기시켜 놀리지 말라고 한다.	정서 지식의 활용
		다른 친구의 감정을 이해할 수 있다.	정서의 인식과 표현
갈등 상황	19	자신이 화가 난 것을 다른 사람에게 적절히 표현한다.	정서 지식의 활용
		친구만 칭찬을 받을 때 부러워도 자신이 칭찬받았을 때를 생각하여 축하해 주어야 함을 안다.	정서에 의한 사고 촉진
자유 선택 활동	29	친구와 같이 놀고 싶을 때 친구의 활동을 방해한다.	정서의 반영적 조절
		놀이 활동이 잘 되지 않을 때 자신의 좌절감을 적절하게 표현한다.	정서 지식의 활용
간식 시간	4	다른 친구가 좋아하는 간식을 더 주거나, 더 주라고 말한다.	정서에 의한 사고 촉진
		다른 친구의 표정으로 그 친구가 좋아하고, 싫어하는 간식을 알 수 있다.	정서의 인식과 표현
실외 놀이	6	동물에 대한 사랑과 보호의 감정을 떠올리며 동물 먹이주기 당번으로서의 책임을 다한다.	정서에 의한 사고 촉진
		놀이기구를 더 타고 싶으나 다른 친구들이 기다리고 있으므로 양보한다.	정서의 반영적 조절

력, 타인과의 관계를 파악하여 평정한다. 이 평가도구는 9개 영역의 총 108문항으로 구성되어 있으며(표 9-11 참조), 4점 리커트 척도로 관찰점수와 추정점수에 대해 평정한다. 관찰점수는 등원에서 귀가 시까지 유아의 일과시간대에 일어나는 상황 중 관찰한 것을 평정하는 것이고, 추정점수는 관찰하지 못한 상황에 대해 평정하는 것이다. 만일 평정 시 추정점수의 비율이 1/3 이상이면 관찰기간을 연장한 후 평정한다. 이 평가도구는 백분위점수와 표준점수로 규준을 제시하고 있다.

(2) 교사평정용 유아사회지능 평가도구

교사평정용 유아사회지능 평가도구는 Riggio, Messamer와 Throckmorton(1991), Wong, Day, Maxwell과 Meara(1995), Lee(1999), 문태형(2000)의 사회지능개념을 수정, 보완하여 양승희와 박낭자(2005)가 3~5세 유아의 사회지능을 교사가 관찰하여 평정하도록 개발한 도구이다. 사회지능은 일상적인 사회생활에서 자신과 다른 사람의 감정, 사고, 행동을 이해하고, 그러한 이해를 바탕으로 적절히 행동할 수 있는 능력이다. 이는 일상생활에서의 효과적인 사회문제 해결능력을 의미하여 전통적인 학업지능과 구별되는 독립된 개념이다. 이 평가도구에서 측정하는 사회지능의 하위영역은 사회적 지식, 사회적 민감성, 사회적 표현성, 사회적 유연성 등이다. 사회적 지식은 사회적 관계에 대한 이해와 기본적 사회규범에 대한 인식이고, 사회적 민감성은 타인의 언어적 · 비언어적 표현과 사회적 상황에 대한 느낌이며, 사회적 표현성은 사회적 관계에서의 자기표현과 사회적 상황에 대한 개방적 참여이고, 사회적 유연성은 새로운 사회적 상황에 적응하고 사회적 문제에 대한 대처방법에 대한 것이다.

교사평정용 유아사회지능 평가도구는 세 개의 활동 영역에 대해 97문항으로 구성되어 있으며, 교사가 유아의 일과활동 시간대별로 유아의 사회지능 정도를 파악하여 4점 리커트 척도로 평가한다. 교사는 유아의 하루일과 활동과 일상생활을 일정기간 관찰한 후 유아의 사회적 능력과 타인과의 관계를 파악하여 관찰된 내용은 관찰점수에 평정하고, 관찰하지 못한 내용은 추정점수에 평정하여 기록한다. 그러나 만약 관찰이나 추정이 어려워 유아의 정확한 사회적 상태를 파악하기 힘들다면, 각 문항에 대해 구체적으로 질문함으로써 유아의 사회적 상태와 사회적 과정을 파악하여 기록한다. 이 평가도구는 백분위점수와 표준점수 규준을 제시하고 있다.

표 9-12 교사평정용 유아사회지능 평가도구의 영역과 문항 수 및 문항 예

영역	문항 수	문항 예	사회 지능
일상생활	39	친구들의 이름을 정확히 부를 수 있다.	사회적 지식
		친구의 새로 산 물건에 관심을 보인다.	사회적 민감성
		학기 초의 변화된 교실 환경에 잘 적응한다.	사회적 표현성
		친구들과 의견이 다를 때 협상 등 적절한 방법을 사용하여 해결한다.	사회적 유연성
자유선택활동	33	친구들과 함께 놀이해야 한다는 것을 안다.	사회적 지식
		놀이를 하면서 옆에 있는 친구들의 놀이를 의식한다.	사회적 민감성
		선생님에게 친구와 다투게 된 원인에 대해 말할 수 있다.	사회적 표현성
		친구의 놀이를 방해하지 않는다.	사회적 유연성
대집단활동	25	현장학습을 가기 위해 차를 탈 때 줄을 서서 타야 함을 안다.	사회적 지식
		다른 사람 앞에서 이야기할 때, 다른 사람을 의식한다.	사회적 민감성
		주말에 지낸 이야기를 친구들 앞에서 적절하게 말할 줄 안다.	사회적 표현성
		친구들과 게임을 할 때 지고 있어도 규칙을 지키며 끝까지 한다.	사회적 유연성

3) 자아개념검사-유아용

자아개념검사-유아용(Self-concept Inventory: SCI)은 이경화와 고진영(2006)이 4~5세 유아의 자아개념을 측정하기 위해 6개 영역의 30문항으로 제작하여 표준화하였다(표 9-13 참조). 이 검사는 유아에게 친숙한 그림으로 제시되어 있으며, 개별검사로 실시한다. 검사자는 유아에게 문항별로 그림을 보여주면서 질문하는데 처음에는 예, 아니오로 응답하게 한 후 이후에 그 정도를 질문하여 4점 리커트 척도로 평정한다. 이 검사의 규준은 연령별, 성별로 백분위점수와 T점수가 제시되어 있다.

표 9-13 자아개념검사-유아용의 척도와 측정 내용 및 문항 수

척도	측정 내용	문항 수
신체능력	신체활동, 운동경기 등에 대한 자신의 능력과 외모에 대한 다른 사람의 평가와 타인과 비교한 자신의 신체적 매력에 대한 자기 개념	5
친구관계	친구들 간의 인기도, 얼마나 친구를 쉽게 사귀는가, 친구들이 자신을 친구로서 원하는지에 대한 자기 개념	5
부모관계	부모와 얼마나 잘 지내는지, 부모를 얼마나 좋아하는지, 부모의 지지와 승인을 경험하는 정도에 대한 자기 개념	5
언어	읽기에 대한 능력, 즐김, 흥미에 대한 자기 개념	5
수학	수학에 대한 능력, 즐김, 흥미에 대한 자기 개념	5
일반자아	자신에 대한 정의, 능력 있는 개인으로서의 지각과 자신의 방식에 대한 만족감과 긍지에 대한 자기 개념	5

그림 9-10 자아개념검사-유아용

CHAPTER 10

발달이상

1. 발달의 정상성에 대한 이해
2. 발달이상에 대한 관점
3. 발달이상의 분류와 진단
4. 발달이상의 유형별 특성

10 CHAPTER 발달이상

유아기 발달이상은 신체적, 인지적, 사회적, 정서적 영역 등 전반에 걸쳐 일어나는 발달과정 중에 발생한다. 인생의 기초를 형성하는 유아기는 발달속도가 매우 빠르며, 이후의 발달에도 많은 영향을 미친다. 또한 유아는 발달특성상 일관된 행동을 하지 못하고 환경에 따라서도 다르게 행동할 뿐만 아니라 그 특성도 매우 다양하다. 그러므로 유아기 발달이상을 다룰 때는 장애(disorder)보다 성향(tendency)이나 어려움(difficulties)에 초점을 두고, 정상발달 궤도에서 얼마나 벗어나 있는가를 기준으로 이해해야 한다. 이러한 접근은 교사나 보호자가 이들이 정상발달 궤도에 재진입할 수 있도록 도와주고자 할 때 매우 효과적이다. 이 장에서는 앞서 출간된 《영아발달》(2014)의 12장에서 다룬 발달의 정상성 기준과 발달이상에 대한 다양한 관점을 다시 살펴보고 유아기에 나타날 수 있는 발달이상의 유형별 특성에 대해 알아보고자 한다.

1 발달의 정상성에 대한 이해

정상(正常)은 누구에게나 빈번히 일어나는 일반적인 행동이며, 이상(異常)은 그 일반성에서 벗어난 것을 의미한다. 즉, 이상은 흔하지 않고 타인에게 방해가 되는 특이한 행동이라고 할 수 있다. 유아기는 순간적으로 이상행동을 할 수 있는 시기며, 충동조절이나 집중력이 부족하고 자기중심적인 사고 특성을 나타내기 때문에 유아를 바라보는 성인의 기준에 따라 같은 행동일지라도 정상으로 판단하기도 하고 그렇지 않기도 하다. 예를 들면, 교사는 이리저리 돌아다니는 유아를 산만하다고 볼 수도 있지만 아이니까 당연하다고 볼 수도 있다. 유아기는 환경과의 상호작용을 통해 성격의 기초가 형성되는 민감한 시기일 뿐만 아니라 이후의 발달에 누적적인 효과를 나타내기 때문에 교사나 보호자는 행동의 정상성에 대한 판단기준을 가지고 필요시 즉각적으로 적절한 개입을 하는 것이 중요하다.

정상과 이상을 구분하는 기준은 다양하지만 일반적으로 다음과 같은 규준을 적용하여 판단한다(이경화, 김연진, 고진영, 박숙희, 2010, pp. 16-17).

첫째, 통계적 규준을 적용하여 평균에서 일탈된 정도에 따라 정상과 이상을 구분한다.

둘째, 사회문화적 규준을 적용하여 문화권마다 수용할 수 있는 것은 정상으로, 수용할 수 없는 것은 이상으로 판단한다.

셋째, 기능적 규준으로 뇌 손상으로 인한 후천적인 정신의학상의 기능장애를 이상으로 판단한다.

넷째, 발달적 규준을 적용하여 연령단계에 맞는 발달과업의 획득 여부로 정상과 이상을 판단하여 자기 연령의 발달특성에서 지나치게 동떨어져 있으면 이상으로 구분된다(그림 10-1 참조). 따라서 이 규준을 적용할 때는 연령을 기초로 한다.

그림 10-1 지나치게 조숙한 아이

출처: Wenar, C., & Kerig, P. (2004). 발달정신병리학: 영아기부터 청소년기까지, p. 2.

발달이상 유형 중 지적무능력, 자폐스펙트럼장애, 운동장애, 반응성 애착장애, 영·유아기 섭식장애, 기타 수면 관련 문제는 영아기부터 그 심각성이 드러나는 경우가 많아 《영아발달》 12장에서 자세히 다루었으므로 그것을 참고하기 바란다. 따라서 이 장에서는 유아기 및 학령기의 주요 발달이상 유형인 의사소통장애, 분리불안장애, 배설장애, ADHD, 학습장애, 틱장애, 반항장애, 품행장애, 부모-자녀 관계문제 등에 대해 살펴보고자 한다.

발달이상의 주된 원인은 염색체이상이나 뇌기능 손상 등과 같은 기질적 결함과 애착이나 양육방식 등과 같은 환경에 따른 심리적 역기능으로 대별할 수 있다. 영아기의 발달이상에 대한 주된 병인은 기질적 결함인 경우가 많지만, 유아기와 학령기는 심리적 역기능으로 인한 발달이상이 많다. 심리적 역기능(dysfunction)은 영·유아가 인지, 감정, 행동 등을 일상적 수준에서 벗어나 과도하거나 예기치 못한 양상으로 표현하여 자신이나 타인에게 해를 입히거나 부적응을 야기

표 10-1 발달단계별 발달과업 및 그와 관련된 발달이상

발달단계	영아전기 (0~12개월)	영아후기 (1~3세)	유아기 (4~6세)	학령기 (7~12세)
발달과업	• 안정적 애착형성 • 기본적 신뢰감 • 신체적 성장, 신경계 성숙	• 공격성, 충동 통제 • 자율성 • 자아분리, 개별화	• 주도성 • 또래관계 • 성역할 등 사회적 역할 학습	• 근면성 • 우정 • 기초학습능력 • 효능감, 자존감
발달이상	• 지적 무능력 • 자폐스펙트럼장애 • 수유, 수면관련 문제	• 운동장애 • 반응성 애착장애 • 섭식관련 장애 • 공격성, 거부증	• 의사소통장애 • 분리불안장애 • 선택적 함구증 • 배설장애	• ADHD • 학습장애 • 틱장애 • 반항장애, 품행장애 • 부모-자녀 관계 문제 등

출처: 조성연 외 (2014). 영아발달, p. 342.

하는 것이다. 이러한 역기능에 대한 진단은 지능검사, 성격검사 등의 심리검사 외에 영 · 유아의 행동에 대한 임상적 판단을 근거로 한다. 임상적 판단은 증상의 빈도와 심각성 및 지속성을 기초로 한다. 또한, 치료의 방향을 설정하기 위해서는 증상이 나타나게 된 경위와 문제가 되는 증상 및 대상 영 · 유아가 지닌 장점 등을 포함하여 종합적으로 파악한다(Mash & Wolfe, 1999, pp. 7-8).

2 발달이상에 대한 관점

전통적으로 발달이상은 '마음(psyche)'과 '고통받는다(patho)'라는 그리스어에서 유래한 정신병리(psychopathology)로 일컬었다. 정신병리는 병리증상을 나타내는 대상을 연구하는 이상심리학(abnormal psychology)에서 주로 다루었는데, 그 대표적인 이론이 정신분석학이다. 그 외에 정신의학, 인본주의, 행동주의 등에서도

이를 다루고 있다. 이러한 이론은 발달이상의 원인이나 치료방법에 대한 접근방법은 다르지만 발달이상과 관련된 요인을 미시적으로 접근한다는 점에서 공통적이다.

한편, 영·유아기의 정신병리는 발달적으로 접근하는 것이 보다 효과적이라는 관점이 대두되면서 발달심리학과 이상심리학을 접목한 발달정신병리학(developmental psychopathology)이 새로운 학문분야로 자리 잡게 되었다. 발달정신병리학은 정상발달을 기초로 일탈행동을 이해하려 하기 때문에 발달과 관련된 여러 요인을 통합적으로 고려하면서 그런 요인 간의 상호교류과정에 초점을 둔다.

1) 미시적 관점

(1) 의학적 관점

중세의 악마론을 대체한 의학적 관점은 이상행동의 병인이 기질적 요인에서 비롯되었다고 본다. 유전적 결함, 생화학적 이상, 뇌 손상과 같은 신경생리학적 손상이 이에 해당한다. 이러한 관점은 Hippocrates가 일탈된 사고나 행동을 대뇌의 질병, 즉 내분비물의 이상 때문이라고 해석하면서 시작되었으며 약물치료가 대표적인 치료방법이다.

의학적 관점 중 유전적 결함은 정신분열증이나 우울증과 같은 증상을 지닌 가족 구성원이 있을 때 나타날 확률이 높다는 연구 결과가 이를 뒷받침한다. 생화학적 이상으로는 도파민과 같은 신경전달물질의 이상, 감염, 스트레스, 부적절한 음식물 섭취, 약물이나 알코올 남용 등을 들 수 있다. 신경화학물질이 인간의 행동에 영향을 미친다는 생화학적 관점은 우울증이나 과잉행동 등에 대한 약물치료의 근거가 된다. 신경생리학적 손상은 유전뿐만 아니라 임신부의 흡연, 약물복용, 노산 및 스트레스 등의 환경적 요인이 태내기부터 영향을 미쳐 시작될 수 있고, 출생 이후의 사고, 질병, 영양실조, 납중독 등에 의해서도 미세한 뇌 손상이 생겨 뇌기능장애가 나타날 수 있다. 대표적인 미세한 뇌기능장애로는 ADHD나 학습장애를 들 수 있다.

(2) 정신분석학적 관점

Freud의 심리성적이론에서 출발한 정신분석학적 관점은 사회문화나 학습의 영향보다 본능이나 역동 등 개인의 정신내적 요소가 인간의 행동을 결정한다고 본다. Freud는 정신에너지의 세 가지 구성요소인 원초아, 자아, 초자아가 서로 조화롭게 균형을 이룰 때 정서가 안정되어 적응상태가 되면서 물리적, 사회적 환경과 적절한 관계를 유지할 수 있다고 설명하였다. 그러나 세 가지 구성요소 간의 균형이 깨지면 인간은 불안을 유발하게 되면서 부적응상태가 된다. 예를 들면, 원초아가 지나치게 강하면 욕구조절이 어려워 공격적이거나 충동적인 성적 행위를 하게 된다. 반대로 초자아가 매우 강하면 사소한 일이나 위반에도 지나치게 양심의 가책을 받아 죄책감을 느끼고 괴로워한다. 본능이나 초자아가 지나치게 강해지는 불균형상태가 되지 않도록 균형을 잡아주는 것이 자아이다. 자아가 제대로 기능하지 못해 균형이 깨지면 고통스런 감정이나 불쾌한 생각을 유발하면서 인간은 불안해지는데 그러한 불안상태에서 벗어나기 위해 방어기제를 사용하게 되고, 그 과정에서 일탈행동이 나타난다.

Horney는 Freud 이론을 기초로 영·유아의 일탈행동을 설명하면서 부모의 잘못된 양육방식이 자녀의 일탈행동을 유발하는 일차적 원인이라고 주장하였다. 즉, 부모가 지나치게 지배적이거나 무관심한 것, 자녀의 요구를 전혀 존중하지 않거나 지나치게 허용하는 것, 온정적이지만 비일관적인 태도, 지나치게 책임을 부과하거나 과보호하는 것, 다른 아이들과 어울릴 기회를 주지 않는 것, 불공평하게 대하는 것, 약속을 지키지 않는 것 등과 같은 양육태도가 자녀의 불안을 야기하여 정신건강을 해치고 일탈행동을 유발한다(이경화 외, 2010, p. 19).

발달이상을 이해할 때 폭넓게 적용하고 있는 이론 중 하나인 대상관계이론과 자기심리학은 정신분석이론에서 발전한 것이다. Bowlby의 애착이론을 기초로 한 대상관계이론에서는 정신병리를 개인 간 맥락인 대상관계에서 확립되는 애정적 유대감의 문제로 설명한다. 한편, 자기심리학은 자기(self)를 강조하며, 자기의 핵심적 욕구를 '비춰지고자 하는 욕구(the need to be mirrored)'와 '이상화의 욕구(the need to idealize)'로 구분한다(Wenar & Kerig, 2004, p. 23). 전자는 승인, 인정, 칭찬받고자 하는 욕구와 관련되어 야망의 근원이 되는데, 이 욕구를 충족시켜 주는 중요한 사람은 주로 어머니이다. 후자는 힘센 어른을 동경하고 동일시하는 것과 관련한 욕구로서 목표의 근원이 되며, 주로 아버지가 중요한 대상이 된다. 자기심리학에 따르면 수용적인 어머니와 이상향을 제시하는 아버지 밑에서 자란 영·유아는 자기존중감과 자기확신을 가진 자율적인 사람이 될 가능성이 높다. 그러나 부모가 적대적이고 간섭을 많이 하면 자기애적 성격장애를 보이는 경향이 있고, 부모가 방임적이면 난잡한 성교, 도착, 도박, 약물중독 등의 자극적인 대상에 집착하는 이상행동을 나타내는 경향이 있다.

(3) 인본주의적 관점

인본주의적 관점은 인간의 내적 성장력과 위계적 욕구동기를 중시한다. 그리하여 이 관점에서는 인간이 선천적으로 자신을 건설적인 방향으로 성장하게 하는 내적인 힘을 지니며 그러한 내적인 힘을 실현시키려는 강한 경향성이 있고, 인간의 행동을 결정하는 것은 지금, 여기에서 어떻게 느끼고 생각하느냐에 있다고 본다. 인간의 본성을 긍정적으로 보고 전체적인 존재로서 이해하려는 이러한 현상학적 관점은 성적 본능과 과거 경험이 현재의 행동을 결정한다고 본 정신분석학적 관점과 차이가 있다. 적응적인 유아는 인정, 격려 등과 같은 긍정적 반응을 통해 자신을 가치 있는 존재로 인식하면서 건강한 자아를 발달시키고 자신의 내적 성장능력을 실현시킨다. 그러나 성장과정에서 자신의 느낌이나 생각을 인정받지 못하고 자신에게 요구되는 사회적 기대와 자신이 바라는 이상적인 자아 간에 불일치를 자주 경험하면 자아가 왜곡되면서 부적응과 문제행동을 나타낸다.

(4) 행동주의적 관점

인간이 조건형성과 관찰을 통해 행동을 학습한다고 보는 행동주의적 관점은 일탈행동도 그 연장선상에서 환경의 영향에 의해 학습된 것으로 설명한다. 행동주의적 관점은 객관성과 과학성을 강조하여 측정가능한 관찰행동 및 수량화에 초점을 둔다. 그러므로 행동주의적 관점으로 일탈행동을 개선하려면 관찰을 통해 일탈행동을 행동적 용어로 구체화시킨 후, 그 행동과 관련된 자료를 수집하여 분석함으로써 행동을 유발하는 선행자극, 일탈행동, 일탈행동 후의 후속결과를 먼저 파악해야 한다. 이러한 일련의 과정을 통해 행동주의적 관점에서는 일탈행동을 유발시킨 환경을 개선하고, 조건형성으로 학습된 일탈행동을 탈조건화시킴과 동시에 바람직한 행동을 재조건형성시킬 수 있는 방안을 체계적으로 계획하고 적용한다. 탈조건화 및 재조건형성을 위한 전략으로는 자극일반화, 체계적 둔감법, 강화, 행동조성, 소거, 격리, 모방 등과 같은 고전적 조건형성이나 조작적 조건형성, 그리고 관찰학습의 원리를 적용한다.

2) 통합적 관점: 발달정신병리적 관점

생태학적 상호교류접근이라고도 하는 발달정신병리적 관점은 발달이상을 정상발달 궤도에서 벗어난 것으로 보고 정상발달을 기초로 부적응을 이해하고자 한다. 이 관점은 이전의 미시적 관점을 통합하여 발달이상을 개인적 특성과 환경요인 간의 상호작용 결과로 설명한다. 즉, 이 관점은 정상적인 발달과정에서의 주요 발달요인, 발달단계별 주요 발달과업, 발달경로 및 경로 일탈과 관련된 위험요인과 보호요인, 그리고 그러한 요인들 간의 상호작용을 종합적으로 분석하여 통합적으로 접근하고자 한다. 이러한 접근은 정상발달로부터의 일탈을 조기에 감지하여 개입하거나 일탈의 발생을 적극적으로 예방하는 데 유용한 지침을 제공한다. 미국에서의 Head Start 프로그램, Sesame Street와 같은 TV 프로그램은 조기개입 및 예방적 개입의 대표적인 예라고 할 수 있다.

(1) 발달관련 요인

발달정신병리적 관점은 일탈행동에 영향을 미치는 발달관련 요인을 다섯 가지 범주로 구분한다.

첫 번째 범주는 시간에 따른 변화, 즉 연령 증가에 따른 성숙요인이다. 연령별 체중이나 신장, 기기, 앉기, 서기, 걷기 등의 운동근육 발달시기에 대한 행동규준 목록이나 제2차 성징의 출현 등을 예로 들 수 있다.

두 번째 범주는 유전이나 뇌의 구조 및 기능 등에서의 생득적인 개인차를 결정하는 기질적 요인이다. 예를 들면, 21번 염색체이상으로 나타나는 다운증후군은 생득적인 장애이다.

세 번째 범주는 성, 지능, 자아정체감, 성향 등의 개인 내 요인이다.

네 번째 범주는 다른 사람과의 상호작용에 초점을 두는 개인 간 요인이다. 부모의 양육방식, 부모-자녀관계, 또래관계, 형제관계, 교사-영·유아관계 등이 이에 속한다.

다섯 번째 범주는 사회계층, 지역사회, 문화, 시대적 특성과 같이 개인이 속해 있는 집단의 영향 요인이다. 예를 들면, 외환 위기나 금융 위기와 같은 국가의 경제적 위기가 가정의 경제파탄과 가정해체로 이어져 그 가정의 자녀가 위기에 직면하는 경우이다.

(2) 주요 발달과업

발달정신병리적 관점에서는 발달이상을 다룰 때 유아가 나타내는 일탈행동에만 초점을 두지 않고 정상발달에서의 단계별 발달이정표를 어느 정도 달성했는지도 함께 고려한다. 발달단계별 주요 발달과업에 대한 이해는 일탈행동을 하는 유아가 정상발달 궤도에 재진입하기 위해 어떤 발달과업을 중점적으로 획득해야 하는지를 알려줄 뿐만 아니라 교사나 보호자가 유아의 강점과 약점을 파악하여 보다 효과적으로 개입할 수 있게 해준다.

일탈행동과 관련된 주요 발달과업은 애착, 주도성, 자기통제, 인지, 공격성, 양심, 불안, 또래관계, 성, 일이다(그림 10-2 참조)(Wenar & Kerig, 2004, pp. 29-59). 이중 애착, 주도성, 인지, 자기통제는 기본적인 발달과업이다. 먼저 애착은 이러한 생후 첫 단계에서 주 양육자와 맺는 가장 기본적인 발달과업이다. 애착은 인간 경험의 핵심으로서 이후에 맺게 되는 또래관계, 이성관계, 동료관계 등에서 내적 작동모델로 작용한다.

또 다른 기본적인 발달과업은 주도성이다. 걷기 시작하면서 유아는 새롭고 흥미로운 환경을 탐색하고 숙달하려는 욕구가 강해지고, 이를 충족하면서 주도성을 발달시킨다. 자기의존성의 확장에 해당하는 이러한 주도성은 자신이 원하든 원치 않든 해야만 하는 과제, 즉 일과 결부된 학업, 업무 등의 수행능력과 관련된다. 만일 유아가 모험적인 일에 무관심하거나 두려워한다든지, 또는 합당한 일을 시키는 데도 계속 거부한다면 그 유아를 주의 깊게 살펴보아야 한다.

한편, 유아는 자신의 욕구가 사회적으로 용인되지 않을 때 이를 조절할 수 있어야 사회화에 성공하는데, 이는 자기통제와 관련된다. 이러한 자기통제는 성장하면 점점 커지는 공격성 문제를 다룰 때 가장 주목해야 하는 발달과업이다. 또한 유아는 성장하면서 자신의 욕구를 스스로 감독하고 조절할 수 있어야 하는데 이때 도덕적 판단에 따른 양심이 함께 작용한다. 뿐만 아니라 자기통제와 양심은 불안을 야기하는데 이러한 불안은 사회적으로 용인되지 않는 행동을 억제하는 작용을 한다.

마지막으로 유아는 자기 자신뿐만 아니라 물리적, 사회적 환경을 이해해야 하는데 이때 관련되는 것이 인지이다. 유아는 인지적으로 미성숙하기 때문에 마술적인 생각으로 사실을 왜곡할 수도 있고, 보이는 대로 사고할 뿐만 아니라 다른 사람의 관점을 이해하기도 어렵기 때문에 비합리적으로 상황을 이해할 수 있다.

그림 10-2 일탈행동과 관련된 주요 발달과업

(3) 발달경로

발달관련 요인은 시간이 지남에 따라 변화하면서 서로 상호작용하기 때문에 유아가 일탈행동을 보이면 발달경로를 탐색한다. Loeber(1991, p. 97)는 특정한 행동이 나타난 순서를 발달경로라고 정의하면서 시간 경과에 따라 나타나는 행동 간의 관계에 초점을 두었다(Mash & Wolfe, 1999, p. 9 재인용). 이러한 발달경로 개념은 정상과 일탈된 발달의 진행과정과 본질을 이해하는 데 매우 유용하다.

발달경로에 대한 탐색은 상호교류모델에 근거한다. 상호교류모델은 환경의 영향과 유아의 특성이 독립적이지 않고 서로 영향을 주고받기 때문에 유아와 가정, 그리고 사회적 맥락과 관련된 요인 및 그 경험이 끊임없이 역동적으로 상호작용하면서 발달해 나간다고 본다(Zeanah, 2000, p. 27). 그러므로 상호교류모델은 유아의 특성이나 환경적 요인에만 초점을 두지 않고 발달과 관련된 모든 요인을 동시에 고려하여 발달이상을 평가하고 분석해야 한다고 봄으로써 성숙과 환경의 경험을 똑같이 강조한다.

(4) 위험요인과 보호요인

발달과정에는 위험한 영향을 주는 위험요인과 그런 위험으로부터 보호해 주는 보호요인이 있다. 까다로운 기질이나 생물학적 취약성 등의 위험요인을 지닌 유아라도 부모가 수용적이고 자극적인 양육태도로 키우면 보호요인으로 작용하여 문제가 될 수 있는 상황을 극복할 수 있게 해주지만 지나치게 엄격하거나 무관심한 양육태도로 키우면 위험요인으로 작용하여 문제를 더욱 심화시킬 수 있다.

발달이상이 발생하여 지속하는 데는 여러 가지 요인이 영향을 미친다(표 10-2

참조). 생물학적 취약성이나 까다로운 기질 등의 개인적 취약요인은 부모의 양육태도, 부모-자녀 관계, 부부관계, 또래관계, 가족 구성원의 죽음이나 부모의 이혼 등과 같은 개인 간 관계 요인 및 가정의 낮은 사회경제적 수준이나 유해한 주변 환경 등의 사회맥락적 요인과 상호작용하여 발달이상을 더욱 심화시킬 수 있다(Campbell, 2002, pp. 30-32). 반면, 높은 지능, 호감 가는 인상, 사교적 성격, 재능, 강한 신념, 가족의 지지, 경제적 여유, 충분한 교육 기회 등은 취약한 면을 극복하고 성공적으로 생활할 수 있게 해주는 보호요인으로 작용할 수 있다.

표 10-2 발달이상과 관련된 위험요인

구분	위험요인
유아 특성	• 생물학적 취약성 • 까다로운 기질 • 예민성 • 부정적 정서 • 불안정 애착 • 사회적 기술 부족 • 지체된 인지발달 • 각성 및 부정적 정서의 조절능력 부족
양육행동	• 비민감성/비반응성 • 비유용성 • 온화함과 몰입 부족 • 심한 체벌 • 부적절한 발달적 기대 • 가족 구성원과의 상호작용 부족 • 사회적/인지적 자극 부족 • 거칠고 융통성 없는/과도하게 느슨한 통제 전략
가족 내 상호작용	• 결혼문제 • 부모의 정서적 문제 • 부모의 자녀양육에 대한 합의 부족
가정환경/ 사회적 맥락	• 낮은 교육수준 • 비취업 혹은 불안정한 고용 • 재정적, 물질적 자원 부족 • 낮은 사회적 지지 • 가족 스트레스 • 유해한 주변 환경 • 부적절한 지원/자녀양육기관

출처: Campbell, S. B. (2002). 유아의 문제행동(제2판), p. 31.

상호교류모델에 따르면 발달과정에 영향을 주는 유아의 개인적 특성, 부모-자녀 관계, 가족 내 상호작용, 사회적 맥락 등은 상호작용하며 그 영향을 교류한다

(그림 10-3 참조). 우선, 유아의 특성은 부모-자녀 관계와 상호영향을 주고받으며, 가족 내 상호작용 또한 부모-자녀 관계 및 유아의 특성에 영향을 주고받는다. 예를 들면, 자녀가 보채고 힘들게 하면 어머니는 그렇지 않는 자녀에 비해 덜 놀아주고 더 짜증을 낸다. 이때 어머니가 우울증을 앓고 있다면 그렇지 않을 때보다 더 힘들어지며, 더군다나 부부가 서로 다른 양육방식을 가지고 있다면 상황이 더 어려워진다. 그러한 어머니의 힘듦은 자녀의 양육에 영향을 미쳐 자녀가 더 예민해지고 보채게 된다. 가족 내 상호작용은 부모에게 영향을 주어 자녀에게 간접적인 영향을 주기도 하는데, 예를 들면, 부부간의 갈등이 부모를 긴장시켜 자녀에게 신경질을 내거나 비일관된 양육행동을 나타냄으로써 자녀의 반항이나 위축을 유발할 수 있다. 사회적 맥락 또한 유아의 특성, 부모-자녀 관계, 가족 내 상호작용에 모두 영향을 준다. 실직으로 가정에 경제적인 어려움이 생기면 부부갈등이 증가하고, 자녀에 대한 지원이 제한되는 등 자녀에게 직 · 간접적으로 영향을 미칠 수 있다(Campbell, 2002, pp. 32-33).

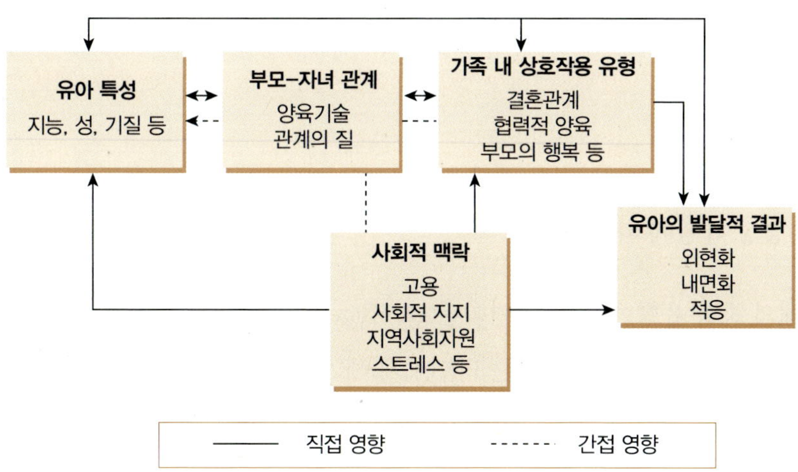

그림 10-3 유아기 발달이상과 관련된 요인 간의 상호교류모델

출처: Campbell, S. B. (2002). 유아의 문제행동(제2판), p. 32.

3 발달이상의 분류와 진단

1) 분류

임상현장에서는 대체로 발달이상을 병리적 관점에서 정신장애로 명명하며, 장애에 대한 분류는 원인, 증상 유형, 특수교육 대상을 근거로 한다.

(1) 원인에 따른 분류

장애의 주된 병인에 따라 기질적 장애와 기능적 장애로 분류한다. 기질적 장애의 주된 병인은 염색체 결함, 신경전달물질의 분비이상, 또는 뇌기능 손상 등 생물학적 요인이며, 상대적으로 환경의 영향은 적다. 반면, 기능적 장애는 부모의 양육태도, 다른 사람과의 관계, 생활환경 등 외부 환경요인이 주된 병인이다. 대부분의 정신장애는 기질적 또는 기능적 요인의 어느 하나에만 국한하지 않고 두 요인 모두 관련이 있다고 보지만 어떤 요인이 더 강하게 영향을 미치는지에 따라 구분한다.

(2) 증상 유형에 따른 분류

장애의 증상 유형에 따라 내면화된(internalized) 장애와 외현화된(externalized) 장애로 분류한다. 내면화된 장애는 타인에게 해가 되는 행동은 하지 않지만 자신감이 부족하거나 공포감, 불안, 죄의식 등을 가짐으로써 장애를 가진 당사자가 고통스럽다. 이에는 불안장애나 기분장애가 포함되며, 공포증, 걱정, 위축, 복통, 매스꺼움, 구토, 강박적 행동, 불면증, 은둔, 우울, 울기 등의 증상을 나타낸다. 반면, 외현화된 장애는 지시를 거부하거나 법을 위반하거나 사회적 규범에서 지나치게 벗어나서 타인에게 해가 되는 반사회적 행동을 한다. 외현화된 장애는 자신의 문제를 외부로 드러내면서 주변과 마찰을 일으켜 갈등을 유발한다. 이에는 품행장애나 적대적 반항장애가 대표적이며, 불복종, 도벽, 거짓말, 싸움, 파괴, 욕설, 분노 폭발, 가출 등의 행동을 나타낸다.

(3) 특수교육 대상에 따른 분류

정신장애에 대한 교육적 개입은 특수교육법에 근거한다. 현재 우리나라의 「장애인 등에 대한 특수교육법」은 특수교육대상자를 시각장애, 청각장애, 정신지체, 지체장애, 정서・행동장애, 자폐성 장애, 의사소통장애, 학습장애, 건강장애, 발달지체, 그밖에 대통령령으로 정하는 장애를 가진 자로 한다.

2) 의학적 진단

임상의학 현장에서 정신장애를 진단할 때 가장 많이 사용하는 기준은 미국정신의학회(American Psychiatric Association: APA)에서 만든 DSM(Diagnostic and Statistical Manual of Mental Disorders) 시리즈와 세계보건기구(WHO)가 설정한 국제질병분류(International Classification of Disease and Related Health Problems: ICD) 시리즈이다. 우리나라는 DSM 시리즈를 주로 사용하며 현재까지는 DSM-IV(APA, 1994)를 번안하여 사용하였다. 그러나 2013년에 DSM-V가 출간되었고, 최근 국내 번역판도 시판되기 시작하였으므로 현장에서도 점차 DSM-V를 적용하는 추세이다.

개정된 DSM-V의 장애진단 유형 및 기준은 DSM-IV와 다소 차이가 있다. DSM-

IV에서는 '유아기, 아동기 또는 청소년기에 흔히 처음으로 진단되는 장애'를 하나의 범주로 묶어 그 안에 영 · 유아기를 포함한 아동 · 청소년기의 여러 정신장애 유형을 포함시켰으나, DSM-V에서는 그런 범주를 없애고 발달적이고 생애주기적인 순서에 따라 장애 유형을 제시하였다.

DSM-IV의 '유아기, 아동기 또는 청소년기에 흔히 처음으로 진단되는 장애' 범주에 포함된 장애 유형은 표 10-3과 같다. 또한 그 범주에는 포함되지 않으나 영 · 유아기를 포함한 아동 · 청소년기의 심각한 정신장애의 하나로 '학대 및 방임'이 있으며, 정신장애는 아니지만 이 시기에 임상적으로 관심을 두어야 할 문제로 '부모-자녀관계 문제(parent-child relational problem)', '형제자매관계 문제', '교육 문제'가 있다.

표 10-3 DSM-IV에서의 유아기, 아동기 또는 청소년기에 흔히 처음으로 진단되는 장애 유형

장애 유형	세부 유형
정신지체	경도, 중등도, 고도, 최고도
학습장애	읽기장애, 쓰기장애, 산술장애
운동기술장애	발달협응장애
의사소통장애	표현언어장애, 혼재성 수용표현언어장애, 음운장애, 말더듬증
광범위 발달장애	자폐장애, 레트장애, 아동기 붕괴성장애, 아스퍼거장애
주의력 결핍 및 파괴적 행동장애	ADHD, 적대적 반항장애, 품행장애
유아기 또는 초기 아동기의 급식 및 섭식 장애	이식증, 반추장애, 유아기 또는 초기아동기 급식장애
틱장애	뚜렛장애, 만성 운동 또는 음성 틱장애, 일과성 틱장애
배설장애	유뇨증, 유분증
유아기, 아동기 또는 청소년기의 기타 장애	분리불안장애, 선택적 함구증, 반응성 애착장애, 상동증적 운동장애

출처: 조성연 외 (2014). 영아발달, p. 352.

발달적이고 생애주기적인 순서에 따라 장애 유형을 제시한 DSM-V 중 영 · 유아기를 포함한 아동 · 청소년기 관련 정신장애 범주 및 유형은 표 10-4와 같다. DSM-V에서 가장 먼저 제시한 정신장애 범주는 신경발달장애(neurodevelopmental disorders)이다. 그 범주에는 DSM-IV에서의 정신지체에 해당하는 지적 무능력(intellectual disabilities), 의사소통장애(communication disorders), 자폐스펙트럼장애(autism spectrum disorder), ADHD(attention-deficit/hyperactivity disorder), 특정학습장애(specific learning disorder), 운동장애(motor disorders), 틱장애(tic disorders)가 포함된다. DSM-IV에서 기타장애에 포함되었던 분리불안장애, 선택적 함묵증은 DSM-V에서 불안장애(anxiety disorders)에 포함되었으며, 반응성 애착장애는 충격적인 외상 또는 스트레스 관련 장애(trauma and stressor-related disorders)에 포함되었다. DSM-IV에서는 섭식장애와 따로 분리되어 있던 '유아기 또는 초기 아동기 급식 및 섭식장애'를 섭식장애로 통합하였으며, 세부 유형이었던 '유아기 또는 초기아동기 급식장애'는 '회피/제한적 음식섭취장애'로 명칭이 바뀌었다. ADHD와 함께

표 10-4 DSM-V에서의 영 · 유아기를 포함한 아동 · 청소년기 관련 정신장애 유형

장애 범주	장애 유형
신경발달장애	지적 무능력, 의사소통장애, 자폐스펙트럼장애, ADHD, 특정학습장애, 운동장애, 틱장애
불안장애	분리불안장애, 선택적 함묵증
충격적인 외상 또는 스트레스 관련 장애	반응성 애착장애
섭식장애	이식증, 반추장애, 회피/제한적 음식섭취장애
배설장애	유뇨증, 유분증
파괴적, 충동-조절 및 품행장애	적대적 반항장애, 품행장애
기타 임상적 문제	관계문제, 학대 및 방임, 학업/교육문제

출처: 조성연 외 (2014). 영아발달, p. 353.

'주의력결핍 및 파괴적 행동장애'에 포함되어 있던 적대적 반항장애와 품행장애는 ADHD와 따로 분리하여 '파괴적, 충동-조절 및 품행장애(disruptive, impulse-control, and conduct disorders)'로 분류되었다.

4 발달이상의 유형별 특성

영아기와 비교했을 때 유아기는 생물학적 요인이 주된 병인인 신경발달장애뿐만 아니라 부모의 양육방식이나 관계 등과 같은 환경요인의 영향을 많이 받는 심리기능적 장애도 점차 늘어나는 시기이다. 이 시기에 드러날 수 있는 발달이상으로는 신경발달장애 범주에 해당하는 의사소통장애, ADHD, 특정학습장애, 틱장애가 있으며, 심리기능적 장애에 해당하는 분리불안장애, 선택적 함묵증, 배설장애, 적대적 반항장애, 품행장애, 그리고 기타 임상적 관심을 요구하는 부모-자녀관계 문제, 형제자매관계 문제, 학대 및 방임, 학업/교육 문제를 들 수 있다.

1) 의사소통장애

자신의 생각이나 감정을 언어로 표현하거나 다른 사람의 말을 이해하고 의사소통하는 데 어려움이 있다면 의사소통장애(communication disorders)로 진단한다. DSM-IV에서는 이 장애의 세부 유형으로 표현성 언어장애(expressive language disorder), 혼재 수용-표현성 언어장애(mixed receptive-expressive language disorder), 음성학적 장애(phonological disorder), 말더듬기(stuttering)로 구분하였다. 그러나 DSM-V에서는 이 장애의 세부 유형으로 언어장애(language disorder), 말소리장애(speech sound disorder), 아동기 발병 유창성 장애/말더듬(childhood-onset fluency disorder/stuttering), 사회적/실용적 의사소통장애(social/pragmatic communication disorder)로 바뀌었다. DSM-V의 의사소통장애에 대한 세부 유형별 진단기준은 표 10-5와 같다.

언어장애는 주로 어휘와 문법을 습득하고 사용하는 데 어려움이 있는 경우이다. 첫 단어와 구의 발화시기가 지연된 경우가 많고, 어휘량이 연령수준에 비해 적고 다양하지 못하며, 시제와 관련된 문법 오류가 많고, 문장이 짧고 단순한 경향이 있다. 적합한 단어를 생각해 내기 어려워하거나 단어를 정의하는 데 취약하고, 동의어와 다중의미어에 대한 이해력이 부족하다. 지시가 길면 따르지 못하고, 전화번호나 목록 등을 기억하지 못하며, 새로운 단어를 습득할 때 중요한 기술인 새로운 소리의 순서를 기억하기 어렵다. 언어장애는 발달 초기에 나타나지만 초기에는 어휘습득 및 단어조합의 개인차가 상당히 크기 때문에 4세 이후가 되어서야 진단의 정확성이 높아진다.

말소리장애는 음성학적 장애와 조음장애를 포함한다. 말소리를 생성하려면 음소를 뚜렷이 발음해야 한다. 이를 위해서는 언어음에 대한 음성학적 지식, 턱, 혀, 입술 등 조음기관의 움직임, 호흡과 발성을 조절하는 능력이 필요하다. 또한, 발음 생성이 어려우면 말할 때 필요한 다양한 수준의 움직임을 협응하는 데도 어려움이 생긴다. 이 장애를 진단받았더라도 4세 이상인 경우에는 말을 거의 알아들을 수 있지만 2세의 말은 약 50% 정도만 이해할 수 있다. 비교적 치료효과가 좋아 말하기가 개선되기 때문에 평생 장애가 지속되지 않을 수도 있다.

말더듬의 전형적인 특성은 음이나 음절을 자주 반복하거나 길게 끄는 것이다. 소리를 동반하지 않더라도 말이 막히거나 말하기 힘든 단어를 다른 단어로 대치하거나 지나치게 힘을 주어 말하는 형태로도 나타난다. 말더듬는 정도는 상황에 따라 다양한데, 일반적으로 발표나 면접 등 스트레스를 받는 상황에서 더 심해진다. 발병 연령대는 2~7세이나 80~90%가 6세경에 나타나며, 서서히 시작되기도 하고 갑자기 나타나기도 한다. 말더듬으로 진단을 받았더라도 65~85%는 회복되지만 8세경에도 그 정도가 심하면 지속될 가능성이 높아진다.

사회적 의사소통장애는 사회적 맥락 안에서 언어적 · 비언어적 의사소통 규칙을 이해하고 따르는 데 있어서의 결함으로 듣는 사람이나 상황에 따라 언어 표현을 다르게 하지 못할 때 진단된다. 의사소통을 위해서는 말하기 및 언어능력이 우선 발달되어야 하기 때문에 만 4세 이전에 진단되는 경우는 드물다.

표 10-5 의사소통장애에 대한 DSM-V의 진단기준

언어장애(language disorder)
A. 언어에 대한 이해와 생성의 결함으로 인해 말하기, 글쓰기, 수화 또는 기타 언어 양식의 습득과 사용에 지속적인 어려움이 있으며, 다음의 항목을 포함함. 1. 어휘 부족(단어에 대한 지식 및 사용) 2. 제한된 문장 구조(문법 및 형태론적 법칙에 따라 단어와 어미를 배치하고 문장을 만드는 능력) 3. 말하는 능력의 손상(주제나 일련의 사건을 설명하거나 묘사하고 대화를 위한 어휘 사용 및 문장 연결 능력) B. 언어능력이 연령에 비해 상당히 정량적으로 떨어져서 단독으로 또는 다른 장애와 결부되어 효율적인 의사소통, 사회참여, 학업성취, 직업수행이 기능적으로 제한됨. C. 발달 초기에 증상이 시작됨. D. 이러한 어려움이 청력이나 다른 감각손상, 운동기능이상, 또는 다른 의학적, 신경학적 상태에서 기인한 것이 아니며, 지적 무능력 또는 전반적 발달지연으로 더 잘 설명되지 않음.
말소리장애(speech sound disorder)
A. 말소리 생성에 지속적인 어려움이 있고, 이로 인해 말을 알아듣기 힘들거나 언어적 의사소통을 방해함. B. 장애로 인해 효과적인 의사소통이 제한되어 단독으로 또는 다른 장애와 결부되어 사회 참여, 학업 성취, 직업 수행을 방해함. C. 발달 초기에 증상이 시작됨. D. 이러한 증상은 뇌성마비, 구개파열, 청력 손상 또는 상실, 외상성 뇌 손상이나 다른 의학적, 신경학적 상태 등의 선천적 또는 후천적 상태에서 기인한 것이 아님.

아동기 발병 유창성 장애(말더듬)(childhood-onset fluency disorder)(stuttering)

A. 말의 정상적인 유창성 및 속도 양상에 장애가 있음. 자신의 연령이나 언어기술에 비해 부적절하며, 오랜 기간 지속되며, 다음 중 한 가지 이상이 자주, 뚜렷하게 나타나는 것이 특징임.
  1. 음과 음절의 반복.
  2. 모음 뿐 아니라 자음소리도 길게 냄.
  3. 단어가 깨짐(예: 한 단어 내에서 머뭇거림).
  4. 소리를 동반하거나 동반하지 않는 상태에서 말을 머뭇거림 (말이 중단될 때 힘이 주어지기도 하고 그렇지 않기도 함).
  5. 넌지시 돌려 말하기(말하기 힘든 단어를 피하기 위해 단어를 대치함).
  6. 과도하게 힘주어 단어를 말함.
  7. 단음절 단어의 반복(예: "나-나-나-나는 그를 본다.").

B. 이러한 장애는 단독으로 또는 다른 장애와 결부되어 말하기에 대한 불안을 초래하거나 효과적인 의사소통, 사회참여, 학업/직업 수행을 제한함.

C. 발달 초기에 증상이 시작됨 (주의점: 발병이 늦은 경우는 성인기 발병 유창성 장애로 진단).

D. 장애는 운동성 또는 감각성 언어 결함, 신경학적 손상(예: 뇌졸중, 종양, 외상)에 의한 비유창성, 또는 다른 의학적 상태에서 기인한 것이 아니며, 다른 정신장애로 더 잘 설명되지 않음).

사회적(실용적) 의사소통장애(social/pragmatic communication disorder)

A. 사회적으로 언어적, 비언어적 의사소통을 할 때 지속적인 어려움을 보이며, 다음의 양상이 모두 나타남.
  1. 사회적 맥락에 적절한 방식으로 인사를 나누거나 정보공유 같은 사회적인 의사소통에 결함이 있음.
  2. 사회적 맥락이나 듣는 대상에 따라 의사소통을 주고받는 능력이 손상됨(예: 말하는 장소가 운동장인지 교실인지에 따라서, 듣는 대상이 어른인지 아이인지에 따라서 다르게 말하기, 최소한의 격식을 갖추어서 말하기 등의 능력 손상).
  3. 대화를 주고받는 규칙을 따르기가 어려움(예: 자기순서에 대화하기, 알아듣지 못했을 때 좀 더 쉬운 말로 바꾸어 말하기, 상호작용을 조절하기 위해서 언어적, 비언어적 신호를 사용하기 등).
  4. 명확하지 않은 상황(예: 추측하기), 상징 문자나 애매모호한 의미(예: 관용어, 유머, 은유, 문맥에 따라 해석이 다양한 의미)를 이해하는 데 어려움.

B. 이러한 결함으로 인해 단독으로 또는 다른 장애와 결부되어 효과적인 의사소통, 사회참여, 사회관계, 학업성취, 또는 업무수행을 할 때 기능적 제한이 야기됨.

C. 발달 초기에 증상이 시작됨(그러나 제한된 능력 이상의 사회적 의사소통이 요구될 때까지는 결함이 뚜렷하게 나타나지 않을 수 있음).

D. 증상이 다른 의학적, 신경학적 상태 또는 단어 구조나 문법상의 능력 부족 때문이 아니며, 자폐스펙트럼, 지적 무능력, 전반적 발달지체, 또는 다른 정신장애로 더 잘 설명되지 않음.

출처: APA (2013). *Diagnostic and statistical manual of mental disorders 5th* (DSM-V), pp. 41-49.

2) 주의력 결핍/과잉행동장애

주의력 결핍/과잉행동장애(attention deficit/hyperactivity disorder: ADHD)는 특정 과제에 주의를 집중하는 능력에 결함이 있어 산만하고, 이로 인해 과잉행동을 초래하는 것이다. ADHD 아동의 일반적인 행동특성은 말을 해도 주의를 기울이지 않고, 지시한 것과 다르게 행동하고, 산만하며, 잘 잊어버리고, 과제나 일을 끝내지 못하며, 수업 중에 돌아다니거나 멍하니 백일몽을 꾸는 것 등이다(그림 10-3 참조). DSM-V에 기술되어 있는 ADHD의 진단기준은 표 10-6과 같다.

ADHD 아동 중에는 때로 자신이 좋아하는 일에 주의를 집중할 수도 있으나 그런 경우라도 관심이 없는 과제나 새로운 것을 학습해야 할 때는 다른 아동보다 훨씬 더 어려워한다. Mash와 Wolfe(1999, p. 146)는 과잉행동과 충동성은 함께 나타나기 때문에 이를 행동적 흥분이라는 단일차원으로 간주하였다. 즉, 충동적인 특성 때문에 너무 빨리 또는 자주 반응하고, 기다리거나 차례를 지키기도 어렵다. 이런 특성을 지닌 아동은 상대방의 말이 채 끝나기도 전에 자기가 하고 싶은 말을 시작해서 대화가 어려우며, 하고 싶은 것을 참고 기다리지 못해서 시계나 컴퓨터의 내부가 궁금하면 바로 분해하고는 재조립을 못해 망가뜨리기도 하고, 자주 음료수를 엎지르거나 물건을 부수기도 한다. ADHD 아동이 이러한 행동을 나타내는 것은 결과를 생각하지 않고 단순히 보고, 듣고, 느끼는 모든 것에 즉각적으로 반응하며, 상황이나 다른 사람의 요구에 따라 자신의 행동을 멈추거나 조절하는 것을 매우 어려워하는 특성과 관련이 있다. 그 정도가 매우 심한 경우에는 '탄환같이 튀는 아이'로 표현하기도 한다.

그림 10-4 산만하고 충동적인 ADHD 아동

출처: medicalnegligenceblog.com/causes-for-misdiagnosis-of-adhd

ADHD의 특성은 유아기부터 시작되지만 주로 초등학교에 들어간 후 뚜렷하게 나타난다. 즉, ADHD 아동은 초등학교 입학 후 학업성취가 매우 부진하고 수업시간에 돌아다니는 등의 과잉행동으로 수업을 방해한다. 그로 인해 교사로부터 제재를 받거나 급우들로부터 비난이나 거부를 당하는 등 학교생활에서의 부적응 현상이 뚜렷해지기 때문에 부모나 주변 사람들이 그 문제의 심각성을 인식하게 된다. ADHD 아동의 학업성취 및 사회적 관계에서의 심각한 부적응은 결과적으로 무능감, 좌절감 또는 고립감 등의 부정적인 자아개념을 형성하게 하고, 이로 인해 적대적 반항장애나 품행장애, 불안장애, 우울 또는 뚜렛장애와 같은 다른 장애를 수반할 위험성도 증가시킨다.

ADHD 병인으로는 유전적 요인, 출산 전후의 미세한 뇌 손상 및 부적절한 환경을 들고 있으나 아직 그 원인이 분명하게 규명되지 않고 있다. Whalen(1989, p. 131)은 미국 학생의 약 5%가 ADHD이고, 여아에 비해 남아가 3~6배 정도 더 많다는 결과를 보고하였다.

표 10-6 ADHD에 대한 DSM-V의 진단기준

A. 지속적으로 기능이나 발달을 방해하는 부주의 및 과잉행동-충동 패턴을 보임. 다음의 1과 2 특성을 보임.

1. 부주의: 다음 9개 증상 중 6개 이상을 적어도 6개월 이상 발달수준에 적합하지 않게 지속하며 그로 인해 사회적, 학업/직업적 활동에 직접적으로 부정적인 영향을 미침.
   주의점: 증상이 단지 반항행동, 불복종, 적대감 또는 과제나 지시 이해 실패에 기인하지 않음. 후기 청소년이나 성인(17세 이상)의 경우에는 5가지 이상임.
   a. 종종 세부적인 면에 면밀한 주의를 기울이지 못하거나, 학업/직업 또는 기타 활동에서 부주의한 실수를 함.
   b. 종종 과제나 놀이를 할 때 계속 주의를 기울이기 어려움(예: 강의, 대화, 장문 읽기 동안 집중하는 데 어려움이 있음).
   c. 종종 직접 해주는 말을 듣지 않고 있는 것 같음(예: 집중하지 않은 것이 분명하지는 않지만 마음이 다른 곳에 있는 것처럼 보임).
   d. 종종 지시에 따라 학업, 일상적인 일 또는 근무지에서의 직무를 끝내지 못함(예: 과제를 시작하지만 곧 집중하지 못하고 쉽게 다른 일을 함).
   e. 종종 과제나 활동을 체계화하는 데 어려움이 있음(예: 순서대로 처리하는 과제를 다루기 어려움, 자료 및 소지품을 순서대로 보관하기 어려움, 일하는 것이 어수선하고 혼란스러움, 시간 관리를 잘 하지 못함, 기한을 맞추지 못함).
   f. 종종 지속적인 정신적 노력이 필요한 과제 수행을 기피하거나 싫어하거나 마지못해 함(예: 학교과제나 숙제, 후기 청소년이나 성인의 경우에는 보고서 준비, 서류작성, 긴 서류 검토 등).
   g. 종종 과제나 활동에 꼭 필요한 물건을 잃어버림 (예: 학교준비물, 연필, 책, 도구, 지갑, 열쇠, 서류작업, 안경, 핸드폰 등).
   h. 종종 외부 자극에 쉽게 산만해짐(후기 청소년이나 성인의 경우에는 관련이 없는 생각을 하는 것도 포함될 수 있음).
   i. 종종 일상적인 일을 잊어버림(예: 잡일하기, 심부름 가기 등, 후기 청소년이나 성인의 경우에는 전화 회답하기, 고지서 납부, 시간 약속 기억하기 등)
2. 과잉행동 및 충동성: 다음 9개 증상 중 6개 이상을 적어도 6개월 이상 발달수준에 적합하지 않게 지속하며 그로 인해 사회적, 학업/직업적 활동에 직접적으로 부정적인 영향을 미침.
   주의점: 증상이 단지 반항행동, 불복종, 적대감 또는 과제나 지시 이해 실패에 기인하지 않음. 후기 청소년이나 성인(17세 이상)의 경우에는 5가지 이상임.
   a. 종종 손발을 만지작거리며 안절부절못하거나 앉아 있으면서 꼼작거림.
   b. 앉아 있어야 할 상황에서 종종 자리 이탈을 함(교실, 사무실이나 작업장, 또는 자리에 앉아 있어야 하는 상황에서 자리를 이탈함).
   c. 종종 부적절한 장소에서 지나치게 뛰어다니거나 기어오름(주의점: 청소년이나 성인의 경우에는 좌불안석하는 것으로 국한될 수 있음).
   d. 종종 조용히 여가활동에 참여하거나 놀이하기가 어려움.
   e. 종종 태엽이 풀린 장난감 자동차처럼 끊임없이 움직임(예: 식당, 회의 장소에서 오랜 시간 동안 가만히 있지 못하거나 불편해함, 들썩이거나 가만히 있기 힘들어 보임).
   f. 종종 지나치게 말을 많이 함.
   g. 종종 질문이 끝나기도 전에 불쑥 대답함(예: 다른 사람의 말을 가로채거나 자기 차례를 기다리지 못함).

h. 종종 자기 차례를 기다리지 못함(예: 줄서서 기다리기).
i. 종종 타인의 활동을 방해하거나 침해함 (예: 대화, 게임, 활동에 참견함, 타인의 물건을 허락 없이 사용함, 청소년이나 성인의 경우, 타인이 하는 일을 침해하거나 자기가 해버림).

B. 여러 가지 부주의 또는 과잉행동-충동 증상이 12세 이전에 나타남.
C. 여러 가지 부주의 또는 과잉행동-충동 증상이 2가지 이상의 상황에서 나타남(예: 집, 학교, 또는 작업장, 친구나 친척과 함께 있을 때, 여러 활동을 하면서).
D. 증상으로 인해 사회, 학업, 또는 직업 기능을 방해하거나 질을 떨어뜨린다는 증거가 명백함.
E. 증상이 조현병 또는 기타 정신병적 장애의 경과 중에만 국한되어 나타나지 않으며, 다른 정신질환(예: 기분장애, 불안장애, 해리장애, 성격장애, 물질중독 또는 위축)으로 더 잘 설명되지 않음.

출처: APA (2013). *Diagnostic and statistical manual of mental disorders 5th* (DSM-V), pp. 59-60.

그림 10-5는 병원에서 ADHD로 진단받은 아동이 그린 집과 나무이다. 필압이 전체적으로 강하고 그림을 크게 그리는 경향이 있으며, 그림을 지면 밖으로 뻗치게 그리기도 한다.

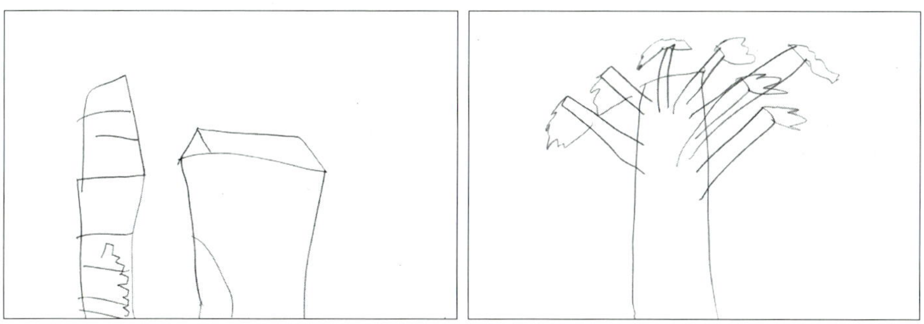

그림 10-5 ADHD로 진단받은 아동이 그린 집과 나무

3) 특정학습장애

특정학습장애(specific learning disorder)는 읽기, 쓰기, 셈하기 등의 학업기술이 자신의 생활연령 수준에 상당히 못 미쳐 학업이나 직업수행, 또는 일상생활 활동

을 뚜렷이 방해하는 장애이다. 이 장애의 대표적인 예는 읽기장애의 하나인 난독증(dyslexia)이다. DSM-IV에서는 특정학습장애를 읽기장애(reading disorder), 산술장애(mathematics disorder), 쓰기장애(disorder of written expression)로 구분하였으나, DSM-V에서는 세부 유형을 구분하지 않는다. 특정학습장애에 대한 DSM-V의 진단기준은 표 10-7과 같다.

교육현장에서는 읽기, 쓰기, 셈하기 등 특정한 학습영역에서의 수행능력이 지적 능력에 비해 현저히 떨어지는 경우 외에도 지적무능력이나 ADHD로 인해 학

표 10-7 특정학습장애에 대한 DSM-V의 진단기준

A. 학업기술을 배우고 사용하는 것에 어려움이 있음. 이러한 어려움에 대해 적절한 개입을 했음에도 불구하고 다음의 증상 중 최소 1가지 이상이 최소 6개월 이상 지속적으로 나타남.
  1. 단어 읽기가 부적절하거나 속도가 느리며 힘들어함(예: 단어를 소리 내어 읽는 것이 부정확하거나 느리며 더듬거림, 단어를 빈번히 추측하며 읽기, 단어를 소리 내어 읽기가 어려움)
  2. 읽은 것의 의미를 이해하기 어려워함(예: 정확히 읽을 수는 있으나 읽은 내용의 순서, 관계, 추론, 또는 내포된 의미를 이해하지 못함).
  3. 맞춤법에 대한 어려움(예: 자음이나 모음을 첨가, 생략, 또는 대치함).
  4. 쓰기의 어려움(예: 문장 내 다양한 문법이나 구두법 오류, 문단 구성이 엉성함, 생각을 글로 명료하게 표현하지 못함).
  5. 수 감각, 연산 값에 대한 단순 암기, 또는 연산과정에 대한 숙달의 어려움(예: 숫자 및 자릿수와의 관계에 대한 이해 부족, 한 자리 숫자를 더할 때 또래처럼 암산으로 하기보다는 손가락으로 셈, 연산을 하다가 중간에 더 이상 못하거나 연산과정을 바꿔 버리기도 함).
  6. 수학적 추론에 대한 어려움(예: 수량적 문제를 풀 때 수학개념, 연산값 암기, 또는 수식 적용에 심각한 어려움을 보임).

B. 보유한 학업기술이 개별적으로 실시한 표준화된 성취도 검사 및 종합적인 임상평가를 통해 자신의 생활연령에 기대되는 수준보다 현저히 낮아서 학업이나 직무수행, 또는 일상생활의 활동을 뚜렷이 방해하는 것이 확인됨. 17세 이상인 경우에는 학습 곤란에 대한 과거 병력이 표준화된 평가를 대신할 수 있음.

C. 학업 곤란이 나타나는 시기는 학령기나 자기능력 이상의 학업 기술을 요구받고 나서야 분명히 드러날 수 있기 때문에 발견시기는 더 늦어질 수 있음(예: 주어진 시간 안에 시험 보기, 길고 복잡한 보고서를 촉박한 기한 내에 읽고 쓰기, 과중한 학업 부담).

D. 학습 곤란이 지적무능력, 교정되지 않은 시력 또는 청력 문제, 다른 정신적 또는 신경학적 장애, 심리사회적 어려움, 학술 용어에 대한 전문성 부족, 또는 불충분한 교육적 지도로 더 잘 설명되지 않음.

주의점: 4가지 진단항목은 개인의 과거력(발달력, 병력, 가족력, 교육력), 학교보고서, 심리교육적 평가결과를 임상적으로 통합하여 판단함.

출처: APA (2013). *Diagnostic and statistical manual of mental disorders 5th* (DSM-V), pp. 66-67.

업성취가 전반적으로 매우 부진할 수 있는데, 그 경우에도 광범위한 의미에서의 학습장애로 일컫기도 한다. 특정학습장애는 출생 이전이나 이후의 뇌 발달과정에서 지각, 기억, 통합 또는 인출 기능에 결함이 생겨 발생하는 것으로 보고, 임상적으로는 언어능력과 지각능력 간의 불일치를 진단 근거로 사용하기도 한다. Taylor(1988, p. 402)는 웩슬러 지능검사에서의 언어성 점수는 평균 이상이지만 동작성 점수가 낮을 때 학습장애로 진단할 수 있다고 하였다.

4) 틱장애

아동의 행동 중에는 단순한 버릇이라고 보기에는 좀 이상한 행동이 있다. 예를 들면, 자기도 모르게 눈을 깜박거리거나, 코를 킁킁거리거나, 얼굴, 목, 어깨, 심지어는 몸 전체를 앞뒤로 또는 위아래로 흔드는 행동 등이다. 이처럼 자신의 의지와 관계없이 자주, 갑자기 빠른 속도로 소리를 내거나 근육을 움직이는 반복적인 행동을 의학적인 용어로 틱(tic)이라고 한다. 틱장애(tic disorders)에 대한 DSM-V의 진단기준은 표 10-8과 같다.

틱장애는 흔히 강박적인 생각과 행동을 함께 수반하며, 과잉행동, 주의산만 및 충동성을 함께 나타내는 경우도 비교적 빈번하게 나타난다. 주의를 받으면 일시적으로 증상이 약화되는 등 특정한 상황이나 시간 동안 자신의 의지로 증세를 억제할 수는 있으나 완전히 통제하기는 어렵다. 흔히 틱장애는 불안이나 긴장, 스트레스를 받으면 더 심해지고, 책읽기나 바느질하기처럼 차분한 활동을 하는 동안에는 감소한다. 이러한 변화로 심리적 상태는 틱증상에 영향을 미치는 것으로 볼 수 있다. 부모가 자녀에 대한 기대수준이 지나치게 높거나 가정 분위기가 강압적이고 지시적인 경우에 틱증상을 나타내는 아동이 많다. 따라서 아동이 틱증상을 보이는 경우에는 증상을 중단시키는 데 초점을 두기보다는 가정 분위기를 편안하게 해주고 아동이 느끼는 부담감을 덜어줌으로써 심리적으로 이완시켜 주는 것이 중요하다.

일반적으로 틱행동은 눈을 깜박이는 것부터 시작하지만 코를 찡긋거리거나 입 주위를 실룩거리기도 한다. 이러한 틱장애는 조용하고 긴장된 상태에서 "음, 음" 또는 "킁, 킁" 등의 소리를 반복하는 음성틱(vocal tic), 눈, 얼굴, 목, 어깨 등을 움찔거리거나 몸 전체를 앞뒤로 흔드는 등의 움직임을 반복하는 운동틱(motor tic), 근육의 움직임과 함께 소리 내는 것을 동시에 반복하는 뚜렛장애(Tourette's disorder) 등이 있다.

운동 틱장애의 움직임이 커지면 상동증적 운동장애(stereotypic movement disorder)와 유사해질 수 있다. 상동증적 운동장애에 대한 DSM-V의 진단기준은 '손 흔들기, 손장난하기, 몸 흔들기, 머리 흔들기, 물어뜯기, 자기 몸 때리기 등 목적 없는 운동행동을 억제하지 못하고 반복적으로 지속함으로써 사회적, 학업적 또는 기타 활동을 방해하고, 자해의 원인이 될 수 있음'이다. 운동 틱장애와 달리 상동증적 운동장애는 멈추려고 노력하면 중단이 가능하며, 자신을 해치려는 의도를 가지고 심할 정도로 자해 행동을 반복하는 특성이 있다. 전형적으로 틱은 5~7세에 시작되며, 주로 눈, 얼굴, 머리, 어깨에 짧고 빠르게 불수의적으로 나타난다. 그에 비해 상동증은 3세 이전에 시작되며, 팔, 손, 몸 전체에 지속적이고 고정된 양식으로 나타난다(APA, 2013, pp. 77-80).

표 10-8 틱장애에 대한 DSM-V의 진단기준

뚜렛장애(Tourette's disorder)
A. 여러 가지 운동성 틱과 하나 이상의 음성 틱이 반드시 동시에 나타나지는 않았더라도 질병 경과 중 일부 기간 동안 동시에 나타남. B. 틱증상이 빈번히 악화와 완화를 반복하지만 처음 나타난 시점으로부터 1년 이상 지속됨. C. 18세 이전에 시작됨. D. 장애가 물질(예: 코카인)의 생리적 영향이나 다른 의학적 상태(예: 헌팅턴병, 바이러스성 뇌염)에 기인하지 않음.
만성 운동 또는 음성 틱장애(persistent/chronic motor or vocal tic disorder)
A. 한 가지 또는 여러 가지 운동 틱 또는 음성 틱이 일정 기간 동안 지속적으로 나타났으나, 운동 틱과 음성 틱이 동시에 나타나지 않음. B. 틱이 처음 시작된 이후 빈번히 악화와 완화를 반복하지만 처음 나타난 이후 1년 이상 지속됨. C. 18세 이전에 시작됨. D. 장애가 물질(예: 코카인)의 생리적 영향이나 다른 의학적 상태(예: 헌팅턴병, 바이러스성 뇌염)에 기인하지 않음. E. 기준이 뚜렛장애 기준에 해당되지 않음.
일시적 틱장애(provisional tic disorder)
A. 한 가지 또는 여러 가지 운동 틱 또는 음성 틱이 나타남. B. 틱증상이 처음 나타난 시점으로부터 1년 미만임. C. 18세 이전에 시작됨. D. 장애가 물질(예: 코카인)의 생리적 영향이나 다른 의학적 상태(예: 헌팅턴병, 바이러스성 뇌염)에 기인하지 않음. E. 기준이 뚜렛장애나 만성 운동 또는 음성 틱장애의 진단기준에 해당되지 않음.

출처: APA (2013). *Diagnostic and statistical manual of mental disorders 5th* (DSM-V), p. 81.

5) 분리불안장애

애착대상과 분리되는 것을 두려워하는 분리불안(separation anxiety)은 한 살 전후의 영아에게 나타나는 일반적인 반응이지만 대상영속성과 주도성이 발달하면서 점차 사라진다. 그러나 세 살 이후에도 유아가 애착대상과 떨어지는 것을 지속적으로 심하게 두려워하여 정상적인 사회생활이 어렵다면 이를 병리적인 것으

로 보고 분리불안장애로 진단한다. 이 장애에 대한 DSM-V의 진단기준은 표 10-9와 같다.

분리불안장애는 흔히 유치원이나 초등학교를 가지 않으려는 학교공포증(school phobia)으로 이어질 수도 있다. 초등학교에 가는 아동은 학교에 가는 것을 당연한 사실로 인식하기 때문에 이 장애가 있는 아동은 학교에 가지 않겠다고 직접 말하는 것이 아니라 머리나 배가 아프다는 등의 신체증상(psychosomatic symptom)을 호소하거나, 학교에 가는 날 아침이면 기운이 없고 우울해 보이는 등의 간접적 표현을 하거나, 교사나 급우에 대한 불평, 공부에 대한 회의, 통학의 불편 등을 호소하면서 학교에 가기 싫어한다. 이러한 분리에 대한 불안행동은 학교를 가야 할 때는 심하게 나타나지만 학교를 가지 않아도 되면 씻은 듯이 사라는 특징이 있다. 특히 주말이나 공휴일 또는 방학이 끝나고 다시 학교에 가야 할 때 더 심하게 나타나며, 가까운 가족이 죽었거나 큰 병을 앓고 난 뒤 일시적으로 나타나기도 한다. 분리불안장애는 불안정한 애착으로 인한 불안과도 관련된다.

그림 10-6 엄마와 떨어지는 것을 두려워하는 아동

출처: Nelson, R. W., & Israel, A. C. (1984). 아동기 행동장애, p. 128.

학교를 가지 않으려고 하는 학교공포증(school phobia)의 원인은 분리에 대한 두려움 때문일 수도 있지만 학교 환경에 대한 공포 때문일 수도 있다. 후자의 경우라면 입학 초기에는 등교 거부를 보이지 않다가 교우관계, 학업에 대한 심리적 부담, 집단따돌림 등 학교에서 특정한 불쾌감을 경험한 후에 나타나기도 한다. 따라서 아동이 등교를 거부할 경우에는 그 원인을 정확히 파악하는 것이 중요하다.

표 10-9 분리불안장애에 대한 DSM-V의 진단기준

A. 애착대상과의 분리에 대한 공포나 불안이 발달 수준에 비해 부적절하고 지나침. 다음 중 3가지 이상이 나타남.
  1. 집 또는 주 애착대상과 분리되거나 분리가 예측될 때 과도한 고통을 반복적으로 겪음.
  2. 주 애착대상을 잃거나 질병, 부상, 재앙, 또는 죽음 같은 해로운 일들이 일어날 가능성을 지속적으로 지나치게 걱정함.
  3. 뜻밖의 사건(예: 길을 잃거나 납치당하거나, 사고를 당하거나 병 들거나 등)이 생겨 주 애착대상과 분리될 것을 지속적으로 지나치게 걱정함.
  4. 분리에 대한 공포 때문에 집을 떠나 학교, 직장 또는 다른 장소로 외출하는 것을 지속적으로 싫어하거나 거부함.
  5. 집이나 다른 장소에 혼자 있거나 주 애착대상 없이 있는 것을 지속적으로 지나치게 두려워하거나 거부함.
  6. 집 밖에서 자거나 곁에 주 애착대상이 없는 채로 자는 것을 지속적으로 싫어하거나 거부함.
  7. 분리 주제와 연관된 악몽을 반복해서 꿈.
  8. 주 애착대상과 분리되거나 분리가 예측될 때 신체증상(예: 두통, 복통, 메스꺼움, 구토)을 반복적으로 호소함.

B. 공포, 불안, 회피반응이 아동과 청소년은 4주 이상, 성인은 전형적으로 6개월 이상 지속되어야 함.

C. 증상으로 인해 사회적, 학업적, 직업적, 또는 다른 중요한 기능 영역에서 임상적으로 뚜렷한 고통이나 손상을 유발함.

D. 증상이 다른 정신장애로 더 잘 설명되지 않음. 예를 들면, 변화에 대해 극도로 저항하는 자폐장애로 인해 집밖에 나가는 것을 회피하는 것, 정신병적 장애 때문에 분리에 대한 망상이나 환각이 있는 경우, 광장공포증으로 인해 믿을만한 동반자 없이는 밖에 나가는 것을 거부하는 것, 범불안장애로 인해 중요한 대상에게 건강문제나 다른 해로운 일이 생길까봐 걱정하는 것, 질병에 대한 불안장애로 병에 걸릴까봐 걱정하는 것.

출처: APA (2013). *Diagnostic and statistical manual of mental disorders 5th* (DSM-V), pp. 190-191.

유아기에 특징적으로 나타나는 분리불안장애 및 학교공포증 외에도 공포증

(phobia), 강박장애(obsessive-compulsive disorder), 외상 후 스트레스장애(posttraumatic stress disorder), 범불안장애(generalized anxiety disorder) 등과 같은 불안장애가 나타날 수 있다. 불안한 아동의 대표적인 특징은 끊임없이 걱정을 하는 것이다(그림 10-7 참조).

그림 10-7 불안한 아동

출처: Wenar, C., & Kerig, P. (2004). 발달정신병리학: 영아기부터 청소년기까지, p. 196.

불안을 야기하는 공포는 환경의 위협을 경고하는 것으로써 생존을 위해 적응적이고 필수적인 것이다. 그러나 그 정도가 상황에 비해 지나치고 지속적일 때는 공포증으로 간주한다. 특정한 상황이나 사물에 대해 극심한 공포나 친숙하지 않은 사회적 상황에서 지나치게 두려워하는 사회공포증도 이에 속한다. 공포증은 대부분 심리치료로 회복되며 치료를 하지 않아도 2~3년 이내에 나아지는 경우도 있다. 그러나 성인기까지 지속되는 경우에는 치료가 어려워져 20~30% 정도만이 회복된다고 보고된 바 있다(Wenar, 1994, pp. 265−266).

과도한 불안으로 유발되는 신경증인 강박장애는 강박적 사고(obsession)와 강박행동(충동, compulsion)이 특징적이다. 예를 들면, 전염될까봐 반복적으로 손 씻기, 자신이나 가까운 사람에게 해로운 일이 생기는 경우를 지속적으로 떠올리기,

문이 잠겼는지 또는 불이 꺼졌는지 끊임없이 확인하기, 지나치게 정돈하기, 특정한 수를 되풀이하여 세기 등이다. Bernstein과 Borchardt(1991)에 따르면 강박적인 사람은 강박적인 행동을 하는 데 많은 시간을 보내며, 그런 행동을 못하게 되면 심하게 불안해하거나 죄책감을 느낀다.

불안장애와 함께 자주 나타나는 신경증은 우울증 등의 기분장애(mood disorder)다. 우울한 아동의 필수증상은 슬프고, 희망이 없고, 의기소침하며, 거의 모든 활동에 흥미가 없고, 즐거워하지도 않는 것이다. 유아기에는 이러한 우울증상이 직접 나타나기보다는 간접적으로 표현되는 경우가 많다. 예를 들면, 쉽게 화를 내거나 하고 싶은 것이나 먹고 싶은 것 등 원하는 것을 물었을 때 대부분 모르겠다고 대답한다. 우울증은 발달단계가 서로 다른 영아기와 아동중기를 대상으로 많이 연구되어 왔다. Wenar(1994, p. 223)는 이 두 기간의 우울증이 모두 '상실'에 대한 반응이나 상실의 대상이 다르다는 점에서 차이가 난다고 설명하였다. 즉, 영아기는 사랑하는 사람을 상실했을 때 주로 나타나는 반면, 아동중기는 자기 가치

그림 10-8 우울증으로 진단받은 아동이 그린 집과 나무

감을 상실했을 때 주로 나타난다. 우울증으로 진단받은 아동의 그림은 전체적으로 매우 작고 세부묘사가 부족한 경향이 있다(그림 10-8 참조).

6) 선택적 함구증

선택적 함구증(selective/elective mutism)은 말을 할 수 있는데 특정한 장소나 특정한 사람에게 말을 하지 않는 것으로서 남아보다 여아에게서 더 빈번히 나타난다. DSM-IV에서는 '기타 아동기 장애' 범주로 분류하였지만, DSM-V에서는 불안장애 범주에 포함되어 있다. Leonard와 Dow(1995, p. 235)도 선택적 함구증을 나타내는 아동 중 90%가 사회공포증의 진단기준인 다른 사람들 앞에서 말하는 것을 꺼리는 특징이 있다는 점을 들어 불안장애의 하나로 간주하였다. 한편, 정신분석이론에서는 선택적 함구증을 부모에 대한 원망이나 분노를 환경에 치환한 것으로 해석한다. 선택적 함구증에 대한 DSM-V의 진단기준은 표 10-10과 같다.

표 10-10 선택적 함구증에 대한 DSM-V의 진단기준

A. 다른 상황에서는 말을 할 수 있음에도 불구하고 말을 해야 하는 특정한 사회적 상황(예. 학교)에서 지속적으로 말을 하지 않음.
B. 증상이 학업 또는 직업상의 성취 또는 사회적 의사소통을 방해함.
C. 증상이 적어도 1개월 이상 지속됨(학교생활의 첫 1개월 동안에만 국한되지 않음).
D. 말을 하지 않는 것이 사회적 상황에서 필요한 말에 대한 지식 부족이나 생소함에 의한 것이 아님.
E. 증상은 의사소통장애(예: 아동기 유창성장애)로 더 잘 설명되지 않으며, 자폐스펙트럼장애, 조현병, 또는 다른 정신병적 장애의 경과 중에만 국한되어 나타나지 않음.

출처: APA (2013). *Diagnostic and statistical manual of mental disorders 5th* (DSM-V), p. 195.

7) 배설장애

대소변훈련은 대소변 통제가 가능할 정도로 신경과 근육이 발달하는 2세경에 시작하여 3세경에 이루어진다. 개인차를 고려하더라도 4세가 지나서도 대변을 가리지 못하거나 5세가 지나서도 소변을 가리지 못하면 배설장애(elimination disorders)로 진단한다. 배설장애는 소변을 가리지 못하는 유뇨증(enuresis)과 대변을 가리지 못하는 유분증(encopresis)으로 구분하며, 이에 대한 DSM-V의 진단기준은 표 10-11과 같다.

대소변을 가릴 때 유아는 일반적으로 소변보다 대변을 먼저 가리며, 밤보다 낮에 먼저 가린다. 그러므로 밤에 옷이나 침구에 소변을 보는 경우가 가장 흔하고 가벼운 증상이며, 낮에 대변을 가리지 못하는 것은 가장 드물고 심한 경우이다. 출생 후 6개월 이상 소변을 가린 적이 없는 경우를 일차성 유뇨증이라고 하며, 이는 심리기능적인 병인보다는 신경생물학적 발달상의 문제 때문일 수 있으므로 먼저 병원에 가서 신경생물학적 기능검사를 받아볼 필요가 있다. 그러나 6개월 이상 소변을 가린 적이 있는데 다시 가리지 못하게 되면 이차성 유뇨증으로 본다. 이차성 유뇨증은 동생이 태어나거나 이사 등으로 심리기능적 문제가 생겨 퇴행한 것으로 보기 때문에 심리치료를 통해 문제를 해결하도록 돕는 것이 효과적이다.

표 10-11 배설장애에 대한 DSM-V의 진단기준

유뇨증(enuresis)
A. 불수의적이든 고의적이든 침구나 옷에 반복적으로 소변을 봄.
B. 이러한 행동이 임상적으로 확연히 나타나며, 최소 3개월 동안 주 2회 이상 지속적으로 나타나고, 사회적, 학업적(직업적) 또는 다른 중요한 기능 영역에서 임상적으로 뚜렷하게 고통이나 손상을 초래함.
C. 생활연령 기준은 최소 5세임(또는 발달수준이 이와 동일함).
D. 이러한 행동은 물질(예: 이뇨제, 항정신병 치료제)의 생리적 효과나 다른 의학적 상태(예: 당뇨병, 척수이분증, 발작장애)로 인한 것이 아님.
유분증(encopresis)
A. 불수의적이든 고의적이든 부적절한 곳(예: 옷, 바닥)에 반복적으로 대변을 봄.
B. 이러한 행동이 최소 3개월간 월 1회 이상 나타남.
C. 생활연령 기준은 최소 4세임(또는 발달수준이 이와 동일함).
D. 이러한 행동은 물질(예: 완화제)의 생리적 효과나 변비를 일으키는 기전을 제외한 다른 의학적 상태로 인한 것이 아님.

출처: APA (2013). *Diagnostic and statistical manual of mental disorders 5th* (DSM-V), pp. 355-358.

8) 적대적 반항장애

적대적 반항장애(oppositional defiant disorder)는 권위에 대한 거부, 도전, 불복종 또는 적대적 행동과 관련된다. 이러한 장애를 지닌 아동은 버럭 화를 내거나, 말대꾸를 하거나, 지시나 규칙을 무시하거나 따르지 않는 특성을 보인다. 또한, 고의적으로 타인을 귀찮게 하거나 자신의 실수나 잘못을 남의 탓으로 돌리고, 기분 나빠하거나 신경질을 잘 내며, 원망하거나 악의 또는 앙심을 품는 등의 행동 특성을 나타낸다. 이러한 행동 특성 때문에 적대적 반항장애 아동은 고집이 세고 말을 잘 듣지 않으며 양보나 타협을 하지 않는 것으로 평가된다. 아동이 복종적이고 겁이 많아 보일 때도 적대적 반항장애로 진단받을 수 있다. 부모가 매우 강압적이고 위협적일 때 복종적이고 겁이 많은 아동은 어른의 통제에 직접 반항하지 못하고 꾸물거리기, 못들은 척하기, 말 안 하기, 무관심한 척하기 등의 수동적

인 형태로 거부를 나타낼 수 있다.

그림 10-9 반항하는 아동

출처: Wenar, C., & Kerig, P. (2004). 발달정신병리학: 영아기부터 청소년기까지, p. 127.

적대적 반항장애는 보통 8세 이전에 분명하게 나타나며 집에서 잘 아는 사람하고 있을 때만 드러나서 학교나 낯선 대상과 있을 때는 발견되지 않기도 한다. 양육자가 자주 바뀌거나 애정적인 보살핌을 받지 못한 경우 또는 엄격하고 비일관적이거나 방임적인 가정에서 자란 아동에게서 이러한 장애가 많이 나타난다. 적대적 반항장애에 대한 DSM-V의 진단기준은 표 10-12와 같다.

표 10-12 적대적 반항장애에 대한 DSM-V의 진단기준

A. 분노/과민한 기분, 논쟁적/반항적 행동, 또는 보복적인 양상이 최소 6개월 동안 지속됨. 다음 중 범주에 관계없이 최소 4가지 이상의 증상을 보이며, 형제자매가 아닌 한 명 이상의 다른 사람과의 상호작용에서 나타남.

분노/과민한 기분

1. 종종 버럭 화를 냄.
2. 종종 과민하고 쉽게 짜증을 냄.
3. 종종 화를 내고 크게 분개함.

논쟁적/반항적 행동

4. 종종 상사와 논쟁함. 아동과 청소년의 경우는 성인과 논쟁함.
5. 종종 상사의 요구나 규칙을 적극적으로 무시하거나 거절함.
6. 종종 고의적으로 타인을 귀찮게 함.
7. 종종 자신의 실수나 잘못된 행동을 남의 탓으로 돌림.

복수심

8. 지난 6개월 이내에 최소 2번 이상 앙심을 품거나 보복을 함.

B. 이러한 행동이 개인 자신에게, 또는 자신이 직접적으로 관계 맺고 있는 타인(예: 가족, 또래집단, 직장동료)에게 고통을 주며, 그 결과 사회적, 교육적, 직업적, 또는 다른 중요한 기능 영역에 부정적인 영향을 줌.

C. 이러한 행동은 정신병적 장애, 물질사용장애, 우울장애, 또는 양극성 장애의 경과 중에만 국한되어 나타나지 않음. 또한, 파괴적 기분조절부전장애의 진단기준에 부합되지 않음.

출처: APA (2013). *Diagnostic and statistical manual of mental disorders 5th* (DSM-V), pp. 462-463.

9) 품행장애

품행장애(conduct disorder)는 신체적 또는 언어적으로 타인을 공격하거나 재산을 파괴함으로써 다른 사람의 기본 권리를 침해하거나 도둑질, 방화, 거짓말, 가출 등 규범을 위반하는 장애이다. 품행장애는 적대적 반항장애보다 더 공격적이고 반사회적이다. 현재 이 장애의 발생률이 증가하고 있으며, 시골보다 도시에서, 여아보다 남아에게서 더 자주 나타난다. 5~6세경에도 나타날 수 있으나 흔히 학령 후기 또는 청소년 초기에 나타나며, 적대적 반항장애가 먼저 나타나기도 한

다. 품행장애는 학습장애나 ADHD를 함께 수반하거나, 신체적 공격, 부적절한 놀이, 욕설 또는 서투른 사회적 기술로 인해 또래로부터 자주 따돌림을 당한다. 학령 후기로 가면서 점차 반사회적인 또래들과 어울리게 되고, 그에 따라 이전에 보이던 공격적인 행동이 도벽, 약물중독, 폭력과 같은 청소년기 범죄행동으로 이어지기도 한다. 품행장애에 대한 DSM-V의 진단기준은 표 10-13과 같다.

10) 기타

DSM-V에는 정신장애는 아니지만 임상적 관심이 필요한 유아기 및 학령기 문제로 부모-자녀관계 문제, 형제자매관계 문제, 학대 및 방임, 학업/교육 문제를 포함하고 있다. 이러한 문제는 임상현장에서 직면하는 추가적인 사안으로써 장애의 진단, 치료, 또는 증상 추이에 영향을 줄 수 있다. 부모-자녀관계 문제는 부모-자녀 간의 관계의 질에 초점을 두며, 행동, 인지, 또는 정서기능의 손상과 관련된다. 행동 문제의 예로는 부모의 부적절한 통제, 자녀에 대한 감독 및 관여, 과잉보호, 부모의 지나친 기대, 폭행위협을 느끼는 언쟁, 문제해결 회피 등이다. 인지적 문제는 타인의 관심에 대한 부정적 귀인, 타인에 대한 적대심이나 책임전가, 관계 소원에 대한 부당한 느낌 등이며, 정서적 문제는 슬픔, 무관심, 또는 화남 등이다. 형제자매 간의 관계 문제는 상호작용 패턴에 초점을 둔다. 학대 및 방임은 아이를 잔인하게 다루는 것으로 정신장애나 다른 질병을 진단하고 치료할 때 중요한 요인이 될 수 있으나, 법적인 처벌과 관련되는 문제이기 때문에 신중히 평가해야 한다. 학업/교육 문제와 관련해서는 읽지 못하거나 낮은 읽기 수준, 학업수행 문제 등이 포함된다(APA, 2013, pp. 715-723).

표 10-13 품행장애에 대한 DSM-V의 진단기준

A. 타인의 기본 권리를 침해하고 연령에 적절한 사회적 규범이나 규칙을 지속적으로 반복해서 위반함. 지난 12개월 동안 다음의 15가지 기준 중 범주에 상관없이 최소 3가지 이상에 해당되고, 지난 6개월 동안 최소 1가지 이상의 기준에 해당됨.

사람과 동물에 대한 공격

1. 종종 다른 사람을 괴롭히거나, 위협하거나, 협박함.
2. 종종 신체적인 싸움을 검.
3. 타인에게 심각한 신체적 손상을 입힐 수 있는 흉기(예: 방망이, 벽돌, 깨진 병, 칼, 총 등)를 사용함.
4. 타인에게 신체적으로 잔인하게 함.
5. 동물에게 신체적으로 잔인하게 함.
6. 피해자가 보는 앞에서 물건을 훔침(예: 노상강도, 소매치기, 강탈, 무장 강도 등).
7. 타인에게 성적 행위를 강요함.

재산 파괴

8. 심각한 손상을 입히려고 고의적으로 불을 지름.
9. 타인의 재산을 고의적으로 파괴함(방화 이외의 방법).

사기 또는 절도

10. 타인의 집, 건물, 또는 차를 망가뜨림.
11. 물건이나 호감을 얻기 위해 또는 책임을 피하기 위해 종종 거짓말을 함(즉, 타인을 속임).
12. 타인의 귀중품을 몰래 훔침(예: 부수거나 침입하지 않고 물건을 훔침, 문서위조)

심각한 규칙 위반

13. 부모의 금지에도 불구하고 종종 밤늦게까지 집에 들어오지 않음 13세 이전에 시작됨.
14. 친부모 또는 양부모와 같이 사는 동안 최소 2회 이상 가출, 또는 장기간 귀가하지 않은 가출을 1회 이상 한 적이 있음.
15. 종종 학교를 무단결석 함. 13세 이전에 시작됨.

B. 이러한 행동으로 사회적, 학업적, 또는 직업적 기능 영역에서 임상적으로 뚜렷한 손상이 야기됨.

C. 18세 이상일 경우, 반사회성 성격장애 기준에 부합되지 않아야 함.

출처: APA (2013). *Diagnostic and statistical manual of mental disorders 5th* (DSM-V), pp. 469-470.

참고문헌

고윤주 (1988). 아동 물활론의 발달과 생명개념. **아동학회지, 9**(1), 19-32.

곽금주 (2002). **아동 심리평가와 검사**. 서울: 학지사.

곽노의, 김경철, 김유이, 박대근 (2007). **영 · 유아발달**. 서울: 양서원.

곽노의, 김진호, 유구종 (1998). **유아 발달수준 검사 개발 연구**. 서울: 국립교육평가원.

교육과학기술부, 한국연구재단 (2011). **연구윤리의 이해와 실천**. 대전: 한국연구재단.

권중돈, 김동배 (2005). **인간행동과 사회환경**. 서울: 학지사.

권희완, 김동일, 김병서, 김정선, 남성희, 박명선 외 (1997). **현대사회학의 이해**. 서울: 이화여자대학교 출판부.

김경희 (1988). **성격**. 서울: 민음사.

김광웅, 방은령 (2003). **아동발달**. 서울: 형설출판사.

김기태 (2007). 생활사건과 생활복지. **청현 김기태 교수 정년퇴임기념 문집**. 경기: 공동체.

김신옥 (2001). Case의 인지발달이론과 Fischer의 기술이론 비교. **영 · 유아교육연구, 4**, 47-68.

김영선(1999). Piaget의 수개념과제 수행에 있어서의 유아의 언어적 표현능력과 수학적 사고능력 간의 관계. **한국영유아보육학, 17**, 331-353.

김영채 (1997). 학습과 기억. **한국심리학회 편, 현대심리학의 이해**(pp. 193-268). 서울: 학문사.

김영태 (2003). **영 · 유아 언어발달 검사**. 서울: 특수교육.

김영태, 장혜성, 임선숙, 배현정 (1995). **그림어휘력검사 실시요강**. 서울: 서울장애인종합복지관.

김정미, 신희선 (2006). **K-CDI 아동발달검사**. 서울: 특수교육.

김정희, 김현주, 손은경, 송연숙 (2007). **아동발달**. 서울: 동문사.

김춘경 (2006). **아들러 아동상담: 이론과 실제**. 서울: 학지사.

김태련, 서봉연, 이은화, 홍숙기 (1993). **아동용 회화 통각 검사**. 서울: 한국가이던스.

김태련, 조혜자, 이선자, 방희정, 조숙자, 조성원 외 (2004). **발달심리학**. 서울: 학지사.

김현택, 박동건, 성한기, 유태용, 이순묵, 이영호 외 (1997). **심리학**. 서울: 학지사.

문수백 (2014). **K · ABC-II 전문가지침서**. 서울: 학지사.

문수백, 여광응, 조용태 (2003). **한국판 시지각 발달검사**. 서울: 학지사.

문태형 (2000). 사회지능 척도개발 연구. **아동교육**, 9(2), 127-141.

박명자, 최경숙 (1990). 제시양식 및 부호화 조건과 단서 양식이 아동의 회상에 미치는 영향. **아동학회지**, 11(1), 45-57.

박성연, 도현심(2003). **아동발달**. 서울: 동문사.

박영순 (1990). 이중언어 이론과 중국에서의 한국어 문제. **이중언어학**, 6(1), 135-167.

박영순 (1995). 이중언어 능력과 인지기능. **이중언어학**, 12(1), 1-8.

박혜원, 곽금주, 박광배 (1995). **WPPSI-R 지침서**. 서울: 특수교육.

________________ (2002). **K-WPPSI(한국 웩슬러 유아지능검사) 지침서**. 서울: 특수교육.

배도영 (2006). 한국어 발달특성과 학령전기 문법형태도. **한국어학**, 31, 31-45.

배소영 (2003). 영 · 유아기 의미 평가도구 MCDI-K의 타당도와 신뢰도에 대한 연구. **언어청각장애연구**, 8(2), 1-14.

백지희 (2008). 발달에 적합한 음악, 동작 통합 프로그램이 유아의 운동능력에 미치는 효과. **아동교육**, 18(3), 97-108.

보건복지부 질병관리본부 보도자료 (2007.10.19). 소아청소년 성장곡선(신체발육 표준치) 새로이 제정. http://mw.go.kr/front_new/al/sal0301vw.jsp?PAR_MENU_ID=04&MENU_ID=0403&CONT_SEQ=42375&page=1

성영혜, 김연진, 이경화, 윤혜경, 송주미, 장미경 외 (1999). **영유아 발달의 이론과 실제**. 서울: 동문사.

성현란, 이현진, 김혜리, 박영신, 박선미, 유연옥 외 (2001). **인지발달**. 서울: 학지사.

성현란, 이현진, 박영신, 박선미, 유연옥, 손영숙 (2004). **인지발달**. 서울: 학지사.

성현란 (2008). 인지발달: 영아기에서 유아기 동안의 지능 안정성-4년 종단 연구. 한국심리학회지: 발달, 21(4), 75-87.

송명자 (1997). 발달심리학. 서울: 학지사.

______ (2008). 발달심리학. 서울: 학지사.

______ (2009). 발달심리학. 서울: 학지사.

______ (2011). 발달심리학. 서울 : 학지사.

송인섭 (1993). 유아성격검사 실시요강. 서울: 학지사.

송인섭, 김정원, 정미경, 김혜숙, 신은영, 박소연 (2001). 아동 연구방법. 서울: 학지사.

신경혜 (1994). 아동용 수용검사 도구에 의한 학령 전 아동의 언어발달 수준평가. 세종대학교 대학원 석사학위논문.

신민섭, 조수철 (2010). 한국판 라이터 비언어성 지능검사: 전문가 지침서. 서울: 학지사.

안범희 (2007). 학습이론 및 심리. 서울: 하우.

안인희 (1990). 루소의 교육론: 에밀. 서울: 양서원.

양승희, 박낭자 (2005). 교사평정용 유아사회지능 평가도구. 서울: 동문사.

우남희, 백해정, 김현신 (2005). 조기 사교육이 유아의 인지적, 정서적, 사회적 발달에 미치는 영향분석. 유아교육연구, 25(1), 5-24.

유안진 (1999). 아동 발달의 이해. 서울: 문음사.

윤혜련, 김영태 (2004). 성별에 따른 영 · 유아 언어발달의 특성연구: SELSI를 중심으로. 언어청각장애연구, 9(1), 20-44.

이경화 (2000). 유아의 읽기에서의 초인지 활동에 관한 고찰. 유아교육연구, 20(2), 27-51.

이경화, 고진영 (2006). 자아개념검사 실시요강. 서울: 학지사.

이경화, 김연진, 고진영, 박숙희 (2010). 유 · 아동기 정신건강의 이해. 서울: 동문사.

이귀옥, 전효정, 박혜원 (2003). 3-5세 아동의 이중언어 경험과 인지능력 및 언어발달에 관한 연구: 인지적 복잡성에 따른 분석과 통제이론을 중심으로. 아동학회지, 24(6), 1-14.

이기숙, 김순환, 정종원 (2010). 한국과 일본 만 3, 4, 5세 유아의 연령, 성, 소득수준에 따른 읽기, 쓰기능력. 육아지원연구, 5(2), 211-240.

이기숙, 김순환, 정종원, 김민정 (2013). 만 5세 읽기능력, 어휘력 및 개인 · 환경 변인에 따른 초등학교 3학년 읽기이해능력과 어휘력. **유아교육연구**, 33(4), 363-384.

이기숙, 김영옥, 박경자 (2005). 보육 경험과 유아의 인지 및 사회성발달. **유아교육연구**, 25(6), 255-275.

이성태 (2007). **아동발달이론**. 파주: 학현사.

이숙, 문혁준, 강경희, 공인숙, 김정희, 심희옥 외 (2013). **인간행동과 사회환경**. 서울: 창지사.

이숙재, 이봉선 (1999). **영 · 유아의 발달과 교육**. 서울: 창지사.

이순미 (2013). 생애과정의 복합적 탈근대화와 가구젠더체계. 전북대학교 대학원 박사학위논문.

이순형 (2000). 한국아동이 초기에 획득한 문법적 형태소의 종류 및 획득시기. **아동학회지**, 21(4), 51-68.

이연섭, 권경안, 김성일 (1979). **한국아동의 구문발달 1**. 서울: 한국교육개발원.

이영, 김온기, 조성연, 이혜경, 이선원, 이정림 외 (2015). **유아발달**. 서울: 학지사.

이영, 이정희, 김온기, 이미란, 조성연, 이정림 외 (2009). **영 · 유아발달**. 서울: 학지사.

이영자, 이종숙 (1990). 유아의 문어발달과 구어 문어구별능력 발달에 대한 질적분석 연구. **유아교육연구**, 10(1), 41-66.

이영자, 이종숙, 신은수 (2000), **교사 평정에 의한 유아용 정서지능 평가도구**. 서울: 창지사.

이원영, 이태영, 강정원 (2011). **영유아교사를 위한 부모교육**. 서울: 학지사.

이은해 (1995). **아동 연구방법**. 서울: 교문사.

이장호, 정남운, 조성호 (1999). **상담심리학의 기초**. 서울: 학지사.

이정모, 강은주, 김민식, 김기택, 김정오, 박태진 외 (2004). **인지심리학**. 서울: 학지사.

이호선, Darz, D. (2012). **인간행동과 사회환경**. 경기: 정인사.

장유경 (1997). 유아기의 언어습득. **새국어생활**, 7(1), 29-50.

장휘숙 (2000). **아동 연구방법**. 서울: 창지사.

전경원 (1995). **유아 종합 창의성 검사**. 서울: 한국유아교육원.

______ (2000). **유아 종합 창의성 검사 요강**. 서울: 학지사.

______ (2001). **유아 도형 창의성 검사 요강**. 서울: 학지사.

______ (2003). 유아용 창의적 특성 검사 요강. 서울: 학지사.

전병운, 조광순, 이기현, 이은상, 임재택 (2004). K-DIAL3(유아발달선별검사) 지침서. 서울: 도서출판 특수교육.

전효정 (2012). Feuerstein의 인지발달 중재프로그램 개관. 인지발달중재학회지, 3(2), 51-64.

전효정, 이귀옥, 박혜원 (2004). 초기 언어발달에 있어 환경적 영향의 특수성. 아동학회지, 25(5), 163-178.

정갑순 (1993). 유아의 초인지적 발달 연구. 중앙대학교 대학원 박사학위논문.

정문자, 제경숙, 이혜란, 신숙재, 박진아 (2011). 아동심리상담. 파주: 양서원.

정숙정 (2011). 농촌여성노인의 생애과정과 주체화 양식. 경북대학교 대학원 박사학위논문.

정옥분 (2002). 아동발달의 이해. 서울: 학지사.

______ (2004). 아동발달의 이론. 서울: 학지사.

______ (2004). 전생애발달의 이론. 서울: 학지사.

______ (2007). 아동발달의 이해. 서울: 학지사.

______ (2007). 전 생애인간발달의 이론(개정판). 서울: 학지사.

______ (2012). 영아발달. 서울: 학지사.

정옥분, 정순화 (2010). 부모교육. 서울: 학지사.

조명한 (1991). 언어심리학. 서울: 민음사.

조복희 (2000). 아동발달. 서울: 교육과학사.

조성연, 이미란, 최혜영, 박진재, 송혜린, 권연희 외 (2014). 부모교육. 서울: 신정

조성연, 이정희, 천희영, 심미경, 황혜정, 나종혜 (2010). 아동발달. 서울: 신정.

조성연, 이정희, 천희영, 심미경, 황혜정, 최혜영, 전효정 (2014). 영아발달. 서울: 신정.

조성윤 (1992). 한국 유아의 언어습득과 그 발달과정에 대한 고찰. 단국대학교 교육대학원 석사학위논문.

조정한 (1962). 한국 아동의 언어획득 연구. 서울: 서울대학교 출판부

조홍식, 김혜리, 신은주, 우국희, 오승환, 성정현 외 (2010). 인간행동과 사회환경. 서울: 학지사.

주영희 (2001). 유아 언어발달과 교육. 서울: 교문사.

주지현 (2012). 생애과정관점에서 본 난곡 재개발 지역 노인들의 삶. 서울대학교 대학원 박사학위논문.

최경숙 (2006a). 한인의 간도이주 연구(1890-1945). **비교문화연구, 18**, 99-140.

______ (2006b). **아동발달심리학**. 파주: 교문사.

최미옥 (2004). 비고츠키의 발달이론에 비추어 본 언어와 도덕성 발달의 관계. 한국교원대학교 대학원 박사학위논문.

최상진 (1997). 심리학이란 무엇인가. 한국심리학회편, **현대심리학의 이해**(pp.18-51). 서울: 학문사.

한국아동권리학회 편 (2005). **아동권리보호와 연구윤리**. 서울: 학지사.

한순미 (1999). **비고츠키와 교육**. 서울: 교육과학사.

황혜신, 황혜정 (2000). 이중언어(한국어-영어)를 하는 아동의 언어능력 발달에 관한 연구. **아동학회지, 21**(4), 69-79.

황혜정, 김연, 한태숙, 정인희, 박연경 (2012). **인간행동과 사회환경**. 고양: 공동체.

Adams, M. (1990). *Beginning to read: Thinking and learning about print*. Cambridge, MA: MIT Press.

American Psychiatric Association(APA) (1994). **정신장애의 진단 및 통계 편람 제4판 DSM-IV**. 이근후, 강병조, 곽동일, 민성길, 박민철, 박영숙 외 공역 (1995). 서울: 하나의학사.

American Psychiatric Association(APA) (2013). *Diagnostic and statistical manual of mental disoders* (5th ed.). 서울: 학지사.

American Psychological Association (2000). *Encyclopedia of psychology* (Vol. 5). New York: Oxford University Press.

Anderson, J. (1977) Induction of augmented transition networks. *Cognitive Science, 1*, 125-157.

Andersson, T. (1976). A preschool biliteracy project. In R. Rado & T. Anderson (Eds.), *Georgetown University papers on languages and linguistics, 13, Early reading*. Washington, D.C.: Georgetown University Press.

Anglin, J. M. (1993). Vocabulary development: A morphological analysis. *Monographs of the Society for Research in Child Development, 58*(10), 238-252.

Ansbacher, H. L. (1978). The development of Adler's concept of social interesr: A critical study. *Journal of Individual Psychology, 34*(2), 64-66.

Ansbacher, H. L., & Ansbacher, R. R. (Eds.) (1956). *The individual psychology of Alfred Adler.* New York: Basic.

Arbeau, K. A., Coplan, R. J., & Weeks, M. (2010). Shyness, teacher-child relationships, and socio-emotional adjustment in grade 1. *International Journal of Behavioral Development, 34*(3), 259-269.

Au, T. K., Dapretto, M., & Song, Y. K. (1994). Input versus constraints: Early word acquisition in Korean. *Journal of Memory and Language, 33*, 567-582.

Baker, J. K., Fenning, R. M., & Crnic, K. A. (2011). Emotion socialization by mothers and fathers: Coherence among behaviors and associations with parent attitudes and children's competence. *Social Development, 20*(3), 412-430.

Barrett, M. (1995). Early lexical development. In P. Fletcher & B. MacWhinney (Eds.), *The handbook of child language.* Cambridge, MA: Basil Blackwell.

Bassetta, H. H., Denham, S. A., Mincic, M. M., & Graling, K. (2012). The structure of preschoolers' emotion knowledge: Model equivalence and validity using a structural equation modeling approach. *Early Education and Development, 23*(3), 259-279.

Bates, E., Bretherton, I., & Snyder, L. (1988). *From first words to grammar: Individual differences and dissociable mechanisms.* New York: Cambridge University Press.

Bates, E., & MacWhinney, B. (1987). Competition, variation, and language learning. In B. MacWhinney (Ed.). *Mechanisms of language acquisition*(pp. 157-193). Hillsdale, NJ: Erlbaum.

Bates, E., Markman, V., Thal, D., Fenson, L., Dale, P., Reznick, J. S., et. al. (1994). Developmental and stylistic variation in composition of early vocabulary. *Journal of Child Language, 21*, 85-123.

Baumeister, K. E., Campbell, J. D., Krueger, J. I., & Vohs, K. D. (2003). Does high self-esteem cause better performance, interpersonal success, happiness, or healthier lifestyles? *Psychological Science in the Public Interest, 4*(1), 1-44.

Bellak, L. (1949). *Children's Apperception Test.* New York: C. P. S.

Bem, S. L. (1974). The measurement of psychological androgyny. *Journal of Consulting and Clinical Psychology, 42*(1), 155-162.

________ (1975). Sex role adaptability: One consequence of psychological androgyny. *Journal of Personality and Social Psychology, 31*(4), 634-643.

________ (1981). *Gender schema theory: A cognitive account of sex typing. Psychological Review, 88*(4), 354-369.

Bengtson, H., & Arvidsson, A. (2011). The impact of developing social perspective-taking skills on emotionality in middle and late childhood. *Social Development, 20*(2), 353-375.

Berenbaum, S. A., & Beltz, A. M. (2011). Sexual differentiation of human behavior: Effects of prenatal and pubertal organizational hormones. *Frontiers in Neuroendocrinology, 32*(4), 183-200.

Berger, K. S. (2003). *Developing person through childhood and adolescence.* New York: Worth.

Berk, L. E. (1997). *Child development* (4th ed.). Boston: Allyn and Bacon.

________ (1999). *Infants and children.* Boston: Allyn and Bacon.

________ (2000). *Child development* (5th ed.). Boston: Allyn & Bacon.

________ (2008). *Child development* (9th ed.). Boston: Allyn and Bacon.

________ (2008). *Infants, children, and adolescents* (6th ed.). Boston: Allyn and Bacon.

________ (2013). *Child development* (9th ed.). Upper Saddle River, NJ: Pearson.

Bernstein, G. A., & Borchardt, C. M. (1991). Anxiety disorders in childhood and adolescence: A critical review. *Journal of the American Academy of Child and Adolescent Psychiatry, 30*, 519-533.

Bialystok, E. (1992). Attentional control in children's metalinguistic performance and measures of field independence. *Developmental Psychology, 28*(4), 654-665.

________ (1999). Cognitive complexity and attentional control in the bilingual mind.

Child Development, 70(3), 636-644.

Bialystok, E., & Ryan, E. (1985). Towards a definition of metalinguistic skill. *Merrill-Palmer Quarterly, 31*, 229-251.

Bigner, J. (2007). **부모-자녀 관계.** 박성연, 성숙자, 김상희, 김지신, 박응임, 전춘애 외 역 (2009). 파주: 교문사.

Bjorklund, D. F. (1995). *Children's thinking: Developmental function and individual differences* (2nd). Pacific Grove, CA: Brooks/Cole.

Blackmore, S. J. (2012). Development of the social brain in adolescent. *Journal of Royal Society of Medicine, 105*(3), 111-116.

Bridge, L., & Grolnick, W. (1995). The development of emotional self-regulation in infancy and early childhood. In N. Eisenberg (Ed.), *Social development: Review of child development research*(Vol. 15) (pp. 185-211). Thousand Lake, CA: Sage.

Bronfenbrenner, U. (1979). **인간발달 생태학.** 이영 역 (1992). 서울: 교육과학사.

________________ (1995). The bioecological model from a life course perspective. In P. Moen, G. H. Elder, & K. Luscher (Eds), *Examining lives in context.* Washington, D.C.: American Psychological Association.

Brown, R. (1973). *A first language: The early stages.* Cambridge, MA: Harvard University Press.

Bruner, J. S. (1975). The ontogenesis of speech acts. *Journal of Child Language, 2*, 1-19.

Buckner, J. C., Mezzacappa, E., & Beardslee, M. R. (2009). Self-regulation and its relation to adaptive functioning in low income youths. *American Journal of Orthopsychiatry, 79*(1), 19-30.

Bukowski, W. M., Buhrmester, D., & Underwood M. K. (2011) peer relationship as a developmental context. In M. K. Underwood & L. H. Rogen (Eds.), *Social development: Relationship in infancy, childhood, and adolescence* (pp. 153-179). New York: The Guilford Press.

Bullock, M. (1985). Animism in childhood thinking: A new look at an old question. *Developmental Psychology, 21*(2), 217-226.

Bussey, K., & Bandura, A. (1999). Social cognitive theory of gender development and differentiation. *Psychological Review, 106*(4), 676-713.

Campbell, S. B. (2002). **유아의 문제행동(제2판)**. 민성혜 역 (2007). 서울: 시그마프레스.

Carey, S. (1977). The child as word learner. In M. Halle, J. Bresnan, & G. A. Miller (Eds.), *Linguistic theory and psychological reality*. Cambridge, MIT: MIT Press.

Case, R. (1985). *Intellectual development: A systematic reinterpretation*. New York: Academic Press.

Cavan, S. (1977). Review of J. D. Douglas's 'Investigative social review: Individual and team field research'. *The American Journal of Sociology, 83*(3), 809-811.

Ceci, S. J., & Bronfenbrenner, U. (1985). Don't forget to take the cupcakes out of the oven: Prospective memory, strategic time-monitoring, and context. *Child Development, 56*(1), 152-164.

Chall, J. S. (1979). The great debate: Ten years later with a modest proposal for reading stages. In L. B. Resnick & P. A. Weaver (Eds.), *Theory and practice of early reading*. Hillsdale, NJ: Erlbaum

Chance, P. (1987). **학습과 행동**. 김기석 역 (1996). 서울: 교육과학사.

Choi, S., & Gopnik, A. (1995). Early acquisition of verbs in Korea: A cross-linguistic study. *Journal of Child Language, 22*, 497-530.

Chomsky, N. (1969). *Acquisition of syntax in children from 5-10*. Cambridge, MA: MIT Press.

__________ (1991). Linguistics and cognitive science: Problems and mysteries. In A. Kasher (Ed.), *The Chomskyan turn*. Cambridge, MA: Blackwell.

Clark, E. V. (1993). *The lexicon in acquisition*. Cambridge, MA: Cambridge University Press.

Clay, M. (1979). *Reading: The patterning of complex behaviour*. Auckland, New Zealand: Heinemann.

Cole, L. H., Dennis, T. A., Smith-Simon, K. E., & Cohen, L. H. (2009). Preschoolers' emotion regulation strategy understanding: Relation with maternal socialization and child behavior. *Social Development, 18*(2), 324-352.

Conry-Murray, C., & Turiel, E. (2011) Jimmy's baby doll and Jenny's truck: Young children's reasoning about gender norms. *Child Development, 83*(1), 146-158.

Coplan, R. J., & Arbeau, K. (2009). Peer interactions and play in early childhood. In K. H. Rubin, W. Bukowski, & B. Laursen (Eds.), *Handbook of peer interactions, relationships, and groups* (pp. 143-161). New York: Guilford.

Corey, G. L. (2000). *Theory and practice of counseling and psychotherapy* (6th ed). Belmont, CA: Wadsworth.

Crain, W. C. (1980). 발달의 이론. 서봉연 역 (1983). 서울: 중앙적성출판부.

Cummins, J. (1979). Linguistic interdependence and the educational development of bilingual children. *Review of Education Research, 49*, 222-251.

Darcy, N. T. (1963). Bilingualism and the measurement of intelligence: Review of a decade of research. *The Journal of Genetic Psychology: Research and Theory on Human Development, 103*(2), 259-282.

Dawson, C. (2002). *Practical research methods: A user-friendly guide to mastering research techniques and projects*. Oxford: How To Books.

De Houwer, A. (1995). *The acquisition of two language from birth: A case study*. Cambridge, MA: Cambridge University Press.

de Villiers, J. G., & de Villiers, P. A. (1979). *Early language*. Cambridge, MA: Havard University Press.

Dempster, F. N. (1981). Memory span: Sources of individual and development differences. *Psychological Bulletin, 89*, 63-100.

Diamond, A., & Lee, K. (2011). Interventions shown to aid executive function development in children 4 to 12 years old. *Science, 333*, 959-964.

Dunn, D. M., & Dunn, L. M. (1959). *Peabody Picture Vocabulary Test*. Circle Pines, MN: American Guidance Service.

Dunsmore, J. C., Booker, J. A., & Ollendick, T. H. (2013). Parental emotion coaching and child emotion regulation as protective factors for children with oppositional defiant disorder. *Social Development, 22*(3), 444-466.

Eagly, A. H., & Crowley, M. (1986). Gender and helping: A meta-analytic review of the social psychological literature. *Psychological Bulletin, 108*(3), 283-308.

_______________ (1986). Gender and helping: A meta-analytic review of the social psychological literature. *Psychological Bulletin, 108*, 233-256.

Eagly A. H., & Steffen, V. J. (1986). Gender and aggressive behavior: A meta-analytic review of the social psychological literature. *Psychological Bulletin, 100*(1), 309-330.

Easterbrooks, M. A., Bartlett, J. D., Beeghly, M., & Thompson, R. A (2012). Social emotional development in infancy. In I. B. Weiner., R. M. Lerner, M. A Easterbrooks, & J. Mistry (Eds.), *Handbook of psychology* (Vol. 6). (2nd eds., pp. 91-120). New York: Wiley.

Elder, G. H., Jr. (1998). The life course as developmental theory. *Child evelopment, 69*(1), 1-12.

_______________ (2001). Families, social change, and individual lives. *Marriage and Family Review, 31*(1/2), 177-192.

_______________ (2013). Children of depression. Retrieved March 10, 2013. from http://www.unc.edu/~elder/books/Children_Great_Depression.html

Elder, G. H., Jr., & Shanahan, M. J. (2006). The life course and human development. In R. M. Lerner (Ed.), *Handbook of child psychology* (Vol. 1.)(pp.665-715). Hoboken, NJ: John Wiley & Sons.

Elder, G. H., Jr., Johnson, M. K., & Crosnoe, R. (2003). The emergence and development of the life course. In J. T. Mortimer & M. J. Shanahan (Eds.), *Handbook of the life course* (pp. 3-19). New York: Plenum Press.

Fagot, B. I., Leinbach, M. D., & Hagan, R. I. (1986). Gender labeling and the adoption of sex-typed bdhaviors. *Developmental Psychology, 22*(4), 440-443.

Feuerstein, R. (1980). *Instrumental enrichment: An intervention program for cognitive modifiability*. Baltimore, MD: University Park Press.

Feuerstein, R., Hoffman, M. B. (1995). *Instrumental enrichment teacher's guides*. Palatine, IL: IRI Skylight.

Feuerstein, R., Rand, Y., Hoffman, M., & Miller, R. (1979). Cognitive modifiability in retarded adolescents: Effects of instrumental enrichment. *American Journal of Mental Deficiency 83*, 539-550.

________________________ (1980). *Instrumental enrichment.* Baltimore, MD: University Park Press.

Flavell, J. (1993). Young children's understanding of thinking and consciousness. *Current Directions in Psychological Science, 2*, 40-43.

Flavell, J. H., Miller, P. H., & Miller, S. A. (1993). *Cognitive development* (2nd ed.). Englewood Cliffs, NJ: Prentice-Hall.

Flavell, J. H., Mumme, D., Green, F., & Flavell, E. (1992). Young children's understanding of different types of beliefs. *Child Development, 63*(4), 960-977.

Frostig, M., Lefever, D. W., & Whittlesey, J. R. B. (1961). A developmental test of visual perception for evaluating normal and neurologically handicapped children. *Perceptual and Motor Skills, 12*, 383-394.

Gardner, H. (1983). *Frames of mind: The theory of multiple intelligence.* New York: Basic Books.

Gathercole, V. C. M. (2006). Introduction to special issue: Language-specific influences on acquisition and cognition. *First Language, 26*(1), 5-17.

Gee, C. L., & Heyman, G. D. (2007). Children's evaluation of other people's self-descriptions. *Social Development, 16*(4), 800-818.

Gelman, R. (1978). Cognitive development. In M. R. Rosenzweig & L. W. Porter (Eds.), *Annual review of psychology* (Vol. 29). Palo Alto, CA: Annual Reviews.

Gelman, S. (2003). *The essential child: Origin of essentalism in everyday thought.* Oxford: University Press.

Genesee, F. (1979). Acquisition of reading skills in immersion programs. *Foreign Language Annals, 12*, 71-77.

Germain, C. B., & Gitterman, A. (1996). *The life model of social work practice: Advances in theory and practice* (7th ed.). New York: Columbia University Press.

Getzels, J., & Jackson, p. (1962). *Creativity and intelligence explorations with gifted students.* New York: Wiley.

Gibbs, J. C., Basinger, K. S., Grime, R. L., & Snarey, J. R. (2007). Moral judgement development across cultures: Revisiting Kohlberg's universality claims. *Developmental Review, 27*(4), 443-500.

Gimenez, M., & Harris, P. L. (2002). Understanding constraints on inheritance: Evidence for biological thinking in early childhood. *British Journal of Developmental Psychology, 20*(3), 307-324.

Gogtay, N., & Thompson, P. M. (2010). Mapping gray matter development: Implications for typical development and vulnerability to psychopathology. *Brain and Cognition, 72*(1), 6-15.

Goldfield, B. A., & Reznick, J. S.(1990). Early lexical acquisition: Rate, content, and vocabulary spurt. *Journal of child language, 17*, 171-183.

Goodz, N. (1985). Parent-to-child speech in bilingual and monolingual families. Paper presented at the Society for Research on Child Development, Toronto, Canada.

Gopnik, A., & Choi, S. (1990). Do linguistic differences lead to cognitive differences?: A cross-linguistic study of semantic and cognitive development. *First Language, 10*, 199-215.

Gopnik, A., & Melzoff, A. N. (1986). Relations between semantic and cognitive development in the one-word stage: The specificity hypothesis. *Child Development, 57*(4), 1040-1053.

Graue, E. M., & Walsh, D. J. (1998). *Studying children in context: Theories, methods, and ethics.* Thousand Oaks, CA: SAGE.

Gröfenhain M, Carpenter M, & Tomasello, M. (2013 September). Three-year-olds' understanding of the consequences of joint commitments. *PLoS ONE, 8*(9), 1-12. http://journals.plos.org/plosone/article?id=10.1371/journal.pone.0073039#s5

Gunderson, E. A., Ramirez, G., Beilock, S. L., & Levine, S. C. (2012). The role of parents and teachers in the development of gender-related attitudes. *Sex Roles, 66*, 153-166.

Haden, C. A., & Fivush, F. (1996). Contextual variation in maternal conversational styles. *Merrill-Palmer Quarterly, 42*(2), 200-227.

Hall, D. G., & Waxman, S. R. (1993). Assumptions about word meaning: Individuation and basic-level kinds. *Child Development, 64*, 1550-1570.

Halliday, M. A. K. (1975). *Learning how to mean: Exploration in the development of language.* London: Arnold.

Halpern, D. F., Benbow, C. P., Geary, D. C., Gur, R. C., Hyde, J. S., & Gernsbacher, M. A. (2007). The science of sex differences in science and mathematics. *Psychological Science in the Public Interest, 8*(1), 1-51.

Hammill, D. D., Pearson, N. A., & Voress, J. K. (1993). *Developmental Test of Visual Perception-2 (DTVP-2)* (2nd ed.). Austion, TX: PRO-ED.

Harter, S. (2006). The self. In Eisenberg (Ed.), *Handbook of child psychology: Social, emotional, and personality development* (Vol. 3). (6th ed., pp. 505-570). Hoboken, NJ: Wiley.

________ (2012). *The construction of self* (2nd ed.). New York: The Guilford Press.

Heibeck, T., & Markman, E. M. (1987). Word learning in children: An examination of fast mapping. *Child Development, 58*(4), 1021-1034.

Heider, E. R., & Oliver, D. C. (1972). The structure of the color space in naming and memory for two languages. *Cognitive Psychology, 3*(2), 337-354.

Henderson, E. H., & Templeton, S. (1986). A developmental perspective of formal spelling instruction through alphabet, pattern, and meaning. *The Elementary School Journal, 86*(3), 304-316.

Hespos, S. J., & Baillargeon, R. (2001). Reasoning about containment events in very young infants. *Cognition, 78*(3), 207-245.

Hickling, A. K., & Wellman, H. M. (2001). The emergence of children's causal explanations and theories: Evidence from everyday conversation. *Developmental Psychology, 37*(5), 668-683.

Hines, M. (2011). Gender development and the human brain. *Annual Review of Neuroscience, 34*(4), 69-88.

Hjelle, L. A., & Ziegler, D. J. (1981). 성격심리학. 이훈구 역 (1983). 서울: 법문사.

Hoffman, R. M., & Borders, L. D. (2001). Twenty-five years after the Bem Sex-Role Inventory: A reassessment and new issues regarding classification variability. *Measurement and Evaluation in Counseling and Development, 34*(1), 39-55.

Holen-Hoeksema, S., Fredrickson, B. L., Loftus, G. R., & Wagenaar, W. A (2009). *Atkinson & Higard's introcuction to psychology* (15th Eds.). Andover, HA: Wadsworth cengage learning.

Huang, J. S. P. (1971). A Chinese child's acquisition of English syntax. Unpublished master's thesis, Los Angeles, University of California, USA.

Huitt, W. (2004). Maslow's hierarchy of needs. *Educational Psychology Interactive*. Retrieved from http://chiron.valdosta.edu/whuitt/col/regsys/maslow.html

Hurley, J., & Underwood, M. (2002). Children's understanding of their research rights before and after debriefing: Informed consent, confidentiality and stopping participation. *Child Development, 73*(1), 132-143.

Hyde, J. S., Lindberg, S. M., Linn, M. C., Ellis, A. B., & Williams, C. C. (2008). Gender similarities characterize math performance. *Science, 321*, 494-495.

Ireton, H. R. (1992). *Child Development Inventory manual*. Minneapolis, MN: Behavioral Science Systems.

Johnson, M. H, Grossmann, T., & Cohen-Kadosh, K. (2009). Mapping functional brain development: Building a social brain through interactive specialization. *Developmental Psychology, 45*(1), 151-159.

Kail, R. (1994). A method for studying the generalized slowing hypothesis in children with specific language impairment. *Journal of Speech, Language, and Hearing Research, 37*, 417-421.

Kaufman, A. S., & Kaufman, N. L. (1983). *Kaufman Assessment Battery for Children*. Circle Pines, MN: American Guidance Service.

Kidd, C., Palmeri, H., & Aslin. R. N. (2012) Rational snacking: Young children's decision-making on the marshmallow task is moderated by beliefs about environmental reliability. *Cognition, 126*(1), 109-114.

Kohlberg, L. (1969). Stage and sequence: The cognitive developmental approach to socialization. In D. A. Goslin (Ed.), *Handbook of socialization theory and research* (pp. 347-480). Chicago: Rand McNally.

Kossan, N., & Markman, E. (1981). Referential communication: Effects of listener presence on the performance of young speakers. *Merrill-Palmer Quarterly, 27*(3), 307-335.

Leaper, S, C., & Smith, T. E. (2004). A meta analytic review of gender variation in children's language use: Talkativeness, affiliative speech and assertive speech. *Developmental Psychology, 40*(6), 993-1027.

Lee, J. E. (1999). *Social intelligence: Flexibility and complexity and distinct from creativity*. Unpublished doctoral dissertation. University of Notre Dame, Notre Dame, Indiana, USA.

Leiter, R. G. (1979). *Instruction manual for the Leiter International Performance Scale*. Wood Dale, IL: Stoelting.

Lenneberg, E. H. (Ed.) (1984). *New directions in the study of language*. Cambridge, MA: MIT Press.

Lenroot, R. K., & Giedd, J. N. (2006). Methodological and conceptual advances in the study of brain-behavior dynamics: A multivariate lifespan perspective. *Neuroscience & Biobehavioral Reviews, 30*(6), 718-729.

Leonard, H. L., & Dow, S. (1995). Selective mutism. In J. S. March (Ed.), *Anxiety disorders in children and adolescents*. New York: Guilford Press.

Lerner, R. M. (1990). Weaving development into the fabric of personality and social psychology: The significance of Bandura's social foundation of thought and action. *Psychological Inquiry, 1*(1), 92-96.

Lewis, M., Feiring, C., & Rosenthal, S. (2000). Attachment over time. *Child Development, 71*(3), 707-720.

Lindholm, K. (1980). Bilingual children: Some interpretations of cognitive development.

In K. E. Nelson (Ed.), *Children's language* (Vol. 2) (pp. 215-266). New York: Gardner Press.

Loeber, R. (1991). Questions and advances in the study of developmental pathways. In D. Cicchetti & S. L. Toth (Eds.), *Rochester symposium on developmental psychopathology: Models and integrations* (Vol. 3). New York: University of Rochester Press.

Mardell-Czdnowski, C., & Goldenberg, D. S. (1998). *Developmental Indicators for the Assessment of Learning 3(DIAL 3)* (3rd ed.). Circlepines, MN: American Guidance Service.

Markman, E. M. (1989). *Categorization and naming in children*. Cambridge, MA: MIT Press.

__________ (1994). Constraints on word meaning in early language acquisition. *Lingua, 92*(3), 199-227.

Marsh, H., Ellis, L., & Carven, R. (2002). How do preschool children feel about them selves? Unraveling measurement and multidimensional self-concept structure. *Developmental Psychology, 38*(3), 376-393.

Mash, E. J., & Wolfe, D. A. (1999). **아동이상심리학**. 조현춘, 송영혜, 조현재 공역 (2001). 서울: 시그마프레스.

Maslow, A. (1971). *The farther reaches of human nature*. New York: The Viking Press.

Maslow, A. H. (1943). A theory of human motivation. *Psychological Review, 50*(4), 370-96.

__________ (1954). *Motivation and personality*. New York: Harper and Row.

__________ (1970a). *Motivation and personality*. New York: Harper & Row.

__________ (1970b). *Religions, values, and peak experiences*. New York: Penguin. (Original work published 1964)

Maslow, A., & Lowery, R. (Ed.). (1998). *Toward a psychology of being* (3rd ed.). New York: Wiley & Sons.

Mayer, J. D., & Salovey, P. (1997). What is emotional intelligence. In P. Salovey & D. J. Sluyter (Eds.), *Emotional development and emotional intelligence: Implications for educators* (pp. 3-31). New York: Basic Books.

McCall, R., Appelbaum, M., & Hogarty, P. (1973). Developmental changes in mental performance. *Monographs of the Society for Research in Child Development, 38*(3), 1-84.

McCune-Nicholich, L. (1981). The cognitive bases of relational words in the single word period. *Journal of Child Language, 8*, 15-34.

McLaughlin, B. (1978). *Second language acquisition childhood.* Hillsdale, NJ: Lawrence Erlbaum.

_____________ (1986). Multilingual education: Theory east and west. In B. Spolsky (Ed.), *Language and education in multilingual settings* (pp.32-52). San Diego, CA: College-Hill Press.

McLeod, S. A. (2007). Maslow's hierarchy of needs. Retrieved July 26, 2015 from http://www.simplypsychology.org/maslow.html

Meisel, J. (1990). Early differentiation of language in bilingual children. In K. Hyltenstam & L. Obler (Eds.), *Bilingualism across the lifespan: Aspects of acquisition, maturity and loss* (pp. 13-40). Cambridge, UK: Cambridge University Press.

Miller, P. H. (2002). *Theories of developmental psychology* (4th ed.). New York: Worth.

Miller, P. H., & Weiss, M. G. (1981). Children's attention allocation, understanding of attention, and performance on the incidental learning task. *Child Development, 52*(4), 1183-1190.

Mills, C. M., Danovitch, J. H., Grant, M. G., & Elashi, F. B. (2012). Little pitchers with their ears: Preschoolers solve problems by listening to others ask questions. *Child Development, 83*(2), 568-580.

Mills, C. M., Elashi, F. B., & Archacki, M. A. (April. 2011). Evaluating sources of information and misinformation: Developmental and individual differences in the elementary school years. Symposium to be presented at the biennial meeting of the Society for Research in Child Development, Montreal, Quebec, Canada.

Mischel, W., & Ebbesen, E. B. (1970). Attention in delay of gratification. *Journal of Personality and Social Psychology, 16*(2), 329-337.

Mischel, W., Shoda, Y., & Peake, P. K. (1988). The nature of adolescent competencies predicted by preschool delay of gratification. *Journal of Personality and Social Psy-*

chology, 54(4), 687-696.

Nelson, K. (1973). Structure and strategy in learning to talk. *Monographs of the Society for Research in Child Development, 38*, Serial No. 149.

Nelson, R. W., & Israel, A. C. (1984). **아동기 행동장애**. 정명숙, 손영숙, 양혜영, 정현희 공역 (2001). 서울: 시그마프레스.

Newcombe, N. (1996). *Child development: Change over time* (8th ed.). New York: Harper Collins College.

Olson, M. H., & Hergenhahn, B. R. (2009). **학습심리학**. 김효창, 이지연 역 (2009). 서울: 학지사.

Ornstein, P. A., Naus, M. J., & Liberty, C. (1975). Rehearsal and organizational process in children's memory. *Child Development, 46*(4), 818-830.

Pearl, E., & Lambert, W. (1962). The relation of bilingualism to intelligence. *Psychological Monographs, 76*, 1-23.

Pellegrini, A. (1982). A speech analysis of preschooler's dyadic interaction. *Child Study Journal, 12*(3), 205-216.

Perry, N. B., Nelson, J. A., Swingler, M. M., Leekers, E. M., O'Brien, M., Calkins, S. D., et al. (2013). The relation between maternal emotional support and child psychological regulation across the preschool years. *Developmental Psychology, 55*(4), 382-394.

Phares, E. J. (1984). **성격심리학**. 홍숙기 역 (1987). 서울: 박영사.

Piaget, J. (1973). *The psychology of intelligence*. Totowa, NJ: Littlefeld & Adams.

Pinker, S. (2013). *Language, cognition, and human nature: Selected articles*. New York: Oxford University Press.

Pinker, S., & Bloom, P. (1990). Natural language and natural selection. *Behavioral and Brain Sciences, 13*, 707-784.

Poorthuis, A. M., Thomaes, S., Denissen, J. J., van Aken, M. A., & de Orobio, C. B. (2012). Prosocial tendencies predict friendship quality, but not for popular children. *Journal of Experimental Child Psychology, 112*(4), 378-388.

Redlinger, W. (1979). Early developmental bilingualism: A review of the literature. *The Bilingual Review, 1*, 12-23

Riggio, R. E., Messamer, J., & Throckmorton, B. (1991). Social and academic intelligence: Conceptually distinct but overlapping constructs. *Personality and Individual Differences, 12*(7), 695-702.

Rogers, C. (1961). *On becoming a person: A therapist's view of psychotherapy*. Boston: Houghton Mifflin.

Roid, G. H., & Miller, L. J. (1997). *Leiter International Performance Scale-Revised: Examiner's manual*. Wood Dale, IL: Stoelting.

Rollins, P. R., Snow, C. E., & Willett, J. B. (1996). Predictors of MLU: Semantic and morphological developments. *First Language, 16*, 243-259.

Rossi, E., & Rossi, S. I. (1965). Concept utilization, serial order and recall in nursery school children. *Child Development, 36*(3), 771-778.

Rubin, K. H., Bukowski, W., & Parker, J. (2006). Peer interactions, relationships, and groups. In W. Damon & R. M. Lerner (Eds.), *Handbook of child psychology: Social emotional and personality development* (Vol. 3) (6th Eds., pp. 571-643). New York: John Wiley & Sons.

Rubin, K. H., Root, A. K., & Bowker, J. (2010). Parents, peers, and social withdrawal in childhood: A relationship perspective. *New Directions for Child and Adolescent Development, 127*(spring), 79-94.

Rummelhart, D. E., & McClelland, J. L. (1986). On learning the past tenses of English verbs In J. L. McClelland & D. E. Rummelhart (Eds.), *Parallel distributed processing: Explorations in the microstructure of cognition: Vol. 2. Psychological and biological models*. Cambridge, MA: MIT Press.

Runyan, D. K. (2000). The ethical, legal, and methodological implication of directly asking children about abuse. *Journal of Interpersonal Violence, 15*(7), 675-681.

Ryan, A., & Ladd, G. W. (2012). *Peer relationships and adjustment at school*. Charlotte, NC: Information Age.

Saeednia, Y. (2009). The need to know and to understand in Maslow's basic needs hierarchy. *US-China Education Review, 6*(9), 1-6.

Sameroff, A. J., Seifer, R., Baldwin, A., & Baldwin, C. (1993). Stability of intelligence from preschool to adolescence: The influence of social and family risk factors. *Child Development, 64*(1), 80-97.

Sanders, E. (2008). Medical art and play therapy with accident survivors. In C. A. Malchiodi (Ed.), *Creative interventions with traumatized children* (pp. 112-131). New York: Guilford.

Santrock, J. W. (2007). *Child development* (11th ed.). New York: McGraw-Hill.

____________ (2013). *Life-span development* (14th ed.). New York: McGraw-Hill

Santrock, J. W., & Yussen, S. R. (1989). *Child development: An introduction* (5th ed.). Dubuque, IA: Wm. C. Brown.

Saville, M., & Troike, R. (1971). *A handbook of bilingual education*. Washington, D.C.: TESOL.

Schaie, K. W. (1965). A general model for the study of developmental problems. *Psychological Bulletin, 64*, 92-107.

Schickedanz, J. A. (1986). More than ABC's: The early stages of reading and writing. Washington, D.C.: NAEYC.

Schneider, W., & Pressley, M. (1997). *Memory development between 2 and 20* (2nd ed.). Mahwah, NJ: Erlbaum.

Shaffer, D. R., (1999). *Developmental psychology: Childhood and adolescence* (5th ed.). Pacific Grove, CA: Brooks/Cole.

____________ (2002). 발달심리학. 송길연, 장유경, 이지연, 정윤정 공역 (2005). 서울: 시그마프레스.

Shaffer, D. R., & Kipp, K. (2006). *Developmental psychology: Childhood and adolescence* (7th ed.). Belmont, CA: Thomson Learning.

____________ (2014). *Developmental psychology: Childhood and adolescence* (9th ed.). Belmont, CA: Wadsworth.

Shaffer, D. R. & Kipp, K. (2014). **발달심리학(제9판)**. 송길연, 장유경, 이지연, 정윤경 공역 (2014). 서울: 박영사.

Shoda, Y., Mischel, W., & Peake, P. K. (1990). Predicting adolescent cognitive and self-regulatory competencies from preschool delay of gratification: Identifying diagnostic conditions. *Developmental Psychology, 26*(6), 978-986.

Snow, C. E., & Ferguson, C. A. (1977). *Talking to children: Language input and acquisition*. Cambridge, MA: Cambridge University Press.

Society for neuroscience (2012). *Brain facts: A primary on the brain and nervous system*. Washington, D. C.: Society for Neuroscience.

Spelke, E. S., & Kinzler, K. D. (2007). Core knowledge. *Developmental Science, 10*, 89-96.

Stark, R. (1987). *Creative ventures: The media*. Franklin Lakes, NJ: Educational Impressions.

Sternberg, R. J. (1983). Components of human intelligence. *Cognition, 15*, 1-48.

__________ (1985). *Human abilities: An information processing approach*. New York: W. H. Freeman.

__________ (1997). *Successful intelligence*. New York: Plume.

Sulzby, E.(1990). Assessment of emergent writing and children's language while writing. In L. M. Morrow & J. K. Smith (Eds.), *Assessment for instruction in early literacy*. Englewood Cliffs, NJ: Prentice Hall.

Tabibi, Z., & Pfeffer, K. (2007). Finding a safe place to cross the road: The effect of distractors and the role of attention in children's identification of safe and dangerous road-crossing site. *Infant and Child Development, 16*(2), 193-206.

Taylor, H. G. (1988). Learning disabilities. In E. J. Mash & L. G. Terdal (Eds.), *Behavioral assessment of childhood disorders* (2nd Ed.). New York: Guilford.

Terman, L. M. (1922). A new approach to the study of genius. *Psychological Review, 29*(4), 310-318.

Thomas, R. M. (2000). *Comparing theories of child development* (5th ed.). Balmont, CA: Wadsworth.

Thompson, R. A. (2012). Whither the preconventional child? Toward a life-span moral development theory. *Child Development Perspectives, 6*(4), 423-429.

Thorndike, E. L. (1927). The law of effect. *American Journal of Psychology, 39*, 212-222.

Tobin, D. D., Menon, M., Menon, M., Spatta, B. C., Hodges, E. V. E., & Perry, D. G. (2010). The intrapsychics of gender: A model of self-socialization. *Psychological Review, 117*(2), 601-622.

Torrance, E. P. (1966). *Norms-technical manual: Torrance Tests of Creative Thinking*. Bensenville, IL: Scholastic Testing Service.

____________ (1972). Predictive validity of the Torrance Tests of Creative Thinking. *The Journal of Creative Behavior, 6*(4), 236-262.

____________ (1975). Creativity research in education: Still alive. In I. A. Taylor & J. W. Getzels (Eds.), *Perspectives in creativity* (pp. 278-296). Chicago: Aldine.

Tulving, E. (1987). Multiple memory system and consciousness. *Human Neurobiology, 6*, 67-80.

Tunmer, W., & Heriman, M. (1984). The development of metalinguistic awareness: A conceptual overview. In W. E. Tunmer, C. Pratt, & M. L. Heriman (Eds.), *Metalinguistic awareness in children: Theory, research, and implication* (pp. 12-35). New York: Springer-Verlag.

Vasta, R., Haith, M. M., & Miller, S. A. (1992). *Child psychology: The modern science*. New York: John Wiley & Sons.

Vazsonyi, A. T., & Huang, L. (2010). Where self-control comes from: On the development of self-control and its relationship to deviance over time. *Developmental Psychology, 46*(1), 245-257.

Vinter, A., & Perruchet, P. (2000). Implicit learning in children is not related to age: Evidence from drawing. *Child Development, 71*(5), 1223-1240.

Vurpillot, E. (1968). The development of scanning strategies and their relation to visual differentiation. *Journal of Experimental Child Psychology, 6*(4), 632-650.

Vygotsky, L. (1962). *Thought and language*. Cambridge, MA: MIT Press.

Watson, J. B. (1930). *Behaviorism* (Rev. ed.). Chicago: University of Chicago Press.

Watson, J. B., & Rayner, R. (1920). Conditioned emotional reactions. *Journal of Experimental Psychology, 3*(1), 1-14.

Watson, J. (1913). Psychology as the behaviorist views it. *Psychological Review, 20*(2), 158-177.

Wechsler, D. (1958). *The measurement and appraisal of adult intelligence*. Baltimore, MD: The Williams and Wilkins.

___________ (1967). *Manual for the Wechsler Preschool and Primary Scale of Intelligence*. New York: The Psychological Corporation.

Weisberg, D. S., Eosh, J. M., Hirsh-Pasek. K., & Golinkoff, R. M. (2013). Play, language development, and the role of adult support. *American Journal of Play, 6*(1), 39-54.

Wellman, H. M., & Gelman, S. A. (1998). Knowledge acquisition in foundational domains. In K. Kuhn & R. S. Siegler (Eds.), *Handbook of child psychology: Vol. 2 Cognition, perception, and language* (5th ed.). New York: Wiley.

Wenar, C. (1994). **발달정신병리학**. 이춘재 외 공역 (1998). 서울: 중앙적성출판사.

Wenar, C., & Kerig, P. (2004). **발달정신병리학: 영아기부터 청소년기까지**. 이춘재, 성현란, 송길연, 윤혜경, 김혜리, 이명숙 외 공역 (2006). 서울: 박학사.

Werner, H., & Kaplan, B. (1963). *Symbolic formation: An organismic developmental approach to language and the expression of thought*. New York: Wiley.

Whalen, C. K. (1989). Attention deficit and hyperactivity disorders. In T. H. Ollendick & M. Hersen (Eds.), *Handbook of child psychopathology*. New York: Plenum.

Whorf, B. (1956). *Language, thought, and reality*. Cambridge, MA: MIT Press.

Williams, F. (1980). *Creativity assessment packet(CAP)*. Buffalo, NY: D.O.K.

Wit, J. M., Kiess, W., & Mullis, P. (2011). Genetics evaluation of short stature. *Best Practice & Research Clinical Endocrinology & Metabolism, 25*(1), 1-17.

Wong, C. M., Day, J. D., Maxwell, S. E., & Meara, N. M. (1995). A multitrait-multimethod study of academic and social intelligence in college students. *Journal of Educational Psychology, 87*(1), 117-133.

Wynn, K. (1992). Addition and subtraction by human infant. *Nature, 358*, 749-750.

Yager, G. G., & Baker, S. (1979). *Thoughts on androgyny for the counseling psychologist*. Paper presented at the annual convention of the American Psychological Association 87th, September 1-5, New York. (Eric Document Reproduction service NI. ED 186825) Retrieved from http://eric.ed.gov/?id=ED186825, 2015, 6, 27

Zeanah, C. H. (2000), **영 · 유아 정신병리 핸드북**. 이경숙, 염현경, 신의진, 남수영, 양혜영, 조성연 외 공역 (2010). 서울: 학지사.

국가법령정보센터 www.law.go.kr

기관생명윤리위원회 정보포털 www.irb.or.kr

유튜브 YouTube (Bandura-bobo doll experiment)

CBS 뉴스 http://www.cbsnews.com/pictures/unlocking-secrets-of-babies-brains/

SRCD 연구윤리강령 http://www.srcd.org/about-us/ethical-standards-research

찾아보기

❖ 저자소개

조성연
연세대학교 대학원 (Ph. D.)
호서대학교 유아교육과 교수

천희영
연세대학교 대학원 (Ph. D.)
고신대학교 아동복지학과 교수

심미경
University of London, Institute of Education (Ph. D.)
인제대학교 유아교육과 교수

황혜정
University of London, Institute of Education (Ph. D.)
경기대학교 유아교육과 교수

최혜영
연세대학교 대학원 (Ph. D.)
창원대학교 가족복지학과 교수

전효정
Cornell University Graduate School (Ph. D.)
동아대학교 아동가족학과 교수

손원경
부산대학교 대학원 (Ed. D.)
신라대학교 유아교육과 교수

유아발달

2015년 9월 5일 1판 1쇄 인쇄
2015년 9월 10일 1판 1쇄 발행

지 은 이 조성연 천희영 심미경 황혜정 최혜영 전효정 손원경
펴 낸 이 최용구
펴 낸 곳 도서출판 신정

주 소 (140-846) 서울시 용산구 원효로 89길 19 (원효로1가)
전 화 02)3211-4782, 0266(영업부), 3211-4783(편집부), 3211-4784(팩스)
이 메 일 shinjeong72@naver.com
홈페이지 www.sjbook.co.kr
등 록 2001년 5월 11일 제13-702호

기획마케팅 최용구 장만동 송대용
책임편집 석기은 황가연 심다혜
본문편집 다인
표 지 SDY

ISBN 978-89-5912-367-4 93370

정가 20,000원